TAXNET
세무/회계 전문 재경비즈니스 포털 서비스

임원 승진을 위한

팀장 패스트트랙

fast track

Team Leader

인사, 노무, 심리, 재무, 관리를
한 권으로 마스터하는 임원 승진 패스포트

김진술 저

조세통람

이 책의 머리말

1999년 신참 노무사로 시작해서 다양한 회사와 산업에서 22년간 커리어를 이어오며 한번은 중간평가로 삼아 본인이 어떻게 살아왔고 무엇을 배워 왔는지를 정리하고 싶은 마음이 있었다. 이 마음을 토대로 지난 2년 동안 틈틈이 업무나 일상 속에서 있었던 주요 사항을 정리해서 독자들에게 공유할 수 있는 계기를 이 책을 통해 실현하게 되어 감회가 무척 깊다.

저자는 머서컨설팅, 삼성, SC제일은행 등에서 근무했고, 런던정경대, 브레멘대, 하버드대, IMD 등에서 수학하였으며, CFP, SPHR, RCC 등의 자격증을 보유하고 있다. 근무했던 회사나 다녔던 학교마다 저자가 배울 수 있는 점이 모두 달랐으며 각 자격증을 통해 배우고 활용할 수 있는 분야 역시 모두 달랐다. 각각의 회사와 자격증을 통해 배운 것을 하나씩 정리해서 나온 책이 바로 "임원승진을 위한 팀장 패스트트랙"이다.

머서 출신으로서 팀관리

삼성 출신으로서 관계관리

CFP 자격자로서 재무관리

22년 경력 노무사로서 노무관리

SC제일은행 출신으로서 자기관리

해리슨진단자격자로서 심리와 코칭

IMD 협상과정 이수자로서 갈등관리

검찰 조정위원으로서 갈등 및 관계관리

로잔비즈니스스쿨 박사과정에서 경영심리

머서 출신과 SPHR GPHR 자격자로서 인사관리

런던정경대와 머서 출신으로서 기획서와 프레젠테이션

하버드대학교 코칭과정 이수자 및 비즈니스코치(RCC와 CCC)로서 코칭

이 책의 제목을 정할 때가 집필 과정 중에서 가장 고심한 시점이 아닐까 한다. 이 책의 모티브는 팀장 리더십에서 시작했지만, 모든 팀장이 추구하는 것은 임원승진이지 않을까 하는 생각에 제목을 정하게 되었다.

팀장이 되기 전에는 자신이 맡은 분야에서의 전문성이 절대적으로 중요하지만 팀장 역할부터는 기능적 전문성(Functional expertise) 이외에 다양한 분야에서의 이해와 지식(Diverse expertise)이 뒷받침되는 게 필요하다. 이러한 역할의 구조를 흔히 T자 인재라고 부르기도 한다.

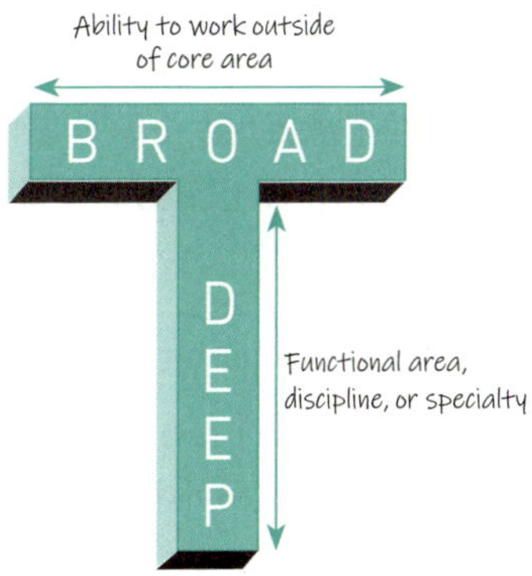

T자 인재에서의 다양한 전문성(Diverse expertise)은 임원 역할에서는 더욱 더 필요하므로 이 다양한 전문성을 강화하자는 것이 이 책의 근본적 취지일 것이다.

이러한 취지에 따라 집필된 책의 주요 내용을 살펴보면 다음과 같다.

이 책의 머리말

PART 01 인사관리

흔히 HR로 불리는 영역에 대한 내용이다. 주요 HR제도인 채용, 역량모델링, 성과평가, 직급, 보상, 인센티브 등을 쉽게 이해할 수 있도록 썼다. 그중에 가장 눈여겨 봐야 할 테마는 바로 평가와 평가자 오류이다. 1차 평가자인 팀장, 2차 평가자인 임원의 공정한 평가가 모든 사람관리의 첫 걸음이라고 해도 과언이 아닐 것이다.

PART 02 노무관리

현업에서 노동법 관련해서 발생하고 있는 주요 이슈를 중심으로 집필했다. 가장 기본적인 노동법 지식인 근로계약서, 취업규칙, 통상임금, 휴일, 연차 등에 대해 집필하면서 설명은 최대한 많이 하되 너무 깊지 않도록 해서 기본 지식이 쉽게 습득될 수 있도록 했다.

PART 03 경영심리학

팀원은 업무의 속을 봐야 하지만 팀장은 사람의 속을 볼 줄 알아야 한다. 팀원의 모티브를 알아야 동기부여할 수 있고 팀원의 성과향상을 촉진할 줄 알아야 팀성과가 창출되므로 팀원의 속을 이해하기 위해 필요한 주요 심리학 지식을 써두었다. 또한 리더로서 가져야 할 마음가짐 역시 들어가 있으니, 꼭 일독해 보시기를 권장한다.

PART 04 재무관리

재무관리가 전공이나 담당분야가 아니라면 재무제표, 손익계산서, 자본변동표 등 난해한 표현들 때문에 쉽게 와닿지 않는다. 그리고 기타소득, 종합소득, 사업소득 등 세금까지 더하면 더욱 더 손이 가지 않는 분야이다. 그러나 리더로서 사람과 돈의 흐름은 알고 있는 게 필요하다. 너무 깊지 않고 어렵지 않게 필수적인 재무지식을 집필해 두었다.

PART 05 관리

나 vs. 나, 나 vs 너, 우리라는 3가지 맥락에서 자기관리, 갈등관리, 팀관리를 주제로 집필했다. 3가지 맥락에서 필요한 자세와 지식이 모두 다르다. 따라서 각 관리 차원에서 신경써야 할 주요 사항을 중심으로 집필해 두었다. 마지막으로 기획서와 프레젠테이션을 추가해서 리더의 생각을 잘 표현하고 전달할 수 있는 방법까지 습득되도록 했다.

이 책의 장점을 아래와 같이 3가지로 정리할 수 있다.

T자 인재에서 다양한 전문성의 끝판왕이다. 인사, 재무, 노무, 심리, 자기개발, 관리 등 각 분야에 특화되고 한정된 책은 너무나 많은 시대이다. 임원으로 승진하기 위해 다양한 전문성이 필수적인데, 전문성의 다양성 기준에서는 현존하는 책 중에 가장 넓다고 자부한다. 모쪼록 이 책의 다양성이 독자의 임원 승진에 밑알이 되기를 바란다.

전문가가 아니어도 쉽게 읽을 수 있도록 했다. "우물을 깊이 파려면 넓게 파라"는 말이 있다. 팀장이나 임원으로 승진되었을 때 다양한 전문성 및 기능적 전문성을 습득할 수 있도록 넓은 범위로 집필 방향을 잡았다. 그리고 자신의 전문 분야가 아니어도 쉽게 이해하고 활용할 수 있도록 집필했다.

Fastrack을 군데군데 두어서 많은 기초 지식이 동시에 습득되도록 했다. 책 전반에 걸쳐서 Fastrack 코너를 넣어 두었다. 이 Fastrack에는 해당 테마와 관련해서 추가로 알면 좋을 지식이나 팁이 들어가 있다. 큰 줄기에서 이어지는 잔가지에 해당하는 지식이므로 같이 습득하기를 바란다.

이 책이 세상의 빛을 보도록 마지막까지 노력해 주신 류현수 팀장님, 필자 못지 않게 책의 내용에 대해 고민해 주신 디자이너 이인아 차장님을 포함하여 출판사 대표님 이하 관계자분들, 수많은 사례와 이슈에 대해 함께 고민하고 해결책을 모색해 온 많은 클라이언트들, 필자가 근무했던 회사의 선후배님들에게 이 책의 공을 돌린다. 그리고 사춘기를 벗어나고 있는 첫째 하람이, 곧 사춘기를 겪을 둘째 은솔이, 사춘기가 오지 않을 것 같은 막내 다원이 그리고 항상 뒤에서 보이지 않게 내조해 주는 희진에게 고맙다는 말을 전하고 싶다. 마지막으로 중학교와 국민학교에서 배움은 그쳤지만, 몸소 리더십이 무엇인지에 대해 진정으로 깨우쳐 주신 부모님에게 이 책의 모든 것을 바친다.

2021년 9월

김진술

이 책의 차례

PART 01 인사관리

인사관리 / 13

PART 02 노무관리

이 책의 차례

PART 03

경영심리학

PART 04 재무관리

재무관리 / 281

이 책의 차례

PART 05 관리

A. 자기관리 / 329

B. 갈등관리 / 345

C. 팀관리 / 373

D. 기획서와 프레젠테이션 / 419

임원 승진을 위한

팀장 패스트트랙

PART 01

인사관리

THEME **01**

인사관리는 나무가 아닌 숲을 보는 것이다

인사관리는 채용에서 시작하여 퇴직으로 마무리된다

흔히 인사관리를 채용에서 퇴직까지라는 표현으로 설명한다. 즉, 외부의 인재가 기업 내부로 유입되는 채용이라는 단계를 거쳐 최종적으로 기업 외부로 유출되는 퇴직까지 이루어지는 일체의 관리나 과정을 인사관리로 설명하는 것이 일반적이다.

필자는 인사관리에 대한 이해를 돕고자 채용에서 퇴직까지의 인사관리 세부적 내용을 3가지로 유형화하여 설명하고자 한다.

우선 경력개발을 첫 유형으로 들 수 있다. 경력개발은 인재의 물리적인 이동경로를 의미한다. 즉, 채용 이후 이동 및 승진을 통해 내부적인 경력경로(Career path)를 따라 육성 및 개발되다가 일정 시점에서 퇴직이라는 절차를 통해 기업 외부로 나가게 되는 프로세스를 종합적인 개념으로 통칭하여 경력개발이라 한다.

이러한 경력개발 과정에서 동시에 발생하는 인사관리 제도가 바로 평가와 보상제도이다. 평가란 조직성과관리와 개인성과관리로 나뉘는데, 조직의 목표와 전략을 달성하기 위해 관리해야할 세부적인 프로세스를 조직성과관리라 하고, 개인의 측면에서는 MBO라는 평가과정을 통해 개인의 업적을 평가하고 성과를 촉진하는 것을 개인성과관리라고 한다. 특히 개인성과관리의 경우 그 결과가 개인의 연봉이나 승진에 영향을 미치게 되므로 이에 대한 직원의 관심이 높게 나타난다.

마지막으로 보상제도는 흔히 연봉제라는 이름으로 많이 알려져 있으며, 개인의 기본연봉과 인센티브가 결정되는 과정과 기준을 의미한다. 결국 개인이 조직의 성과창출에 대한 대가를 금전적으로 평가받고 지급받는 보상제도를 통해 개인의 동기부여와 만족도가 크게 좌지우지된다고 할 수 있다.

| 인사관리의 개념 및 구성요소 |

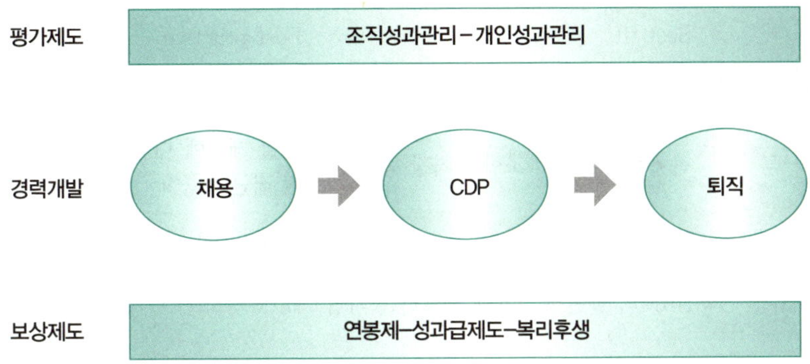

모든 인사제도는 서로 유기적인 연계성을 가지고 운영되어야 한다

앞서 본 바와 같이 인사제도를 크게 평가제도, 경력개발제도, 보상제도로 나누어 설명할 수 있다. 여기에서 들 수 있는 의문점은 과연 인사제도가 잘 돌아가기 위해 전체적인 제도의 조합이 중요할까 그렇지 않으면 개별적으로 잘 설계된 제도만으로도 인사관리는 효과적으로 수행될까라는 점이다. 전자의 입장을 번들형(Bundle type)이라고 하여 인사제도의 개별적인 제도의 효과성보다는 전체적인 제도들의 조합이 유기적으로 이루어지는 것이 보다 중요하다는 입장이다. 번들형의 경우 인사관리는 나무보다는 숲을 보는 것이 보다 중요하다는 시사점을 주고 있다.

한편, 반대의 입장을 흔히 개별제도형(Individual system type)이라고 하는데, 이 입장에서는 인사관리의 전체적인 조합보다 개별적인 제도들의 효과성이 더욱 중요하다고 한다. 개별제도형의 입장에서는 모든 세부제도들은 나름의 가장 바람직한 설계 및 운영유형을 가지고 있는 것이므로 개별적으로 벤치마킹을 하더라도 무방하다는 입장이다. 즉, 채용제도는 외국계기업에서 그리고 이동제도는 국내 대기업에서 벤치마킹하여 혼합하더라도 전체적인 효과성이 나타날 수 있다는 입장이다.

| 인사관리의 효과성에 대한 접근방법 |

구분	번들형	개별제도형
패러다임	Best fit	Best practice
제도의 효과성	인사관리 전반	세부 인사관리제도
시사점	전체적인 유기적 조합이 가장 중요	개별 제도에 대한 체계적 설계와 전략적 접근이 중요
접근방법	Holistic approach	Individual approach
주요사례	HRM의 발전적 단계에 해당하는 기업	HRM의 초기 단계에 해당하는 기업

인사관리의 발달단계에 비추어 볼 때, 과거 전략적 인사관리가 도입되던 초기에는 전체적인 숲을 보기보다 개별적인 제도에 대한 도입과 운영이 보다 일반적이어서 숲이 아닌 나무를 보는 시각이 지배적이었다. 이러한 시행착오를 많이 거쳐 오다 최근에는 번들형에 대한 인식이 넓게 퍼져가고 있으며, 이에 대한 공감대가 확산되고 있다. 다시 말해, 인사관리는 나무가 아닌 숲의 관점에서 보고 운영되어야 한다는 점이다. 아무리 좋은 제도라 할지라도 우리 기업에 맞지 않는 혹은 다른 인사제도와 정합성이 낮은 제도는 결과적으로 효과적이지 않다는 결론에 도달한 것이다.

따라서 최근 인사관리에 대한 가장 강조되고 있는 개념 중 하나가 바로 인사관리제도 내 유기적 연계성(Organic alignment)이다. 즉, 모든 세부 인사제도들이 상호 유기적으로 연결되고 상호 보완적으로 운영되지 않으면 아무리 좋은 제도들이라 하더라도 효과면에서는 부정적으로 나타날 수밖에 없다는 것이다.

인사제도는 전략에서 직원 교육까지 유기적으로 흘러야 한다

인사제도의 숲을 보고 인사관리 내 유기적 연계성이 높게 유지되고 있는 사례 2가지를 살펴보도록 하자.

우선 제조업 A사의 경우, 차별화가 아닌 비용절감을 통해 경쟁하고 있는 기업이다. 이러한 기업들의 인사관리는 장기적인 관점을 가진 경우가 많아 경력사원보다는 신입사원의 비중이 높게 나타나는 것이 일반적이다. 그렇다 보니 보상도 시장의 평균에 부합하도록 책정하고 이동 역시 제한적으로 실시하여 직무별 전문성을 높이고 이러한 높은 전문성이 높은 효율성으로 이어지도록 하는 것이 특징이다. 그리고 이러한 기업들은 평가에서도 단기위주의 업적보다는 장기적 관점에서의 역량이 주된 요소로 인식되고 이러한 역량을 높이기 위하여 높은 수준의 교육 및 훈련을 시행하게 된다.

다른 서비스업 B사의 사례를 살펴보자. 이 회사는 비용위주의 경쟁이 아니라 차별화를 통해 높은 프리미엄 가치를 추구하는 것이 전략적 특징이다. 차별화의 가장 중요한 요소 중 하나가 바로 혁신(Innovation)이라고 할 수 있어 채용에 있어 이러한 혁신적 요소를 강화할 수 있는 경력사원을 위주로 채용이 이루어지고 있다. 또한 동종 산업에서 핵심인재의 유치 및 유지가 중요한 요소이므로 동종시장에서의 보상정책은 시장주도형으로 설정하는 것이 일반적이다. 또한 비용위주의 경쟁전략을 가진 기업들과는 달리 단기 위주의 관점을 중시하므로 평가에 있어 업적위주의 평가가 주를 이루게 되고, 결국 장기적인 역량 향상을 위한 교육훈련에 대한 비용은 줄이고 단기적 성과창출에 역량과 지원을 투입하게 되는 것이 중요한 특징으로 나타난다.

| 인사제도간 유기적 연계성 분석 사례 |

구분	제조업 A사	서비스업 B사
전 략	Cost leadership	Differentiation
채 용	신입사원 위주	경력사원 위주
보 상	Market average	Market leader
이 동	제한적 이동	넓은 이동범위
평 가	역량 중심	업적 중심
교 육	높은 교육훈련 비용	낮은 교육훈련 비용

Generic Competitive Strategy (본원적 경쟁우위전략) Fastrack

하버드대 마이클 포터 교수가 제창한 개념으로, 기업이 시장에서 경쟁우위를 점하기 위해서 사용할 수 있는 전략을 의미하며, 이는 크게 Cost Leadership(가격우위전략)과 Differentiation(차별화전략)으로 구분된다.

Cost Leadership(가격우위전략)은 기업이 산업 내에서 최저 원가 생산자가 됨으로써 수익을 높이려는 전략을 말하며, Differentiation(차별화전략)은 기업이 소비자들에게 경쟁사와 달리 차별화된 제품과 서비스를 제공하고, 이에 대하여 높은 가격을 요구함으로써 수익을 높이려는 전략을 의미한다.

인사전략의 유형 또한 Cost leadership과 Differentiation으로 구분할 수 있으며, Cost leadership 전략을 취하는 기업들은 신입위주의 채용에서 시작하여 제한적인 CDP를 운영하며 교육훈련에 많은 비용을 투여하는 반면, Differentiation전략을 가진 기업의 경우 경력사업에 대한 의존도가 높고 넓은 범위의 CDP를 운영하며 직무교육보다는 공통역량에 집중하여 교육훈련을 실시한다.

THEME 02 직무중심의 인사관리가 대세다

인사관리는 사람/조직 혹은 직무로 실행된다

인적자원에 대한 동기부여를 통해 조직의 성과를 창출하는 인사관리의 세부 내용은 앞서 살펴본 바와 같이 평가, 보상 그리고 경력개발로 나누어 볼 수 있다. 이러한 인사관리의 세부 제도들이 운영되는 중심이 무엇이냐에 따라 두 가지 유형으로 나누어 볼 수 있다. 그 중 하나는 사람 혹은 조직을 중심으로 인사관리를 하는 유형이고 다른 하나는 직무중심의 인사관리이다.

만일 [표]에서 보는 바와 같이 보상이 사람/조직 중심으로 운영되는 경우의 대표적인 제도가 바로 호봉제이고, 직무중심의 제도가 바로 직무급제 및 인센티브제도라 할 수 있다. 그리고 장기적이면서 근본적 관점에서의 가치를 주된 평가요소로 하는 사람중심의 인사관리와 직무로부터 생성되는 업적을 주된 평가요소로 하는 직무중심의 인사관리는 평가제도 측면에서도 구별된다. 또한 사람중심의 인사관리제도 하에서는 광범위한 이동제도를 통해 Generalist를 육성하게 되고, 직무중심의 인사관리제도에서는 주로 직무전문가(Specialist)를 육성하게 되는 것이 주된 차이이다.

| 인사관리 유형의 비교 |

구분	사람/조직 중심의 인사관리	직무중심의 인사관리
보 상	호봉제	직무급제 및 인센티브 제도
평 가	Value중심의 평가	업적 중심의 평가
경력개발	Generalist육성형	Specialist육성형

사람/조직 중심의 부작용은 직무중심의 인사관리를 통해 줄일 수 있다

채용의 타당성을 높일 수 있다

과거 소위 그룹공채라는 개념의 광범위한 채용제도가 일반적이었던 시기가 있었다. 대기업들이 신입사원을 채용함에 있어 전그룹 차원에서 신입사원을 채용하고 활용하는 제도를 뜻한다. 그룹공채의 광범위한 특성으로 인해 채용 이후 어떤 업무를 담당할 것인지 채용하는 회사 입장에서도 채용되는 신입직원의 입장에서도 전혀 정보가 없는 상태에서 채용과정이 진행되는 것이다.

어떤 업무를 담당할지 모르는 불확실성이 높은 상황이므로 채용기준 자체도 직무에 대한 기준보다는 인성 등 일반적이고 보편타당한 기준이 불가피하게 적용되었다. 따라서 채용 이후 직무수행능력에 대해 부정적인 결과가 나타나더라도 그 결과는 회사가 감내할 수밖에 없었으며 결국 채용제도의 타당성이 낮게 나타나는 부작용은 불가피한 것으로 여겨졌다.

그러나 직무중심의 인사관리를 운영하게 되면, 채용의 범위 자체가 직무 혹은 직군 단위로 좁혀져 진행되게 되므로 해당 직무 또는 해당 직군에서 요구하는 직무수행역량을 검증하고 활용하는 것이 가능해지고, 결국 채용제도의 타당성이 높아지게 되었다.

| 인사관리 유형의 비교 – 채용제도 |

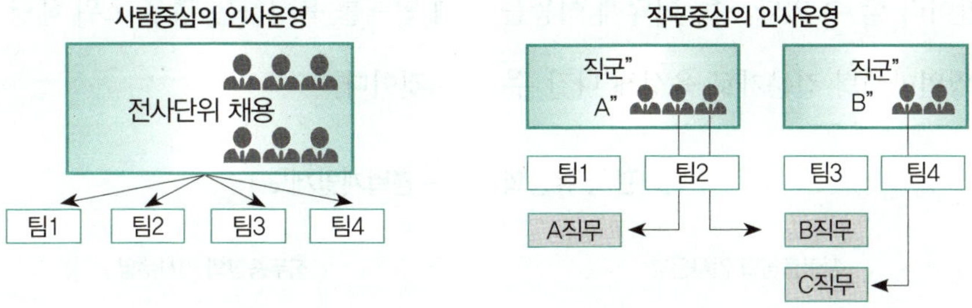

직무별 전문가를 육성할 수 있다

과거는 물론 현재의 국내기업 사이에서는 직업(Craft 혹은 Profession)의 개념보다 직장(Workplace)의 개념이 보다 중요하게 여겨져 왔다. 즉, 평생직장의 개념을 가지고 회사를 다니다 보니, 직장 내 어떤 특정한 직무에 대한 관심이 낮아지고 동일 직장에서 장기적으로 순환보직을 하게 되는 것을 너무나 당연시 해왔다.

이렇다 보니 본인의 직무 전문성과 향후 경력개발에 대한 인식과 관심이 낮아 전문가 중심의 인력육성이 제대로 될 리 만무한 상황이었고, 개인의 입장에서도 무언가 전문성을 가진 업무영역을 개발해나가기 어려운 것이 현실이었다.

그렇다고 하여 순환보직 자체를 부정해서는 안될 것이다. 적절한 규모와 시기의 순환보직은 개인의 경력개발에 촉매제가 되고, 전문성을 가진 범용인재로 육성하는 데에 필수적인 것은 부정할 수 없는 사실이다. 따라서 문제는 순환보직 그 자체에 있는 것이 아니라, 장기적인 비전과 목적이 없는 제도 운영이 문제라 할 수 있다. 가령 예를 들어 영업팀–생산관리팀–지역본부의 순으로 순환보직이 된 경우, 직무들의 연계성을 감안할 때 너무나 광범위하거나 혹은 관련성이 낮은 업무간 이동이 실시됨으로서 순환보직의 시너지효과가 발생하지 않게 되는 것이다. 반면, 영업–영업기획–마케팅 순으로 이동을 실시하는 경우 보다 직무의 전문성을 개발할 수 있는 조합이라 할 수 있다. 즉, 이렇게 이동을 통해 인재를 육성하는 경우 소위 해당 직원을 영업마케팅 전문가로 육성해 나갈 수 있는 것이다.

| 인사관리 유형의 비교–경력개발제도 |

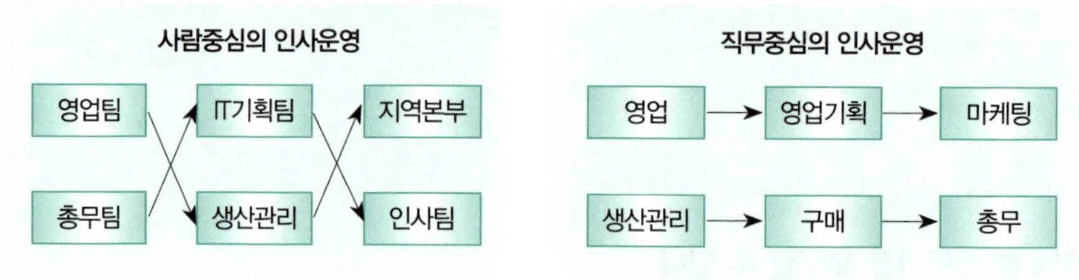

평가의 정확도를 제고할 수 있다

소위 역량모델링(Competency modelling)이란 조직의 미래 성과를 창출하기 위해 필요한 요소로 고성과자에게서 주로 나타나는 지식(Knowledge), 기술(Skill), 태도(Attitude), 능력(Ability)을 구체화하는 과정이라 할 수 있다. 이러한 조직에 필요한 역량요소를 구성하는 방식은 2단과 3단 역량체계 2가지로 나뉘어진다. 우선 2단 역량체계에서는 리더십역량과 공통역량으로 구성되고 3단 역량체계에서는 두 역량에 직무역량이 추가적으로 제시된다. 이렇듯 직무역량의 추가 운영을 통해 직무수행에 필요한 역량요소를 파악하여 육성할 수 있다는 것은 소위 핵심역량 중심의 조직운영에 보다 부합하는 방향이라 하겠다. 직무역량을 도출 및 운영하기 위해서는 직무중심의 인사관리가 정착되어 있어 직무별 역량 추출이 가능해야 한다.

이러한 직무역량의 운영은 결국 평가의 한 축을 구성하는 역량평가의 변화를 의미하게 되는데, 직무역량을 통해 평가결과의 객관성과 공정성이 제고될 수 있다. 직무역량이 반영되지 않은 평가제도에서는 조직의 공통역량의 역할에 따른 리더십역량만이 측정되고 평가되므로 평가결과의 객관성과 업무관련성이 낮은 것이 현실이었다. 따라서 직무중심의 인사관리에 기반한 직무역량제도가 평가제도에 긍정적인 영향을 미치게 되는 것이다.

| 인사관리 유형의 비교 – 평가제도 |

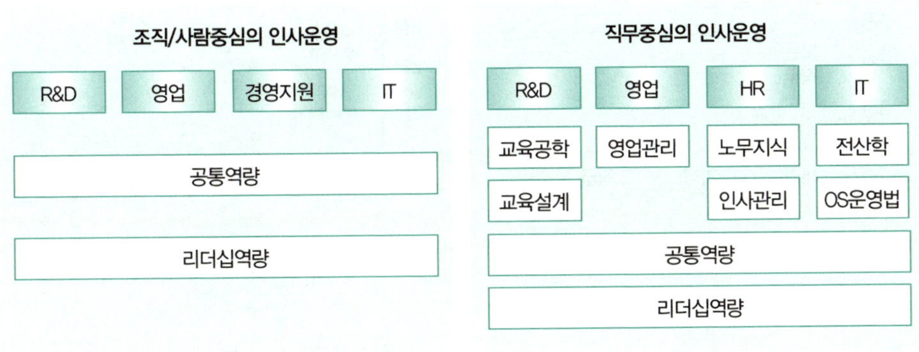

동일노동 동일임금 원칙을 구현할 수 있다

과거 기업들의 보상제도는 소위 연공서열형 보상제도가 주를 이루었다. 임금의 결정에 직무의 분석내용과 가치가 반영되지 않고 근속이 주로 반영되다 보니, 수행 직무의 중요성과 가치와는 동떨어진 임금수준과 구조를 가지게 되었다.

이렇듯 조직 및 사람 중심의 인사제도를 운영하게 되면 불가피하게 연공서열형 중심으로 보상제도를 운영하게 되므로 동일노동 동일임금의 원칙에 부합하지 않게 된다. 그러나 직무중심의 인사를 운영하게 되면 직무의 가치를 보상의 구조나 수준의 결정에 반영할 수 있게 되어 동일노동 동일임금 원칙을 구현할 수 있게 된다. 즉, 담당하는 업무의 중요성과 가치에 따라 급여가 달라지게 되는 합리적인 인사운영의 원칙을 달성하게 되는 것이다.

| 인사관리 유형의 비교 – 보상제도 |

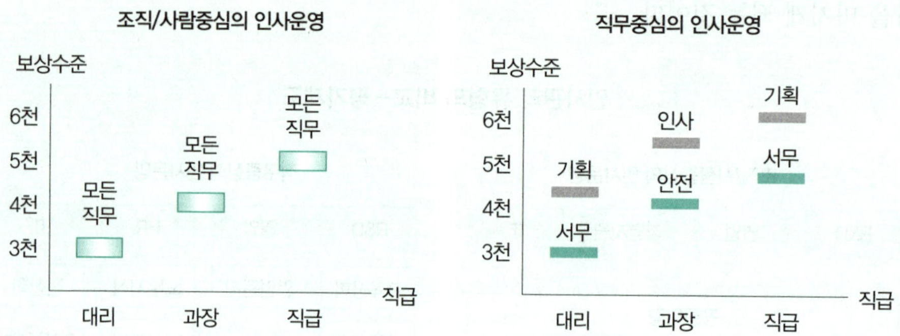

▶ 직무중심의 경력개발제도 Fastrack

우리나라는 북미 또는 유럽국가와 달리 직무중심의 인사관리가 행해진 지 얼마 안 되었다. 즉, 사람을 먼저 확보하고, 확보된 사람을 각 직무에 배치하고, 관리해 왔다.

그러나 인력의 확보 이전부터 직무를 확정하고 특정 직무를 수행할 사람을 확보하고, 직무에 적합한 역량을 육성시켜 나가는 직무중심의 인사관리가 우리나라에서도 점차 확산되어 가고 있다.

이러한 직무중심의 인사관리를 통하여 직무전문가 양성이 보다 체계적으로 이루어질 수 있으며, 그 결과 성과관리제도는 직무 KPI와 MBO기법을 통해 객관성 및 공정성을 제고할 수 있게 되었고, 보상제도는 호봉제와 달리 동일노동 동일가치의 보상원칙을 비로소 실현할 수 있게 되었다.

THEME 03 핵심인재를 위해 채용전략을 차별화해야 한다

최근 채용 전략은 소수의 Right people에 집중한다

과거 일시적 대량 채용방식을 통해 많은 직원을 동시에 채용했다면 최근 달라진 추세는 소수에 집중한다는 것이며, 소위 이러한 채용방식의 변화를 그물형에서 낚시형 · 작살형으로 변화되었다고 표현하기도 한다. 소수 중심의 채용전략이 가지는 장점은 명확하다. 소수의 인원을 기준으로 선발하다보니 정확도가 높아지고 보다 적합한 채용기준을 적용할 수 있다는 것이다. 단, 소수 위주의 채용전략으로 인해 채용비용이 증가하게 되는 것은 감안해야 한다.

또한 학벌, 자격, 외모 등 소위 스펙이라는 개념을 외형적 조건을 기준으로 채용해 왔으나, 점진적으로 외형적 조건 이외 추가적으로 조직-개인 정합성(Organization-person fitness)을 고려하여 채용하는 기업들이 늘고 있다. 이러한 기준의 점진적 변화는 결국 과거 업무역량 중심의 Best people에서 가치 중심의 Right people을 선호하는 기업들이 늘고 있음을 의미한다.

이러한 가치중심의 소수인재 채용전략에서 중요한 역할을 담당해야 하는 주체는 바로 인사팀이 아닌 현업 및 관리자라고 할 수 있다. 현업과 관리자들이 채용 과정에서 적극적인 역할을 맡게 되어야 직무와 현장정서를 보다 적극적으로 채용기준으로 활용할 수 있게 되고 그 결과 채용결과의 정확도가 향상되게 되는 것이다.

| 채용전략의 변화 |

구분	As-Was	As-Is
모집방식	일시적 대량 채용방식	직종/직군별 소수 채용방식
채용기준	외형적 기준 중심	전문성 및 조직정합성 우선 고려
채용주체	인사팀 중심의 채용관리	현업 중심의 채용관리
바람직한 인재상	Best people	Right people

채용은 RJP에서 시작해서 이탈방지프로그램으로 마무리된다

채용은 현실적 직무소개(Realistic job preview)에서 시작한다. 지원자가 지원하는 회사 및 직무에 대해 보다 객관적인 이해를 가지고 지원할 수 있도록 유도하는 프로그램이 바로 RJP이다. RJP를 실시하게 되면 지원자가 가질 수 있는 비현실적인 기대를 제거할 수 있게 되어 결과적으로 이직률을 경감하는 데 큰 기여를 하게 된다.

이후 실질적인 채용과정은 크게 3단계로 나누어지는데, 서류전형, 인적성검사 그리고 인터뷰이다. 서류전형은 채용 인원 대비 지원자가 지나치게 많은 경우 적극적으로 활용할 수 있는데, 주로 지원서나 자기소개서에 포함된 정보를 기준으로 항목별로 가중치를 부여한 후, 후보자를 선발하게 되는 것이다.

이후 인적성 검사를 진행하게 되는데, 인적성검사를 자체적으로 개발할 수 있는 대기업들과는 달리 중견 및 중소기업들은 자체적인 개발을 하기 어렵기 때문에 외부 전문업체의 검사도구를 활용할 수 있다.

이후 인터뷰는 3차에 걸쳐 이루어지게 되는 경우가 많다. 1차 인터뷰는 공통역량 2차 인터뷰는 직무역량과 조직가치 정합성을 검증하게 되고 이후 최종 인터뷰에서 임원들을 면접자로 하여 종합적인 판단을 하게 된다.

이렇듯 채용과정은 다소 복잡할 수도 있고 고비용의 프로세스에 해당한다. 따라서 채용결정 이후 이직이 발생하는 경우 기업에 큰 손해와 지장을 초래될 수 있다. 따라서 많은 기업들이 채용인력의 조기 정착을 위해 여러 프로그램들을 도입하여 운영하는데 대표적인 제도가 바로 멘토(Mentor) 제도인데, 선배직원을 신규 채용된 개인에 연결하여 회사생활 및 직무수행에 직간접적인 가이드를 주게 하여 안정적인 회사생활의 정착을 도모할 수 있게 된다.

| 채용 프로세스 사례 |

Pre-hiring	Hiring					Post-hiring
사전관리	입사지원/ 서류전형	인/적성 검사	1차 면접	2차 면접	임원면접/ 최종발표	사후관리
• 현실적 직무소개 작성		• 인적성 검사 활용방안	• 공통역량에 기반하여 평가항목 개선	• 1차 면접과 차별화하여 합숙면접 평가항목과 운영방식 개선		• 이탈방지 프로그램 마련

| 신입직원 채용 프로세스별 주요 이해관계자의 역할 사례 |

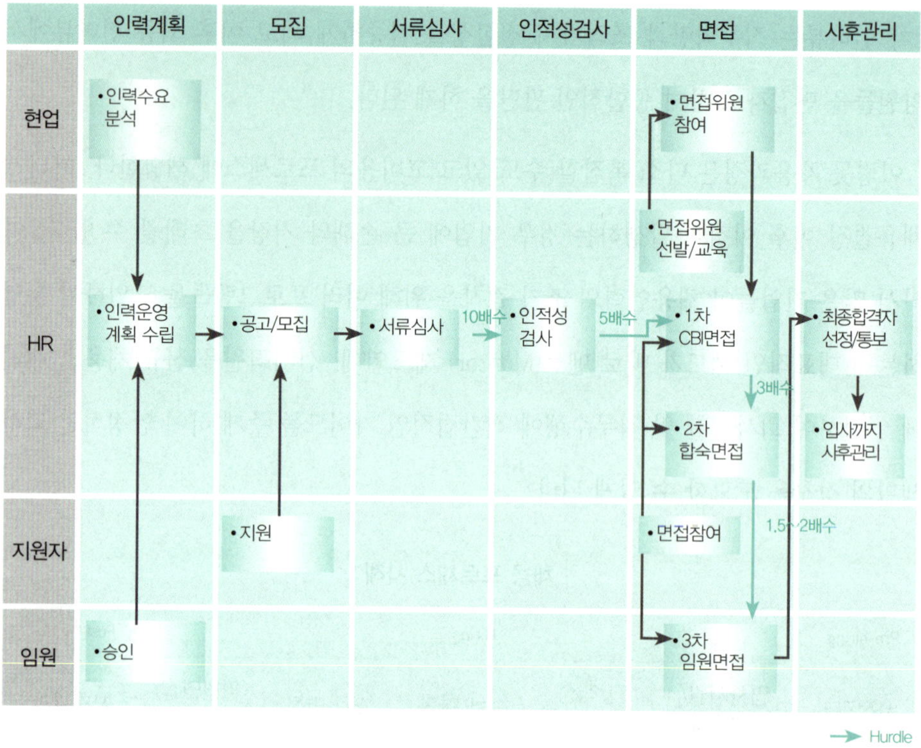

| 경력직원 채용 프로세스별 주요 이해관계자의 역할 사례 |

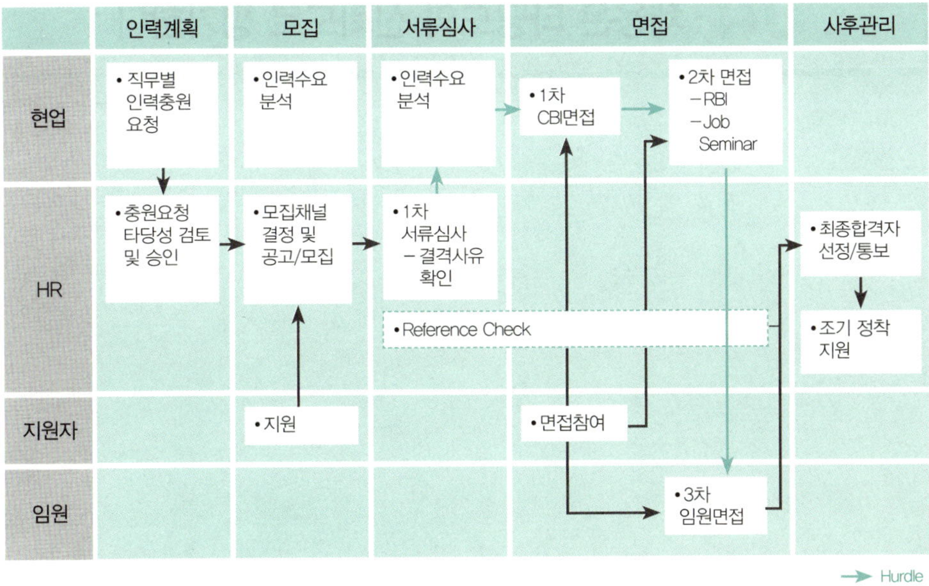

Best people vs Right people

Fastrack

최근 채용제도의 트렌드는 뛰어난 지식과 기술 등을 지니고 있는 Best people을 선발하기보다는, 조직문화와의 정합성이 높고, 조직이 추구하는 인재상에 부합하는 Right people를 선발하는 것이다.

Right people을 선발하기 위해서는 전사 채용이 아닌 직무 중심의 채용전략에서 현업 팀장의 직접적인 역할 수행이 필수적이다.

THEME **04**

채용은 타당도와 신뢰도로 평가한다

Best people에서 Right people로 채용대상이 진화하다

채용의 궁극적인 목적이 무엇인지를 먼저 고민해 보는 것이 필요할 듯하다. 과거의 채용대상을 'Best people'이라고 한다면 오늘의 채용대상은 'Right people'이라고 할 수 있다. 즉, 과거에는 업무수행능력이 뛰어난 지원자를 가려내어 채용하는 것이 채용제도가 바라는 이상적 결과였다면 오늘날에는 업무수행능력 뿐만 아니라 조직-개인 정합성(Organization-person fit)을 채용에 있어 중요한 판단기준으로 삼고 있다.

그럼 과연 Best people과 Right people, 두 개념 사이에는 어떠한 차이가 있는 것일까? 필자는 그 구분 기준에 대해 조직문화에서 답을 찾고자 한다. Best people이라는 채용기준에는 역량을 토대로 높은 성과를 창출할 수 있는 기준만이 적용된 것으로 볼 수 있다. 이렇듯 업무성과와 역량만을 중시하는 개념이다 보니 조직 문화적인 요소를 감안하지 않는다. 채용된 인재가 채용 이후 조직 내부적으로 어느 정도 적응을 잘하는지 여부 또는 본인이 가진 역량을 최대한 발휘할 수 있는 기회를 누리는지 여부는 고려되지 않고 있다.

이러한 한계와 시행착오를 겪으면서 변화하게 된 채용기준이 바로 Right people이다. Right people 기준을 통해 단순히 업무수행능력만 좋고 높은 성과를 창출할 수 있는 인재를 구하는 것이 채용의 궁극적인 목적이 아니라 우리 조직 및 문화에 맞는 인재를 구하는 것이 채용제도에서 구할 수 있는 최상의 결과라는 것을 인정하게 된 것이다.

| 채용기준의 비교(Best people과 Right people) |

Best people	업무역량 ⊕ 업무성과	
Right people	업무역량 ⊕ 업무성과 ⊕ 조직 적합성	

Right people 선발을 위해서는 신뢰성과 타당성이 핵심요소이다

Right people을 선발하여 채용하기 위해서는 목적에 부합하는 채용도구가 필요하다. 채용도구란 다수의 지원자 중에서 채용기준에 부합하는 적격자를 가려내는 프로세스를 일컫는데 주로 인터뷰(Interview), 적성검사, 에세이(Essay), 어세스먼트 센터(Assessment Center) 등이 주로 활용되는 채용도구이다. 이러한 채용도구가 어느 정도로 채용목적에 부합하느냐에 따라 회사가 원하는 인재를 채용할 수 있는지 여부가 결정된다.

| 채용도구의 평가기준 |

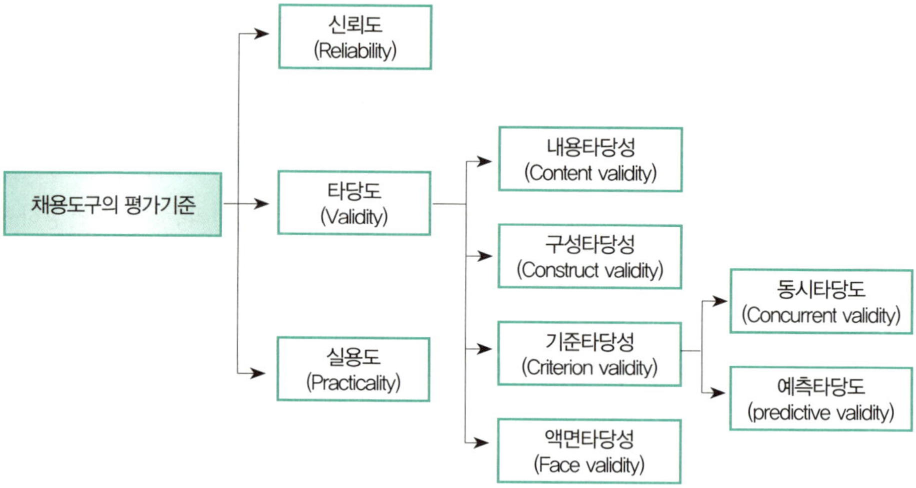

이러한 채용도구의 효과성을 측정하는 도구로서 신뢰성(Reliability), 타당성(Validity) 그리고 실용성(Practicality)을 들 수 있다. 채용도구의 신뢰성(Reliability)이란 지원자들 중 채용적격자를 선발하는 결과가 어느 정도 일관적으로 나타나느냐의 정도를 의미하는 기준이다. 즉, 동일 혹은 유사한 지원자 그룹을 대상으로 동일한 채용프로세스를 수차례 거치더라도 동일한 결과나 점수가 나오는 정도를 의미하는 것이다. 아무리 좋은 채용도구라 할지라도 신뢰성이 낮게 되면 항상 채용적격자가 달라지게 되고 결과적으로 일관적인 채용결과를 만들 수 없게 된다. 반면 채용도구의 신뢰도가 높다면 항상 일관적인 채용대상이 선발되어 결과적으로 안정적인 인력운영이 가능할 뿐만 아니라 회사에서 원하는 인재상의 일관성도 유지할 수 있게 된다.

| 채용도구의 신뢰성 |

높은 신뢰성 →	일관적인 채용결과 →	안정적 인력운영 및 일관적 인재상 반영
낮은 신뢰성 →	비일관적 채용결과 →	인재상의 일관적 반영 미흡

채용도구의 타당성(Validity)은 채용단계에서 회사가 검증하고 확인하고자 하는 내용을 어느 정도로 채용도구가 반영하고 있느냐의 정도를 의미한다. 즉, 창의력이 높은 인재를 선발하고 싶은 기업은 지원자의 창의력 수준을 검증할 수 있도록 채용단계를 구성할 때 타당성이 있다고 할 수 있다.

채용도구의 타당성은 세부 내용에 따라 다양한 세부 개념으로 아래와 같이 구분된다.

내용타당성(Content validity)

채용도구가 채용하는 대상이 되는 직무의 내용을 어느 정도 잘 반영하는지가 내용타당성이라 할 수 있다. 가령 노무관리자를 선발하는 경우 노무관리에 필요한 노동법이나 노사관계에 대한 역량을, 그리고 재무관리자를 선발하는 경우, 재무회계에 대한 지식을 검증하는 채용프로세스가 있다면 채용도구의 내용타당성이 확보된다고 할 수 있다.

구성타당성(Construct validity)

채용도구가 실제도 어떠한 기준으로 최종 선발자를 선발하였는지 그리고 이러한 결과가 최초 회사가 가진 의도를 어느 정도로 반영하였는지를 구성타당성이라 하며, 팀웍을 중시하는 조직문화를 가진 회사에서는 개인별 역량보다 팀웍을 검증할 수 있도록 채용프로세스를 구성하는 것이 구성타당성을 확보하는 방안이다.

기준타당성(Criterion validity)

채용프로세스에서의 결과가 채용 이후 성과창출이라는 다른 기준과 어느 정도로 부합하느냐의 정도를 기준타당성이라고 한다. 가령 채용 프로세스상에서의 점수나 순위는 높으나 입사 이후 성과가 부진한 경우를 기준타당성이 낮다고 할 수 있고 입사 이후 성과도 높은 경우를 기준타당성이 높다고 할 수 있다. 이러한 기준타당성은 동시타당성과 예측타당성으로 나누어져 실무에서 운영되고 있다.

동시타당성(Concurrent validity)

동시타당성이란 지원자가 현재 직무에서 요구하는 역량의 수준을 보유하고 있는지를 검증하는 기준이라 할 수 있다. 예를 들어 제조업체에서 생산직 직원을 선발하는 경우, 채용 이후 현장에의 투입 즉시 필요로 하는 체력이나 공정에 대한 이해를 검증하는 정도가 높을수록 동시타당성이 높다고 할 수 있다.

예측타당성(Predictive validity)

예측타당성이란 지원자가 장래 직무에서 요구하는 역량의 수준을 보유하고 있는지를 검증하는 기준이라 할 수 있다. 가령 지식근로자에 해당하는 업무에서 직원을 채용하는 경우, 해당 지식근로에서 향후 요구될 수 있는 인지력이나 사고력 등을 평가하는 경우 예측타당성이 확보될 수 있다.

액면타당성(Face validity)

액면 타당성은 채용 지원자가 채용도구나 프로세스를 보면서 어느 정도로 채용도구가 적합하게 구성되었는지 인식하는 정도를 의미한다. 따라서 다른 타당성 개념들이 실제 채용도구의 효과성을 객관적으로 규정하는 것인 반면에 액면타당성은 수검자 즉 지원자의 눈에서 바라보는 채용도구의 적합성을 의미하게 된다.

마지막으로 채용도구의 실용성(Practicality)란 채용도구가 비용측면에서 효율적인 정도를 의미하는 기준이라고 할 수 있다. 채용프로세스와 관련된 모든 절차나 매뉴얼이 규정화되어 있고 체계화되어 있는 경우 채용에 관계된 직원들의 비용과 시간을 줄일 수 있고 동시에 채용결과의 신뢰성과 타당성을 높이는 역할을 하기도 한다. 또한 실용성이 높은 경우 채용프로세스의 과정들이 기록화되어 있어 이후 채용결과에 대한 투명성을 높이거나 논란의 여지를 줄이는 기능도 부가적으로 할 수 있게 된다.

채용도구의 신뢰성과 타당성을 제고하기 위해 3단계 전략을 도입하다

채용도구의 신뢰성과 타당성을 높이기 위해서는 전략적 직무분석, 채용프로세스 설계 그리고 면접관 교육이 순차적으로 실시되어야 한다.

전략적 직무분석

채용이란 궁극적으로 지원자중 적합자를 선별하는 과정으로서 채용을 효과적으로 하기 위해서는 채용 대상이 되는 직무에 대한 분석이 체계적이고 전략적으로 이루어져 있어야 한다. 직무분석이 체계적으로 되어 있어야 직무수행자에 대한 바람직한 요건들을 규정할 수 있다. 또한 직무수행자에 대한 요건이 명확해야 이러한 기준들이 채용도구나 프로세스에 녹아들어 타당성과 신뢰성을 높이는 초석이 되게 된다.

채용프로세스 설계

채용프로세스 설계시 채용도구의 선정, 채용단계의 구성 등을 중심으로 고려하여야 한다. 우선 채용도구라 면접, 인적성검사, 레쥬메전형, 프레젠테이션전형 등 다양한 유형의 도구를 혼합하여 사용하되 채용대상이 되는 해당 직무의 특성을 그리고 조직 문화에의 정합성을 검증할 수 있는 도구에 보다 중점을 두는 것이 필요하다. 그리고 동시에 채용단계 역시 적정하게 설정함으로써 채용의 효과성과 효율성을 높일 수 있는데 구체적으로 다단계의 채용프로세스를 통해 선발하는 경우 정확도는 높아지지만 채용비용이 높아지게 되고 반대의 경우 채용비용은 낮출 수 있지만 채용의 정확도가 다소 떨어질 수 있으므로 적절한 단계에 대한 설정이 필요하다고 할 수 있다.

면접관 교육

많은 기업들이 채용도구로서 인터뷰에 대해 많이 의존하고 있다. 인터뷰의 최근 추세인 CBI에 대해서는 이후에서 상세히 살펴볼 것이다. 인터뷰의 내용이나 항목 등도 중요하지만 더욱 중요한 것이 바로 면접관의 역량이나 태도라 할 수 있다. 아무리 좋은 인터뷰항목이 구성되어 있더라도 면접관의 역량이 그에 뒷받침되지 않는 경우 인터뷰의 효과적인 모습을 기대하기 힘들어진다. 따라서 면접관에 대해 인터뷰의 중요성, 바람직한 자세, 인터뷰 역량 등을 주기적으로 교육함으로써 채용제도의 효과성을 강화할 수 있을 것이다.

▶ 채용도구의 신뢰도와 타당도 Fastrack+

Right people을 선발하기 위해서는 채용도구의 신뢰도와 타당도가 반드시 갖추어져 있어야 하는데, 타당도가 갖추어진 경우 신뢰도도 자연스럽게 갖춰지게 되지만, 신뢰도가 높다고 하여 타당도가 항상 높은 것은 아니므로 이에 대한 명확한 개념 정립 및 검증이 필요하다.

특히, 채용도구의 타당도와 신뢰도를 높이기 위해 전략적 직무분석, 채용프로세스 설계 그리고 면접관에 대한 교육이 순차적으로 이루어질 필요가 있다.

THEME **05**

역량중심의 인터뷰(CBI)로 조직에 부합하는 인재를 선별한다

오늘의 역량을 검증해야 내일의 성과가 보인다

채용제도란 회사내 인력 수요가 있을 때 외부로부터 최적의 인재를 뽑아 내부화하는 과정을 말한다. 결국 채용제도를 통해 회사가 추구하는 방향은 조직이 원하는 성과(Performance)의 창출이라 할 수 있다. 즉, 채용이라는 인사제도도 결국 조직의 성과창출에 어느 정도 기여할 수 있느냐라는 기준에 따라 그 적절성을 판단하는 것이 바람직하다.

그럼 과연 성과를 창출해 낼 수 있는 인재인지 그렇지 않은지에 대한 판단은 과연 어떻게 하여야 할까? 이러한 질문에 대한 답을 찾기 위해 많은 기업들과 인사전문가들이 지속적으로 시행착오를 거쳐오며 노력하고 있다. 이러한 노력과 시행착오의 결과로 현재 타당성과 신뢰성이 가장 높게 나타나고 있는 채용도구가 바로 CBI(Competency-Based Interview)라고 불리는 역량중심의 인터뷰이다.

역량중심의 인터뷰의 핵심은 지원자의 역량을 검증하여 미래의 성과창출 여부를 판단하는 것이다. 즉 오늘의 역량을 보고 내일의 성과를 예측함으로써 지원자의 적격성을 판단한다는 점에서 역량중심의 인터뷰라는 이름의 제도로 많은 기업들에서 운영되고 있는 것이다.

과거의 경험과 역량을 통해 판단한다

CBI는 지원자의 역량의 판단에 대한 증거가 될 수 있는 과거의 경험이나 사실 등에 대해 개방형 질문형태로 운영되는 면접기법이다. CBI를 적용하는 과정에서 몇 가지 중요한 핵심 프로세스를 살펴보면 다음과 같다.

- 미래의 행동과 성과를 예측하기 위해 과거에 지원자에게 있었던 경험이나 상황에 대해 연상하도록 하여 인터뷰를 진행함.
- 연상된 상황이나 경험에서 지원자가 성공이나 실패를 하는 데 있어 중요한 역할을 했던 스킬, 행동, 대처 등에 대해 차례차례로 질문을 해나감.
- 이때 과거의 특정 상황 하에서 발휘한 지식, 기술 또는 능력을 포함한 역량 행동에 초점을 맞추어서 진행함.

CBI가 비교적 많은 회사에서 도입되어 운영되고 있는 이유는 채용도구로서의 정확성이라고 할 수 있다. 상기 핵심 프로세스에서 설명한 바와 같이 과거 지원자에게 발생했었던 상황이나 경험들에 대해 먼저 정의하고 해당 상황에서 현재 채용하고자 하는 기업이 지원자에게 요구하는 역량의 발휘나 미흡 여부 등을 검증함으로써 지원자의 적격성을 판단하므로 기존의 인터뷰 방식보다 높은 수준의 정확도를 확보할 수 있다고 할 수 있다.

CBI는 상황의 설정에서 검증을 시작한다

CBI에서 인터뷰항목을 구성하는 단계는 총 4단계로 구성되어져 있다. 상황(Situation), 과업(Task), 행동(Action) 그리고 결과(Result)가 바로 그것이다.

- **상황(Situation)** : 지원자가 행동을 취하는 배경이나 상황에 대해 정의하는 단계이다. 이 단계에서는 지원자의 실제 경험이 반영되는 것이 중요하므로 지원자의 솔직한 반응과 접근이 필요한 단계이다.
- **과업(Task)** : 지원자가 1단계에서 설명된 경험이나 상황에서 가장 직접적으로 당면했었거나 해결했었어야 하는 과업이나 문제에 대해 공유하는 단계이다.
- **행동(Action)** : 지원자가 직면한 상황에서 문제를 해결하기 위해 취했었던 행동, 태도 등 문제해결을 위해 보여준 제반 활동에 대해 설명하는 단계이다. 이 단계에서는 반드시 문제 해결을 위해 효과가 있었던 활동으로 지원자 설명이 국한되기 쉬우므로 실패사례도 포함해서 함께 설명될 수 있도록 유도하는 것이 바람직하다.
- **결과(Result)** : CBI의 마지막 단계로서 최초 설명된 상황이 과연 어떠한 결과로서 마무리 되었는지를 묻고 답하는 단계이다. 이 단계 역시 지원자의 입장에서 긍정적인 측면만 부각하려는 의도가 반영될 수 있으므로 부정적인 면도 같이 인터뷰될 수 있도록 해야 한다. 그리고 또 하나 마지막 단계에서 주의할 점은 결과 그 자체로 인터뷰를 마치는 것이 아니라 이후의 본인의 업무에 대해 미친 시사점이나 영향 등을 포괄적으로 인터뷰함으로써 지원자의 역량을 보다 심층적으로 파악해야 한다는 점이다. 즉, 성공사례의 경우 왜 성공했는지 그 성공이 오늘의 지원자에게 미친 영향을 그리고 실패사례의 경우 왜 실패 하였는지 그리고 그 실패사례로부터의 교훈이 남긴 시사점이나 교훈을 함께 이끌어 냄으로써 보다 객관적인 검증과 판단이 가능해진다.

| CBI의 Framework |

	내용	파트너십 역량 질문 예시
Situation	• 지원자가 행동을 취하는 배경이나 상황	• 비록 자신의 일은 아니지만 타인의 일에 깊이 관여하여 일을 도운 적이 있습니까?
Task	• 지원자가 해결해야 했던 일이나 문제	• 어떠한 일이었으며, 왜 그 일에 동참하게 되었습니까?
Action	• 지원자가 Situation/Task에서 행하거나 말했던 내용 • 인터뷰에서 가장 중요한 핵심 부분	• 당신이 기여한 것은 무엇입니까?
Result	• 지원자가 행한 행동의 결과 • 지원자의 행동으로 인해서 나타난 변화/차이점	• 결과는 어떠했으며, 본인이 얻게 된 것은 무엇입니까?

Main question

Probing question

Follow-up question

CBI는 구조화된 인터뷰로 진행해야 한다

통상적으로 인터뷰는 짧게는 20분 길게는 30분 정도 소요되는 것이 일반적이다. 면접준비나 opening 그리고 경력리뷰 등 인터뷰에서 필수적인 프로세스만 거치더라도 상당 시간이 소요되게 된다.

따라서 CBI를 통해 지원자를 검증코자 하는 경우, 사전에 정해진 체계나 질문항목을 다양한 사례로 구분해서 운영하고 이를 면접관에게 사전 교육하는 것이 필요하다. CBI를 개방형 질문(Open-ended interview)으로 진행하는 것도 무방하지만 시간적인 제약이 있는 경우, 검증코자 하는 유형별로 사전에 정리해 두는 것이 필요한데 이를 구조화된 인터뷰 방식(Structured interview)이라 한다. 즉, CBI는 구조화된 인터뷰를 통해서 진행할 때 정해진 시간 내에 검증의 효과성을 높일 수 있다.

| CBI의 진행 프로세스 |

면접준비	• 인터뷰를 준비하는 데 있어서 필요한 준비사항 체크
Opening(2분)	• 지원자 환영 • 인터뷰 절차 소개 • 지원자 자기소개
주요 경력 리뷰(2분)	• 구체적인 면접에 들어가기에 앞서, 지원자의 주요경력사항 리뷰
구조화된 행동면접(20분)	• 공통역량에 해당하는 Key actions를 리뷰 • 각 역량에 대해서 구조화된 질문 실시
Closing(1분)	• Q&A • 회사 소개 및 다음 단계 안내 • 감사 인사
평가(5분)	• 구조화된 Frame에 따라 인터뷰 내용을 평가 • 다른 평가자들과 합의하여 채용여부 결정

CBI(Competency based interview) Fastrack

역량은 비록 눈에 보이지 않는 무형적인 요소이지만, 반드시 행동으로 나타나고 반복된다는 본질적 특성을 지니고 있기에, 인터뷰를 통하여 과거의 경험 또는 지원자의 반응 및 태도 등을 통하여 역량의 구비 여부를 검증할 수 있다.

역량을 면밀하게 검증하기 위해서는 역량에 대한 정의를 비롯하여, 검증하고자 하는 역량을 나타내는 바람직한 행동지표와 바람직하지 않은 행동지표 등이 사전에 검토되어야 하며, 이를 검증할 수 있는 구체적 질문을 면접자에게 명확하게 교육시킬 필요가 있다.

THEME **06** 인재의 수요와 공급에 시장원리를 적용하다

이동 및 배치(Job rotation)를 통해 역량을 육성한다

경력개발 중 가장 중요한 제도인 이동 및 배치에 대해 살펴보기로 하자. 이동제도를 통해 직원의 수행업무가 변경되고 직원들은 새로운 직무환경에 접하게 된다. 그러나 이러한 이동도 적정한 원칙과 체계에 따라 이루어지지 않는다면 결과적으로 이동으로서 얻게 되는 순기능은 없다고 보아도 무방하다. 따라서 직원들의 직무이동을 통해 직원의 역량개발과 조직의 성과창출이라는 두 마리 토끼를 잡기 위해 검토하여야 할 사항부터 보도록 하자.

이동단위 설계

이동 단위란 이동이 가능한 폭을 설정하는 것과 동일하다고 볼 수 있다. 이동단위를 넓게 설정할수록 전문가의 육성이라는 취지에서 멀어지게 되고 좁게 설정할수록 다방면의 직무역량을 습득하기 어려운 점이 있다. 최근의 추세는 CF(Career Field)나

SCF(Sub Career Field)를 기준으로 이동의 폭을 제한하는 것이 하나의 경향이다. 과거 이동의 폭에 대한 제한이 없이 이루어지다보니 기업들이 직무전문가의 육성에 한계를 느끼기 시작한 점도 이러한 경향의 형성에 영향을 미쳤다고 보인다.

| 이동단위의 종류 |

구분	정의	사례
CF	–대분류 –Career Field –주요 직군과 유사한 개념으로 이해될 수 있음 –영업직군, 생산직군 등 가장 넓은 기준에 해당함	–영업직군 –경영지원직군 –생산직군 등
SCF	–중분류 –Sub Career Field –전문가 육성단위에 해당함	–HR –Finance –회계 –IT 등
Job	–소분류 –일반적으로 직무분석의 대상이 되는 단위	–인사관리 –인력개발 등

이동원칙 설정

이동단위가 결정되면 이동원칙에 대한 설계가 필요하다. 이동원칙이라 함은 정해진 이동단위 내에서 어떤 주기로 이동을 실시할 것인지, 이동대상자를 어떻게 선발할 것인지, 이동 전후 회사에서 지원은 어떻게 할 것인지 등 실제 이동제도를 운영하면서 나타나는 운영상의 이슈들을 해결하기 위한 원칙을 정해야 한다.

이동경로 설계

이동경로란 정해진 이동단위와 원칙에 따라 실제 이동이 가능한 동선(Career path)을 결정하는 단계이다.

| 이동경로 설계 사례 |

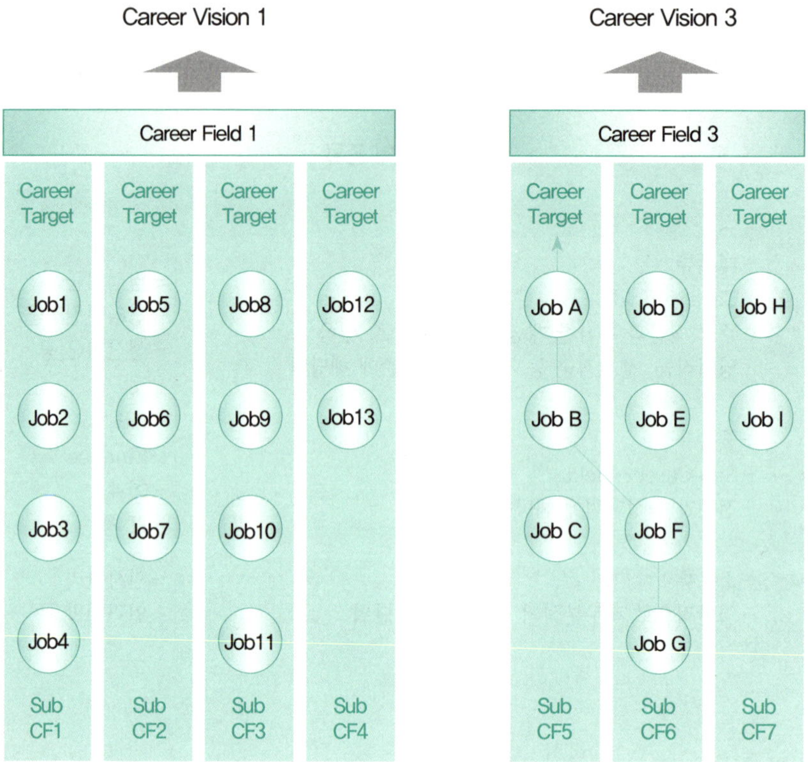

다수 직원의 니즈를 모두 반영하는 것은 현실적으로 불가능하다

경력개발제도가 이동제도나 Job rotation을 통해 실시되고 있으나 이러한 제도들이 가지는 한계로 인해 많은 직원들이 경력개발이라는 제도 내에서 동등한 혜택을 보기는 불가능하다. 또한 조직과 개인의 니즈에 있어 차이가 발생하는 경우 과연 어느 편에서 의사결정을 해야 할 것인가가 모호해진다. 이렇듯 많은 직원들의 이해관계를 동시에 반영하면서 개인과 조직의 니즈를 동시에 소화할 수 있도록 커리어마켓(Career market)이라는 제도가 많은 기업들에서 도입되어 운영되고 있다.

커리어마켓이란 일반적인 상품이나 서비스 시장과 마찬가지로 인력을 가진 직원과 인력을 필요로 하는 조직이 기업 내부에서 만나 이동에 관한 의사결정을 하게 되는 장이라고 할 수 있다. 커리어마켓에서 직원은 Job bidding이라는 절차를 통해 내부시스템에서 자신이 원하는 직무나 직무군으로의 희망을 표시해두고, 이력서를 등록하는 절차를 진행하게 된다. 반면 부서나 팀은 공석이 발생한 경우, 내부시스템에 공석을 공지하고 지원자를 물색하게 된다. 이 과정을 Job posting이라고 하며 이 과정을 통해 외부 채용 이전에 내부적으로 적임자를 구하게 된다. 따라서 커리어마켓은 희망 인력에 대한 팀의 니즈(수요 측면)와 희망 직무에 대한 직원의 니즈(공급 측면)가 만나 인력이 운영되는 마치 인력시장과 같은 형태의 제도라 할 수 있다.

| 커리어마켓 개념 |

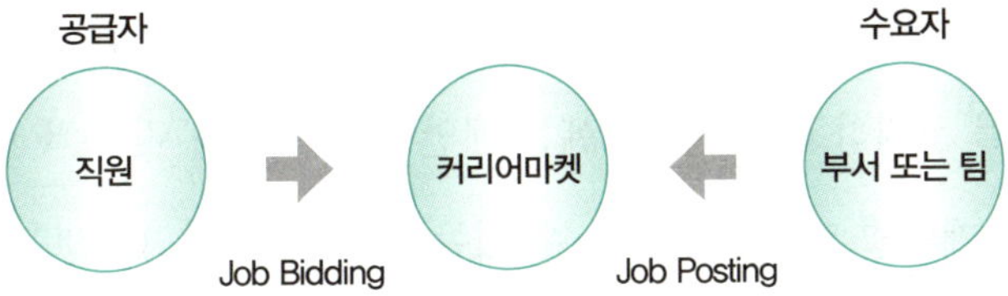

직원도 드래프트 제도로 선발한다

프로스포츠 세계에서나 볼법한 인사 드래프트제도(HR draft system)가 최근 공공기관을 중심으로 도입되어 운영되고 있다. 한국공항공사, 한국관광공사, 예금보험공사 등의 공기업들에서 운영하고 있는 인사 드래프트 제도는 양방향으로 이루어지는 제도이다. 인사 대상자가 자신이 원하는 보직에 대해 희망원을 제출하고, 해당 조직의 임원은 함께 일하고 싶은 부서장과 직원을 선발하는 형식이다.

만일 선발되지 못하는 경우 희망퇴직 등의 제도로 퇴사하는 경우로 제도를 설계하는 경우가 많기 때문에 드래프트 제도가 인력의 수요와 공급이라는 시장원리에는 충실하지만 고용의 안정이라는 측면에서는 다소 거부감이 있는 것이 사실이다. 따라서 이 제도가 장기적으로 자리를 잡을 수 있을 지는 지켜봐야 할 것이나, 동시에 인사대상자에 대한 객관적인 성과 및 역량평가와 경력개발에 대한 계획이 체계적으로 운영되는 것이 드래프트 제도의 성공적 정착에 선행조건이라 할 수 있다.

이러한 드래프트 제도 역시 조직의 니즈와 개인의 니즈가 만나 인력운영에 대한 의사결정이 이루어진다는 측면에서 커리어마켓과 유사한 개념으로 볼 수 있다.

Career report로 개인의 경력을 관리한다

개인별 경력을 체계적으로 관리하기 위해서는 직무 및 개인에 대한 정보를 체계적으로 관리할 필요가 있다. 이때 활용할 수 있는 Career report인데, 직무정보, 인사정보 그리고 개인정보로 구성할 수 있다. 직무정보에는 직무별 역량, 요구스킬 등 직무 관련정보를 관리하고, 인사정보에는 개인별 과거 이동 및 교육 이력 그리고 자격증 등과 같은 개인별 역량을 검증할 수 있는 정보 및 과거 3년간 평가등급을 축적하여 인사이동시 활용할 수 있다. 마지막으로 개인정보에는 개인별로 희망하는 직무를 순위별로 적도록 하여 관리함과 동시에 개인별 경력 목표(Career goal)를 정하도록 해서 이에 대한 비전실현과 동기부여에 활용할 수 있다.

| Career report의 구성 |

직무정보 | 인사정보 | 개인정보

직무명	해당조직

• 직무 Mission

• 직무역량

• 요구 지식/ 스킬

• 관련 교육 정보

• 관련 자격증

직무정보 | **인사정보** | 개인정보

• 과거 이동 이력

근무부서	직급	직무	기간
총 연차			

• 이수 교육이력

교육명	기간	결과

• 자격증 보유 현황

자격 증명	발급 일자	발급 기관

• 과거 3개년 평가등급

직무정보 | 인사정보 | **개인정보**

• 직무 Mission

순위	직무명	가중치	희망 이동시기
1			
2			
3			

※ 직무명 : 직무정보를 참고하여 작성
가중치 : 상/중/하 선택
희망이동시기 : 즉시, 1년 후, 3년 후, 5년 후 선택

• Career Goal

Position 명

Career market

모든 구성원들의 니즈를 충족시킬 수 있는 경력개발제도를 설계 및 운영하는 것은 현실적으로 불가능하다. 이에 대한 해법으로 요즘 많이 사용되는 것이 Career market 제도인데, 이는 경력개발제도에 시장원리를 접목시킨 것으로 직원이 공급자가 되고 조직이나 팀이 수요자가 되어 시장에서 수요와 공급이 만나는 지점에서 가격이 정해지듯이 Career market에서도 수요와 공급이 만나는 경우 이동이 이루어지도록 하는 제도로서, 이를 통해 개개인의 이동배치 과정을 관리하고 기록함으로써 경력개발의 효과를 높일 수 있다.

THEME 07

인재유형별 경력개발을 차별화하다

20 : 70 : 10의 법칙에 따르다

핵심 인재의 경력개발로 유명한 GE는 조직활력곡선(Vitality Curve)을 통하여 조직 내 인력을 20 : 70 : 10으로 구분하고 있다. 성과나 역량기준으로서 상위 20%의 인력을 핵심인재(Key Talent)라고 하고 하위 10%를 저성과자(Underperformer)라고 한다. 다른 이름으로 상위 10%를 A-Player, 중위 70%를 B-Player 그리고 하위 10%를 C-Player라고 일컫기도 한다. GE의 조직 활력 곡선이 주는 시사점은 상위 20%와 하위 10%에 대한 차별적인 관리제도를 적용할 때 조직의 활력이 살아난다는 점이다.

| GE의 조직 활력 곡선(Vitality curve) |

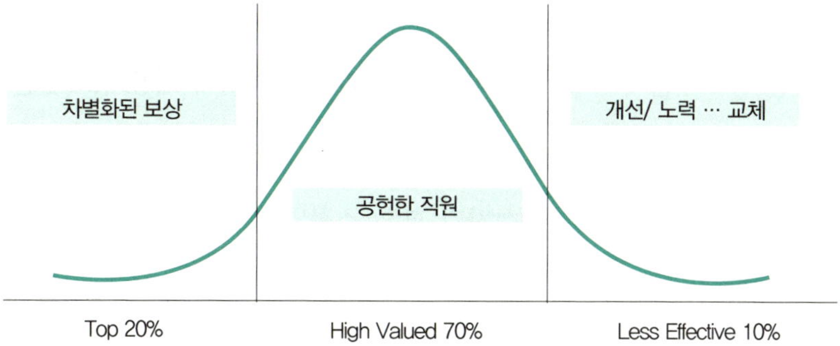

뿐만 아니라 GE는 Nine-box 모델을 적용하여 단기적인 성과에 따른 구분만을 하는 것이 아니라 장기적인 역량과 성장가능성에 대한 기준 역시 반영함으로써 직원을 9개 유형그룹으로 구분하여 관리하고 있다. 이러한 Nine-box 모델 역시 직원들의 역량과 성과의 차이를 무시한 획일적인 관리가 아닌 인재별로 차별화된 관리가 조직성과 창출의 밑거름이라는 점을 시사한다.

| GE의 Nine-Box 모델 |

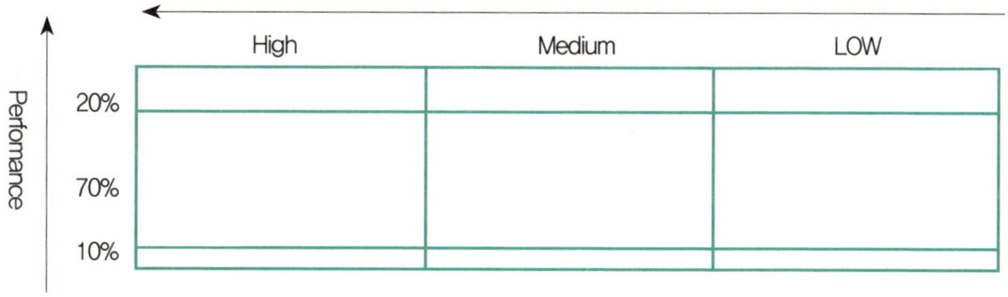

핵심인재를 통해 미래의 리더를 육성한다

핵심인재를 선발하여 관리하고 있는 많은 기업들이 유사한 기준을 적용하여 핵심인재를 선발하고 있는데 주로 성과와 역량 그리고 리더십이 적용되고 있는 기준이다. 성과는 과거 선발대상자가 보여준 능력이고, 역량은 대상자가 미래를 창출할 수 있는 성과를 그리고 리더십은 대상자가 향후 조직의 리더로서 보여줘야 할 구체적 역량이므로 이들 3가지 기준을 공통적으로 적용하는 것이 일반적이다.

| 주요 기업들의 핵심인재 선발기준 |

Company		Talent 선발요건
국내	POSCO	• 업무경력, 성과, 전문역량, 변화주도력 등을 고려
	SK Corp.	• 역량수준, 특수의 타 기업/기능 근무경험, Remarkable Performance
	LG Telecom	• 최근 3년간 인사평가 결과, 리더십평가 결과(Energy, Energize, Edge, Execution)
해외	Visa	• 성과평가 결과, 업무능력, 잠재력, 평판
	GE	• 성과평가, 리더십 평가 결과, 회사 가치관 평가결과(9 Value)
	Motorola	• 직무성과, 회사 가치 충성도, 커리어 비전, Skill, 리더십, 지식 및 경험
	Toyota	• 단기적 성과, 도전정신, 리더십 등의 행동특성
	Xerox	• 최근 3년간 인사평가 결과, Leader로서의 잠재능력, Loyalty, 업무에 대한 열정 등
	Electrolux	• 장기 근속 가능성 판단, 직무능력, 세계시장 적응능력, 소비재 산업경험, 리더십

여러 회사들로부터 핵심인재 관리의 벤치마킹 대상이 되어온 GE의 경우 Session C라는 이름으로 핵심인재를 선발하는 프로세스를 진행하는데 매년 4월 Session C가 실시된다. 주목할 만한 점은 Session C 시험을 위해 전년도 10월부터 대상자 선발을 위한 절차가 개시된다는 점이다. 핵심인재관리에서 앞서나가고 있는 GE의 제

도에서 가장 핵심적인 사항은 바로 핵심인재의 선발을 위한 충분한 시간과 노력의 투입이다. 즉, 미래의 리더를 선발하고 육성하기 위한 핵심인재에 그만큼 신중을 기하고 있는 것이다.

| GE의 Session C |

10월	12월	1월	2월	3월	4월
• 360도 리더십 서베이	• 개인별로 Employee Management System2 update • EMS3 기입	• EMS2 EMS3를 매니저에게 제출	• 사업부문 Session C Review	• 지역본사 Session C Review	• 전사차원 Session C Review
–	–	• 매니저가 평가자에 대해 EMS3 (side 2) 작성	• 매니저와 상사에 의한 EMS3 Review	• EMS3의 평가결과 개인에게 피드백	–

이상의 내용을 감안하여 핵심인재를 선발할 때 사용할 수 있는 기준을 정리해보면 우선 역량과 성과를 기준으로 두 요소 모두 충족하는 대상자에게 최종적인 선발 프로세스로서 리더십 검증 과정을 거침으로써 핵심인재를 효과적으로 선발하고 있다고 볼 수 있다. 구체적으로 리더십의 경우 신뢰, 비전제시, 성과관리 그리고 혁신을 주된 내용으로 평가하는데, 각 리더십 세부 기준에 대해 적정한 검증방식은 [그림]에서 보는 바와 같다. 대체로 360 Degree Assessment와 Personality Test가 일반적으로 유효한 선발도구로 활용되고 있다.

| 핵심인재 선발기준 |

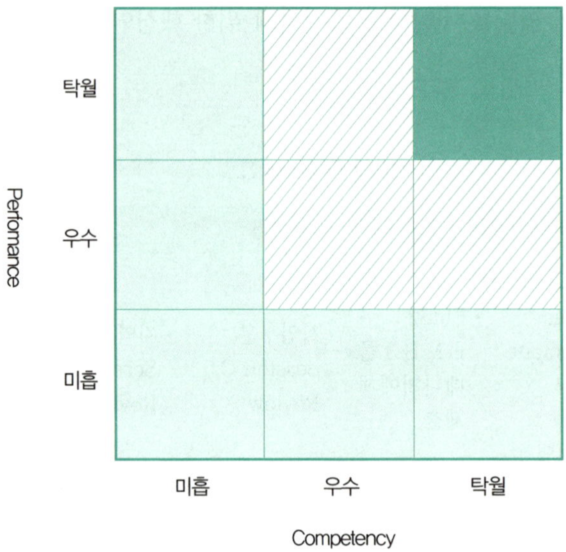

| 리더십 검증 |

	리더십역량			
	신뢰형성	비전 및 방향제시	성과관리	혁신 및 변화주도
In-depth Interview		√	√	
360 Degree Assessment	√	√	√	√
Group Discussion	√	√		√
Personality Test	√	√	√	√

저성과자 관리를 통해 조직의 성과를 향상시킨다

저성과자의 경우 조직의 역량과 성과에 대해 지장을 초래하게 되므로 무엇보다 지속적인 역량개발과 교육훈련을 통해 성과창출과 역량개선이 요구된다.

저성과자의 선발은 주로 3가지 기준을 적용하여 판단하는데, 첫 번째 기준은 저성과자 표현 그대로 성과의 부진 여부이다. 현재 및 과거의 직무경력을 종합적으로 검토해볼 때, 다른 구성원 또는 동료 대비 어느 정도로 성과가 현저하게 나타나는지 여부가 바로 대상자에게 적용되는 판단기준이다. 두 번째 기준은 업무성과의 향상 가능성이다. 이를 다른 표현으로 하자면 역량이 될텐데, 현재의 저성과 현상이 향후 어느 정도로 개선될 수 있는지에 대한 기준이라고 할 수 있다. 마지막 기준은 직원의 결격사유이다. 이는 징계나 포상사유 등 직원으로서 기존의 공과를 감안하여 저성과자의 선발에 반영하겠다는 의미로 해석할 수 있다.

| 저성과자 선발 기준 |

기준	기준 별 평가내용	확인내용
성과부진 여부	• 현 직무와 과거 직무수행시 타 구성원들에 비해 성과가 현저하게 열등한가? • 현 직무와 과거 직무수행시 타 구성원들에 비해 성과가 현저하게 열등한가?	• 성과평가 결과 및 평가자 종합의견 검토 : 평가자 종합의견을 통해 후보자 현재 성과 수준 확인 • 과거 직무이력의 확인 : 후보자의 현 직무, 과거 직무이력, 업무성취 경험 등을 통해 지속적인 성과부진 여부 판단
업무성과 향상 가능성	• 향후 성과개선프로그램 수행시 업무성과가 향상될 가능성이 있는가?	• 역량평가 결과 및 평가자의 종합의견 확인 – 역량평가 항목 중 결여항목 Review – 평가자 종합의견을 통해 후보자의 역량 수준 및 향후 성장 잠재력 확인
결격사유 유무	• 직원으로서 심각한 결격사항이 있는가?	• 후보자의 상벌사항 확인 : 과거 징계 사항 존재여부 확인 및 판단(징계의 성격 및 정도 고려)

저성과자 관리제도의 적용 대상자가 결정된 경우 우선 운영되어야 하는 제도가 바로 성과개선 프로그램이다. 즉 저성과이기에 해당 프로그램이 적용되는 것이므로, 저성과라는 현상을 개선하여 성과창출을 위해 운영될 수 있도록 주로 2가지 측면에서 세부제도가 설계되는 것이 일반적이다. 첫 번째로 대상자의 성과를 지속적으로 모니터링하기 위한 성과개선 계획수립인데, 이는 주로 MBO제도를 통해 운영된다.

다른 하나의 제도가 바로 교육훈련이다. 기업이 저성과라고 하는 기준을 통해 대상자를 선발하였다면 이들의 성과개선을 위해 기업이 할 수 있는 최고의 노력이 바로 대상자의 역량향상을 위한 교육훈련이다.

또한 저성과자 관리 프로그램에서 고려해야 할 또 다른 요소는 프로그램 대상자에게 적용할 평가와 보상제도이다. 평가제도와 관련하여서는 정성평가보다는 정량평가 위주의 관리가 될 수 있도록 하는 것이 바람직하고, 보상제도에 있어서는 인센티브 적용 제외 등과 같은 불이익을 대상 직원들에게 단계적으로 확대하여 적용함이 법적인 측면에서는 바람직하다고 할 수 있다.

Session C Fastrack

인재육성에 있어 전사적인 관심과 노력을 기울이고 있는 GE의 차세대 리더육성 프로그램으로 체스판에 놓을 말들을 고르듯이 상위 500개의 관리직에 후보자를 배치하고, 특정 자리가 공석이 되면, 그 후보자를 인력관리 담당자가 여러 가지 검증 과정을 거쳐 최종 선발한다.

Session C를 통해 직원 개인 맞춤식 리더십 교육프로그램이 설계, 운영되고, 참가직원은 아메리카, 아시아태평양, 유럽 등 각 지역별로 동일한 과정으로 교육을 받으며, 특히 경영진(임원) 리더를 위한 MDC, BMC, EDC 이 3가지 과정은 미국의 크로톤빌 연수원에서만 운영된다.

만일 Session C에서 A를 받은 인재가 퇴직하게 되면, 각 사업부문 사장들은 곧바로 회장의 질책을 받게 되는데, 이와 같은 인력관리 정책으로 인하여 A고과를 받은 인재가 GE를 떠나는 비율은 실제 1%가 안 된다고 한다.

THEME 08 승진제도의 투명성을 위해 승진포인트제도를 도입하다

승진기준이 연공에서 성과로 이동하고 있다

일반적인 승진제도의 운영프로세스를 살펴보면, 사전에 정해진 기준에 따라 승진 후보자 명부를 작성하는 것이 최초 단계이다. 이때 승진 후보자를 어떤 기준에 따라 선발하여 최종 심사를 할 것인지를 결정하여야 하는데, 만일 연공중심의 인사제도를 가진 기업은 연공 및 근속에 따라 심사대상자를 선발하게 되고 성과중심의 인사제도를 운영하는 기업은 평가결과를 기준으로 대상자를 선발한다.

과거 기업들의 승진제도를 살펴보면 성과나 역량보다는 연공이라는 기준이 보다 일반적으로 적용되어 왔다. 이는 당시의 내외부적인 경영환경의 차이에서 시사점을 찾아볼 수 있다. 과거에는 소위 종신고용(Lifetime employment)을 통해 개인의 의사에 따른 사직의 경우가 아니면 정년까지 이르러서 정년퇴직하는 것이 일반적인 과정으로 받아들여졌다. 즉, 누구나 원하면 정년까지 갈 것이니 굳이 먼저 승진하고자 하는 니즈도 강하지 않았다.

그러나 IMF나 2008년 글로벌 금융위기를 거치면서 종신고용이라는 개념이 무너지기 시작하면서 고용의 유연성이라는 경영가치가 점증적으로 대두되기 시작하였다. 이제는 정년이 보장되지 않으니 그 이전에 본인의 승진기회를 극대화하자는 인식이 확산되기 시작한 것이다.

이렇듯 종신고용 제도 하에서 연공위주의 승진제도가 유효했다고 하면 실제 정년이 단축되면서 평균 근속이 짧아지고 있는 상황 하에서는 연공보다 객관적인 승진기준에 대한 니즈가 증가하게 된다. 또한 성과주의 인사관리라는 트렌드와 맞물리면서 승진 기준으로서 성과의 반영이 필수적인 요소로 자리잡아 가고 있다.

| 승진 기준의 변화 |

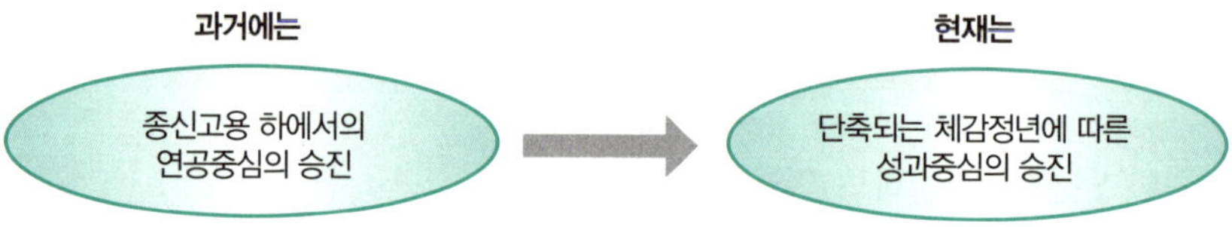

마일리지를 쌓듯 승진을 위한 포인트를 적립한다

그럼 과연 성과라는 요소를 어떻게 승진기준에 반영할 것인가가 문제가 된다. 성과 결과를 체계적으로 반영하기 위해 가장 일반적으로 도입된 제도가 바로 승진포인트제도(Promotion point system)이다. 각 직급에서의 포인트 축적기준과 승진을 위한 최저 수준을 정하여 승진대상자를 결정하는 제도를 승진포인트 제도라 한다.

이렇게 승진포인트제도를 운영하는 경우 과거 대비 승진제도의 운영에 투명성이 높아진다고 할 수 있다. 즉, 승진대상자 입장에서 보면 현재 나의 포인트가 얼마이고 얼마나 더 포인트를 모으면 승진후보자가 될 수 있는지 가시적으로 보이기 시작하면서 제도 자체의 투명성도 그만큼 올라가게 되는 것이다.

동시에 해당 포인트를 쌓기 위해 성과에 대한 요구수준이 대상자에게 전달되므로 개인의 성과창출과 역량개발에 보다 높은 관심이 생기게 되어 기업의 입장에서는 추가적인 혜택이 있는 것이라 할 수 있다.

| 승진포인트 제도 사례 |

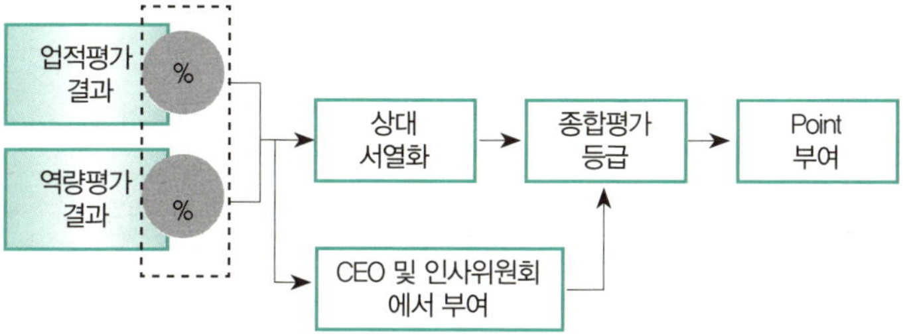

평가 등급	S	A	B	C	D
포인트	5	4	3	2	1

성과와 교육을 통해 승진포인트를 축적한다

승진심사기준은 일반적으로 4가지의 기준을 적용한다. 근속, 평가, 교육 그리고 상벌이다. 근속이라는 요인도 성과주의라 하여 완전히 배제하는 편보다는 적정한 가중치를 가지고 반영되는 것이 제도의 실행력에 도움이 될 수 있다. 그리고 평가포인트는 성과와 역량을 포함하여 산출되며 승진포인트제도에서 가장 중요한 요인이라 할 수 있다.

그리고 최근 개인의 역량개발이 가장 중요한 화두가 되는 만큼 교육을 통한 역량개발을 도모하기 위해 교육이수포인트를 승진기준에 반영하여 교육에 대한 중요성을 직원과 커뮤니케이션할 수 있고, 실제적으로도 교육을 강화함으로써 역량 개발로 이어질 수 있다. 마지막 기준은 상벌포인트이다. 기업에서 공식적으로 직원의 공헌과 기여를 인정하고 비위행위를 징계하는 과정을 상벌이라 할 수 있다. 따라서, 승진후보자가 보여준 업적에 대한 그리고 후보자가 범한 과오에 대한 책임과 인정을 명확히 하기 위해 상벌포인트를 도입하는 것이 바람직하다.

| 승진 심사기준 및 기대효과 |

승진 심사 기준

심사기준	
근속 포인트	
평가 포인트	성과 평가
	역량 평가
교육이수 포인트	
상벌 포인트	

기대효과

- 평가포인트 반영을 통한 성과주의 인사제도 강화
- 교육이수 포인트 반영을 통한 개인/조직 역량 강화 유도
- 우수인력에 대한 조기 승진 기회 부여 및 동기부여
- 계량화를 통한 공정성 및 투명성 제고

4가지 요소를 모두 반영은 하되 각 요소별 가중치에서 차이가 나게 된다. 요소별 적정한 가중치를 보면 아무래도 평가포인트의 비중이 70~80% 정도 되도록 설계 및 운영하는 것이 필요하다. 나머지 20~30%에 대해 근속과 교육이수가 반영되도록 해야 성과주의 중심의 승진포인트제도라 할 수 있을 것이다.

| 승진포인트 설계 사례 |

심사기준	개념	세부포인트 부여기준
근속 포인트	• 현 직급 내 근속(체류)연수	• 해당 직급 내 근속(체류)연수 1년마다 1점 부여 • 단, 장기 근속자의 고득점 방지 위해 최대 10점으로 제한(장기 근속에 따른 고득점 방지와 TO 부족에 따른 승진정체 가능성을 종합적으로 고려하여 최대 10점으로 설정)
평가 포인트	• 직급 별 기준 체류 연한 내 평가점수	• 평가점수를 5등급으로 구분하여, 등급별 점수 부여 –S등급 : 5점 –A등급 : 4점 –B등급 : 3점 –C등급 : 2점 –D등급 : 1점 • 단, 장기 근속자의 고득점 방지 위해 기준 체류연한(Junior 직급 6년, Senior 직급 8년) 내 최근 평가결과만 반영

심사기준	개념	세부포인트 부여기준
교육이수 포인트	• 현 직급 내 교육 이수 여부 및 교육 결과	• 1일 8시간 기준 1학점(4시간 이하는 0.5점) 부여 원칙 • 1년 간 5학점 이수 시 1점 부여
상벌 포인트	• 현 직급 내 포상 또는 징계 이력	• 포상 시 가점 부여 –훈/포상, 대통령 표창 : 3점 –국무총리, 장관급 이상 포상 : 2점 –차관급 이상 포상 : 1점 • 징계 시 감점 부여 –감봉 : –1점 –정직 3개월 미만 : –2점 –정직 3개월 이상/강임 : –3점 • 봉사활동 시 가점 부여(단, Senior→Leader승진 시에만 적용) –1년 간 사회봉사활동 30시간 이상 시 1점 부여 –단, 성과 및 역량 중심의 승진제도 구축을 위해 최고점을 5점으로 제한

| 승진프로세스 사례 |

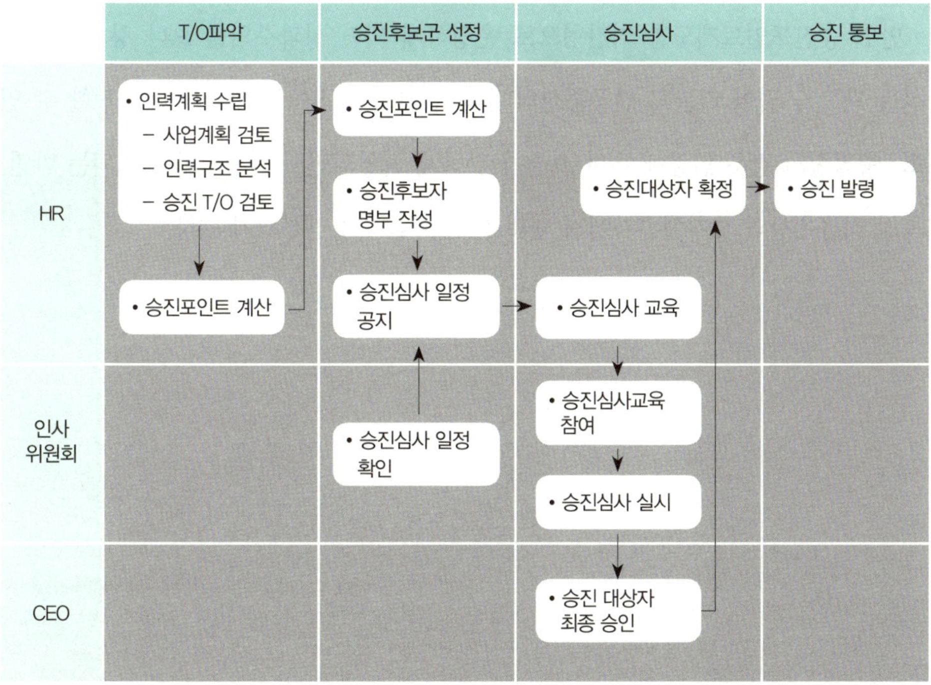

기간형으로 할것인가 아니면 축적형으로 할 것인가

과연 승진포인트에 유효기간이란 있는 것일까? 만일 유효기간이 있다고 하면 인정되는 승진포인트가 특정기간으로 한정될 수밖에 없을 것이고 없다면 동일 직급 내에서는 지속적으로 축적되게 된다.

| 승진포인트제도의 유형과 장단점 |

구분	기간형	축적형
정의	• 승진 의사결정 시점에서 과거 몇개년에 대한 포인트만 인정하는 제도	• 해당 직급으로 승진된 이후 축적된 일체의 포인트를 인정하는 제도
Pros and Cons	• 특정 직급 장기체류자에게 불리 • 성과주의 강화형의 제도 • 근속에 상반되는 승진서열 가능 • 수직적 조직문화와의 충돌 가능	• 장기체류자에게 유리 • 근속과 승진서열과의 정(+)의 관계 • 수직적 조직문화에 적합

만일 승진포인트제도를 기간형으로 운영하게 되면 성과주의를 보다 강하게 반영하는 제도가 되어 기존의 연공중심의 문화를 가진 조직에는 부적합하다고 할 수 있고, 축적형의 경우 연공에 대한 요소가 강하게 반영되면서 실행력이 제고되는 반면, 특정 직급에서의 장기체류자에게 혜택을 주는 결과가 양산되기 쉽다.

승진포인트제도

Fastrack +

승진의 객관성 확보와 공정성 제고를 위하여 많은 기업들이 승진포인트제도를 도입하고 있고, 일반화되어 가고 있는 추세이다.

승진포인트제도가 갖는 장점이 많이 있지만, 아래와 같이 단점도 있기에 승진포인트제도 운영의 성패 여부는 단점을 얼마나 효과적으로 극복하느냐에 달려 있다고 할 수 있다.

구 분	세부내용
장 점	승진제도의 투명성 확보 승진 여부의 예측가능성 제고 직원의 주도에 의한 승진 포인트 관리 승진심사자의 주관의 개입 배제
단 점	인사고과시 포인트 미달자에게 몰아주기 현상 발생 승진포인트의 인플레이션 현상 심화 인사권자의 자율적 판단의 과도한 제약 인사위원회 운영의 형식화 직원들 간 승진포인트 공유현상

THEME **09**

직급 Broadband를 통해 인사관리의 유연성을 강화한다

역할, 연공 그리고 직무가치에 따라 직급을 설계하다

직급은 인사관리를 운영하는 가장 기본이 되는 요소이며, 동일 혹은 유사 수준의 직원들을 그룹화하여 관리하는 체계를 의미한다. 직급은 보상제도 운영의 근간이 된다는 측면에서 호칭제도와 구분되고, 조직관리에서 중심이 되는 직책과도 구분된다.

이러한 직급제도 역시 직급을 설정하는 기준에 따라 3가지 유형으로 구분하게 되는데, 역할중심의 직급, 연공중심의 직급 그리고 직무중심의 직급제도가 바로 그것이다. 우선 역할중심의 직급제도란 직원들이 수행하는 역할(Roles)을 기준으로 유사한 수준을 3~4가지로 구분하여 운영하는 것이다. 역할을 중심으로 직급을 구성하다 보니 해당 직급에서 어떠한 역할을 수행해야 하는지 또는 조직에서 어떠한 역할을 기대하는지 커뮤니케이션이 명확해질 수 있다.

| 역할중심의 직급제도 |

직급	기능			
	HR	Finance	GA	PR
Manager	HR manager	Finance manager	GA manager	PR manager
Senior Specialist	HR Sr. specialist	Finance Sr. specialist	GA Sr. specialist	PR Sr. specialist
Junior Specialist	HR Jr. specialist	Finance Jr. specialist	GA Jr. specialist	PR Jr. specialist
Assistant	HR assistant	Finance assistant	GA assistant	GA assistant

| 역할중심의 직급제도에서 직급별 R&R 사례 |

구분	직급	개념	역할(Roles)	책임(Responsibilities)
Level 1	리더 (Leader)	• 팀장 이상의 직책을 가진 자로서, 해당 직무와 관련된 전문적인 지식과 풍부한 경험을 바탕으로, 해당 직무를 총괄 및 리딩함	• 해당 직무 관련 전문 지식과 경험을 바탕으로, 조직 비전과 전략을 고려한 장기적으로 중요한 프로젝트 및 Task를 계획하고, 이를 위한 자원 배분 및 결과 평가를 수행함 • 해당 직무 및 인접 직무 수행과 관련된 전반적인 계획 및 관리에 있어, 팀원들에게 방향을 제시하고, 지속적인 육성을 담당함 • 조직 전체를 고려하여 의견을 제시하고, 타 부문과의 협의를 통해 의견을 조율함	• 해당 직무 관련 일상적인 업무수행 과정의 적절성과 업무수행 결과의 효과성/효율성에 대해 책임을 부담함 • 계획된 프로젝트 및 Task의 적정성 및 프로젝트 수행결과에 대한 책임을 부담함 • 조직 내 리더로서 전사 차원의 생산성 향상에 대한 책임을 부담함

Level 2	시니어 (Senior)	• 팀원으로서, 독립적으로 해당 직무에 대한 지식/기능을 지속적으로 심화하며, 경험을 쌓아감으로써 해당 직무를 주도적으로 수행함	• 해당 직무의 숙련된 지식과 경험을 바탕으로 전문적인 가이드를 제시하고, 과제 해결함 • 보다 독립적인 문제 해결은 물론 정해진 직무운영의 목표나 업무 수행의 기준 내에서 자율적으로 업무를 수행함 • 다른 팀원에 대해 코칭하고 업무를 분배하는 등 자신의 전문적인 노하우를 자신의 직접적인 직무 이외에 해당 팀을 위해 활용함 • 연계부서 업무를 잘 이해하고 있으며, 다른 직무의 사람들과 정기적인 커뮤니케이션을 하고, 조직 내/외부의 사람들에게 업무 정보나 정책 등을 설명하고, 합의를 이끌어 냄	• 기본적으로 실무 담당자로서 해당 직무의 원활한 운영에 대한 책임을 부담함 • 해당 직무 내 독립적인 업무수행 및 문제해결 노력의 결과에 대한 책임을 부담함 • 다른 팀원에 대해 적극적으로 코칭을 실시하여 부하직원을 육성할 책임을 부담함 • 팀 내 상사와 부하 직원 간은 물론 타 직무와의 업무 협조 및 원활한 커뮤니케이션에 대한 책임을 부담함
Level 3	주니어 (Junior)	• 팀원으로서, 해당 직무에서 요구하는 업무 지식에 대한 가이드라인을 따라 기본적이고 표준화되어 있는 일상 직무를 수행함	• 해당 직무분야에 대한 기본적인 지식과 노하우를 바탕으로, 자신의 직무에 시스템과 절차에 대한 기초지식을 적용함 • 정해진 계획 또는 업무 지침, 규정 및 프로세스에 의거 하여 상사의 지시 및 모니터링 하에 업무를 수행함	• 해당 직무 관련 계획, 지침, 규정 등에 의한 상사의 지시 등을 준수할 책임을 부담함 • 상사 지시 등에 따라 직무를 책임감 있게 수행하고, 지속적인 학습을 하기 위한 책임을 부담함

반면 연공중심의 직급제도에서는 근속 혹은 연공에 따라 직급이 운영되어 성과나 역량과는 거리가 있고, 직원 입장에서 볼 때 향후 승진의 시기 등에 대한 예측가능성이 높아지게 된다. 한편 이러한 높은 예측가능성으로 인해 낮은 연공의 고성과자에 대한 동기부여요인이 강하지 않다는 것이 절대적인 약점일 수 있다. 또한 연공중심으로 직급을 설정하다 보니 해당 직급에서 무엇을 해야 하는지 조직에서 기대하는 바가 무엇인지에 대한 직원들의 낮은 이해도 역시 문제점이라 할 수 있다.

| 연공중심의 직급제도 |

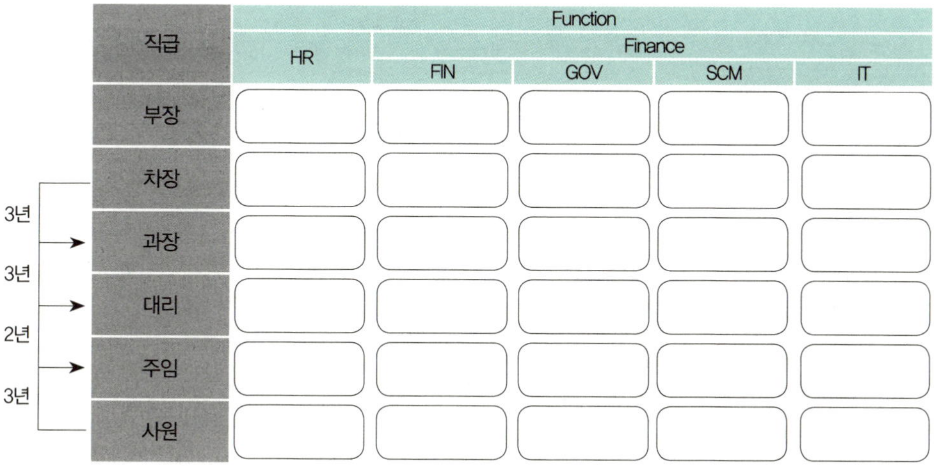

직무중심의 직급제도란 직무별 직무가치에 따라 그룹을 구분하여 직급을 설정하는 방식이다. 주로 외국계회사에서 사용하는 방식으로 인사제도 전반이 직무중심으로 운영되는 경우에 적합한 유형이다. 직무중심의 직급제도는 직무별로 중요도나 난이도 혹은 기여도에 따라 직무들이 직급을 이루게 되므로 가장 합리적인 방식의 직급제도라 할 수 있다. 그러나 직무중심의 인사관리가 초기 단계이니 우리 기업들에게는 아직은 시기상조라 할 수 있으며, 중장기적 접근을 통해 점진적으로 직무중심의 직급을 구성해 나가는 것이 바람직한 HR 로드맵이라고 할 수 있을 것이다.

| 직무중심의 직급제도 |

Job Band	Function			
	HR	Finance	GA	Sales
Band 6	Director	Director		Director
Band 5	Manager	Manager		SLSM
Band 4	Senior Specialist	Senior Specialist		FLSM
Band 3	Junior Specialist	Junior Specialist	Manager	
Band 2	Associate Specialist	Associate Specialist	Specialist	MR
Band 1	Director	Director	Assistant	

Narrowband로 수직적 직급체계를 관리하다

직급을 구성할 때 직급의 수나 직급 내 보상수준의 범위에 따라 두 가지 유형으로 구분하는 데 그 중 하나가 Narrowband이다. Narrowband는 직급의 수가 5개 이상이며 직급별 보상수준의 범위가 넓지 않은 유형을 말한다.

Narrowband형의 직급제도는 다수의 직급으로 세분화하여 운영하는 제도이므로 인력 구성이 복잡하거나 수직적인 조직문화와 잘 어울릴 수 있는 특성이 있다. 주로 연공 위주의 직급을 가지고 있는 기업들에서 나타나는 유형인데, 평균근속이 낮아지고 높은 고용유연성이 요구되는 요즘 시기에 있어 제도의 유효성에 대해 전반적인 재검토가 필요할 것으로 보인다.

| Narrowband 설계 사례 |

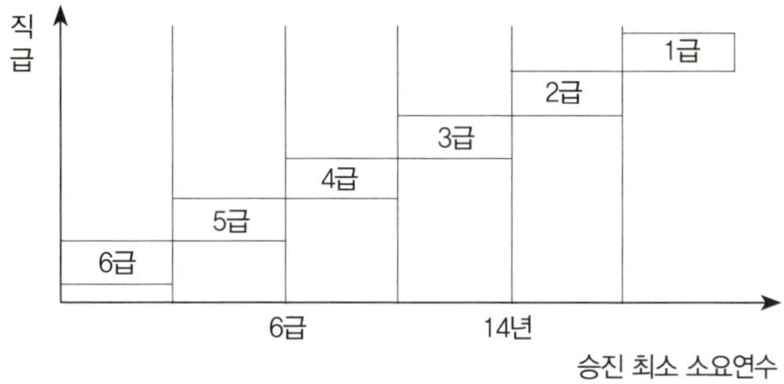

인사관리의 유연성을 위해 Broadband를 도입하다

Narrowband 대신 최근 추세로 자리잡아가고 있는 유형이 바로 Broadband이다. Broadband는 세분화된 Narrowband들을 합쳐서 물리적으로 넓은 직급으로 구성하는 방식을 말한다. 아래에서 이러한 Broadband의 주요 특성에 대해 살펴보도록 하자.

유연한 이동관리(Flexible movement)

Broadband 하에서는 이동관리가 보다 유연하게 이루어질 수 있다. 기본적으로 이동이 동일직급 내에서 이루어지는 인사명령이라고 할 때, 직급이 수가 많고 세분화되어 있는 Narrowband 하에서 보다 제한적으로 이루어질 수밖에 없다. 반면 Broadband에서는 직급의 수가 축소되고 동일 직급에 포함되는 직무의 범위가 넓어져 이동의 폭이 그만큼 늘어난다고 할 수 있다.

직급체계의 축소

직급의 수가 많고 세분화되어 있는 Narrowband를 통합하여 Broadband를 구성하다 보니 직급의 수가 축소된다. 직급의 수가 감소하는 것은 결국 직급간 이동에 해당하는 승진의 횟수가 축소되는 것으로 이해할 수 있다. 즉, 직급체계의 축소를 통해 유연한 인사관리는 물론 승진이 아닌 일상적인 성과관리를 통해 직원들의 동기부여를 강화할 수 있다는 점이 장점 중의 하나라고 할 수 있다.

조직단계의 축소(De-layering)

직급의 수는 결국 조직단계에 일치하게 된다. 조직단계가 수직적일수록 다단계일수록 의사결정의 흐름이 그만큼 더디게 되어 조직의 적응능력을 제한할 수 있게 된다. 따라서 최근 급변하는 경영환경에 적극적으로 대응하기 위한 기업들의 노력이 조직단계의 축소를 통한 대응능력의 제고이다. 이러한 측면에서 볼 때 조직단계는 축소되는 것이 필요하고 따라서 직급 역시 Broadband 형으로 설계하는 것이 바람직하다.

현업부서에 보다 높은 재량권 부여

수직적인 Narrowband에서는 복잡한 관리의 필요성 등으로 인해 평가나 보상 등 주요한 인사관리의 기능들이 집권화되어 HR팀에서 수행되는 것이 일반적이었다. 반면 Broadband 하에서는 HR팀이 아니라 현업의 팀장이나 부서장들이 승진, 보상 그리고 평가에 대해 권한을 부여받는 것이 일반화되게 된다. 이러한 팀장에의 임파워먼트(Empowerment)를 통해 효율적이고 유연한 인사관리가 한층 제고되는 것이다.

| Broadband 설계 사례 |

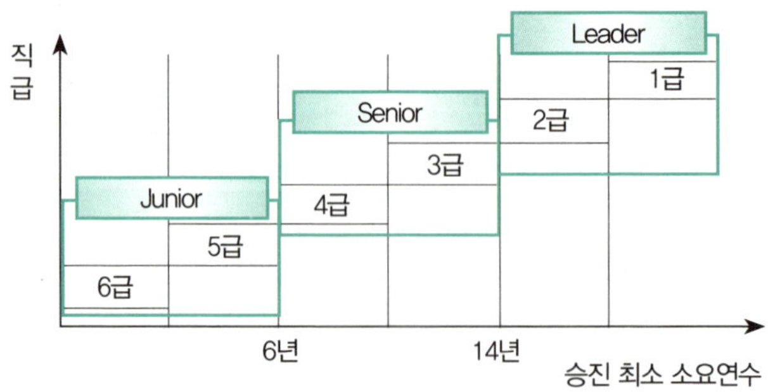

Broadband 직급체계를 인사관리와 연계하다

Broadband 직급을 운영하는 경우 다른 인사제도와의 유기적 연계가 필요하고 이러한 통합적 관리를 통해 인사관리의 수준이 향상되게 된다.

우선 직무관리에 있어서는 해당 직무별 역할단계를 구분하여 각 직무에서 요구되는 R&R을 정립할 수 있고, 이를 바탕으로 채용시에도 채용 대상이 되는 직무의 역할을 채용과정에 반영함으로써 채용제도의 효과성을 강화할 수 있다.

뿐만 아니라 직급별 R&R(Role & Responsibility)이 명확해지다 보니 이를 어떻게 강화할 것인가에 대한 교육훈련도 보다 체계적으로 운영될 수 있다. 또한 평가시에도 해당 직급별 R&R을 고려하여 MBO를 실행함으로써 평가제도의 객관성을 강화할 수 있게 된다. 반면 승진의 경우 직급별 평균 승진연한이 증가하게 되어 직원들의 만족도에 다소 부정적인 영향을 미칠 수 있으므로 Broadband의 취지와 장점을 적극적으로 커뮤니케이션 할 필요가 있다. 마지막으로 보상의 경우, 상위직급으로 갈수록 변동급의 비중도 늘리는 변화가 필요하고 동시에 넓은 Pay Range를 통해 유연한 연봉제도의 관리가 충분히 가능해지게 된다.

| Broadband와 인사제도의 연계 |

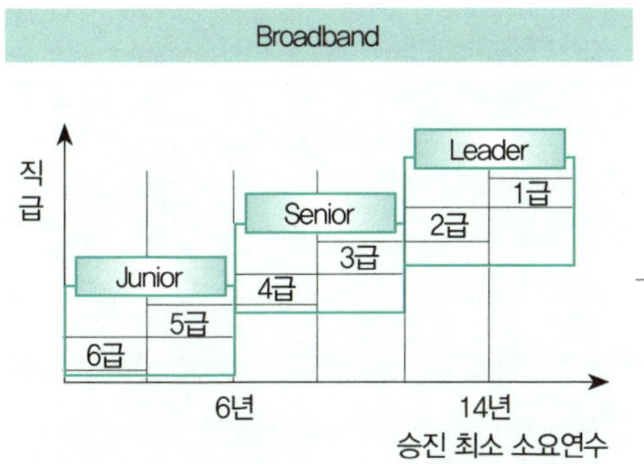

직무	• 직급별 역할 및 책임(R&R)정립 • 직급별 R&R을 반영한 직무관리체계 구축 • 직급별 R&R에 근거한 직무기술서 작성
채용	• 채용 공고 시 직급체계 정보 제공 • 신입 및 경력 채용 시, 직급 별 R&R 및 필요 역량 고려
교육훈련	• 직급별 맞춤 교육 실시 – Leader : 프레젠테이션, 리더십 심화 등 – Senior : 직무심화, 리더십 기초 등 – Junior : 직무기초, 일반 교육 등
승진	• 승진 소요연한 개선 • 직급체계와 호칭제도 분리
평가	• 직급 별 R&R을 고려한 평가 실시 • 개인 MBO 및 프로젝트평가 시, 해당 직급의 R&R 참조
보상	• 보상제도 개선안과 연계 • 상위직급의 변동급(성과상여금)비중 차별화

Broadband

Fastrack

Broadband는 유연한 이동관리를 가능케 하고, 조직 및 직급단계의 축소라는 유연한 경영방식의 니즈와 맞물리면서 최근 확산되고 있는 직급 운영방식이다.

한편, 많은 기업들은 단지 브로드밴드가 새로운 개념이고 다른 기업들이 도입하니까 그 유행에 따라 도입하기도 하는데, 종업원에게 직무와 경험 그리고 역할에 있어서 유연성을 주는 브로드밴드의 장점이 조직의 직장문화와 조화를 이루지 못할 때는 제대로 발휘될 수 없게 되며, 조직환경을 무시하고 단순히 보상시스템의 개선으로 브로드밴드를 도입하는 경우 오히려 브로드밴드의 부작용만 가중시키는 결과가 나타날 수 있다.

| 미국 기본급 체계 현황 |

구분	2010년	2012년	2014년
직무급	73%	73%	73%
브로드밴드*	73%	73%	73%
기타	73%	73%	73%

* 유사 직무를 밴드로 묶고 동일 밴드내 임금차등

▲ 자료 : Worldwork, Compensation Programs and Practices, 2015

THEME 10 호칭파괴를 통해 인사관리의 유연성을 강화한다

호칭은 조직 내에서의 직무전문성과 의사결정력을 나타낸다

외국의 인사제도에서는 찾아볼 수 없고 한국 기업들에서만 찾아볼 수 있는 제도가 바로 호칭제도이다. 가장 일반적인 호칭구조는 사원－대리－과장－차장－부장일 것이다. 이러한 호칭제도가 한국에서만 존재한다고 하여 영어로는 코리안타이틀(Korean title)로 표현하기도 한다.

과연 이러한 호칭제도은 왜 우리에게만 존재하는 것일까? 필자는 이유를 수직적인 조직문화, 집단적인 업무분장은 물론 서열화를 중시하는 사회적 특성 등에서 찾을 수 있다고 본다. 수직적인 조직문화에서는 서열이 중요해지므로 이러한 서열을 내부적 관계에서 표현해주는 것이 바로 호칭이다. 또한 개별적으로 업무를 수행하는 경우보다 많은 경우 집단적으로 업무를 수행하고 업무분장 역시 팀단위로 이루어져 있는 현상 역시 호칭제도가 필요하게끔 하는 요인들이라 할 수 있겠다.

그럼에도 호칭제도가 가지는 순기능 역시 있다고 할 수 있는데, 우선 대외적 커뮤니케이션시 호칭별로 가지는 직무전문성이나 의사결정력에 대해 어느 정도 공감대가 구축되어 있어 직무전문성 및 의사결정력에 대한 오해를 줄이고 커뮤니케이션을 원활하게 하는 기능을 하게 된다. 즉, 부장이라는 호칭으로 상대방과 커뮤니케이션을 하는 경우 상대방이 부장이라는 호칭에 대한 기본정보를 가지고 커뮤니케이션에 임하게 되는데 이러한 기본정보가 사회적으로 어느 정도의 일관성을 가지고 있는 점이 가장 중요한 특성중 하나이다.

| 국내 주요 그룹사의 호칭제도 |

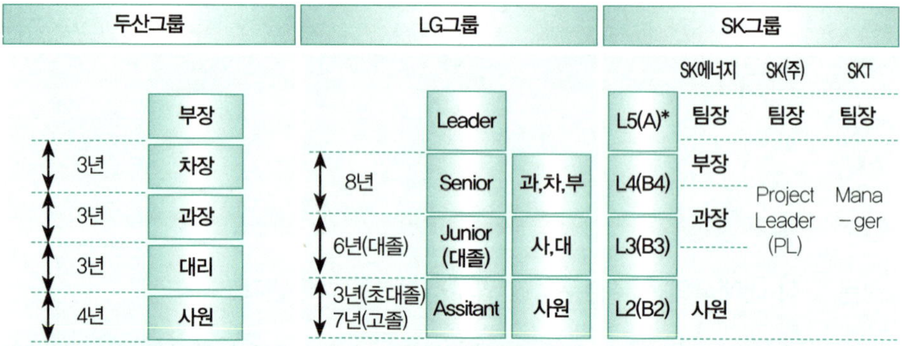

두산그룹

- 전 계열사간 직급체계 및 호칭을 동일하게 운영
  두산중공업, 두산인프라코어, ㈜두산, 두산건설, 두산메카텍, 두산엔진 등
- 직급과 호칭은 분리 운영하지 않음

LG그룹

- 전 계열사별 직급체계 통일
- 계열사별 직무 특성에 따라 직군별 호칭체계는 별도 운영
  일부 계열사 연구직의 경우 연구원-주임-선임-책임 호칭 부여
- 직급과 호칭을 분리하여 운영
  Senior직급에 과장, 차장, 부장 공존

SK그룹

- 그룹 차원의 직급체계 통일 Guideline → 주요계열사는 그룹 기준에 준하여 운영
- 표준체류연한 폐지 → 필수교육 이수 후 승진 후보자 선정
- 계열사 별 산업특성에 따라 호칭체계 별도 운영
- 직급과 호칭을 분리하여 운영

빠른 의사결정과 수평적 조직문화를 위해 호칭을 파괴하다

IMF 이후 팀제라는 제도가 기업들의 일상을 파고들어 지금은 대다수의 기업들이 팀제를 운영하고 있다. 팀제에서 가장 중요한 기능은 수평적 조직문화와 신속한 의사결정이다. 공식적으로 팀제에서는 팀장과 팀원만이 존재한다. 팀원들간의 대등성이 보장되는 것이 팀제의 기본적인 속성이므로 빠른 의사결정이 보장되게 되는 것이다.

그러나 현실에서는 호칭제도가 엄연히 존재하고 있어 부장인 팀원과 대리인 팀원간 보이지 않는 수직적 보고관계 및 상하관계가 형성되게 된다. 이러한 보이지 않는 보고라인으로 인해 실제 팀제가 보여주어야 할 신속성이라는 특성이 살아나지 못하는 경우가 많아지게 된 것이다. 호칭제도를 제거하는 많은 기업들이 찾는 첫 번째 이유가 바로 수평적 조직문화이다. 경험적으로 볼 때도 호칭을 제거하고 났더니 이전 대비 수평적인 조직문화가 살아나기 시작했다는 기업들이 다수 있다. 예를 들어 CJ그룹에서는 2000년대 초반부터 호칭을 제거하고 내부 구성원간 '~님'이라는 호칭을 사용하기 시작했고, 이후 SK그룹에서는 주요 계열사에서 '~매니저'라는 호칭을 사용하기 시작하였다. 이렇게 팀원간 호칭을 서열이 표현되지 않는 공통된 것으로 사용하다 보니 팀원간의 대등성 및 수평성이 강화되고 있는 것이다.

호칭파괴가 항상 옳은 선택은 아니다

그러나 신속한 의사결정과 수평적 조직문화를 위한 호칭파괴가 항상 옳은 선택만은 아니다. 현장에서의 안전이나 산업의 특성에 따라 위계질서라는 것이 중요한 경우가 있으며, 이러한 경우 수직적인 호칭제도의 유지가 필수적이라고 할 수 있다. 또한 호칭을 파괴하게 되면 내부구성원간 대등성이 강화되어 기존에 직군제를 도입한 기업에서 간혹 핵심이 아닌 직군이 핵심직군과의 통합을 요구하는 경우도 간혹 발생하고 있다.

뿐만 아니라 팀원간 대등성이 확보되면서 소위 고참팀원의 업무나 태도에 있어서의 모범을 보여주고자 하는 의지가 줄어들게 된다. 이는 전 팀원들 역량의 하향평준화로 이어질 수 있는데 이 역시도 호칭제도의 변화시 감안해야 할 요소이다. 그리고 가장 중요하면서 현실적인 이유를 찾아보면 조직관리에서 그 답을 찾아볼 수 있다. 한국 기업의 경우 직무전문성에 대해 부족한 측면이 있었던 반면, 일사불란한 조직적인 업무수행이 큰 강점 중 하나였다. 이러한 조직적인 업무 수행을 위해서는 팀장의 체계적인 조직관리가 필요한데 호칭제도가 파괴되는 경우 팀장들이 조직관리에 어려움을 경험하는 경우가 많다. 따라서 호칭이라는 것이 해당기업에 적당한지는 개별 기업의 사정을 충분히 감안해야 판단할 수 있는 사안으로 보아야 할 듯하다.

호칭제도는 많은 요소들을 동시에 고려해 설계해야 한다

호칭제도는 호칭간 간격을 중심으로 3가지 유형으로 구분해볼 수 있다. 우선 서비스업이나 외국계회사에서 나타나는 4－4－4－4형이다. 이는 평균 근속이 높지 않은 산업이나 기업에서 직원들의 동기부여를 위해 도입할 수 있는 제도이고 금융업이나 공공기관과 같이 평균 근속이 긴 조직에서는 5－5－5－5형이 가장 적합한 형태라고 할 수 있다.

| 호칭제도 설계 유형 |

구분	서비스업/MNC형 : 16년 (4－4－4－4형)	제조업형 : 18년 (4－4－5－5형)	금융업형 : 20년 (5－5－5－5형)
내용	• 하위직급과 상위직급에서 모두 체류연한을 짧게 운영함 • 서비스업 및 외국계 기업에서 많이 활용(예 : 4－3－3－3, 4－3－3－4 등)	• 하위직급에서는 체류연한을 짧게 운영하고 상위직급에서는 상대적으로 길게 운영 • 제조업체에서 많이 활용	• 하위직급과 상위직급 모두에서 체류연한을 길게 운영함 • 일반 금융업체에서 많이 활용(은행, 보험 등)
장점	• 소규모의 인력규모 및 수평적 조직에 적합 • 하위직급과 상위직급 모두에서 승격에 의한 동기부여 효과가 가장 큼	• 하위직급 체류 인력에 대해서는 승격에 의한 동기부여 효과가 있음 • 상위직급에서 인력구조를 tight하게 운영할 수 있음	• 대규모 조직에 적합 • 하위직급과 상위직급 모두에서 인력구조를 tight하게 관리할 수 있음

구분	서비스업/MNC형 : 16년 (4-4-4-4형)	제조업형 : 18년 (4-4-5-5형)	금융업형 : 20년 (5-5-5-5형)
단점	• 조직문화적 측면에서 상위 직급에 체류 인력이 비대한 조직에는 부적합	• 상위직급에서 승진에 의한 동기부여 효과가 적게 나타남	• 하위직급 및 상위직급 모두에서 승진에 의한 동기부여 효과가 상대적으로 적음

그리고 호칭제도를 설계할 때는 3가지 사항을 결정함으로써 운영할 수 있는데 그 중 첫 번째 사항이 바로 호칭의 사용여부이다. 호칭을 미사용하기로 하면 직급만을 가지고 인사관리에 연계할 수 있고 호칭을 사용하기로 한 경우에는 직급과 연계할 것인지 아니면 분리할 것인지에 대해 의사결정을 하여야 한다. 마지막 사항으로 호칭을 사용하더라도 외부적으로 사용할 것인지 아니면 내부적으로 사용할 것인지 여부를 결정하게 된다.

| 호칭제도 설계프로세스 |

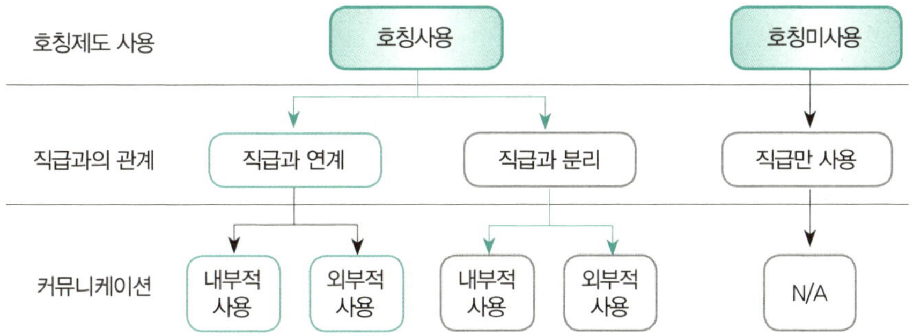

| 호칭제도 설계 사례 |

구분	직급
Level 1	Leader
Level 2	Senior
Level 3	Junior

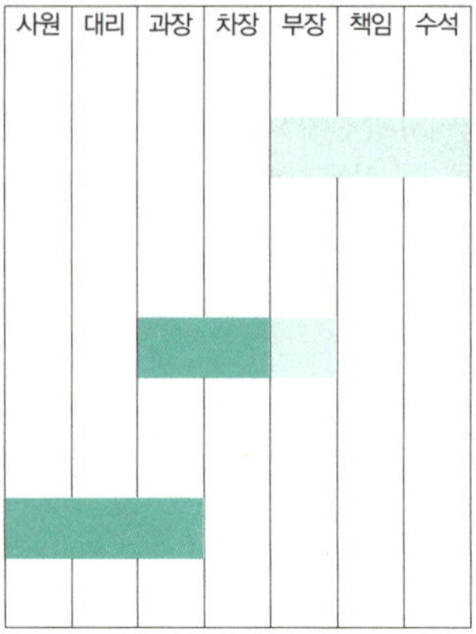

호칭 변경기준	
1. 직급 내 호칭 변경	2. 승진에 의한 호칭 상승
부장 이상의 호칭 상승 • 인사위원회 의결 및 CEO 승인에 의해 결정 **차장 이하의 호칭 상승** • 각 호칭 별 최소 소요연수 충족 시 상위 호칭 자동부여 원칙 • 단, 호칭 상승 부적격자를 배제할 수 있는 Negative items screening 활용 • 인사위원회는 사후 검토 역할 담당	• 상위 직급으로 승진시, 해당 직급 내 최 하위 호칭 부여 원칙 – 예 1) Junior직급 5년차 대리 Senior 직급 승진 시, 과장으로 호칭 상승 – 예 2) Senior직급 9년차 차장 Leader 직급 승진 시, 부장으로 호칭 상승

Gore & Associates의 4無 정책

Fastrack

Gore사의 창업자 Bill Gore는 직원에 대한 절대적인 신뢰를 바탕으로 회사 운영에 4無원칙을 적용하고 있다.

우선, Gore사에는 공식적인 '직급'이 없고 대신 직원들의 명함에는 'Associated(동료)'라는 명칭만 있다. 또한 'Sponsor'라 불리우는 멘토제도를 통하여 신입사원이 입사하는 경우 담당 Sponsor가 따라 붙어 조직과 새로운 직무 적응을 돕게 된다.

두 번째로 '직책'도 없다. 직원이 각자 고유한 직무영역을 담당하기는 하지만 이러한 사업영역이 명확하게 나눠지지 않는다. 신입사원은 회사에 입사하여 다양한 직무를 경험한 이후 스스로 자기와 가장 적합한 직무를 찾아가게 된다.

세 번째로 '큰 조직'이 없다. Bill Gore는 직원들에게 'Divide, so we can multiply'라는 주문을 함으로써 조직의 비대화를 경계하였고, 회사 규모가 커짐에 따라 직원 간 관계가 사무적으로 변하거나 조직이 경직되는 것을 옳지 않다고 여겼다.

네 번째로 '명령'이 없다. 직급과 직책이 없다보니 자연스럽게 명령도 없다. 그러나 동료직원들이 업무수행 과정에서 필요성에 따라 자연스럽게 'Leader'를 지정하게 되고 Leader의 계획과 방침에 자발적으로 따르게 된다. 실제 Gore사에서 Leader 호칭을 달고 있는 비율은 약 10% 정도이다.

THEME

11 해고보다는 권고사직을 통해 legal risk를 해소할 수 있다

퇴직사유는 해고, 사직 또는 정년으로 구분된다

소위 정규직이라는 직원 그룹의 법적인 정의는 법적으로 명확하지 않다. 다만, 사회적인 사용이나 상식적으로 공감하고 있는 내용을 토대로 볼 때, 고용기간이 정해지지 않은 근로계약의 당사자를 무기계약직 혹은 정규직이라 부를 수 있을 듯하다.

기간의 정함이 없는 경우, 과연 어느 시점에서 근로계약이 종료될 것인가가 이슈가 될 수 있는데 대부분 기업의 취업규칙에서 명시하고 있는 정년의 적용을 받아 근로계약이 종료된다고 할 수 있다. 이러한 정년의 경우 고용상 연령차별금지 및 고령자고용촉진법 개정에 따라 2016년 부터 정년이 60세로 법정화되었다.

그럼 정년에 도달하기 이전에 근로계약이 종료되는 경우는 어떻게 될까? 3가지 경우로 나누어 볼 수 있다. 바로 해고, 사직 그리고 자동종료이다. 해고는 다시 정리해고와 징계해고로 구분되고, 사직은 자진사직과 권고사직으로 구분된다. 마지막으로 자동종료의 경우 근로계약의 당사자 일방 혹은 쌍방이 소멸되는 경우 자동적으로 근로계약이 종료되는 것을 말하며, 구체적으로는 직원의 사망 또는 회사의 도산 등의 경우에 근로계약은 자동적으로 소멸된다.

| 근로계약의 종료사유 |

해고와 사직 모두 법적 요건을 갖추어야 한다

해고와 사직이라는 절차 모두 법적 의미를 가지는 행위이므로 법에서 정한 절차나 요건을 구비하는 것이 필수적이다.

우선 해고의 경우 절차적 요건과 실질적 요건을 구비해야 한다. 절차적 요건이란, 해고 30일 전 예고 및 해고시기와 사유의 서면통지 뿐만 아니라 징계위원회나 인사위원회의 절차적인 요건이 사규에 명시되어 있다면 이를 준수하는 것도 절차적 요건에 해당한다. 한편, 실질적 요건이란 과연 해고할 만큼의 중대한 사유가 발생했는가에 대한 요건이라고 할 수 있다. 법적인 측면에서 볼 때 실질적 요건이 무엇보다 중요하며, 이와 더불어 절차적 요건 역시 동시에 준수되어야 한다.

반면, 사직의 경우 두 가지 요건이 충족되어야 하는데, 사직하고자 하는 직원의 자필서명이 들어간 사직서가 형식적 요건이다. 그리고 사직을 결정함에 있어 강압이나 회유없이 본인의 자유의지에 따라 이루어 졌음을 실질적 요건으로 하고 있다.

해고절차의 부담을 줄이기 위해 권고사직을 활용한다

해고는 직원에게 있어 치명적이므로 제한적으로 그리고 보수적으로 판단되고 결정되어야 한다. 그럼에도 불구하고 해고가 불가피한 경우에는 부득이 이를 실행해야 하는데 이 경우 기업과 해고대상자 모두 해고 절차로부터 부담을 가지게 된다. 즉, 기업의 경우 해고가 추후 법적 구제의 대상이 되어 법률적 비용이나 불확실성이 증가하게 된다. 한국의 경우 해고에 대한 보호 및 규제가 OECD 국가 중 단연 높은 나라에 해당하므로 그만큼 해고로부터 나오는 리스크가 높다고 할 수 있다.

한편 해고의 대상이 되는 직원 역시 해고절차에 대한 부담이 있다고 할 수 있다. 해고로 기업을 퇴사하게 되는 경우 평판에 치명적인 오점을 남기게 되어 이직에 제한이 생길 수 있다. 최근 평판조회(Reference check)가 활발히 이루어지는 것이 일반적이므로 성공적인 이직에 걸림돌이 될 수밖에 없다.

쌍방에 대한 이러한 부담을 최소화하기 위해 권고사직으로 퇴직절차를 진행할 수 있다. 이 경우 통상적으로 추가적인 퇴직위로금을 주는 것이 일반적이므로 기업의 입장에서는 해고로부터 나오는 법률적 리스크를 줄이고, 개인의 입장에서는 추가적인 퇴직금 이외에 개인의 평판에도 오점을 남기지 않게 되어 성공적인 이직의 가능성을 높일 수 있게 된다. 또한 고용보험상의 실업급여 역시 권고사직의 경우에 적용되므로 이에 대한 혜택을 누릴 수 있음은 물론이다.

사직서의 철회

Fastrack

사직서를 제출한 직원이 며칠 만에 생각이 변경된 경우 사직서 제출을 철회할 수 있을까?

만일 직원이 자발적으로 사직서를 제출하였고, 해당 사직서에 대하여 회사측의 수리통보가 이루어지지 않았다면, 해당 직원은 유효하게 사직의사를 철회할 수 있으나, 만일 회사측의 사직서 수리통보가 이루어진 후라면 직원이 일방적으로 사직의사를 철회하는 것은 불가능하다.

한편, 회사와 직원의 합의로 근로관계를 종료시키기로 하고 그에 따라 직원이 사직서를 제출한 경우에는 별도의 사직서 수리통보가 없더라도 직원의 일방적인 사직의사 철회는 불가능하게 된다.

| 고용관계 종료 유형 비교 |

	해고	사직	권고사직	정년	계약종료
결정주체	회사	직원	직원	규정	자동종료
필요서류	해고통지서	사직서	사직서	없음	없음
사전예고	30일	규정에 따름	없음	없음	없음
필수조건	정당한 이유	자의로 제출	자의로 제출	없음	없음
실업급여 수급	정리해고만 가능	사유에 따라 달라짐	사유에 따라 달라짐	가능	가능

THEME 12

C-Player 관리를 통해 인력유출을 효과적으로 한다

| C-Palyer 관리 프로세스 |

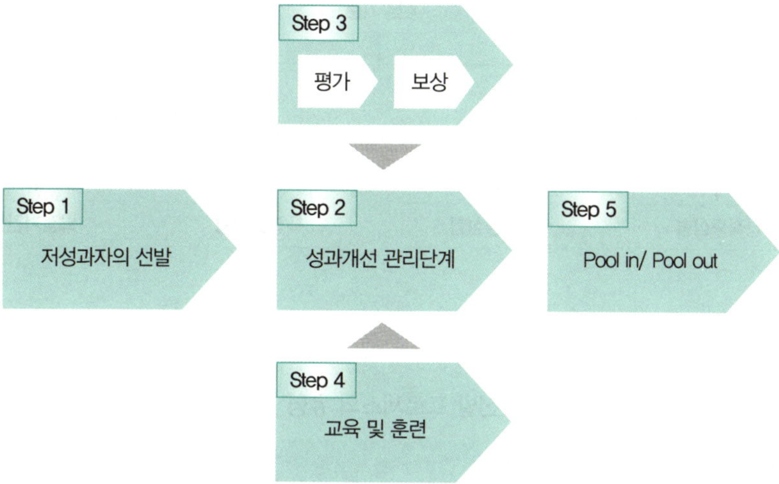

Step 1 : C-Player는 객관적으로 선발해야 한다

C-Player 관리를 위해서는 무엇보다도 우선, 저성과자 직원을 과연 어떻게 선발할 것인지를 고려하여야 한다. 저성과자 관리제도의 첫 번째 단계로서 선발단계에서 저성과자로 구분이 되면 이후의 관리제도에 따른 여러 제약조건과 프로그램의 적용을 받게 된다. 이 단계에서 가장 중요한 요소는 바로 공정성과 형평성이라 할 수 있다. 성과의 측정을 이론의 여지없이 객관적으로 실시할 수 있다면 선발의 공정성에 대한 부담이 줄어들게 된다. 현실적으로 그런 완벽한 평가제도나 지표의 개발 및 운영이 불가능하다는 전제를 가지고 본다면 선발과정에서 보다 체계적이면서 세심한 선발도구와 프로세스를 적용해서 공정성과 형평성을 강화하는 것이 필수적이라 하겠다.

| 저성과자의 선발기준의 유형 |

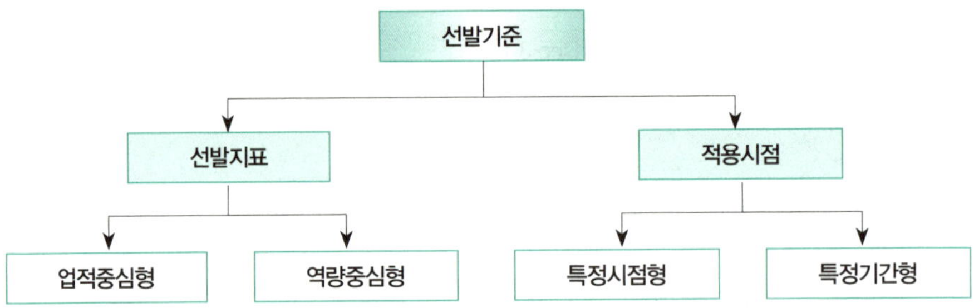

| 선발 프로세스의 유형 |

구분	심사 유형	자동선발 유형
주요 내용	• 저성과자의 최종 선발을 통해 평가결과를 종합해서 심사 과정을 거치는 유형	• 사전에 정해둔 기준에 부합하는 경우
사례	• 과거 3개년간 평가 하위 20%에 해당하는 자 중 저성과자선발위원회가 선정한 자	• 과거 3개년간 평가 하위 20%에 해당 자 • 과거 5개년간 평가등급 D가 2회 이상인 자

Pros	• 저성과자의 선발에 신중을 기할 수 있음 • 선발의 객관성 및 공정성 강화	• 낮은 선발기준 • 기준에 부합하면 선발되므로 형평성 이슈 제거 • 선발의 주관성 배제 • 형평성에 대한 이슈 배제
Cons	• 높은 선발비용 • 주관적 심사시 내부적인 이슈발생 가능 • 형평성에 대한 이슈 제기 가능	• 선발의 객관성 및 공정성 저하 가능 • 후보군의 개별적인 사정 감안 불가능
선발비용	High	Low
법률적 정합성	High	Low

Step 2 : C-Player의 성과를 개선하다

저성과자 관리제도는 육성중심형 혹은 퇴출중심형으로 그 운영의 목적을 구분해서 살펴볼 수 있다. 어느 유형으로 운영하더라도 2단계인 성과개선 관리단계의 중요성은 동일하게 인정될 수 있다고 볼 수 있다. 성과개선 관리단계에서 주로 논의되는 이슈는 어느 정도의 기간을 설정할 것인지 여부와 해당 기간 동안 어떻게 지원과 개입을 병행해서 성과를 제고하고 역량을 개발할 것인지 여부이다.

실질적인 관점에서 본다면, 관리단계의 기간이 길면 길수록 법률적 안정성이 올라간다고 볼 수 있으나, 단기간으로 관리제도를 운영하고자 하는 많은 기업들의 니즈 역시 고려해야 할 요소라 할 수 있다. 아울러 회사에서 성과와 역량의 개발을 위해 어떠한 지원을 해줄 것인지에 대한 것 역시 이 단계에서 설계되어야 할 요소이다.

| 성과개선 관리단계 |

성과개선 관리 단계	단계 별 세부내용	프로그램	평가제도
Pre-Step	• 성과개선 프로그램 참가 동의	• 성과개선프로그램 참가 동의서 작성	
Step 1 (1년)	• 성과개선 프로그램 동의 후 즉시 성과개선 프로그램의 Step 1단계 진입 • 1년 후 종합평가 등급 C이하는 Step 2단계 진입	• 본인 희망 직무로의 배치 • 일반직원과 동일한 일반 인사관리체계 하에 교육 중심의 성과개선 프로그램 참여	• 기존 직원과 동일한 평가제도 • 상대평가 기반
Step 2 (1년)	• Step 2단계 평가결과 1년간 평가결과 절대점수 60점 미만은 Step 3단계 진입	• 성과개선 전담 직무로 배치 • 성과개선 교육 프로그램 병행	• 저성과자 관리대상만을 대상으로 한 평가제도 • 절대평가 기반
Step 3 (1년)	• Step 3단계 평가결과 1년간 평가결과 절대점수 3점 미만은 Outplacement Program 적용		

Step 3 : C-Player에 대한 평가보상제도를 설계하다

저성과자 관리제도의 궁극적 목적은 성과와 역량의 개선이다. 따라서 저성과에서 고성과로 전환되는지 여부가 가장 중요한 요소라 할 수 있으며, 결국 성과의 개선에 대한 체계적인 모니터링을 가능하게 해주는 평가제도가 필요하다고 할 수 있다. 이 단계에서의 평가제도는 저성과자 관리제도의 취지에 부합하도록 절대평가를 지향하는 것이 바람직한데, 경우에 따라 절대평가와 상대평가를 함께 반영하여 저성과자에 대한 평가제도로서 활용할 수도 있을 것이다.

저성과자 관리제도 운영시의 보상제도의 핵심은 저성과자에 대하여 금전적인 불이익을 어느 정도로 부여할 것인지이다. 저성과자로 구분된 직원에게 다른 직원과의 보상적 차등없이 제도를 운영하는 것보다 저성과자 관리제도의 중요성을 알려주고, 저성과에 대한 금전적 패널티로써 일정 수준까지는 차등을 실시하는 것이 바람직하다.

보상 요소를 기본급, 제수당, 성과급으로 구분해 볼 때, 생활보장적 기능을 하게 되는 기본급 보다는 성과급과 수당을 점진적으로 줄여나가서 회사에서 저성과자 관리제도를 운영하는 취지를 적극적으로 알려주는 것이 필요하다.

| 저성과자 관리제도와의 연계성 |

구분	기본급	개인인센티브	집단인센티브	장기인센티브	복리후생
연계성	Medium	High	Medium	Medium	Low

Step 4 : 교육을 통해 C-Player의 역량을 향상시키다

저성과자의 역량개발과 성과향상을 위해 회사에서 지원할 수 있는 제도는 결국 교육과 훈련제도라고 할 수 있다. 저성과자에 대한 교육훈련제도는 두 가지 측면의 의미를 가지게 된다. 우선 저성과자에 대한 선별 이후, 회사에서 제공할 수 있는 최선의 노력을 다해 직원의 역량 개발을 도모한다는 측면과 더불어 저성과자에 대한 교육과 훈련은 저성과자의 개발을 위해 회사가 제공하는 노력을 입증해주는 역할을 하게 되므로 결과적으로 법률적 안정성을 제고하는 효과가 나타나게 된다.

이 단계에서의 교육과 훈련은 저성과자 그룹의 전문역량과 행동역량 모두에 적용되는 개념으로 회사가 저성과자 관리제도를 도입한 취지나 직무의 특성 등에 따라 달라지기는 하나, 기본적으로는 두 가지 역량 모두 개발의 대상이 되는 것이 바람직하다.

또한 교육훈련의 중요한 측면은 저성과자 관리제도 내에서 직무이동을 수반하게 되는 경우 신규 직무로의 이동 이후에 신규 직무의 수행에 필요한 역량을 개발할 수 있도록 하는 시간과 지원을 감안하는 것이 필수적이라 하겠다.

| 저성과자 평가지표의 구성 |

구분	구분	지표	평가 내용
업적 측면	성과평가	실적/손익	부여된 직무 내 Task 별로 목표를 설정하고 목표대비 달성도 평가
역량 측면	전사공통역량	공통역량 지표	전사 공통역량 보유도
	성과개선 태도평가	적극성	요구되는 역량 개발활동의 참여 횟수 및 내용, 현업 복귀 의지 등을 통해 평가
		협조성	회사의 정책 및 시책에 대한 협조 수준, 회사에 대한 태도 및 언행 등을 토대로 평가
		성실성	목표 이행 노력도 및 출퇴근 및 약속 이행 수준 등을 토대로 평가
교육 측면	프로그램 참여도	교육 프로그램 참여	• 교육 프로그램 참여도 • 평가결과
	프로그램 결과평가	결과 평가	• Test • 인터뷰 • 성과개선 정도

Step 5 : C-Player 관리프로세스로부터 유입 및 유출을 관리하다

앞서 1단계에서 살펴본 저성과자의 구분이 중요하다고 하면 마찬가지 원리로 저성과자 관리단계에서 역량 개발이 되었고, 성과의 향상이 있는 직원에 대하여는 저성과 인력의 Pool로부터 제외시키는 것이 필요하다.

즉, 저성과 직원의 Pool로 유입되고 성과 개선을 통해 유출되는 경우에 대한 조건을 명시적으로 정해 사전에 직원 커뮤니케이션을 실행함으로써 각 단계에서의 유출입 조건을 고지하는 것이 필요하다.

저성과자 관리제도는 저성과자로 구분된 인력에 대해 해고의 명분만을 찾는 제도가 아니라 해당 직원들에 대하여 적절한 지원과 보조를 통해 재기의 기회를 부여하고 역량과 성과개선을 도모하는 제도라 보아야 할 것이다. 따라서 어떤 경우에 저성과자 그룹에서 제외되게 되는지는 해당 직원에게 중요한 정보라 할 수 있다.

이러한 Pool in/out 조건을 어느 정도로 까다롭게 설계하는지 역시 저성과자 관리제도에서 고려해야할 요소라 할 수 있다. 단계적으로 유출될 수 있도록 하는 방안(Phase out plan)과 특정 조건 충족시 즉각적으로 유출되는 방안(One shot plan)으로 나누어 볼 수 있다.

PIP의 정당성 판단 근거 Fastrack+

저성과자 프로그램이 정당한 것으로 인정받기 위해서는 다음과 같은 요건들이 갖추는 것이 바람직하다.

우선, 평가결과가 지속적으로(1~2회 저성과를 받은 경우는 제외) 저성과가 나타나야 하며 평가항목 및 직무의 난이도가 적정수준 이상이 되어야 한다.

또한 평가결과 산출방법이 상대평가 또는 등급별 일정비율씩 강제할당하는 방법에 의하기보다는 절대평가 또는 각 등급별 임의분포 방법을 사용하거나 양자를 혼용하는 것이 바람직하다. 상대평가 또는 강제할당에 의할 경우 사실상 피평가자간 우열차이가 없음에도 불구하고 불가피하게 최저등급을 받을 수도 있기 때문이다.

더욱이 회사는 성과목표를 하향 조정해 주거나, 교육기회 등을 부여함으로써 저성과자로 하여금 저성과상태를 벗어날 수 있도록 지원해주어야 하며, 이와 같은 저성과자 관리제도가 인사규정에 명시되거나 일관된 제도로 정립되어 저성과자로 하여금 이에 대한 예측이 가능하도록 해주는 것이 바람직하다.

THEME **13**

높은 이직률은 조직의 건강에 치명적이다

높은 이직률은 적절하게 관리되어야 한다

이직률이란 말그대로 조직에서 퇴직을 원인으로 이탈하는 직원의 비율을 의미한다. 만일 직원이 100명인 회사에서 특정 해에 10명이 퇴사를 하였다면 이직률이 10%로 나오게 된다. 이직률이 극히 낮아 인력의 순환이 잘 되지 않는 경우도 문제일 수 있으나, 너무 높은 이직률이 있는 경우에도 조직의 건강한 운영에는 치명적인 부작용이 발생하게 된다. 우선 높은 이직률로 인해 조직이 노출되는 리스크에 대해 살펴보도록 하자.

- **채용비용** : 기업입장에서 채용과정은 고비용의 인력관리 프로세스다. 공고를 내고 서류를 중심으로 지원자들에 대한 1차 선별작업을 진행하여 이후 인터뷰나 채용시험 등의 선발절차를 진행하게 되는 것이 일반적이다. 이렇게 채용된 인력이 채용 이후 이탈하게 되면 다시 동일한 절차를 반복해야 하므로 동일한 비용이 재차 소요된다.

- **업무공백** : 이직하는 직원이 수행하던 업무의 공백은 불가피하다. 만일 대기업의 경우라면 수행 업무의 범위가 넓지 않아 단기적으로는 충분히 공백을 메울 수 있을 것이나, 중소기업의 경우 업무 수행범위가 넓어 이에 대한 업무 공백이 심각한 문제로 제기될 수 있다.
- **조직문화** : 이직률이 높은 기업을 가보면 직원들의 만족도나 몰입도가 낮게 나타나는 것을 목격할 수 있다. 주위의 동료나 상사 그리고 부하의 유출입이 높다면 본인에게도 부정적인 영향이 미치게 된다. 즉, "내가 이 회사에 오래 다니겠어?"라는 식의 사고가 영향을 미치게 되면 결국 회사에 대한 충성도가 낮아지게 되고 이는 결국 낮은 조직몰입도로 이어져 결국 바람직하지 못한 조직문화로 연결될 수 있다.

이직의 원인부터 분석해야 이직률을 줄인다

이직률을 줄이기 위해서는 이직의 근본적인 원인부터 파악하여 각각에 대한 대응책을 고안하는 것이 필수적이다. 다양한 이직의 원인이 분석될 수 있으나, 체계적으로 원인들을 종합해보면 3가지 정도의 유형이 나타나게 된다.

- **근로조건 유형** : 연봉과 복리후생 등과 같은 근로조건에 대한 불만으로 이직률이 높게 나타나는 경우이다. 즉 이직하는 직원들의 동기가 보다 높은 수준의 연봉 그리고 나은 복리후생을 원하는 경우에 해당한다. 이러한 유형의 경우 재무적으로 접근하여 예산만 따라준다면 충분히 개선이 가능한 유형이다.
- **관계 유형** : 직장 내 또는 팀 내에서의 관계로 인해 갈등이 생기고 결국 이직으로 이어지는 유형이다. 수직적이면서 집단적인 조직문화를 가지고 있는 우리의 기업정서를 감안할 때 가장 중요한 이직원인이자 유형으로 분석된다. 이직률 관리를 위해 중요한 요소이나 막상 개선방안을 도입하고자 하면 어디서부터 시작을

해야 할 지 막막한 경우가 일반적이다.

- **직무 유형** : 수행하는 직무에 대한 불만이 제거되지 않는 경우 발생하는 이직 유형이다. 이는 직무재설계를 통해 개선할 수 있으나, 이 역시 관계 유형의 경우와 같이 실행방안을 도출하기가 만만치 않다. 그럼에도 불구하고 기업들이 본 유형의 이직을 관리하기 위해 즉시 실행가능한 것은 직무별 비전을 만들고 이를 CDP에 연계하여 개별 직원들로 하여금 장래 직무 측면에서의 안정감을 가질 수 있도록 하는 방안이 있다.

| 이직요인별 주요 특성과 사례 |

이직 요인	주요 특성	사례
근로조건 유형	–제도개선시 예산 소요 –실무적으로 가장 빈번하게 사용하는 방안 –단기적 효과	연봉, 복리후생, 성과급, 작업환경, 근로시간, 휴가 등
직장내 관계 유형	–장기적인 방안이나, 실행방안 모색에 대한 어려움 –장시간 소요 –Action plan의 효과성 모호	상사와의 관계, 팀워, 팀동료와의 관계, 승진경쟁 등
직무 유형	–직무재설계를 통한 개선 –직무재설계시 높은 직간접적 비용 발생 –근본적인 방안이나 실무적으로 흔하지 않은 접근 방식	직무비전, 승진 기회, 직무특성, 직무의 범위 등

| 이직사유에 대한 설문조사 결과 |

항목	전체 (130)	규모	
		대기업(34)	중소기업(96)
금전적인 보수에 대한 불만	34.6	38.3	33.4
자기개발 기회의 부족	17.7	14.7	18.7
과도한 야근 및 휴일 근무 등 근무조건에 대한 불만	13.0	17.6	11.4
상명하복 등 조직문화에 대한 실망	10.7	5.9	12.5

승진에 대한 불만	9.2	8.8	9.4
직속상사와의 갈등	6.3	8.8	5.2
기타	8.5	5.9	9.4
합계	100	100	100

* source : 대한상공회의소, 기업의 핵심인력난 실태 및 대응방안 조사

퇴직면담으로 미래의 이직률을 줄인다

모든 기업들은 적정한 수준의 이직률을 통해 건강한 인력의 유출입을 강화하고, 높은 이직률로 인한 비용을 줄이고자 한다. 이를 위해 즉각적으로 실행할 수 있는 1차적 Action plan 중의 하나가 바로 퇴직면담(Exit interview)이다.

퇴직면담은 2가지 중요한 목적을 가지고 실행된다. 우선 이직의 원인을 파악하는 것이다. 이는 결국 회사나 제도에 대한 불만요소를 파악하는 것으로 향후 이직률을 관리하기 위해 과연 무엇이 문제인가에 대한 해답을 줄 수 있게 된다.

다른 한 가지 퇴직면담의 목적은 이직자에 대한 기업의 이미지 관리이다. 이직하는 직원이 회사에 대한 불만을 가지고 이직을 하였고 외부에서도 계속 해당 기업에 대한 불만과 부정적인 표현들만 쏟아낸다면 결코 기업의 고용브랜드(Employment brand)에 좋은 영향을 미치지 못하게 된다. 따라서 이직하는 직원들에 대하여 마지막 인상을 긍정적으로 형성하고 또한 이후 재입사의 기회를 언급함으로써 불만을 가지고 이직을 준비해왔던 직원일지라도 이 순간만큼은 마음의 문을 열고 회사에 대한 인상을 긍정적으로 개선하는 경우가 적지 않다.

이직률을 줄이기 위한 실행방안들을 살펴보자

- **공정한 업무지시(Consistent job expectation)** : 상사의 업무지시가 공정하지 못하고 편파적일 때 이직이 높아진다.
- **일관적인 직무수행 요구(Clear and fair supervision)** : 직원들이 어떤 업무에서 어떤 역할을 해야 하는지가 명료하게 전달되어야 한다.
- **교육훈련(Training)** : 모든 직원들은 교육훈련에 대한 니즈를 가지고 있다. 이 니즈를 충족시켜야 한다.
- **성장에 대한 기회(Opportunities for growth)** : 장래 해당 조직에서 성장할 수 있는 기회와 비전을 제시해야 한다.
- **인정(Recognition)** : 동기부여를 위해 긍정적인 태도나 성과에 대해서는 반드시 인정해야 한다.
- **공경(Respect)** : 일상 생활이나 업무 속에서 항상 상사는 부하를 공경하고 감정적으로 대하여선 안된다.
- **공정성(Perceived equity)** : 다른 직원과 비교하였을 때 과연 공정하게 연봉 등 근로조건들이 결정되는가에 대한 검토는 필수적이다.

[서식] 퇴직면담표(Exit interview)

Exit Interview Report－Employee Comments

아래의 정보는 HR의 퇴직경향 및 원인분석 그리고 GWP 환경을 구축하는 목적으로만 사용하게 됩니다.

성 명 : ____________________ 작성일자 : ____________________

Level : ____________________ 재직기간 : ____________________

Group : ____________________ 퇴직일자 : ____________________

1. 회사를 떠나는 가장 큰 요인은 무엇이었는가?
   a. 승진
   b. work and life balance
   c. 급여 및 복리후생
   d. 계약기간 종료
   e. 경영진 또는 리더십
   f. 업종 변경

2a. 당신의 장래 계획은 무엇인가 ? (당신의 새로운 위치에서와 현재의 모습과의 차이를 자세하게 적어주십시오)

2b. 새 직장은 어떤 방식으로 얻게 되었습니까?
   a. 헤드헌터
   b. 모집광고를 보고
   c. 기타

3. 아래 항목에서 만족하는 레벨을 체크해주시기 바랍니다.

a. TEAMWORK – 팀원관계 및 사기 및 동기부여 등

아주 좋음	좋음	보통	나쁨	아주 나쁨
개선 필요사항				

b. CLIENT INVOLVEMENT – 고객의 과제물, 고객과의 상호관계, 고객의 지식 등

아주 좋음	좋음	보통	나쁨	아주 나쁨
개선 필요사항				

c. PEOPLE LEADERSHIP – 지도력 및 지원사항, counselling and mentoring

아주 좋음	좋음	보통	나쁨	아주 나쁨
개선 필요사항				

d. LEARNING AND DEVELOPMENT – 교육기회 및 경력 개발의 기회

아주 좋음	좋음	보통	나쁨	아주 나쁨
개선 필요사항				

e. PERFORMANCE REVIEWS – 평가의 공정성, 시기, 정확한 프로세스

아주 좋음	좋음	보통	나쁨	아주 나쁨
개선 필요사항				

f. SALARY REVIEWS – 연봉의 만족도, Market 대비

아주 좋음	좋음	보통	나쁨	아주 나쁨
개선 필요사항				

g. COMMUNICATION－업무 진행에 있어서 의사소통의 빈도수 및 질, 채널의 적절성

아주 좋음	좋음	보통	나쁨	아주 나쁨
개선 필요사항				

h. RECOGNITION－당신이 정말 노력한 부분에 있어 그 것이 정당하게 평가되고 그 부분에 있어 어떤 형태로던 상사로부터 인정이 되었다고 생각하십니까?

아주 좋음	좋음	보통	나쁨	아주 나쁨
개선 필요사항				

i. ADMINISTRATIVE PROCESSES－업무진행 시 어려움 없이 진행이 되도록 지원부서의 협조가 원만하게 이루어졌다고 생각하십니까?

아주 좋음	좋음	보통	나쁨	아주 나쁨
개선 필요사항				

4. 회사에서 즐거웠던 일은 무엇이었나요?

5. 회사에서 반대로 즐겁지 못했던 일은 무엇이었나요?

6. 만약 다시 조인할 기회가 생긴다면 조인할 의향은 있나요?

7. 당신이 퇴사를 결심하는 것을 막기 위해 우리가 무엇을 해야 했었나요?

이직 원인

직장인들이 이직을 결심하게 되는 원인에는 여러 가지가 있는데, 최근 채용전문포털 잡코리아에서 직장인 567명을 대상으로 조사한 결과에 따르면 '회사에 더 이상 비전이 보이지 않을 때'(36.6%), '낮은 연봉'(30.5%), '상사와 동료와의 인간관계'(13.4%), '업무와 업종의 부적합'(12.9%) 순으로 나타나고 있으며, 조직 내에서 팀장이 이와 같은 요인들을 감안하여 팀원들을 관리할 때보다 효과적으로 인재를 보유하고 육성할 수 있을 것이다.

| 성별 이직원인 비교 |

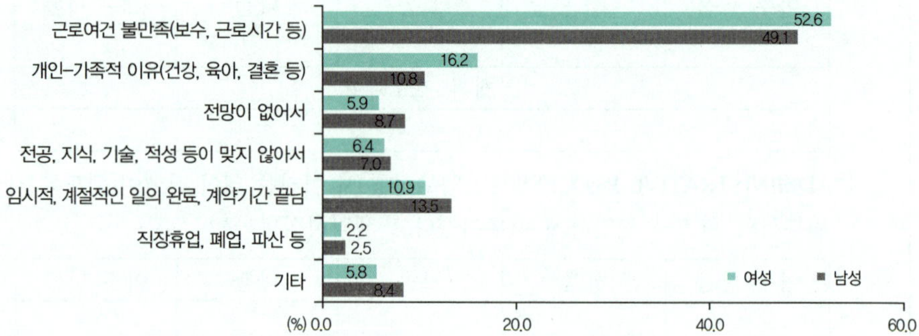

자료: 통계청, 「경제활동인구조사 부가조사(청년층) 결과」

| 이직원인 분석 및 대응 |

	Who	Why	When	Where
분석 대상	이직하는 대상	이직하는 원인	이직하는 시기/시점	이직하는 회사
분석 내용	• 업무역량 • 성과수준 • 근속	• 급여 등 근로조건 • 커리어비전 및 경력개발 • 대인관계 • 근무환경	• 이직하는 특정시기 • 경력단계별 이직 추이(신입, 성장단계 등)	• 경쟁사 여부 • 동종업계 창업 • 경쟁사와의 사업관계
대응	• 고성과자 이직 원인 확인 후 적극적 대응 • Retention 보너스 도입	• 주된 원인에 대해 면밀하게 분석한 후 강화방안 도입	• 이직이 집중되는 경력단계에 대한 근무조건 개선	• 인재 부당유인이 확인되면 적극적으로 법적 조치

THEME **14**

인센티브의 목적은 동기부여다

인센티브 제도는 조직 성과와 목표의 달성을 위해 존재한다

생활안정적 기능을 중심으로 하는 기본급제도와는 달리 성과급제도 혹은 인센티브제도는 기업, 팀 혹은 개인의 성과 창출에 대한 대가로서 지급되는 보상항목을 말한다. 따라서 성과창출 여부가 인센티브의 지급조건이므로 사전에 합의된 성과가 창출되지 않거나 목표수준에 미달하게 되는 경우 인센티브가 지급되지 않고, 목표수준을 달성 또는 상회하는 경우 지급된다. 결국 인센티브는 기업이 원하는 소기의 성과를 달성할 수 있도록 지원해주는 보상제도라 할 수 있다. 이렇듯 기업 입장에서는 기업의 성과를 달성할 수 있도록 해주고, 직원 입장에서는 금전적인 보상을 통해 동기부여 효과를 극대화 해주는 것이 바로 인센티브제도의 작동원리라 할 수 있다.

인센티브는 성과의 산정 단위에 따라 단기성과급과 장기성과급으로 구분된다

성과급제도는 그 성과의 산출시기에 따라 단기성과급과 장기성과급으로 나뉜다. 단기성과급제도는 성과의 산출 및 측정시기가 1년 혹은 1년 이하인 경우를 의미하며, 장기성과급은 1년을 초과하는 시간을 대상으로 하는 성과급을 말한다. 단기성과급제도에는 일반적으로 목표인센티브제도(Target Incentive scheme), 경영성과급제도(Profit sharing), 이익공유제도(Gain sharing), 특별포상(Spot award) 등으로 나뉘며 장기인센티브는 우리사주제도와 스톡옵션 등이 대표적이다. 성과급이 성과창출 혹은 목표수준 달성에 대한 금전적 보상이므로, 단기성과급은 매출, 영업이익, 당기순이익 등 단기적 경영전략목표나 경영지표에 연동되어 설계 및 운영된다. 반면 장기성과급은 매년 산출되는 지표보다는 장기적인 관점에서의 지표가 주를 이룬다. 즉, 기업가치의 증대 혹은 주식가치 등이 장기성과급의 주요 지표가 되는 것이 특징이다.

인센티브 설계시 기업 성과와의 연관성과 성과창출의 가시성(line of sight)이 고려되어야 한다

성과급의 작동원리가 기업이 추구하는 목표나 전략의 달성을 위해 필요한 성과의 창출을 금전적인 보상을 통해 유도하는 것이므로 성과급제도가 창출하고자 하는 성과와 기업의 목표간 연관성이 높아야 한다. 즉, 성과급제도가 추구하는 목표와 조직의 방향간 연관성이 낮으면 성과급제도를 통한 제도 효과성이 낮아지게 되는 것이다.

동시에 직원 입장에서는 성과창출의 가시성을 고려해야 한다. 성과창출의 가시성을 물리적으로 해석하면, 성과급제도의 적용대상이 되는 직원이 성과창출을 어느 정도 본인의 가시권 이내에 두느냐로 이는 성과창출의 가능성에 대해 직원이 가지는 해석 및 성과창출시 본인에게 주어지는 보상의 가치에 대한 해석이라고도 할 수 있다. 즉, 성과창출의 가시성이 높지 않은 경우에는, 적용대상인 직원이 성과창출의 가능성에 대해 낮게 보고 있다든지 아니면 성과를 창출한다 하더라도 성과에 대한 보상이 본인이 원하는 수준과 맞지 않아 성과창출에 대한 노력 및 기여도가 낮아지게 되는 것이다.

이러한 성과창출의 가시성은 동기부여 이론 중 Vroom의 기대이론(Expectancy theory)을 통해 잘 설명될 수 있다.

Vroom의 기대이론에 따르면, 성과창출이 가능하고, 성과창출에 대한 보상이 존재하며, 그 보상이 업무수행자의 가치체계와 부합하는 경우 성과급제도가 제대로 기능하게 되는 것이다.

| Vroom의 기대이론 |

- 1단계 Expectancy : 본인이 노력하면 성과창출이 가능한 정도
- 2단계 Instrumentality : 성과창출시 본인에게 보상이 주어지는지 여부
- 3단계 Valence : 성과창출로 주어진 보상이 본인의 가치체계와 부합하는 정도

집단 인센티브제도의 대표 주자는 경영성과급제도(Profit sharing)와 이익공유제도(Gain sharing)다

단기성과급 중 가장 많은 논의와 도입의 대상이 되는 제도는 단연 경영성과급제도와 이익공유제도라 할 수 있다. 우선 이익공유제도는 전사의 재무적 성과를 개인과 공유하는 제도를 말하며 전사 재무적 성과보다 보다 구체적인 성과지표를 기준으로 성과급을 지급하는 제도를 경영성과급제도라 한다. 경영성과급제도는 전사 재무성과를 기준으로 하므로 직원의 참여나 제도의 가시성이 낮게 나타난다고 할 수 있고,

이익공유제도의 경우 경영성과급 대비 직원의 참여나 제도의 가시성이 높아 동기부여 효과가 큰은 물론 제도 도입으로 인한 직원 행동의 긍정적 변화 및 조직의 생산적인 변화관리에도 긍정적인 측면이 있다고 할 수 있다.

| 경영성과급과 이익공유제도의 비교 |

구분	이익공유제도	경영성과급제도
개념	조직의 재무적 성과를 직원들과 공유하는 제도	전사의 재무적 성과가 아닌 보다 통제가능한 지표인 성과지표(생산비 절감, 고객만족도, 생산성 등)의 달성으로부터 나온 이익을 직원들과 공유하는 제도
적용범위	전사 사업장	개별 공장 혹은 사업장
지급주기	매 회계연도 말	월/분기/반기별
제도 설계	직원 참여 불필요	직원 참여가 필수적
지급형태	• 주로 이연보상(미국) • 미이연 보상(한국)	미이연 보상
직원에의 영향	직원의 행동과 전사성과간 연계성이 낮아 일반적으로 직접적 영향이 없음	직원의 참여를 통해 제도가 설계되었고 직원의 행동과 이익창출이 연계되어 있어 성과향상을 위한 행동의 변화가 생김

| 인센티브제도의 유형 분석 |

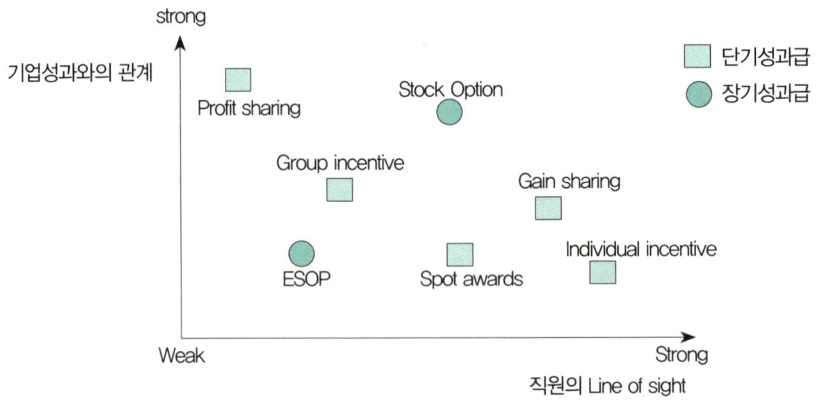

인센티브 제도는 조직과 개인의 이해관계를 한 방향으로 정렬시켜 준다

장기성과급에 해당하는 우리사주제도와 스톡옵션제도는 자사주를 취득하거나 특정 가격에 취득하도록 하는 권리를 부여하는 제도이다. 즉, 소속 회사의 주식가치가 장기성과급의 가치를 결정하게 되는 것이다. 따라서 우리사주제도와 스톡옵션 제도 하에서는 직원의 주주화가 이루어지는 것이다. 따라서 본인-대리인 관계(Principal-agent relations)에서 나타날 수 있는 도덕적 해이(Moral hazard) 등의 부정적 현상이 최소화될 수 있다.

즉, 기업의 성과가 단기적은 물론 중장기적으로도 존재해야만 주식가치에 긍정적인 영향을 미칠 수 있다는 점으로 인해 조직성과의 향상이 곧 자신의 이익에 부합한다는 인식이 직원의 동기부여 효과를 극대화하게 되는 것이다.

다만, 우리사주제도와 스톡옵션제도는 1년 이하의 단기간의 성과에 대한 보상이 아니라 장기간의 성과에 대한 보상이라는 점에서 성과급제도의 가시성이 높지 않은 것이 단점이라고 할 수 있으나, 궁극적으로 조직과 개인의 이해관계를 한 방향으로 정렬하여 직원의 몰입과 기여도를 극대화할 수 있다는 점이 제도적 장점이라고 할 수 있을 것이다.

▶ 내재적 보상 Fastrack

인센티브와 같은 직접적 보상 또는 외재적 보상도 중요하지만, 최근 들어 조직 내에서의 인정과 칭찬 및 자기개발기회 부여 등과 같은 '내재적 보상'에 대한 기업들의 관심이 늘어나고 있다.

실제로 자신이 흥미를 느끼는 일에 대하여 금전적인 보상이 주어지게 되면, 그때부터 일 자체에서 느끼는 즐거움을 상실하게 되는 역효과가 발생한다는 것은 실험으로도 검증된 바 있다. 이와 같은 맥락에서 Starbucks 전 CEO Jim Donald는 'Surprise Phone Call' 제도를 운영하여 매일 무작위로 자사 직원에게 전화를 걸어 따뜻한 격려의 말을 전달함으로써 금전적 지출 없이 상당한 직원들의 동기부여 효과를 거두었다.

THEME **15**

Pay mix전략을 통해 직무의 성격과 역할의 차이를 반영하다

총보상전략은 한정된 재원을 효과적으로 활용할 수 있도록 도와준다

만일 보상제도의 재원이 무한하다고 가정하는 경우, 보상전략이나 전략적인 측면이 가미된 제도의 필요가 현격히 떨어지게 된다. 반면, 현대의 모든 기업들은 한정된 재원을 기준으로 효과적으로 사용해야만 하는 과제를 안고 있다고 볼 수 있다.

과거에는 보상수준에만 초점이 맞추어져 보상제도의 경쟁력이 논의되었다면 현재에 이르러서는 보상수준 뿐만 아니라 보상제도의 비용대비 효과성에 대한 관심이 높아지고 있는 것이 현실이다. 비용대비 효과성을 높이기 위해서는 회사가 추구하는 제도의 방향성에 부합하도록 제도가 설계되어야 할 것이다.

총보상전략은 인재유인형, 인재유지형 그리고 동기부여형으로 나뉜다

보상제도가 주로 기능하는 세 가지 영역은 인재를 외부에서 유인하는 경우와 내부의 핵심인재를 유지하는 경우 그리고 현재의 인력에 대해 동기부여하는 경우이다.

이러한 세 가지 모두에서 효과적으로 기능하면 완벽한 보상제도라 하겠지만, 현실적으로 그런 이상적인 제도는 흔하지 않다. 다시 말해, 세 가지 영역 모두 충실할 수 없다면 각 기업에서 필요한 영역 중심으로 보상제도의 효과성을 강화하면 차선의 대안이 될 수 있을 것이다.

즉, 인재의 유인이 필요한 신생기업이나 성장세를 탄 기업의 경우 인재유인의 효과를 반영하고, 성장형 기업이나 성숙형 기업의 경우 핵심인재의 이탈을 방지할 수 있도록 인재 유지의 효과를 감안하여 설계하며, 새로운 성장모멘텀이 필요하거나 직원들의 높은 참여와 성과가 필요한 기업에서는 동기부여 효과를 우선으로 하는 보상제도를 설계하면 될 것이다.

보상항목을 기본급, 복리후생, 단기인센티브 그리고 장기인센티브로 나누어 볼 때 인재의 유인, 유지 그리고 동기부여에 가장 효과적인 항목을 잘 구분하여 해당 항목 중심으로 보상제도를 재편하고 인건비의 비중을 높여 반영하면 될 것이다.

| 보상요소별 효과성 분석 |

보상 요소	효과성		
	인재유인 (Attraction)	인재유지 (Retention)	동기부여 (Motivation)
기본급	HIGH	MEDIUM	LOW
복리후생	LOW	LOW	LOW
단기인센티브	HIGH	MEDIUM	HIGH
장기인센티브	HIGH	HIGH	MEDIUM

| 보상제도의 전략방향 |

	의의 및 특성	조직 발전 단계*
인재유인형	• 보상제도의 주된 목적이 인재의 유인인 경우를 의미함 • 인재의 유인에 가장 효과적인 보상항목인 기본급을 중심으로 보상제도를 설계하는 것이 바람직함	도입단계에서 주로 필요한 전략
인재유지형	• 인재의 이직률이 높게 나타나거나 핵심인재의 유지를 통해 조직효과성을 강화하는 것이 필요한 경우 • 장기인센티브가 인재의 유지에 가장 효과적이므로, 장기인센티브를 도입하여 이직률을 경감시킬 수 있음	성장단계에서 주로 필요한 전략
동기부여형	• 인재의 유인이나 유지보다 현 인력의 고성과창출을 위해 직원들의 동기부여가 필요한 경우 사용가능한 전략임 • 단기인센티브가 가장 효과적이며, 인센티브 산정 주기를 짧게 설계할수록 동기부여효과가 극대화됨	성숙 혹은 쇠퇴단계에서 주로 필요한 전략

* 조직의 발전단계 : 도입(introduction) – 성장(growth) – 성숙(maturity) – 쇠퇴(declination)

Pay mix전략을 통해 성과창출과 동기부여 효과를 극대화할 수 있다

Pay mix라 함은 총보상 중 고정형 보상과 변동형 보상간의 비율을 말한다. 고정형 보상이라 함은 성과 등에 연동되어 지급여부가 불확정적인 보상이 아닌, 지급이 확정된 것을 말한다. 고정형 보상의 주된 기능은 직원의 생활보정적 기능이다. 즉 지급이 고정된 보상을 통해 생활안정적 기능이 강화될 수 있는 것이다. 반면 변동급이라 함은 그 지급여부가 사전에 확정되지 않고, 정해진 조건의 충족 또는 상황 실현을 전제로 지급되는 보상을 말한다. 따라서 변동급은 성과창출을 위한 동기부여 기능을 위해 주로 도입되고 운영되게 된다.

이러한 고정급과 변동급간의 비율을 Pay mix라 하는데, 대체로 직급이 높을수록, 역할이 다양해지거나 고도화 될수록 직무가 성과중심적일수록 변동급의 비중이 높아지게 된다. 즉, 성과창출에 대한 책임이나 기여도가 높은 직무나 직급일수록 성과창출에 대한 동기부여를 극대화하기 위해 변동급의 비중을 높이는 Pay mix전략을 구사하게 되는 것이다.

반면, 직급이나 역할이 낮거나, 직무의 특성 역시 안정적이고 지원업무적 성격이어서 성과 창출에의 기여도나 책임을 측정하기 어려운 경우 위와 반대로 고정급의 비중을 높이는 Pay mix 전략을 구사해야 한다.

| 고정급과 변동급의 기능 비교 |

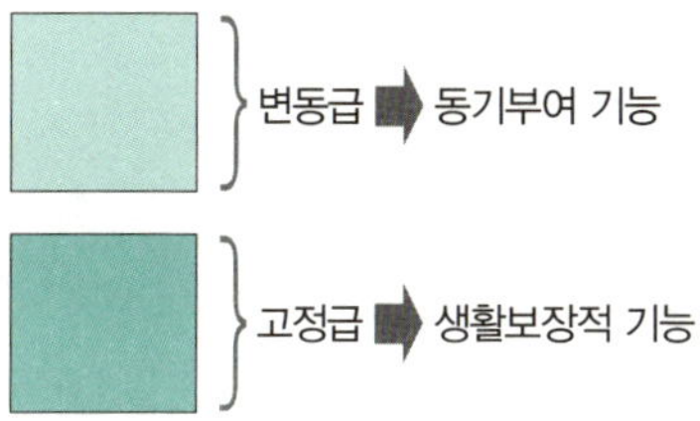

조직의 유연성과 경쟁력을 위해 변동급 위주의 보상전략이 필수적이다

만일 호봉제와 같이 고정급 중심으로 보상제도가 설계되어 있다면, 조직이 외부 환경변화에 대처할 수 있는 유연성(Adaptation)과 경쟁력이 크게 낮아질 수밖에 없다. 최근 세계화로 인한 무한 경쟁시대에 진입하면서 조직에 요구되어지는 첫번째 기능이 바로 유연성이라 할 수 있음에도 고정급 중심으로 보상제도가 설계되어 유연성이 확보되지 않는 경우 기업의 경쟁력에 큰 부담이 될 것이고, 중장기적 측면에서 경쟁사 대비 경쟁우위를 창출하거나 유지하기 어려운 상황에 놓이게 될 것이다.

또한 변동급 혹은 성과급 중심의 보상제도는 기업과 개인의 이해관계를 한방향으로 정렬하는 효과를 가지게 된다. 조직의 성과창출을 통한 목표의 달성이 결국 개인의 연봉을 결정하게 된다는 점으로 인해 성과급 중심으로 보상제도를 설계하는 경우 개인의 동기부여가 극대화 되는 효과를 누릴 수 있게 된다.

예를 들면, 기업이 성과창출과 더불어 성장하는 경우 개인의 성과급에도 영향을 미쳐 개인의 연봉수준이 자동적으로 올라가게 되고, 반대로 기업의 성장이 정체기에 들어서거나 일시적으로 어려움을 겪게 되는 경우 개인의 연봉수준도 줄게 되어 기업입장에서는 재무적 부담을 경감할 수 있는 장점을 가질 수 있다.

Pay mix Fastrack

총보상 중 고정급(Fixed pay)과 변동급(Variable pay)의 비율을 Pay mix라고 하는데, 직급이나 역할이 높아지거나 중요해질수록 변동급의 비중이 높은 Pay mix전략을 구사해야 하고, 반대의 경우 고정급의 비중을 높이는 것이 바람직하다.

한편, 직무의 성격이 안정적인 경우 고정급의 비중을 높이는 것이 필요하고 반대의 경우 변동급의 비중을 높이는 것이 필요하다.

최근의 추세는 조직과 재무적 유연성을 강화하기 위해 변동급 위주의 보상전략을 펴는 것이 일반적이다.

THEME **16**

업적과 역량의 측정과 관리를 통해 성과를 창출한다

성과관리는 업적과 역량을 관리하는 프로세스다

흔히 평가, 인사평가, 인사고과로 일컬어지는 프로세스는 유사한 의미를 가지는 개념들로서 업무수행의 결과를 측정하여 평가하고 업무수행에 필요한 능력이나 역량을 측정하는 과정을 통칭하는 용어이다.

최근 사정형의 평가를 지향하고 관리형의 평가를 추구하게 되면서 성과관리(Performance management)라는 표현을 가장 빈번하게 사용하고 있다. 또한 사정형의 평가라 하면 업무수행의 결과를 기준으로 상대서열화하여 임금인상이나 승진에 반영하는 것을 주된 내용으로 평가하는 형태를 말한다.

반면 업무성과를 지속적으로 향상시키는 것을 목적으로 하는 형태의 평가를 관리형 성과관리라고 한다.

그럼 과연 성과관리의 핵심요소, 즉 무엇을 평가하고 관리해야 하는 것일까? 크게 업적(Performance)과 역량(Competency)이라는 요소로 구분하여 살펴보도록 하자.

업적이란 표현 그대로 과거 기간 동안 창출한 일 또는 업무의 결과라고 정의할 수 있으며, 역량이란 팀원이 갖추고 있는 능력, 자세, 태도, 특성 등과 같이 성과를 창출하기 위하여 업무수행과정에서 필요한 요소라 할 수 있다.

| 전략적 성과관리 체계 |

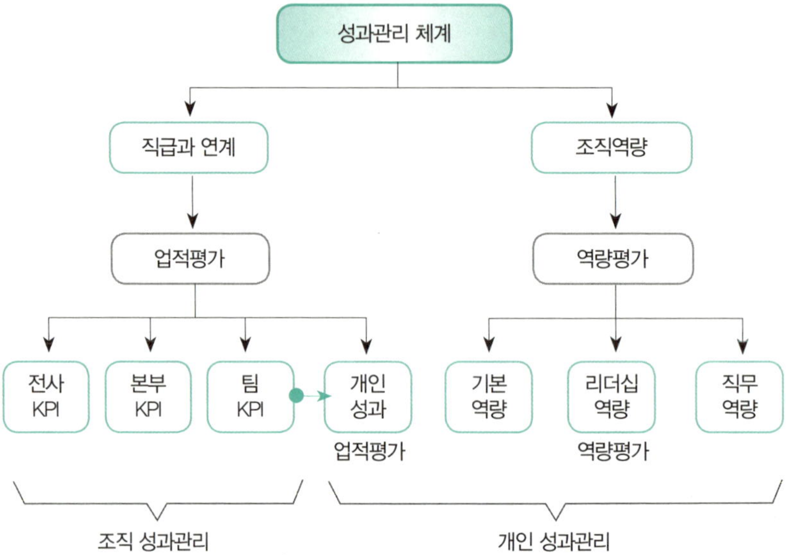

| 업적평가와 성과평가의 비교 |

구분	업적평가(Performance)	역량평가(Competency)
Timeframe	과거지향적	미래지향적
정성/정량	주로 정량평가	정성평가
Focus	결과 및 과정	과정
목표설정	실시	미실시
활용영역	보상 및 승진	교육 및 훈련, 승진
직원 수용도	높음	낮음
평가지표	매년 변경	장기 변경주기

단순한 업무능력을 넘어 역량에 주목하다

기업들이 역량(Competency)이라는 요소에 주목하기 시작한 것은 그리 오래되지 않았다. 과거에는 Ability와 capability가 주요 평가지표였다. 이들의 특징은 다소 정태적이면서 고정적인 성격을 가진다는 것이다. 구체적으로 Ability는 일을 완수하는 선천적인 정신력, 체력, 인격 등을 일컫고, Capability는 Ability보다 다소 진화한 개념으로서 직무에서 요구하는 조건을 만족시키는 능력을 총체적으로 의미한다고 할 수 있다.

반면 역량이라는 요소는 Ability와 Capability의 정태적인 특성을 넘어서서 직원이 독립적으로 성과창출을 위해 행동을 선택하는 소위 '행동능력'을 의미한다고 할 수 있으며, 동태적인 특성을 가진다는 것이 과거의 유사 개념들과 차별화되는 특성이다.

| 능력과 역량의 비교 및 발단단계 |

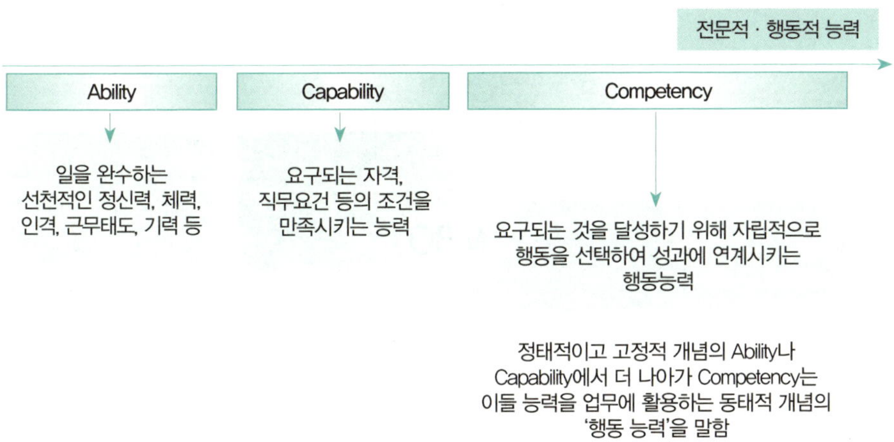

MBO로 업적을 관리하고 평가한다

과거의 업적평가는 결과중심 그리고 결과지향적인 특성이 너무나 강하였다. 사전 계획이라는 개념이 없었으며 사전에 계획을 하지 않다보니, 평가 시점에서 평가자의 주관이나 전반적인 인상에 의해 평가가 이루어지는 것이 결정적인 한계였다. 이러한 문제점을 줄이기 위해 목표에 의한 관리(MBO : Management By Objectives)라는 제도가 피터드러커에 의해 제안되어 오늘날 기업들 사이에 가장 일반적인 업적평가제도로 활용되고 있다.

MBO란 조직 및 개인이 달성해야 할 목표를 해당 직무수행자의 Role & Responsibility에 근거하여 구체적 실행계획을 명시하고, 이를 달성하기 위해 직무수행자와 상사가 함께 노력한 후 산출된 성과에 대해 관리 · 검토함으로써 발전적인 미래를 준비하고 성과를 창출하는 일련의 과정이다.

| 목표에 의한 관리(MBO) 프로세스 |

역량과 업적평가에 따라 전략적으로 인재를 관리한다

역량은 미래의 성과를 업적은 현재와 과거의 성과를 평가하는 의미를 가진다. 이러한 의미에 비추어 각각의 평가결과를 감안한 인재구분전략을 보면 다음과 같다.

- A그룹 : 고역량 저성과 그룹, 이 그룹에 속한 직원에 대하여는 직무의 전환 혹은 이동을 고려해 볼 수 있다. 즉, 역량은 탁월하나 현재의 성과가 다소 문제가 있는 경우이므로 직무배치에 문제가 있을 개연성이 있다.
- B그룹 : 고역량 고성과 그룹, 소위 Star그룹으로서 주로 기업에서는 핵심인재로 구분되는 직원들이다. 이들에 대해서는 지속적인 유지전략(Retention strategy)의 운용이 필요하다.
- C그룹 : 저역량 저성과 그룹, 저역량 저성과는 복합적 요인으로 인해 유지가 어려운 그룹이다. 이들에 대해서는 지속적인 성과향상프로그램(PIP)의 적용이나 퇴출에 대해서도 고민해야 한다.
- D그룹 : 저역량 고성과 그룹, 역량은 높지 않으나 고성과를 창출하는 직원들이다. 이러한 성과창출에 대해서는 주요 요인에 대한 분석이 필요하다. 분석 결과 개인적인 기여가 높다라고 하면 역량개발을 위한 교육훈련에 좀 더 초점을 두는 것이 필요하다.

| 인재구분 전략 |

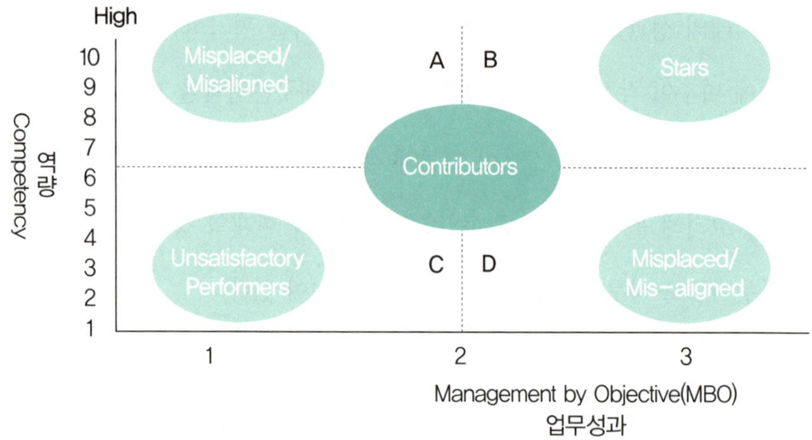

성과관리제도의 추세는 변하고 있다

과거의 성과관리제도는 결과지향적인 특성을 가지면서 임금이나 승진 등 보상을 나누는 기준으로 활용하는 것이 가장 큰 문제였다. 그러다보니 일방적인 평가가 너무나 당연시되었고, 팀장도 육성에 대한 관심보다 줄세우기를 통한 조직관리에 더 높은 관심이 있는 것이 현실이었다.

이러한 문제점을 극복하고 신개념의 성과관리제도가 확산되면서 자리잡게 된 제도의 특성들은 투명성과 객관성의 확보, 그리고 전략적인 관점에서 전사 그리고 조직의 성과지표들과의 유기적 연계성 극대화로 설명된다. 즉 과거의 사정형 평가가 아닌 조직의 목표를 달성하는 세부 과정 중의 하나로 MBO를 보기 시작하였고, 개인적인 측면에서는 연봉인상과 승진 이외에 역량과 커리어의 개발이라는 육성에 보다 초점을 맞추고 운영되고 있는 것이 특징이다.

| 성과관리제도의 변화 방향 |

구분	과거	현재
Focus	결과지향	결과 및 과정지향
목적	사정	육성 및 개발
커뮤니케이션	일방향	쌍방향
팀장의 역할	평가자	코치 및 멘토
사전계획	불필요	필요
팀성과와 연계	낮거나 없음	높음

VUCA시대의 변화 방정식(Richard Beckhard) Fastrack

VUCA(변동성(Volatility)–불확실성(Uncertainty)–복잡성(Complexity)–모호성(Ambiguity) 시대에서는 기업들이 과거에 경험하지 못한 새로운 도전을 접하고 있다. 따라서 급속도로 변하는 외부 환경에 대응하기 위한 미래 리더의 핵심역량은 바로 변화관리다.

여기서 변화(C)는 구성원이 현 상태에 대한 가지는 불만족 정도(D), 조직이 지향하는 비전(V), 비전달성을 위한 첫 번째 활동(F)의 합계가 변화에 대한 저항(R)보다 커야 발생할 수 있다는 방정식을 토대로 리더는 변화를 촉진하고 관리할 수 있다.

$$C = D \times V \times F > R$$

Change, Dissatisfaction, Vision, First steps, Resistance

THEME **17**

조직 목표는 유기적으로 개인의 목표로 연계된다

회사의 목표와 개인의 목표는 다르지 않다

회사의 목표는 경영전략의 실행을 통해 지속적으로 성장하는데 필요한 장기 및 단기 과제에 초점을 맞추어 설정된다. 팀장은 소속 조직의 목표 달성을 위해 필요한 역할과 핵심 기능의 개선 및 특별 과업 추진과 관련된 목표를 설정하게 된다.

반면 개인의 목표는 팀원이 수행하는 고유 업무나 팀 목표에서 부여받은 전략업무 등으로 구성되는데 결국 회사의 목표를 달성하는 과정에서 개인의 목표가 명확해지고 구체화되므로 결국 전 팀원의 목표의 합은 회사의 목표와 동일하다고 보아도 무방하다. 이렇게 회사의 목표와 개인의 목표를 연계하여 수립하고 할당해 나가는 과정을 캐스케이딩(Cascading)이라고 한다.

Cascading을 통해 조직의 목표가 개별 팀원에게 연결된다

개인 업적평가제도로서의 MBO는 두 가지 측면을 가지고 있다. 우선 회사의 입장에서 보면 조직의 목표를 실천하는 과정으로서의 의미를 지니고, 개인의 입장에서는 1년 동안 부여받은 목표를 달성하고자 노력하여 연봉과 승진 등에서 소정의 혜택을 받을 수 있도록 해주는 기능을 한다. 전자의 입장에서 MBO가 조직 목표의 달성과정이라고 한다면 결국 개개인에게 조직의 목표가 체계적이면서 빠짐없이 그리고 팀원간 중복이 발생하지 않도록 하는 것(MECE : Mutually Exclusive and Collectively Exhaustively)이 중요하다.

따라서 전사의 목표는 각 본부로 나누어지게 되고, 각 본부의 목표는 소속 팀에게 할당되고, 팀에 할당된 목표는 소속 팀원에게 체계적으로 분배되어야 한다. 이렇게 MECE하게 목표들이 관리되어야 팀원의 목표달성이 최종적으로는 조직의 목표달성으로 이어지게 되는 것이다.

|Cascading 프로세스|

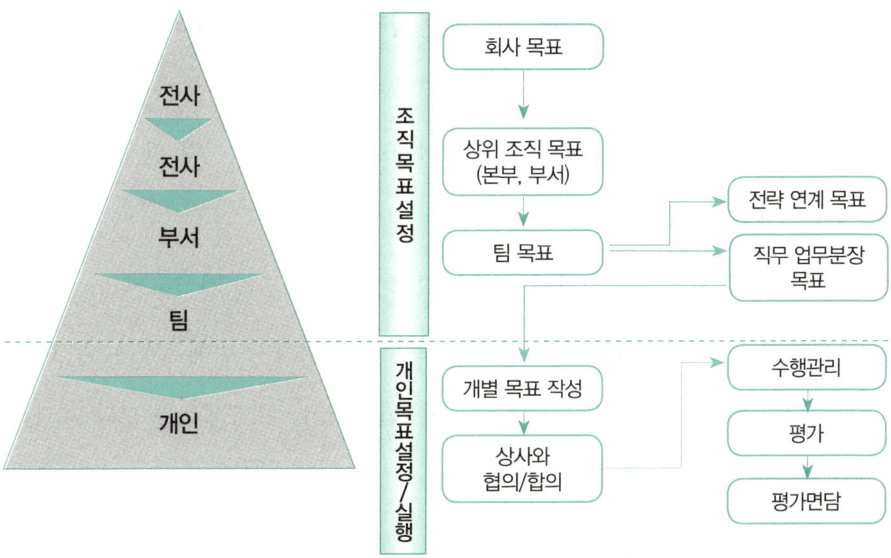

Cascading을 통해 커뮤니케이션을 활성화시키고, 목표를 구체화시킨다

대체로 성과관리 업무가 복잡하고 부수적인 것으로 느껴지는 것은 체계적으로 연계되지 않고 명확하지 않은 목적과 목표로 인한 경우가 많다. 상하위 조직간 그리고 조직과 개인간 추진과제와 목표의 Cascading을 통해 모든 구성원에게 전사 성과 창출을 위해 요구되는 역할과 책임에 대해 명확하게 커뮤니케이션 할 수 있는 것이 Cascading의 목적 중 하나이다.

또한 상하위 조직간 중점 추진과제 및 목표의 Cascading을 통해 전사적인 유기적 연계성을 강화하고 커뮤니케이션을 명확화 함으로써 최종적으로는 모든 구성원들의 전략 실행 및 성과 창출노력이 효과적으로 집중되게 되어 조직의 목표달성 가능성이 보다 강화된다.

상위 조직을 이해하고 해당 조직의 영향력을 감안해야 한다

전략과제 및 목표를 Cascading할 때 반드시 감안해야 하는 것이 두 가지 있다. 우선 각 단계에서 목표수립을 할 때 제일 먼저 상위 조직에 부여된 과제 및 목표를 철저하게 이해하는 것이 중요하다. 예를 들어 팀 목표 설정시 본부 목표에 대해 명확히 이해해야 하며 만일 상위 조직에 대한 이해가 부족할 경우, 각 단계별 유기적인 연계성이 저해되기 쉽다.

또한 각 단계에서 목표를 설정하는 경우 그리고 상하위조직 간 Cascading 대상을 선택할 때, 하위 조직에서는 "상위 조직의 목표를 달성하기 위해 우리는 무엇을 할 수 있는가?"라는 질문에 대해 고민함으로써 Cascading 프로세스를 보다 효과적으로 진행시킬 수 있다.

| Cascading 사례 |

Step 1 CEO에서 본부장에게 Break Down

CEO	사업개발 본부장	생산본부장	영업본부장	물류본부장
전략 플래닝 (전사경영 전략)	•사업전략을 책정	•생산전략을 특정함	•영업본부의 사업전략을 책정	•신물류시스템을 구축 •X제품군의 조달전략을 수립
전사 수익성	•수익력있는 사업/제품 개발을 통하여 수익목표 달성에 공헌 •개발 코스트를 절감함	•생산본부의 원가절감을 통하여 수익목표 달성에 공헌	•영업본부의 수익목표를 달성 •영업본부의 코스트를 절감	•물류본부의 원가절감을 통하여 수익목표 달성에 공헌
고객만족	•회사의 고객만족도를 향상시킬 시책을 마련	•품질보증체제를 구축 •안정적인 공급시스템 구축	•거래처와의 상호 신뢰관계를 장기적으로 유지/발전	•물류에 대한 고객만족도를 높임

Step 2 본부장에서 부장에게 Break Down

CEO	생산본부장	A공장장	제조 그룹 부장	품질관리 그룹 부장
전략적 계획 (전사경영 전략)	• 생산전략을 특정함	• A공장의 생산계획을 수립	• 최적 가동계획을 입안하여 실행	• 생산에 관한 최적의 전력 사용 계약을 입안하여 실행
전사 수익성	• 생산본부의 원가절감을 통하여 수익목표 달성에 공헌	• A공장의 원가절감을 통하여 수익목표 달성에 공헌	• 제조원가를 절감 • 제조설비를 유지/개선	• 전기설비, 분석계 등의 수리/정비 코스트를 절감 • 각 전기 설비의 로스율 감소
고객만족	• 품질보증 체제를 구축 • 안정적인 공급시스템 구축	• A공장의 제품 A의 품질을 확보 • A공장의 제품 A를 안정적으로 공급 • 사용자와의 상호신뢰관계 구축	• 전제품의 안정적 공급을 확보할 수 있는 메인터넌스를 실시	• 제품 품질을 유지, 향상 • SO의 인증을 유지

Step 3 부장에서 과장에게 Break Down

CEO	제조 그룹 부장	생산 계획 과장	제조 제1 과장
전략 플레닝 (전사경영 전략)	• 최적 가동계획을 입안하여 실행	• ……	• ……
전사 수익성	• 제조원가를 절감 • 제조설비를 유지/개선	• ……	• ……
고객만족	• 전제품의 안정적 공급을 확보할 수 있는 메인터넌스를 실시	• ……	• ……

목표 Cascading

Fastrack

목표 Cascading이라 함은 폭포(Cascading)가 떨어지듯이, 조직의 가장 상위에 있는 목표가 하위 부서와 팀, 그리고 가장 아래에 있는 팀원에게 이르기까지 일관성 있게 연계되도록 설정하는 것을 의미한다.

Cascading이 미흡한 경우 조직과 개인의 업적실행 과정상 괴리가 생기게 되어 조직과 개인의 에너지가 분산되는 결과가 초래되며, Cascading의 효과를 극대화하기 위해서는 팀장과 팀원 간 효과적인 커뮤니케이션을 활성화시키는 것이 필수적이다.

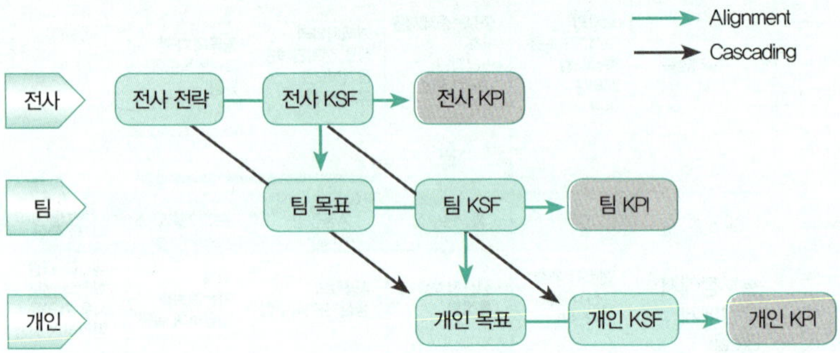

THEME 18 미래의 성과창출을 위해 역량모델링은 필수다

오늘의 성과를 업적, 내일의 성과를 역량이라 한다

성과관리의 큰 두 축을 업적평가와 역량평가라 한다. 오늘까지 창출해낸 결과나 성과물을 업적이라 하는데, 이는 엄연히 미래의 성과가 아닌 현재까지의 시간적 의미를 담은 의미의 표현이라는 특성이 있다.

그럼 과연 미래의 성과는 어떻게 창출해 낼 것인가가 궁금해질 수 있다. 여기서 미래의 성과를 창출하는 근원이자 원동력이 되는 것을 역량(Competency)라고 부르기로 하자. 역량이란 조직의 목표를 달성하고 성과를 창출하는데 필요한 핵심적인 기술, 지식, 행동 및 행동특성 등을 총칭하는 것이다. 바꾸어 말하면, 역량이란 자연스럽게 고성과자 즉 일 잘하는 직원에게서 나타나는 행동, 태도, 자세 등의 집합체라고 할 수 있다.

고성과 창출을 위해 역량을 분석하고 활용한다

따라서 이러한 역량의 실체를 잘 파악해서 정리할 수만 있다면 역량 개발이 필요한 직원이나 신입사원에게 교육함으로써 조직 역량을 전체적으로 향상시킬 수 있을 것이다. 이러한 점에 착안하여 역량을 정의하고 분석하는 작업을 역량모델링(Competency modelling)이라고 한다.

역량모델링의 궁극적인 목적은 미래의 성과창출을 위해 필요한 지식, 행동, 태도 등을 정리하는 과정으로 이해하면 보다 정확하다고 할 수 있다. 세부적으로 역량의 구분을 어떻게 하는지에 따라 역량모델링의 체계가 결정되는데, 일반적으로 3단계를 많이 사용하나, 경우에 따라 2단계 역량모델을 사용하는 경우가 있다.

| 역량모델링 체계 |

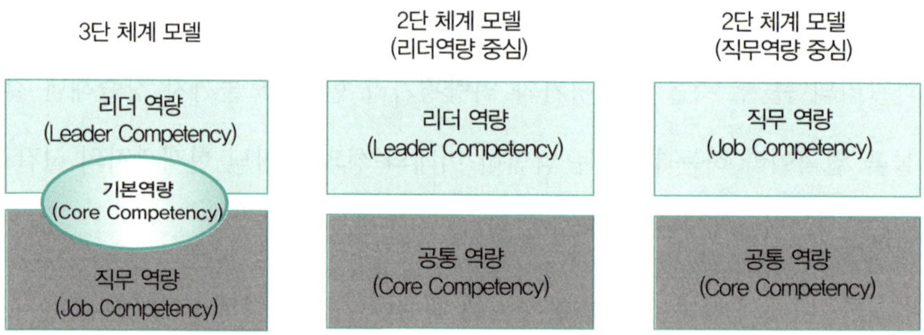

공통역량은 조직의 비전과 미션에서 결정된다

공통역량은 모든 구성원에게 요구되어지는 역량으로서 비즈니스의 속성과 조직의 문화적 근간을 토대로 발휘되는 집단적 역량이라고 할 수 있다. 따라서 조직의 최종 지향점인 비전과 미션을 달성하기 위해 반드시 필요한 역량을 공통역량이라고 할 수 있으므로 비전과 미션의 분석으로부터 공통역량의 도출이 시작된다고 할 수 있으며, 도출 과정에서 구성원의 의사를 반영하기 위해 FGI나 임직원 인터뷰를 실시하는 것이 일반적이다.

| 공통역량 도출요소 |

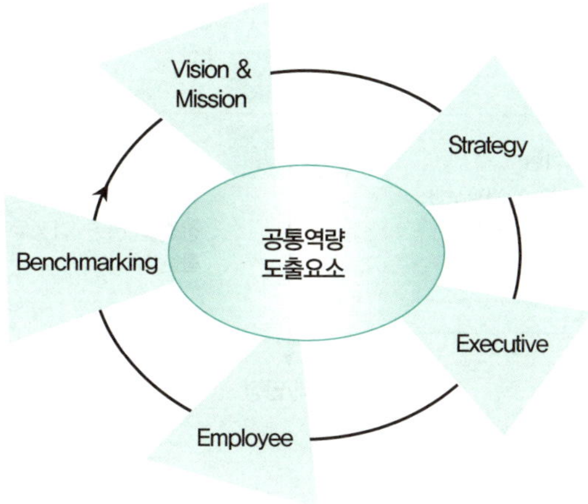

리더역량은 사람, 변화, 관리 그리고 일을 중심으로 형성된다

리더역량이란 조직의 전략목표 달성을 위해 단위 조직을 관리하는 팀장에게 요구되는 역량이다. 퀸 모델(Quinn's Model)에 따르면 리더에게 요구되어지는 역량 요소를 결정하는 기준으로서 현재지향적인지 그렇지 않으면 미래지향적인지를 기준으로 판단하는 '시간적인 요소(Timeframe)'와 사람지향적인지 그렇지 않으면 성과 또는 목표지향적인지를 기준으로 판단하는 '대상적 요소(Subject)'를 제시하고 있다. 두 가지 요소를 기준으로 역량 요소를 산출하면 아래 그림에서와 같이 사람, 변화, 관리 그리고 일이라는 요소를 찾을 수 있다. 이를 실무적으로 해석해보면 리더는 사람에 대한 관리, 변화에 대한 관리, 일에 대한 관리를 종합적이고 균형있게 할 수 있어야 함을 시사한다고 할 수 있다.

| 리더역량의 4가지 요소 |

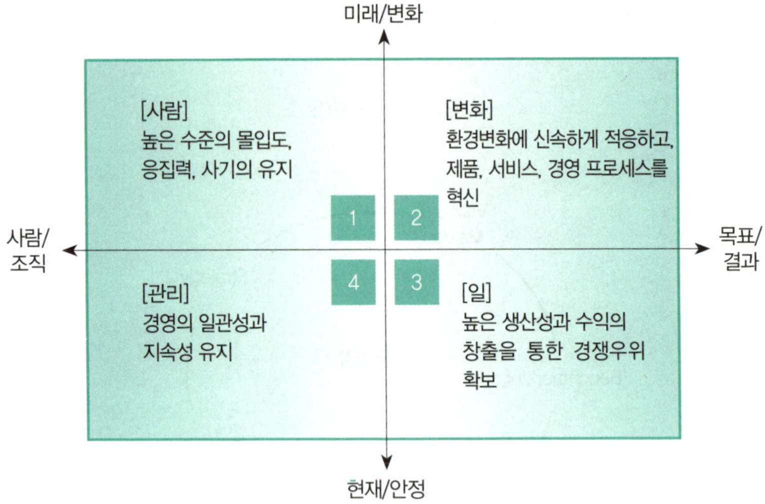

이러한 4가지 요소별로 필요한 리더의 역할을 정리해보면 [표]에서 보는 바와 같이 조정자, 혁신가, 행동하는 인간 그리고 위험담당자로서의 리더 역할이 제대로 수행될 때 비로소 리더십이 있다는 판단을 할 수 있게 된다.

| 역량요소와 요소별 리더의 역할 |

역량요소	리더의 역할
사람	조정자로서의 리더
변화	혁신가로서의 리더
일	행동하는 인간으로서의 리더
관리	위험담당자로서의 리더

| 글로벌 기업 및 대기업의 리더역량 |

리더 역할	역량항목 특징	Citibank	GE	국민은행	LG
변화 (ADHOCRACY)	결단력	Acting decisively	Ownership building	업무 추진력	사업가적 주도성
	개방성	Foster open communication			
	고객지향적 업무개선	Customer focus			고객중심적 업무 수행
사람 (CLAN)	팀 관리	Teamwork	Team building	지도 통솔력	고성과 팀빌딩
	신뢰 구축	Act with Integrity, Respect &Balance	Interpersonal assessment	도덕성/성실성	
	부하 육성	Commitment to continuous learning		부하 육성	지도/육성
일 (MISSION)	변화 기회의 포착	Innovative thinking	Strategic thinking	업무혁신/자기개발	전략적 사고
	비전설정	Shaping strategic vision	Systematic planning		
	대내외 지지 획득		Change facilitation		협상/변화관리
관리 (BUREAUCRACY)	솔선수범	Deriving execution	Influence/persuasion	경영관리, 의사소통/정보수집	
	업무 조정력				커뮤니케이션, 정보수집/관리
	조직문화 관리				

직무의 내용이 다르면 필요한 직무역량도 달라진다

직무역량이란 수행 직무를 완수하기 위해 요구되는 업무의 기술적 능력, 행동 및 태도를 종합적으로 일컫는 표현이다. 이러한 직무역량은 직무인사관리의 토대가 되면서, 채용, 이동, 평가 및 전문가 육성 등에 있어 가장 중요한 기준이 된다.

공통역량이 모든 구성원에게 공통적으로 요구되는 역량이고, 리더역량 역시 리더에게 공통적으로 적용되는 역량임을 감안할 때, 직무역량은 직무별로 다르게 정의되고 분석된다는 점이 특징이다. 즉, 직무별로 직무환경이 다르고 직무를 성공적으로 수행하기 위한 핵심요인이 다르므로 이에 따라 요구되어지는 역량 역시 달라져야 함을 의미한다.

일반적으로 직무역량 사전의 구성은 정의, 키워드 그리고 행동지표로 이루어지게 된다. 이 중 가장 중요한 것은 행동지표에 해당하는 내용인데 가령 예를 들어 전략적 사고 역량이 필요한 직무에서 해당 역량의 수준이 높은 팀원이 보여주는 구체적인 행동이나 태도들을 종합적으로 모아놓은 세부지표라 할 수 있다.

| 직무역량 사전 사례 |

전략적 사고 : 장기적이고 통합적인 관점에서 목표를 설정하고 대안을 구성하여 그 우선순위를 명확히 하며 실행계획 및 처방까지 제시하는 역량

핵심요소 및 행동 지표	구분	내용
핵심요소 및 행동 지표	키워드	다양한 환경과 요소를 고려한 장기적 방향 설정
	행동 지표	• 조직에 영향을 줄 수 있는 사회적, 경제적 추세에 대해 잘 알고 있다 • 담당조직에서 추구해야할 가치를 명확히 인식하고 전략, 목표를 설정한다. • 조직 내외의 전반적 상황과 다양한 관점을 고려하여 계획을 개발한다. • 현재뿐만 아니라 미래의 요구와 변화요인을 고려하여 계획에 반영한다. • 장기적인 문제해결을 위해서 눈앞에 닥친 문제들에 집착하지 않는다.

		• 정책수립 및 수행 시 장단기적으로 나타날 수 있는 성과에 대하여 구체적이며 도전적인 목표를 설정하고 이를 효과적이고 전략적으로 수행한다. • 업무의 본질과 환경변화에 대한 통찰력을 갖고 성공을 위한 변화의 기회를 포착하며 조직과 개인의 가치창출을 위한 변화에 유연히 대처한다. • 환경의 현황과 변화방향을 거시적이고 종합적으로 분석한다. • 달성가능한 목표를 우선적으로 추진한다. • 정책의 비용과 편익을 계량하여 비교한다.

이러한 직무역량은 우선 직무환경의 분석에서 시작하게 된다. 이후 해당 직무의 성공적 완수를 위해 필요한 요인들에 대해 분석하고 이렇게 도출된 요인들을 달성하기 위해 필요한 성공행동 사례를 역량사전을 통해 종합하는 과정을 거침으로서 직무역량모델링을 완수하는 것이다. 이후 직무환경이나 수행 내역이 변동될 경우, 그 변동 내역에 맞도록 커스터마이징(Customizing)함으로써 지속적으로 유효한 직무역량모델링을 유지할 수 있게 된다.

| 직무역량 도출 프로세스 |

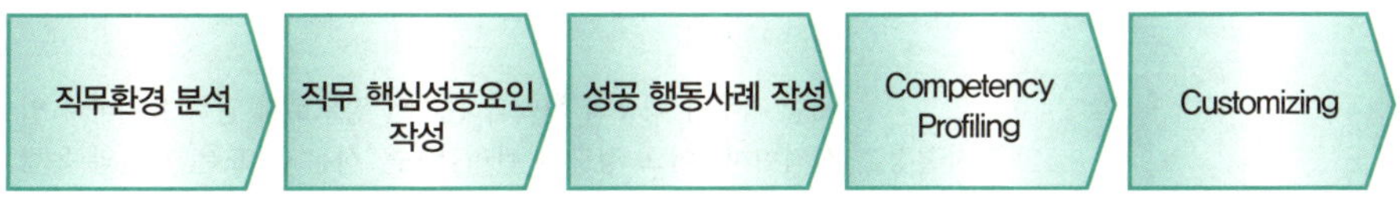

일반적으로 직무역량을 도출할 때 3가지 측면을 고려하게 되는데, 사람, 시간 등 직무를 수행하기 위해 필요한 투입요소(Input factor), 커뮤니케이션 등과 같이 직무를 수행하면서 필요로 하는 과정요소(Process factor) 그리고 기여도(Contribution)와 효과(Impact)와 같은 결과요소(Output factor)로 나누어 직무에 필요한 역량을 도출함으로써 직무를 둘러싼 전반적인 요소를 고려할 수 있다.

역량 모델링(Competency Modelling)

Fastrack

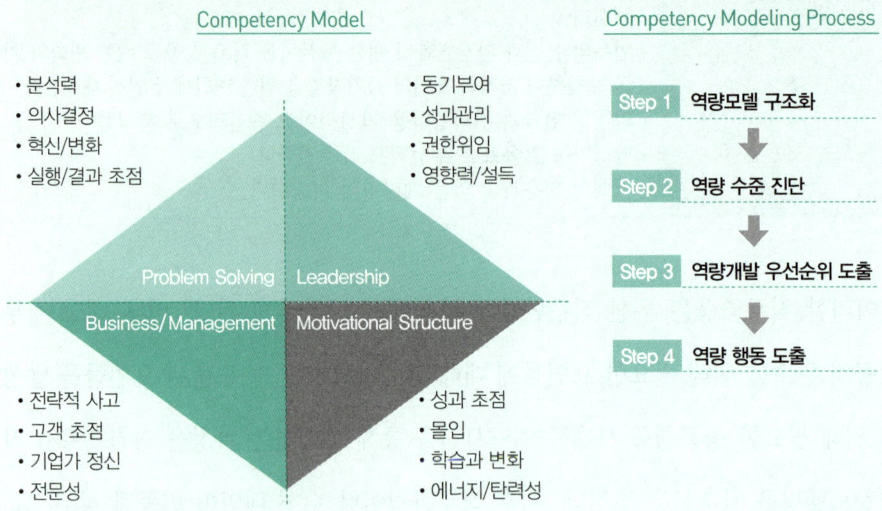

| 직무평가 요소 |

평가 차원	평가 요소		정의
직무효율지표	투입	요구지식	직무의 전반적인 목표를 달성하기 위해 요구되어지는 교육, 훈련 그리고 경험을 통해 획득된 노하우를 의미함
		숙련도	직무수행을 위해 요구되는 숙련의 정도이며, 근속기간에 비례해서 평가됨
	과정	의사결정	해당 직무가 행동의 선택과 관련된 정도로서 업무가 얼마나 일상적이며, 어느 정도의 관리감독을 하는지, 또는 자신의 독립적인 판단으로 활동할 수 있는 정도를 의미함
		업무난이도(문제해결 능력)	직무 수행상 발생하는 문제에 대해 문제의 본질과 핵심을 규명하여 구체적 해결방안을 제시하는 등 문제해결을 위해 직무에서 요구하는 수준을 의미함 직무 보유자에 의해 수행되어지는 과업 수, 절차의 다양성과 사용되어지는 장비 및 도구 등의 사용 정도를 의미함
	결과	기여도	각 직무 역할이 조직의 성과목표 달성에 공헌하는 정도를 의미함
		업무중요도(영향력)	구체적으로 직무수행을 통해 나타나는 효과가 미치는 범위와 강도를 의미하며, 직무수행의 결과가 직접적으로 영향을 미치는 범위를 의미함
직무특성지표	업무지속성		해당 업무가 기업 내에 장기적으로 존재하고, 업무수행방법이 단절없이 지속적으로 요구되는 정도
	대체용이성		업무수행자의 대체 시 생길 수 있는 문제의 정도이며, 적절한 대체기간에 비례해서 평가됨

THEME **19** **평가자 오류는 객관적 평가의 최대 적이다**

후광효과(Halo effect)

평가대상자의 전반적 인상이나 특정한 요소로부터 받은 인상에 의거해 평가를 내리려는 경향을 말한다. 즉 일부 눈에 띄는 특성에 영향을 받아 다른 평가항목의 평가를 왜곡시켜 버리는 경향을 뜻한다.

사 례

"어쨌든 매출 실적이 좋으니까 다른 부분도 잘 했다고 봐야지."
"여태까지 계속 1등이었으니까 이번에도 역시??"

관대화 경향(Leniency error)

점수부여 과정에서 주로 발생하는 문제로 평가대상자의 성과나 능력을 실제보다 높게 평가하는 경향이다. 즉 목표에 대비하여 엄정하게 평가하는 것이 아니라, 인정이나 관계에 끌려 후한 평가를 하는 경향을 말한다. 이와 반대되는 경향, 즉 실제보다 낮게 성과를 평가하는 경향은 엄격화 경향(Strictness tendency)이라고 한다.

사 례

"그래도 내 직원이니까 잘 주자."
"원한이 있지도 않은데 이사람 인생을 망칠 수야 없지."

중심화 경향(Central tendency error)

점수부여 과정에서 주로 발생하는 문제로 평가대상자들을 모두 중간점수로 평가하려는 경향을 말한다. 양극단의 평가를 사용하기 꺼려하는 평가자들이, 평가대상자들에게 중간점수를 부여함으로써 평가 시 일어날 수 있는 반발을 막고 평가행위에 안전을 부여하려는 의도이다.

사 례

"잘해봐야, 못해봐야 그게 그 수준이지 뭐…다 똑같아."

논리적 착오(Logical error)

점수부여 과정에서 주로 발생하는 문제로 평가요소 간의 관련성을 판단하여 그것을 평가결과에 반영하려는 경향이다. 즉, 평가요소를 판단함에 있어 논리적 인과관계가 없는 요소에 근거하여 평가하려는 경향을 뜻한다.

사 례

"김대리는 아는 것이 많으니까 이해력도 좋을거야."

근접오류(Proximity error)

점수부여 과정에서 주로 발생하는 문제로 평가표 상에 근접하게 기재되어 있는 평가요소나 평가결과의 내용들이 서로 유사해지는 경향을 뜻한다. 또는 특정 평가시간 내에서 평가결과가 유사하게 도출되는 것을 의미한다.

사 례

"업무효율성과 진척율?? 분석력과 판단력?? 그게 그거 아냐?"

연공오차(Seniority error)

인지 단계에서 주로 발생하는 문제로 평가대상자의 연령이나 근무 기간을 기준으로 평가하려는 경향을 뜻한다. 이 오류는 특히 우리나라에서와 같이 연공 중심의 인사관리를 하는 경우 많이 발생한다.

사 례

"김과장이 이과장보다 입사한 지 오래됐고 그만큼 경험도 많으니까 일도 더 잘하겠지."

대비오차(Contrast error)

인지 단계에서 주로 발생하는 문제로 평가대상자를 평가할 때, 평가자 자신이 지닌 특성과 비교해서 평가하거나 평가대상자 이외의 사람들이 지니고 있는 특성과 비교해서 평가하는 경향을 의미한다.

사 례

"나도 이걸 이만큼이나 하는데, XX씨는 이거 밖에 못했나? 좀 전에 평가한 ㅇㅇ씨도 이 정도나 했는데?"

시간적 오류(Regency error)

인지 단계에서 주로 발생하는 문제로 전체 평가 기간에 근거해서 평가대상자의 능력이나 성과를 평가해야 함에도 불구하고, 실제로 평가가 이루어지는 몇 주간의 결과에 근거해서 평가하는 경우를 의미한다.

사 례

"최근에 성과가 점점 좋아지니 점수를 잘 줄 수밖에"
"전에 어떻게 했는지 알게 뭐야. 기억도 안나는데"

평가자 오류는 줄일 수 있다

아무리 체계적인 평가제도를 도입하더라도, 아무리 정량적인 성과지표를 구축하더라도 위와 같은 평가자 오류가 제거되지 않으면 평가결과의 객관성이 낮아지게 되고, 이는 곧 피평가자의 수용도에 직접적으로 영향을 미치게 된다.

아래에서는 평가자 오류를 줄이기 위한 방안에 대해 살펴보도록 하자

1. **커뮤니케이션의 강화** : 평가자와 피평가자간 커뮤니케이션을 전 평가기간에 걸쳐 강화함으로써 평가자 오류를 줄일 수 있다.
2. **정량평가지표의 활용 제고** : 정성지표의 경우, 평가자 역량이 뒷받침되지 않게 되면 주관적 평가로 흐를 가능성이 있으므로 정량평가지표의 활용을 제고하는 것이 필요하다.
3. **지속적인 평가자 교육** : 평가자간 일관적 기준과 공감대를 형성함으로써 오류는 줄어들 수 있다.
4. **평가자 오류 유형에 대한 공유와 오류에 대한 책임감 부여** : 평가시 발생할 수 있는 오류에 대한 유형을 구체화하여 평가자 교육시 반영하고, 해당 유형 발생시 평가자에 대한 책임을 물음으로서 오류를 줄일 수 있다.

5. **평가가이드라인 상세화** : 평가에 필요한 세부 절차를 구체적으로 명시한 가이드라인을 구축함으로써 평가결과의 객관성을 제고할 수 있다.

평가자교육 Fastrack

과거 기업들은 평가결과의 오류를 최소화하고 객관성을 극대화하고자 '평가제도의 개선'에 주안점을 두었다. 그러나 신제도의 도입 및 외부전문가의 활용을 통한 제도의 고도화 노력에도 불구하고 평가결과에 대한 직원들의 만족도가 높아지지 않는다는 사실을 인지하게 되면서, 평가제도 자체의 개선 외에 '평가자 교육'으로 관심을 돌리게 되었다.

왜곡된 평가결과는 근본적으로 평가자의 오류 또는 주관의 개입으로부터 비롯된다는 사실을 인지하고, 다음과 같은 테마에 대하여 평가자 교육을 매년, 반기별 또는 분기별로 시행하는 기업들이 점차 늘어나고 있다.

1. 평가제도 자체의 이해도 파악
2. 평가자의 육성자로서의 바람직한 역할
3. 평가오류의 유형 및 해결방안
4. 평가면담 스킬 등

THEME 20
평가결과의 객관성과 수용성을 높일 수 있다

평가제도의 생명은 객관성이다

팀원들은 평가를 통해 일을 잘하는 팀원과 그렇지 않은 팀원으로 나뉘게 된다. 동시에 이 평가 결과에 따라 팀원은 두 가지 요소에서 영향을 받게 되는데, 그 중 하나가 바로 연봉이고 다른 하나가 승진이다. 그만큼 평가란 개인에게 민감하고 중요한 사안일 수밖에 없다. 따라서 평가제도에 있어 피평가자인 팀원에게 가장 중요한 요소가 바로 수용도라 할 수 있다. 즉, 낮은 평가등급을 받더라도 그 결과에 대해 수용하고 이의를 제기하지 않는 것이 조직 운영 차원에서 필수적이다. 만일 성과주의를 도입하여 팀원 간 건강한 경쟁을 유도하고 고성과자에 대한 보상을 강화하고자 하였으나 결과적으로 평가결과에 대한 불만과 불신이 생겨나 팀원 간 갈등이 높아지고 팀웍이 저해된다면 평가제도를 도입하지 않는 편이 더 좋을지도 모르겠다. 이러한 시각에서도 평가제도의 핵심 중 하나는 평가결과의 수용도라고 할 수 있을 듯하다.

| 평가제도의 객관성과 공정성의 중요성 |

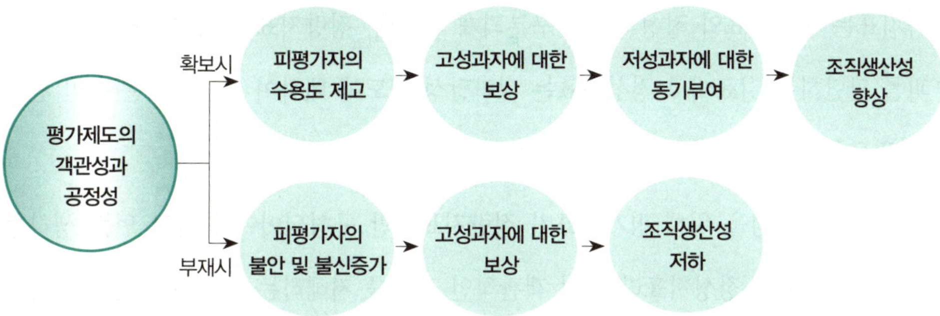

팀원의 평가에 대한 수용도를 높이기 위해 필수적인 것이 평가제도의 객관성과 공정성이다. 즉, 평가제도가 객관적이고 공정해야 낮은 평가자들도 결과에 대해 이의를 제기하지 않고 긍정적으로 받아들이게 된다. 그럼 과연 어떻게 평가제도의 객관성과 공정성을 제고하고 수용도가 확보할 수 있는지에 대해 알아보도록 하자.

프로세스, 커뮤니케이션 그리고 평가자 역량을 통해 평가제도를 혁신하다

평가제도의 수용도 제고방안에 대해 살펴보기 위해서는 과연 어디서 평가제도의 객관성 저해요인이 발생하는지를 살펴보는 것이 필요하다. 즉 문제의 근본원인을 찾아야 그에 맞는 해결책을 제시할 수 있는 것이다. 우선 평가제도 운영프로세스에서 그 원인을 찾을 수 있다.

| 평가제도 공정성 확보를 위한 3요소 |

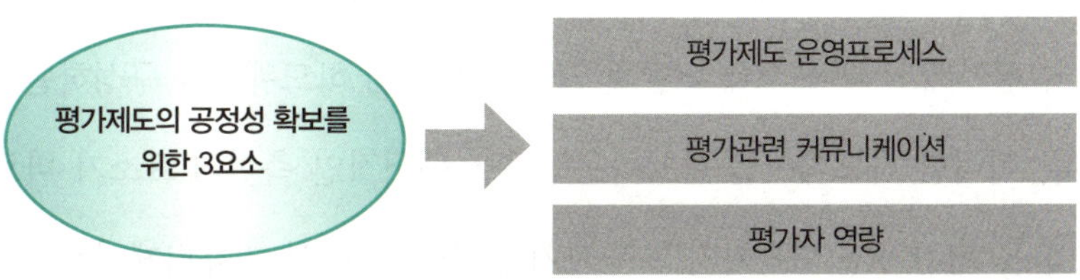

평가제도가 운영 프로세스에 있어 필수적인 것이 평가지표와 평가체계다. 우선 평가지표는 정량지표와 정성지표로 구분되게 되는데, 정량지표는 계량적인 수치로 성과를 판단하는 지표이고 정성지표는 성과달성 정도에 대하여 사람의 주관적인 판단이 필요한 지표이다.

평가의 객관성을 위해 평가지표가 정량지표로만 구성되어야 한다고 언뜻 생각할 수 있을 것이나, 정성지표라 하여 객관적인 평가를 저해하는 것은 아니라고 보아야 한다. 그러나 평가제도나 평가자의 역량이 정상적 궤도에 오르기 전에는 정량지표를 중심으로 평가는 하는 것이 다소 객관적인 평가에 도움이 되리라 생각한다.

| 성과지표의 유형 |

성과지표

정량 지표

- 계량적인 수치로 성과를 판단할 수 있는 지표
- 목표 대비 정량적인 달성도에 따라 성과 달성 여부를 평가함
- 일반적으로 사전에 성과의 판단 기준에 대한 설정이 용이함
- 예) 매출액(이익)달성도, 수익신장률, 주거래 고객수, 인건비 절감률, 전산 개발 시기, 총수익 경비율 등

정성 지표

- 성과 달성 정도에 대하여 사람의 주관적인 판단이 필요한 지표
- 목표 수행 결과의 내용과 질적인 측면에서 성과 달성 여부를 평가함
- 일반적으로 사전에 성과의 판단 기준에 대한 설정이 어려움
- 합리적 판단을 위해 사전에 합의된 기준을 마련함
- 예) 전략수립의 적절성, 노사협의회 운영 적절성, 보상 체계 개선 노력도 등

그리고 평가과정에서의 객관성 저하에 대한 원인으로 커뮤니케이션의 부재를 뽑을 수 있다. 평가제도 및 프로세스는 말 그대로 평가의 하드웨어를 구성하는 요소라 할 수 있다. 이러한 하드웨어를 운영하는 소프트웨어적인 측면의 요소가 바로 커뮤니케이션이다. 평가자와 피평가자가 평가기간 중 지속적인 커뮤니케이션을 병행함

으로써 평가에 대한 공감대를 형성하고 지표에 대한 눈높이를 같이 할 수 있는 것이다.

마지막으로 평가의 객관성과 공정성에 영향을 미치는 요인으로 평가자의 역량을 들 수 있다. 평가제도가 하드웨어이고 커뮤니케이션이 소프트웨어라면 이러한 하드웨어와 소프트웨어를 운영하는 운영자가 바로 평가자이다. 따라서 평가자의 역량이나 태도에 따라 평가제도가 어떻게 운영될지가 결정적으로 좌지우지되게 된다. 이러한 점을 고려해서 최근 평가자들에 대한 역량향상 교육을 진행하는 기업들이 기하급수적으로 늘고 있다. 즉, 과거에는 평가의 공정성을 제도에서 찾았다면 이제는 평가제도를 운영하는 핵심 주체인 팀장 및 평가자에게서 찾고자 하는 것이 트렌드상의 큰 변화라 하겠다.

평가의 객관성 제고를 위한 Action plan을 세우자

1. **평가 단계를 세분화하자** : 평가 단계를 2단계나 3단계로 세분화하고 각 단계별 R&R을 명확히 함으로써 평가의 객관성을 제고할 수 있다. 반대로 평가권한이 일부에 쏠릴수록 평가의 객관성 유지가 어려워진다.
2. **평가의 횟수를 늘리자** : 대부분 기업들이 연 1회 평가를 실시한다. 평가횟수가 적을수록 평가결과의 공정성이 흔들릴 수 있다. 최소 반기 1회로 확대하여 보다 정확한 평가가 가능하도록 해야 한다. 한편 평가의 횟수가 늘어나게 되면 평가자들의 평가업무 증대에 대한 불만이 제기될 수 있음을 염두에 두어야 한다.
3. **fact-finding을 충실히 하자** : 공정한 평가를 위해서는 피평가자의 업무에 대한 data tracking이 필수다. 이를 fact-finding이라 하는데, 팀장들이 평소에 팀원들의 업무수행 결과와 태도를 모니터링하도록 해야 평가시점에서 전반적인 측면에서 평가가 가능해진다.

4. **Calibration session을 도입하자** : 평가자별로 눈높이가 다르고 평가제도에 대한 이해도가 동일하지 않을 수 있다. 이런 경우 어떤 평가자 하에서 평가를 받느냐에 따라 평가결과가 달라지게 되어 평가의 일관성이 저해될 수 있다. 이를 보완하기 위해 평가자간 평가결과를 조정하는 과정을 거치게 하는데 이를 Calibration session이라고 한다.

5. **이의제기 프로세스를 실행하자** : 회사의 노력에도 불구하고 평가결과에 대한 이의나 불만이 생기는 것을 원천적으로 막을 수는 없다. 이러한 경우 평가결과에 대한 이의를 제기하는 프로세스를 도입함으로써 평가결과의 수용도 제고에 긍정적인 영향을 미칠 수 있다.

| 평가제도에서의 이의제기 프로세스 |

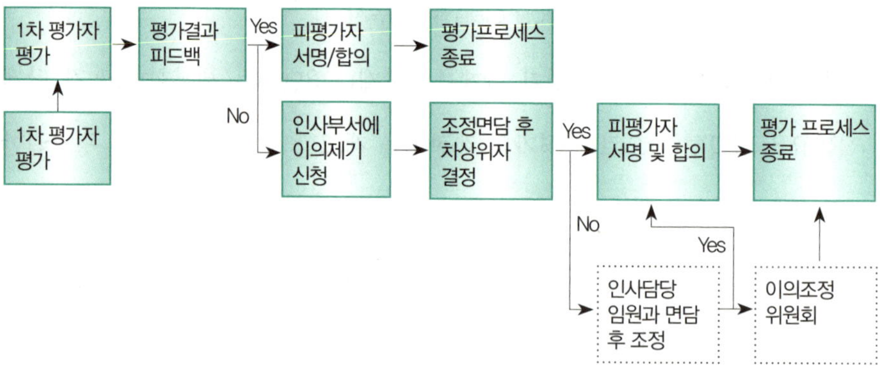

THEME 21 업적평가는 팀장과의 합의 하에 추진된다

업적평가의 출발은 합의에 의한 목표수립이다

업적평가는 MBO프로세스를 통해 실시된다. MBO의 첫 단추는 팀장과 팀원간 목표에 대한 합의이다. 즉, 올해는 어떤 업무를 중점적으로 할 것인지 그리고 업무수행의 결과로서 반드시 성취하고자 하는 목표는 무엇인지에 대해 상호 합의함으로써 업적평가의 프로세스가 개시된다. 이후 합의된 목표를 달성해 나가는 과정 역시 팀장과의 협업을 통해 이루어지게 된다. 즉, 목표수립 단계에서 평가단계까지 팀장과 팀원간 상호 의사소통이 중요한 프로세스 중 하나라 할 수 있다.

목표설정단계, 실행단계, 평가단계 그리고 피드백단계에서 팀장과 팀원간 지속적인 쌍방향 커뮤니케이션을 실시하지 않으면 평가과정 및 결과의 객관성과 공정성을 확보하기 어려우므로 반드시 이러한 역할에 대한 인식을 같이하고 상시적인 커뮤니케이션을 하고자 노력하여야 한다.

| MBO평가 단계별 평가자와 피평가자 역할 |

	주요책임	목표설정 (Plan)	목표실행 (Do)	성과평가 (See)	Feedback (See)
피평가자	• 목표달성 및 자기개발	• 개인목표수립 • 자기개발 필요 역량/요구수준 확인	• 목표 달성도 점검(On-Going Basis)	• 자기평가 실시	• 자기개발 필요영역 확인
평가자	• 조직 성과향상 • 부하육성	• 조직목표수립 • 부하 업적목표 합의	• 부하 Coaching • 중간면담 실시 • 조직목표 달성 수준 점검 및 지원	• 평가 및 평가 면담 실시	• 성과평가 결과 Feedback

성공적인 MBO평가를 위해서는 팀장과 팀원의 협력이 필요하다

성공적인 MBO평가를 위해 팀장에게 요구되는 6가지 역할에 대해 살펴보자.

- Focus : 목표수립시 장황하게 목표를 수립하거나 거창하게 하지 않고, 핵심적인 업무에 집중하기
- Measure : 평가시점에서 측정이 객관적으로 이루어질 수 있어야 성과관리가 성공적으로 완수된다. 지표 그 자체의 측정도 중요하지만 지표의 달성을 위한 세부단계에서의 진척도나 달성도도 중요하게 간주하기
- Feedback : MBO평가는 평가 그 자체가 중요한 것이 아니라 향후 개선과 향상을 위해 무엇을 잘했고 무엇을 잘못했는지에 대해 피드백을 주는 것이 더 중요하므로 장래 개선이 필요한 사항에 대해 건설적으로 피드백하기
- Reward : 합의된 목표를 달성했거나 기대 이상의 성과를 창출한 경우, 그에 상응하는 보상을 제공함으로써 성공에 대한 인정을 해주기

- Reinforce : 성공은 또 다른 성공의 촉매제가 되므로 긍정적인 과정이나 결과에 대해서는 지속적으로 긍정적 피드백을 제공하고 독려하기

반면 팀원의 입장에서 성공적인 MBO평가를 위해 반드시 지켜야 할 역할이 있다. 성공적인 팀원 또는 팔로우어가 되기 위해 가장 중요한 것은 MBO평가제도를 보는 시각의 전환이다. 연봉결정 또는 승진자 선발이 평가의 주된 목적이 아니라 MBO평가를 통해 개인의 역량을 개발시키고 조직의 성공이 곧 개인의 성공이라는 전향적인 마인드를 고취하여 개인의 역량개발과 조직의 목표달성을 동시에 이루는 것이 MBO의 주된 목적이다. 또한 단기적인 관점에서 각 연도별 평가결과에 연연하기보다 장기적인 시각에서 여유를 갖고 평가제도를 바라보는 것이 필요하다.

| 성공적인 MBO평가를 위한 팀원의 역할 |

1. 전향적으로 생각합니다. (Win－win전략, Positive－sum 사고방식)
2. 사실을 수집해서 분석적으로 사물을 인식합니다.
3. 일의 방향을 정하기 전에 조언을 구합니다.
4. 성급하게 판단하지 않고 인내심을 기릅니다.
5. 조직의 틀 안에서 생각합니다.
6. 팀 워크를 중시하며 행동합니다.
7. 장애요인 발생 시 조언을 구하고 창의적인 고민을 합니다.
8. 마음의 여유를 갖고 행동의 폭을 넓힙니다.

목표는 스마트(SMART)하게 수립해야 한다

MBO평가에서 첫 번째 단계인 목표수립단계에서 가장 중요한 원칙은 스마트(SMART)원칙이라 할 수 있다. 스마트원칙이란 목표수립에서 지켜야 할 원칙 다섯가지의 첫글자를 인용하여 부르는 표현이다. 아래에서 MBO 목표수립을 스마트하게 하는 다섯 가지 원칙에 대해 살펴보자.

Specific

목표는 구체적이어야 한다. 목표가 구체적이지 않고 두루뭉실하거나 넓은 범위의 영역을 포괄하고 있다면 평가 시점에서 객관성을 결여하기 쉽다. 즉, "매출을 획기적으로 상승시킨다."라는 목표보다는 보다 구체적으로 "매출을 작년대비 10% 상승시킨다."는 식으로 구체적으로 수립하는 것이 필요하다.

바람직한 목표 사례	개선이 필요한 목표 사례
• 서울지역 내 매출을 15% 제고한다. • 신사업 과제를 6월까지 60%까지 끌어올린다. • VOC를 연내 10건 이내로 줄인다.	• 지역 내 매출 M/S를 늘린다. • 신사업 과제를 기간에 맞추어 달성한다. • 고객들의 불만을 줄인다.

Measurable & manageable

수립된 목표가 측정 불가능하게 않게 되면 평가 자체가 곤란해진다. 또한 팀원이 관리할 수 있는 영역 내에 있지 않는 목표가 MBO평가에서 다루어지면 평가의 객관성이 결여될 가능성이 높아지게 된다.

바람직한 목표 사례	개선이 필요한 목표 사례
• 사내 비용 개선안을 수립하여 비용을 연내 10% 절감한다. • 고객만족도 조사 점수를 90점으로 제고한다. • 직원들의 카페테리아 사용률을 20% 추가 향상시킨다.	• 사내 비용 개선안을 적절하게 준비한다. • 고객만족도 점수를 올린다. • 직원들의 사기를 제고한다.

Aligned(or Attainable)

개인 단위에서의 평가를 MBO평가라 하지만 실질적인 목표는 조직에서 점차적으로 내려오는 단계가 필요하다. 이런 식으로 목표가 수립되지 않으면 조직과 개인의 목표가 한 방향으로 정렬되지 않게 되어 조직의 전략 달성이 어려워지게 된다.

| 평가지표의 유기적 연계를 위한 Cascading |

바람직한 목표 사례	개선이 필요한 목표 사례
• 팀 목표 : 신규고객 유치 10% 제고 • 개인 목표 : 신규고객 유치 5% 제고	• 팀 목표 : 신규고객 유치 10% 제고 • 개인 목표 : 기존고개 유지 10% 제고

Realistic(or Result oriented)

목표는 쉽게 달성할 수 있는 수준이 아니라 도전적으로 설정되어야 하고 동시에 달성가능하도록 현실적이어야 한다.

바람직한 목표 사례	개선이 필요한 목표 사례
• 매출 작년대비 10% 제고 • 복리후생 개선 보고서 작성 및 제도 실행 • 영업활동 개선제안 3건 및 반영률 50% 이상 유지	• 매출 작년대비 1% 제고 • 복리후생 개선 보고서 작성 • 영업활동 개선제안 3건

Time-bound

모든 목표는 달성 그 자체도 중요하지만 목표를 달성해 나가는 세부프로세스가 시간적 기준에 따라 측정되고 관리되는 것이 필요하다.

바람직한 목표 사례	개선이 필요한 목표 사례
• Q1 : 고객정보관리 현황분석 • Q2 : 시스템개발 및 Pilot run • Q3 : 관련 규정 정립 및 교육 • Q4 : 실행준비 및 Kick-off	• 연내 고객정보 IT 시스템 도입

| 시간적 개념을 감안한 목표세분화 사례 |

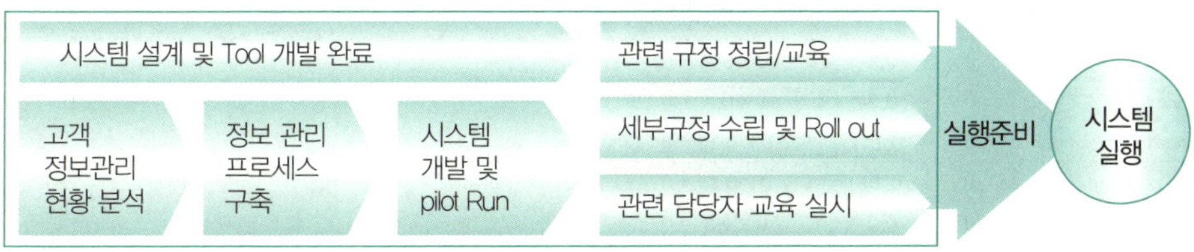

| MBO 양식 |

1. Personal Information

Name		Employee number	
Position		Department	
Grade		Service	
Evaluator		Goal-setting date	
Interim review		Evaluation date	

2. Communication schedule

Activities	Date	Venue	Confirmation			
Goal-setting			Evaluatee		Evaluator	
Interim Review			Evaluatee		Evaluator	
			Evaluatee		Evaluator	
			Evaluatee		Evaluator	
			Evaluatee		Evaluator	
			Evaluatee		Evaluator	
			Evaluatee		Evaluator	
Final Evaluation			Evaluatee		Evaluator	

3. Performance Communication

A. Goal setting

[Definition of Scales]

Scale	Score	Definition
Far Exceed	100	Outstanding performance
Exceed	90	Above target
Meet	80	Meet target
Not Meet	70	Below target
Poor	60	Need improvement

KPI/ MBO	Weight (100%)	Formula	Target	Performance	Scale					Score										Comments
										Self review					Review					
Index 1	20%				100	90	80	70	60	100	90	80	70	60	100	90	80	70	60	

KPI/ MBO	Weight (100%)	Formula	Target	Performance	Scale					Score										Comments
										Self review					Review					
Index 2	30%				100	90	80	70	60	100	90	80	70	60	100	90	80	70	60	

KPI/ MBO	Weight (100%)	Formula	Target	Performance	Scale					Score										Comments
										Self review					Review					
Index 3	15%				100	90	80	70	60	100	90	80	70	60	100	90	80	70	60	

B. Total score

No.	Score and Weight		Converted Score		Overall Comments
	Score	Weight			
Index 1	0	0.2	0 X 0.2 = 0		
Index 2	0	0.3	0 X 0.3 = 0		
Index 3	0	0.15	0 X 0.15 = 0		
Index 4	0	0.15	0 X 0.15 = 0		
Index 5	0	0.2	0 X 0.2 = 0		
Weight Check	OK		Total Score	0 점	

4. Future Development Plan

Plan for improvement	Peirod	Comments for plan and support from management

	Evaluator	Evaluatee
Confirmation		

Visionary Company

Fastrack

James C. Collins 교수와 Jerry I. Porras 교수는 뚜렷한 목표를 세우고 고성과를 창출하는 글로벌 기업들을 관찰한 결과, Vision을 선행가치로 설정하고 이를 기준으로 기업을 Design한다는 공통점을 발견하고 이와 같은 회사들을 Visionary company라고 칭하였다.

이들이 정의한 Visionary company는 아래와 같은 특징을 갖는 회사들을 말한다.

1. 해당 산업에서 최고 선두그룹에 있는 기업
2. 같은 직종의 동료들에 의해 칭송을 받는 기업
3. 그 기업의 제품이나 서비스를 통에 지울 수 없는 각인을 남기는 기업
4. 여러 세대에 걸친 경영자가 있는 기업
5. 여러 세대를 거쳐 온 상품을 갖고 있는 기업
6. 역사가 반세기 이상 지속된 기업
7. 3M, American Express, Boeing, GE, IBM, J&J 등

임원 승진을 위한

팀장 패스트트랙

PART 02

노무관리

THEME 01

채용내정자와 시용근로자는 일반근로자와 어떤 점이 다를까?

채용내정 · 시용 등을 '과도기적 근로관계'라고 한다

최근 우리 산업사회에서 계속 진행되고 있는 노동시장의 유연화, 고용형태의 다양화 · 개별화 경향에 따라 채용 단계에서 사용자 재량의 여지 및 근로자에 대한 평가 기회의 확대가 요청되고 있다. 이에 따라 채용내정, 시용 등과 같은 소위 '과도기적 근로관계'가 근로자 채용과정에서 일반화되고 있다.

채용내정이란 정식채용의 상당기간 전에 채용할 자를 미리 결정하여 두는 것을 말한다. 예를 들면 사용자가 학교 졸업예정자에 대해 졸업 후 채용하기로 미리 결정하는 것이 채용내정이다. 채용내정은 사용자가 필요로 하는 노동력을 미리 확보하기 위하여 활용되며 내정자는 졸업 전에 직장을 미리 확보해 두는 장점이 있다.

시용은 사용자가 근로자를 정식으로 채용하기 이전에 정규종업원으로서의 업무 적격성 등을 평가하기 위하여 일정기간 동안 시험적으로 사용하는 것을 말한다. 시용은 확정적인 근로관계를 일정 정도 유보하여 인력확보시 유연성을 제고하는 기능을 한다. 시용관계가 성립하려면 해당 근로자와 사용자 사이에 시용에 관한 명시적인 합의, 즉 시용계약이 있어야 한다. 따라서 해당 근로자와의 근로계약에 시용기간을 명시하지 않은 경우에는 정규직 근로자로 채용된 것으로 보아야 할 것이다.

사용자는 채용내정 · 시용에 대한 해약권을 가진다

통상적인 근로계약과는 다른 채용내정과 시용의 법적성질은 어떻게 이해할 것인가? 판례는 채용내정과 시용을 이미 근로계약이 성립된 것으로 보아 이를 사용자에게 근로계약의 해약권이 유보된 근로계약이라고 한다.

하지만 사용자에게 근로계약의 해약권이 유보되어 있다고 하여도 채용을 지연하거나 뒤늦게 취소 또는 정식채용을 거부하는 행위는 근로자의 지위를 불안하게 할 뿐만 아니라 다른 회사로의 취업기회를 차단하는 등 불이익을 주게 되어 그 법률관계가 문제가 된다.

채용내정 · 시용을 취소할 때는 '합리적인 이유'가 있어야 한다

근로기준법은 '정당한 이유'없이 해고 하는 것을 금지하고 있는데 채용내정이나 시용을 취소 또는 정식채용 거부하는 것은 사실상 해고에 해당하기 때문에 이러한 경우에도 근로기준법상 해고의 정당성 요건을 갖추어야 한다.

다만, 채용내정과 시용 제도의 취지와 목적에 비추어 객관적으로 '합리적인 이유'가 존재하는 경우 정당한 이유가 있다고 볼 수 있으며, 실질적으로 통상적인 해고보다 '완화된 기준'을 적용한다.

구체적인 예로 채용내정의 경우, 졸업의 연기, 요양을 요하는 질병의 발생, 내정 후 노동력의 현저한 질적 저하, 경력서나 신상명세서에서 중요한 부분의 허위기재 등은 합리적인 이유가 있다고 본다.

또한 시용기간 중 근로자의 업무능력 · 자질 · 인품 · 성실성 · 업무적격성 등을 판단하게 되는데, 시용기간 중의 운전사가 시내버스를 운전하다 앞차를 충돌하여 승객들이 부상당하고 앞차가 파손되는 사고가 발생하여 운전면허정지처분까지 받은 경우, 정식채용을 거부하는 것을 정당하다고 본 사례도 있다. 그러나 구체적 업무수행능력에 대한 판단없이 단지 근무성적평가표만을 기준으로 정식채용을 거부한다면 이는 부당한 해고에 해당할 가능성이 크다.

만일 사용자가 정당한 이유 없이 채용내정을 취소하거나 정식채용을 거부하는 경우, 이는 부당해고에 해당하여 그러한 해고조치는 사법상 무효가 되고 사용자는 이로 인한 손해배상책임을 부담할 수 있다.

한편, 현행 노동법에는 채용내정, 시용과 같은 소위 과도기적 근로관계를 규제할 수 있는 명확한 규정이 마련되어 있지 않다. 또한 이들의 법적성격이 다소 모호한 상태로 남아있어 채용내정의 취소 또는 정식채용의 거부로 사실상 부당해고에 가까운 분쟁이 발생하더라도 이에 대한 해결안이 취약한 실정이다.

채용내정(시용)의 취소 Fastrack

채용내정자의 경우 일반 직원들과 달리 아직 실질적인 근로제공이 시작되지 않은 상태인데, 채용내정의 취소도 일반 근로자의 해고와 동일하게 보아 근로기준법에서 요구하는 엄격한 '정당한 이유'를 구비하여야 하는지가 문제된다.

채용내정의 경우에도 당사자간 의사합치로 유효한 근로계약 관계가 성립된 것은 맞지만, 아직 현실적인 근로의 개시가 이루어지지 않았다는 특수성을 감안하여 채용내정의 취소시 일반 근로자를 해고시키는 경우에 필요한 수준의 정당한 이유까지는 필요 없고, 완화된 기준을 적용받게 된다.

따라서, 본 직무와 연관된 역량의 미흡, 오리엔테이션 과정에서 나타난 태도 및 저성과 등과 같은 본채용을 하지 못하게 된 합리적인 이유만 사전에 구비되어 있다면 사용자는 채용내정의 취소에 있어 적절한 재량권을 가질 수 있을 것이다.

Frequently Asked Questions

정식채용 예정일이 지난 후 사용자가 채용내정을 취소하고 정식채용을 하지 않기로 결정한 경우에도 임금을 지급해야 하는지?

사용자가 합리적 이유 없이 정식채용을 거부하는 경우, 다른 취직의 기회를 포기하고 정식채용만을 기다려온 내정자에 대하여 불법행위에 기한 손해배상 책임을 진다. 또한 채용내정으로써 근로계약이 체결된 것이므로 내정자는 사용자가 통보한 정식채용 예정일 이후의 임금을 청구할 수 있다.

시용기간이 만료된 후 정규직근로자로 채용된 경우, 퇴직금이나 연차휴가의 산정시 시용기간을 통합해야 하는가?

시용근로자가 정식채용 되었거나 시용기간이 만료되었음에도 사용자가 부적격 사유를 제시하지 않고 사실상 계속 취업시키는 경우, 정규직근로자로 전환되었다고 보아야 할 것이다. 또한 퇴직금이나 연차휴가의 산정시 시용기간 역시 계속근로년수 즉, 근속기간에 포함하여 산정한다.

THEME 02

임금은 정해진 원칙에 따라 지급해야 한다

임금지급에도 원칙이 있다

근로계약을 체결하여 근로관계가 성립되면 근로자는 근로를 제공하고 사용자는 임금을 지급할 의무가 발생한다. 임금은 '근로의 대가'로 정의되므로 근로제공이 있으면 임금이 지급되는 것이 원칙이다. 따라서 근로계약이 유지되더라도 결근기간, 개인적 사유로 휴직한 기간, 공의 직무수행을 위한 기간, 쟁의기간, 군복무기간, 특례보충역군사교육기간 등과 같이 근로를 제공하지 않은 기간에 대해서는 법령, 취업규칙 등에 특별히 정함이 없다면 사용자의 임금지급 의무는 없어진다.

사용자는 근로자에게 직접 · 전액을 통화로 매월 1회 이상 일정한 날짜를 정하여 임금을 지급하여야 한다. 이를 위반하는 경우 3년 이하의 징역 또는 2천만원 이하의 벌금에 처한다.

| 임금지급의 4원칙 |

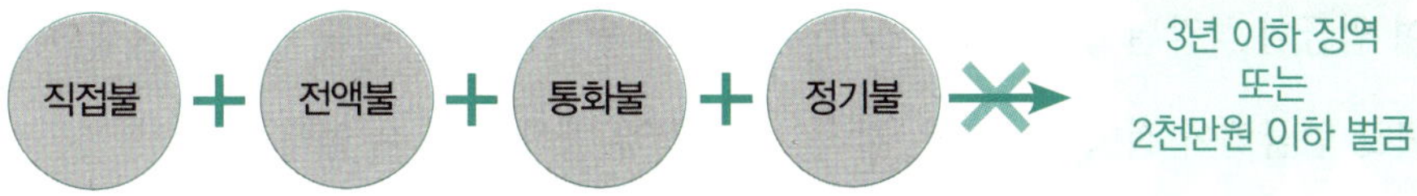

근로자에게 '직접' 지급해야 한다

임금은 근로자 본인에게 지급되어야 한다. 이는 임금이 확실하게 근로자 본인에게 들어가게 하여 생활을 보호하고자하기 위함이다.

임금을 본인에게 직접 건네는 것이 아닌 은행구좌에 입금하는 경우는 어떨까? 근로자의 희망에 의하여 지정된 은행의 예금구좌에 입금하는 것은 본인에게 직접 지급하는 것과 같은 효과를 갖는다.

또한 근로자가 병에 걸리거나 불가피한 사정으로 인해 배우자가 대신 임금을 수령하는 경우도 직접지급원칙에 위배되지 않는다. 그러나 근로자 본인이 임금의 수령권을 다른 사람에게 양도하는 경우라도 여전히 임금에 대한 청구권은 근로자에게 있으며 비록 양수인일지라도 사용자에 대하여 직접 임금의 지급을 청구할 수는 없다.

임금의 '전액'을 지급해야 한다

임금은 전액이 지급되어야 하며 일부 공제의 경우 법령 또는 단체협약에 특별한 규정이 있어야 한다. 이러한 전액지급원칙은 근로자의 생활 보호와 퇴직의 자유를 보장하기 위한 배려라고 볼 수 있다. 사용자가 계산의 착오 등으로 근로자에게 임금을 초과하여 지급하였을 때 해당 근로자의 임금에서 이를 제외하고 지급하는 것은 허용된다.

또한 사용자가 근로자의 가불임금이나 대출금을 임금에서 제하고 지급하는 경우에도 전액지급원칙에 위반되지 않는다. 근로자의 결근이나 출근정지 등의 징계로 인하여 임금이 삭감된 경우에는 무노동 무임금의 원칙에 따라 임금 자체가 발생되지 않으므로 임금액이 적어지는 것은 전액지급원칙 위반이라 할 수 없다.

국내에서 통용되는 '통화'로 지급해야 한다

임금은 통화로 지급해야 한다. 다만 법령, 단체협약에 특별한 규정이 있는 경우에는 통화 이외의 것으로 지급할 수 있다. 이 원칙은 현물급여를 막기 위한 것으로서 현물을 통화로 바꾸는 불편함 등으로부터 보호하여, 근로자가 안전하게 임금을 수령하여 편리하게 처분할 수 있도록 하기 위한 것이다.

국내에서의 통용력을 지닌 통화란 한국은행이 발행한 지폐와 주화를 의미하므로 달러나 엔화 등의 외국통화는 포함되지 않는다. 또한 상품교환권 · 어음 · 수표 · 주식 등은 통화가 아니므로 허용되지 않는다. 다만 은행에서 발행한 자기앞수표는 현금과 같이 통용되므로 허용된다 할 것이다.

매월 1회 이상 '정기'적으로 지급해야 한다

임금이 지나치게 장시간에 걸쳐서 지급되는 데에서 오는 생활불안을 방지하기 위하여 임금은 매월 1회 이상 일정한 날짜를 정하여 지급하여야 하며 임금지급시기를 취업규칙에 반드시 명기하여야 한다.

매월이란 달력상의 1월을 의미하며, 연봉제의 경우에도 연봉액을 월할하여 일정한 기일에 매월 1회 이상 지급해야 한다.

임금체불시 벌칙이 적용되고 연 5%의 지연이자가 발생한다

사용자가 정해진 임금지급기일에 임금을 지급하지 않으면 벌칙이 적용된다. 다만 사용자가 최선의 노력을 다하였음에도 불가피한 자금 사정의 악화 등으로 임금체불을 방지할 수 없는 사정이 인정되면 처벌되지 않는다.

한편 임금체불의 죄는 피해자가 처벌을 희망하지 않는다는 의사를 명백히 한 때에는 처벌할 수 없는 반의사불벌죄에 해당하며 당사자 간의 별도의 약정이 없는 경우 연 5%의 법정 지연이자가 부과된다.

근로자는 비상시 임금지급을 청구할 수 있다

사용자는 근로자가 출산, 질병, 재해, 및 기타 긴급한 상황을 위한 비용에 충당하기 위하여 임금지급을 청구하면 지급기일 전이라도 이미 제공한 근로에 대한 임금을 지급하여야 한다.

'비상한 경우'는 출산 · 질병 또는 재해를 당한 경우, 혼인 또는 사망한 경우, 부득이한 사유로 일주일 이상 귀향하게 되는 경우를 말한다. 비상한 경우의 주체는 '근로자 또는 그의 수입에 따라 생계를 유지하는 자'로 친족뿐 아니라 기타 동거인이라도 근로자가 부양의무를 지고 있다면 그러한 자의 비상한 사유에 대해 비상시 지급이 인정된다. 그러나 친족이라 하여도 독립하여 생계를 유지하고 있는 자는 이에 해당되지 않는다.

근로자의 청구가 있으면 사용자는 지체없이 이를 지급해야 하며, 단체협약 · 취업규칙 등에 별도로 정하지 않는 한 이미 제공된 근로에 대한 대가만 지급하면 되고 장래의 근로에 대한 대가는 포함되지 않는다.

THEME **03**

통상임금과 평균임금의 개념 이해가 인사관리의 기본이다

임금은 통상임금과 평균임금으로 이원화되어 있다

근로계약을 체결하여 근로관계가 성립되면 근로자는 근로를 제공하고 사용자는 임금을 지급할 의무가 발생한다. 임금은 근로계약에 있어 가장 핵심이 되는 부분이며 근로자의 생존 또는 생활과 직결되는 중요한 근로조건이라고 할 수 있다. 뿐만 아니라 근로시간, 휴일, 휴가 등 근로조건의 대부분이 필연적으로 임금과 관련을 맺게 된다. 근로기준법은 임금을 통상임금과 평균임금으로 나누어 경우에 따라 그 적용을 달리하고 있는바 이하에서는 통상임금과 평균임금에 대하여 살펴보도록 하자.

통상임금은 정기적 · 일률적 · 고정적 임금이다

통상임금이란 근로자에게 정기적 · 일률적으로 소정근로 또는 총근로에 대하여 지급하기로 정하여진 시간급금액 · 일급금액 · 주급금액 · 월급금액 또는 도급금액을 말한다(근로기준법 시행령 제16조). 따라서 어떤 임금이 통상임금에 해당하려면 그것이 정기적 · 일률적으로 지급되는 고정적인 임금에 속하여야 한다.

통상임금을 산정하여야 하는 경우로는 해고예고수당, 연장 · 야간 및 휴일근로에 대한 가산임금, 연차유급휴가임금, 산전후 · 유사산 휴가급여 등이 있다.

통상임금은 시간급으로 산정함이 원칙이다. 통상임금을 기초로 산정하는 수당(연장 · 야간 · 휴일근로수당)이 주로 시간단위로 계산되기 때문이다. 월급제 근로자의 임금을 시간급으로 환산하는 방법을 알아보자. 주 40시간제 사업장의 경우 주의 통상임금 산정기준시간은 48시간(=40h+8h)이며, 월의 통상임금 산정기준시간은 209시간이다. 따라서 월 180만원을 받는 근로자의 경우, 시간급은 8,613원이다.

| 월통상임금의 시간급 산출 사례 |

1. 주 40시간제 사업장의 경우 월의 통상임금 산정기준시간
   209시간 [=(40h+8h)X52.14w÷12m]
2. 시간급 산출
   월 180만원÷209시간=8,613원
3. 해고예고수당(30일의 경우)
   8,613원X8시간X30일=2,067,120원
4. 연장 · 야간 및 휴일근로에 대한 가산임금(10시간의 경우)
   8,613원X1.5X10시간=129,195원
5. 미사용 연차유급휴가수당(15일의 경우)
   8,613원X8시간X15일=1,033,560원

평균임금은 근로의 대가로 지급받는 일체의 금품이다

평균임금은 근로자의 통상적인 생활임금을 사실대로 산정하여 근로자의 생활을 보장하려는데 그 취지를 두고 있으며 근로자가 실제로 지급받는 임금의 명칭이 아니라 퇴직금 등을 산정하기 위하여 특별히 설정한 도구개념이다.

평균임금을 산정하여야 하는 사유로는 퇴직금, 휴업수당, 연차유급휴가임금, 재해보상금, 감급의 제한액이 있다. 이 외에도 산재보험법상의 보험급여와 고용보험법상의 구직급여도 평균임금을 기초로 산정한다.

평균임금의 산정은 원칙적으로 산정하여야 할 사유가 발생한 날 이전의 3월간에 그 근로자에게 지급된 임금의 총액을 그 기간의 총일수로 나눈 금액으로 한다. 또한 근로자가 취업한 후 3개월 미만인 경우도 이에 준한다(근로기준법 제2조 제1항 제6호).

수습, 휴업기간 육아휴직 등 근로자가 그의 귀책사유 없이 근로를 제대로 제공하지 못하거나 정당하게 권리행사를 한 경우의 평균임금 산정의 경우, 근로기준법은 이러한 기간을 평균임금 산정시 제외되는 기간으로 열거하고 있는데 이를 포함시키면 근로자의 귀책사유 없이 평균임금이 저하되어 근로자에게 불이익이 발생하기 때문이다.

또한 근로자의 귀책사유가 있는 경우에도 평균임금이 통상임금을 하회하게 되는 경우에는 그 통상임금을 평균임금으로 적용하여 평균임금의 최저수준을 보장하고 있다.

평균임금의 산정의 기초가 되는 '임금'의 총액은 산정기간에 근로의 대가로서 지급된 모든 것을 포함한다. 따라서 사용자에게 지급의 의무가 있으며 근로의 대가로 지급된 일체의 금품은 '임금'에 해당하는 것이다.

이와 관련하여 가장 문제되는 것이 성과금(상여금)이다. 상여금이 계속적 · 정기적으로 지급되고 그 지급액이 확정되어 있다면 이는 근로의 대가로 지급되는 임금의 성질을 가지나, 그 지급사유의 발생이 불확정이고 일시적으로 지급되는 것은 임금이라고 볼 수 없어 평균임금에 산입되는 임금에 해당되지 않는다.

월 소정근로시간(209시간) Fastrack+

시간외근무수당 및 미사용연차휴가수당 등을 산정하기 위해서는 시간급 통상임금을 산정하여야 하는데, 이는 월 통상임금을 '월 소정근로시간'으로 나누어서 계산하게 된다.

주 40시간제 사업장에서는 월 소정근로시간을 209시간으로 계산하게 되는데, 월 소정근로시간이 209시간으로 나오게 된 근거는 아래와 같다.

{40시간+8시간(주휴일)}X365일/12개월/7일≒209시간

Frequently Asked Questions

매달 근로자별 직책에 따라 지급되는 수당과 보유한 자격면허에 따라 지급되는 수당이 통상임금에 해당하는지?

고용노동부는 통상임금과 관련하여 소정근로시간에 대하여 지급하기로 정하여진 '기본급 임금'과 정기적·일률적으로 임금산정기간에 지급하기로 정하여진 '고정급 임금'으로 규정하며 기본급·직책수당·위험수당·면허수당·자격수당 등을 통상임금의 항목으로 예시하고 있으며, 판례 역시 지급형태가 정기적·일률적이라면 교통비, 식사대 등도 통상임금에 포함된다고 본다.

매년 지급되는 김장비, 월동보조비, 고정 상여금 등도 통상임금에 포함되는지?

고용노동부는 '정기성'의 의미를 좁게 보아 1월을 초과하는 수당은 통상임금에서 제외하고 있지만, 판례는 1개월을 초과하는 임금이더라도 그것이 매년 정기적·일률적으로 지급되는 것이라면 통상임금에 해당한다고 본다. 따라서 매년 전 직원에게 일률적으로 지급되는 김장비, 월동보조비 등도 통상임금에 포함된다.

THEME 04 인사이동의 한계는 어디까지인가?

인사이동은 사내 인사이동과 사외 인사이동으로 나누어진다

인사이동이란 인력을 사업 목적에 적합하게 배치하기 위하여 근로자의 직무내용이나 근무지 등이 변경되는 사용자의 인사처분을 말한다. 인사이동은 기업 내(사내) 인사이동과 기업 간(사외) 인사이동으로 구분할 수 있다. 기업 내 인사이동이란 한 기업 내에서 직무내용이나 근무지가 변경되는 전직 등을 말하며, 기업 외 인사이동은 근로계약관계를 유지하면서 다른 사용자의 업무에 종사하는 전출과 근로계약의 상대방인 사용자가 변경되고 새로운 사용자의 사업장으로 영구적으로 이동하게 되는 전적 등이 해당된다.

사용자는 원칙적으로 경영권에 기초하여 인사권과 노무지휘권을 행사하게 되어 근로자를 인사이동시키는 업무명령이 가능하지만 인사권과 노무지휘권에 근거한 인사이동이라 하더라도 그 한계가 존재한다.

사내 인사이동의 한계

사용자가 근로자를 채용할 때에는 '종사하여야 할 업무'와 '근로장소'를 명시하여야 한다. 이들이 특정되어 있는 경우에는 사용자의 일방적인 인사이동은 제한을 받고, 이를 위해서는 근로자의 동의를 받아 근로계약을 변경하여야 한다. 근로계약에 업무내용을 명백히 밝힌 경우 또는 의사, 간호사, 보일러공 등과 같이 특수한 기능이나 기술을 가진 자로 고용된 경우 업무의 내용이 특정된 것으로 보아야 하기에 사용자의 일반적인 결정에 의한 인사이동이 제한된다.

사내 인사이동의 정당성 판단

사내 인사이동의 경우 근로자가 제공하여야 할 근로의 종류 · 내용 또는 장소 등이 변경된다는 점에서 불리한 처분이 될 수 있지만, 업무에 필요한 범위 안에서는 상당한 재량이 인정된다. 따라서 사내 인사이동의 정당성은 관련 법률(근로기준법 제23조 또는 민법 제103조)에 위반하거나 권리남용에 해당하는 등의 경우를 제외하고는 ① 업무상의 필요성, ② 업무상필요성과 생활상의 불이익과의 비교형량 그리고 ③ 인사이동에 있어 신의칙상의 절차 등을 고려하여 판단된다.

| 정당한 사내이동 |

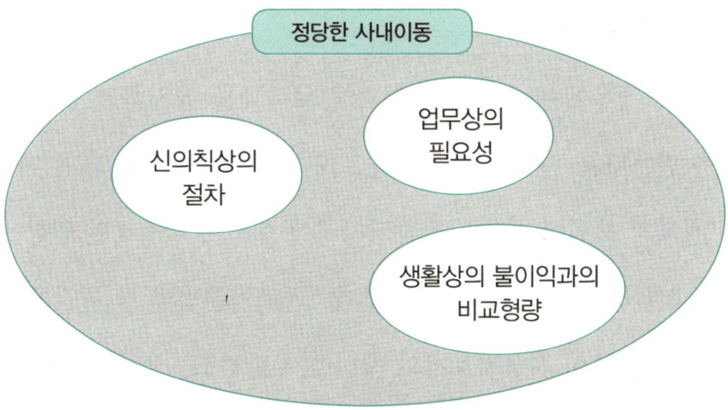

인사이동의 이유가 복합적인 경우에는 인사명령의 동기와 목적, 업무상 필요성이나 합리성 유무, 생활상의 불이익, 인사명령시기 등을 종합적으로 검토하여 정당성이 판단된다. 또한 근로계약서상에서 직무내용과 근무지를 한정한 경우에는 사용자에게 전직명령권은 존재하지 않는다. 따라서 그러한 한계를 벗어나는 경우에는 근로자의 동의가 있어야만 정당한 인사이동으로 볼 수 있다.

사외 인사이동의 정당성 판단

사외 인사이동의 경우에는 별개의 법인격을 가진 기업 간 인사이동은 근로관계에서의 사용자가 변경되는 것이므로 민법 제657조에 따라 그에 대한 근로자의 동의가 있어야 한다.

근로자의 동의에 있어 구체적인 동의만이 가능한지 아니면 포괄적인 동의도 가능한지 여부가 문제된다. 판례의 경우 포괄적인 동의를 받은 경우 그 동의의 효력을 인정하고 있으며, "근로자의 동의 없이 근로자를 전적시키는 관행이 있고 그 관행이 명확히 승인되거나 이의 없이 당연한 것으로 받아들여져 근로계약의 내용이 된 경우"에도 포괄적 동의를 받은 것으로 인정하고 있다. 그러나 구체적인 동의가 있어야 인사이동의 정당성을 확보할 수 있다는 것이 원칙이다.

사외 인사이동의 책임문제

정당한 전출의 경우에는 원래의 기업과 근로관계를 유지하고 전출기업으로부터 지휘 · 명령을 받는다는 점에서 일종의 근로자 파견으로 볼 수 있다. 따라서 전출근로자의 근로관계의 책임에 대해서는 해당사항에 대하여 실질적인 권한을 가지는 사업주가 그에 대한 책임을 지게 된다. 예컨대, 근로기준법의 각 규정에 대해서는 해당사항을 관리하는 쪽이 사용자로서의 책임을 부담하고, 산업안전보건법상의 책임은 전출 기업의 사용자가 부담하고 산재보험법 및 고용보험법상의 사업주는 원칙적으로 임금을 지급하는 쪽이 된다.

특히, 사외 인사이동의 경우 문제되는 부분이 퇴직금, 연차휴가에 반영되는 근속기간의 산입 여부가 문제될 수 있다. 전출의 경우 사용자와 근로관계가 유지되고 있는 상태이기 때문에 근속기간으로서 산입되며 그에 따라 퇴직금, 연차유급휴가에 반영된다. 전적의 경우에는 원래기업과 근로관계가 종료되고, 전적기업과 새로운 근로관계가 발생하는 것이기에 전적근로자의 퇴직금이나 연차휴가에 관한 계속근로기간에 종전 기업에서의 근무기간은 포함되지 않는다.

▶ 인사이동의 유형 Fastrack

사외 인사이동은 타 회사로 인사이동이 되는 것이므로 사실상 퇴직을 의미한다. 그런데, 현행 민법에서는 사용자가 자신의 권리를 양도하기 위해서는 반드시 노무자의 동의를 받도록 명시하고 있으므로 사외 인사이동시에는 사내인사이동과 달리 근로자의 동의를 받아야 한다. 만일 근로자의 동의가 없다면 사용자는 해당 직원을 일방적인 의사로 사외로 인사이동을 시킬 수 없을 것이다.

| 인사이동의 유형 |

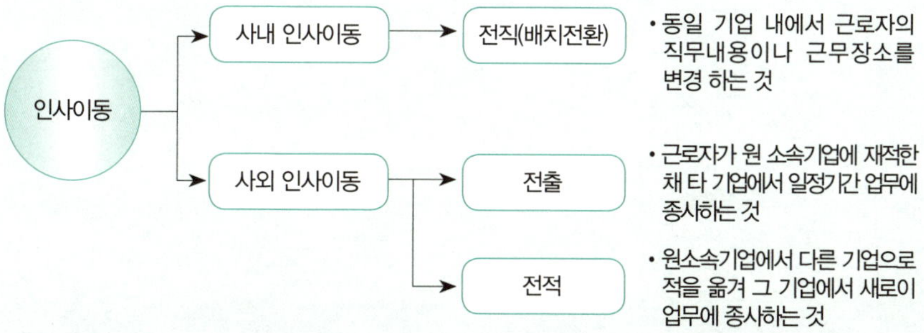

Frequently Asked Questions

근로계약상 직무의 특정이 없는 경우에는 포괄적 합의를 근거로 인사명령이 가능한지?

근로계약상의 직무의 내용이나 직무장소가 특정되지 않은 경우라면 사용자의 전직명령이 가능하다.
그러나 근로계약상의 특정이 없는 경우라도 의사, 간호사, 아나운서, 보일러공 등과 같이 특수한 기능이나 기술을 가지는 자로서 고용되면 업무의 내용이 특정된 것으로 본다. 또한 근로의 장소를 명시하지 않았다 하더라도 특정지역채용, 주부 근로자, 농공단지의 유휴농민고용 등의 경우에도 근로장소의 특정성이 인정된다.

정당한 노동조합 활동의 억제와 업무상 필요성의 이유에 의해 전직을 하려하는 경우 전직의 정당성 여부는?

정당한 조합 활동을 실질적인 이유로 삼으면서 표면적으로는 업무상 필요성을 이유로 한 전보명령은 부당노동행위로 간주되어 처벌을 받을 수 있다.
하지만 복합적인 이유로 인한 전보명령의 경우에는 전보명령의 동기와 목적, 업무상의 필요성이나 합리성의 유무, 전보에 따른 근로자의 생활상의 불이익과의 비교형량, 전보명령시기, 사용자와 노동조합의 관계, 그 밖에 전보명령 당시의 외형적이고 객관적인 사정에 의하여 추정되는 부당노동행위 의사의 존재 유무 등을 종합적으로 검토하여 판단한다.

생활상의 불이익이 통상 감수할 수 있는 수준이라면 권리남용이 아니다

기업체가 업무상의 필요에 따라 근로자에게 전보발령을 함으로 말미암아 근로자가 입게 되는 생활상의 불이익이 근로자로서 통상 감수하여야 할 정도를 현저하게 벗어난 것이라고는 볼 수 없으므로, 그 전보발령은 정당한 인사권의 범위 내에 속하는 것으로서 권리남용에 해당하지 않는다. (1997.07.22 대법원 97다1816)

THEME 05 취업규칙의 변경은 근로자대표에게 달려 있다

취업규칙은 사용자가 일방적으로 정한 통일적 · 획일적인 규칙이다

취업규칙은 사업장의 복무규율이나 근로조건의 기준을 획일적 · 통일적으로 정립하기 위하여 사용자가 일방적으로 정한 규칙 등을 말하며, 상시 10인 이상의 근로자를 사용하는 사용자는 법정사항을 기재한 취업규칙을 작성하여야 한다.

근로기준법은 이렇듯 취업규칙에 대한 사용자의 일방적인 작성권한을 인정하면서도 근로자 보호를 위해 취업규칙의 작성 · 변경시 근로자의 의견청취 또는 동의 등의 절차적 규정을 마련하고 있다. 특히 불이익한 취업규칙의 변경은 근로자들의 기존 근로조건을 저하시키는 것이기 때문에 사용자가 취업규칙을 불이익하게 변경하는 경우에는 근로자 집단(과반수노조 또는 근로자 과반수)의 동의를 얻을 것을 요건으로 규정하고 있다. 이러한 동의를 얻지 않은 경우 사용자가 벌칙을 받는 것은 별론으로 하고 동의를 얻지 않고 변경된 취업규칙은 원칙적으로 무효이다.

취업규칙의 작성 · 변경시 근로자 집단의 '의견'을 들어야 한다

취업규칙의 작성 · 변경에 관한 권한은 원칙적으로 사용자에게 있으므로 사용자는 그 의사에 따라 취업규칙을 작성 · 변경할 수 있다. 다만, 근로기준법은 취업규칙이 근로자의 근로조건에 직접 영향을 미치므로 그 작성 · 변경에 있어서 근로자 집단의 의견청취 또는 그 동의를 요구하고 있다. 따라서 취업규칙의 변경이 근로자에게 불리하지 않은 경우, 사용자는 근로자 집단, 즉 과반수노동조합 또는 근로자 과반수의 '의견'을 들어야 한다. 다만, '의견청취'만 하면 될 뿐 그 의견에 기속되지는 않는다.

불이익한 취업규칙의 변경 · 신설시 근로자 집단의 '동의'를 얻어야 한다

불이익한 취업규칙의 변경은 근로자 집단의 '동의'를 얻어야 효력이 생기는 바, 취업규칙의 변경이 불이익한지 여부는 중요하다.

취업규칙의 불이익변경이란 사용자가 종전의 취업규칙을 개정하거나 새로운 취업규칙을 신설하여 저하된 근로조건이나 강화된 복무규율을 일방적으로 부과하는 것을 말한다.

사용자가 취업규칙을 불이익하게 변경하는 경우에는 당해 사업 또는 사업장에 근로자의 과반수로 조직된 노동조합이 있는 경우에는 그 노동조합, 근로자의 과반수로 조직된 노동조합이 없는 경우에는 근로자의 과반수의 동의를 받아야 한다. 이러한 집단적 동의 조항을 둔 것은 사용자가 이미 정한 근로조건을 일방적으로 저하시키는 것을 방지하기 위한 것이므로, 동의를 받지 못한 취업규칙의 변경은 무효이다.

과반수노조의 동의는 노조위원장이 대신한다

근로자의 과반수로 조직된 노동조합이란 기업별 노조이든 초기업적 노조이든 관계없다. 초기업적 노조라도 당해 사업 또는 사업장의 근로자의 과반수가 가입하고 있는 경우라면 '과반수 노동조합'에 해당된다. 또한 과반수 노동조합의 동의는 특별한 사정이 없는 한 노조위원장이 노동조합을 대표하면 된다. 즉 노동조합 소속 근로자의 과반수의 동의를 얻어야 하는 것은 아니다.

근로자 과반수의 동의는 집단의사결정방식이어야 한다

근로자 과반수의 기준이 되는 근로자는 근로기준법상의 근로자로서 취업규칙 변경 당시에 근로관계를 맺고 있는 취업근로자를 말한다.

근로자 과반수의 동의는 집단의사결정방식 또는 회의방식에 의한 동의를 얻어야 한다. 이는 회사의 고압적 태도에 개별근로자가 위축되어 의사표현의 자율성이 제약받는 것을 방지하기 위한 것으로 근로자가 동일 장소에 집합한 회의에서 근로자 개개인의 의견표명을 자유롭게 할 수 있는 적절한 방법으로 의결한 결과 근로자 과반수가 찬성하는 방식이어야 한다.

따라서 개별적 회람 · 서명을 통하여 과반수의 찬성을 얻었더라도 근로자 집단의 동의를 얻은 것으로 볼 수 없다. 그러나 회의가 불가능한 경우에는 사용자의 개입이 없고 근로자의 자유의사가 보장된다면 사업장의 의견을 교환하여 찬반의견을 집약한 후 전체적으로 취합하는 방식도 허용된다.

근로자 집단의 '동의' 없이 변경한 취업규칙은 무효이다

사용자가 의견청취 의무를 위반하면 벌칙이 적용된다. 문제는 이 경우에 취업규칙의 효력발생이 저지되는가, 즉 의견청취는 취업규칙의 효력요건으로 볼 것인지 여부이다.

학자들 사이에 근로자의 의견청취는 근로자 보호를 위한 수단의 일환이므로 의견청취 없는 취업규칙 작성 · 변경은 무효라는 견해가 있으나, 불리하지 않게 변경된 취업규칙을 무효로 보는 것은 불합리하다는 점에서 취업규칙은 유효하다 할 것이다.

반면, 근로자에게 불이익하게 취업규칙을 변경하는 경우 근로자 집단의 동의를 받지 못한 경우, 취업규칙 변경으로서의 효력이 없다. 이때 그 변경에 개인적으로 동의한 근로자에 대하여도 효력이 없다.

과반수 노동조합과 근로자 과반수 Fastrack

만일 사용자가 취업규칙을 불이익하게 개정을 했고, 사내에 근로자 과반수가 가입한 노동조합이 있는 경우, 과반수 노동조합 위원장은 취업규칙의 불이익한 변경을 동의하지만, 실제 근로자의 과반수가 취업규칙의 변경을 반대한다면, 누구의 동의를 받아야 할까?

이 경우 실제 근로자 과반수의 의견이 동의를 거부하는 것일지라도 노조위원장이 동의한다면, 취업규칙의 불이익변경은 유효하게 된다. 이는 법률에서 과반수 노조가 있는 경우, 그 노동조합의 동의를 받도록 명시하고 있기 때문이다.

Frequently Asked Questions

사무직과 생산직의 취업규칙이 다르게 존재하는 경우, 사무직에게만 적용되는 취업규칙을 불리하게 변경할 때 근로자 과반수의 산정기준은?

사무직과 생산직의 취업규칙이 이원화되어 있는 경우에 사무직에게만 적용되는 취업규칙을 불리하게 변경할 때에는 전체근로자의 과반수가 아니라 사무직근로자의 과반수의 동의를 얻어야 한다.

취업규칙의 변경이 일부 근로자에게는 유리하고 일부 근로자에게 불리한 경우?

취업규칙의 변경이 일부 근로자에게는 유리하고, 다른 근로자에게는 불리한 경우에는 전체 근로자 입장에서 판단하기가 객관적으로 곤란하므로 유·불리를 달리하는 근로자 집단 규모를 비교할 필요 없이 불이익한 변경으로 보아야 한다.

THEME

06 징계의 정당성은 실질적 · 절차적 요건의 충족에서 시작한다

징계는 정당한 이유가 있어야 한다

기업질서의 유지, 확립을 위해 근로자가 그 질서규범을 침해 내지 위반한 경우 그에 대한 제재로서 근로자에 대하여 불이익을 가하는 제재를 징계라 한다. 징계의 유형으로는 구두나 서면에 의한 경고, 근로를 제공하되 임금의 일부를 지급치 않는 감봉 · 감급, 그리고 근로를 제공하지 않으며 임금도 지급되지 않는 휴직 · 정직으로 나눌 수 있다.

사용자가 행하는 징계 역시 무조건적으로 효력을 발생하는 것은 아니고, 근로기준법 제23조의 규정에 의해 제한을 받는다. 근로기준법은 '정당한 이유'없는 해고, 휴직, 감봉, 정직 등의 징벌을 금지한다. 따라서 사용자는 정당한 이유가 있는 경우에만 징계를 행하여야 한다.

| 정당한 징계의 요건 |

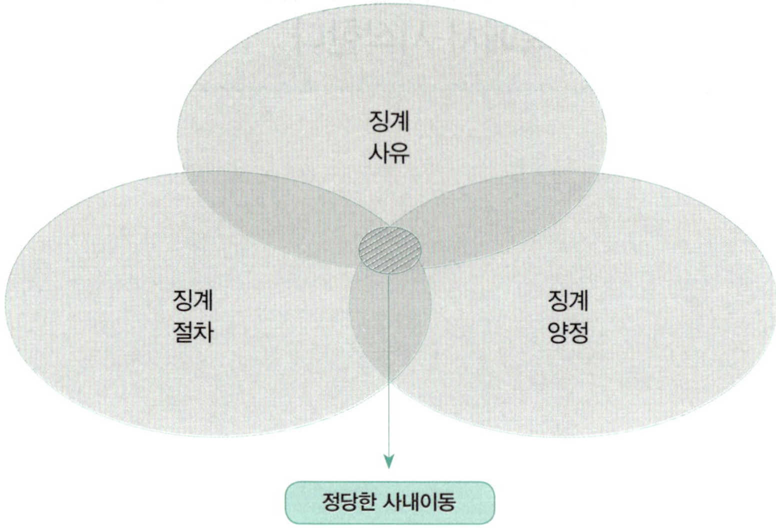

정당한 징계사유

취업규칙 등에 징계에 대한 사유를 규정하는 것이 일반적인데, 취업규칙에 규정된 징계사유라 하더라도 취업규칙상의 징계사유가 정당해야 한다. 징계의 목적을 고려할 때, 징계대상은 기업질서의 침해 등 징계의 목적에 부합하는 사정이 있어야 하며, 합리적인 범위 내에서 징계권이 인정된다.

징계의 사유를 구체적으로 살펴보면 무단결근, 지각 · 조퇴의 과다, 근무성적 불량, 직장이탈 등 근무태만과 정당한 업무명령을 위반하여 기업의 질서를 침해하는 경우, 근무평정이 현저히 낮거나 직무능력이 현저히 부족한 원인이 징계사유에 해당하는 경우, 정당성 없는 쟁의행위를 기획 · 주도하여 사용자에 대한 업무방해의 문제가 발생하는 경우 및 근로자의 경력사칭에 대하여 사용자가 이를 사전에 알았더라면 그 근로자를 채용하지 않았거나 적어도 같은 조건으로는 채용하지 않았을 것으로 인정되는 중요한 경력의 사칭은 징계의 대상이 된다.

정당한 징계절차

징계를 함에 있어 취업규칙 등에 절차가 정해진 경우에는 그 절차를 거쳐야 징계의 효력이 발생하지만 변명의 기회를 보장할 것인지 정한 규정이 없다면, 반드시 소명의 기회를 부여할 필요는 없다. 절차상의 변명기회 부여는 시간적 여유를 줌으로써 충분히 소명할 수 있도록 하여야 한다.

징계절차에 대하여 단체협약이나 취업규칙 등에 노동조합의 의견청취, 협의의 절차가 규정되어 있는 경우라 하더라도 그 절차위반의 경우 인사의 효력에 영향이 없으나, 동의나 승낙의 경우에는 그 절차를 거치지 않은 인사처분은 무효가 된다. 다만, 노동조합이 합리적 근거나 이유제시도 없이 무작정 반대하는 등의 동의권을 남용·포기한 것으로 인정되는 경우에는 노동조합의 사전 동의를 받지 못하였다 하여 인사처분을 무효로 보지는 않는다.

정당한 징계양정

징계처분은 그 징계 사유에 해당하는 종류, 정도, 반복성, 직장질서 침해의 정도 등에 비추어 상당하여야 하고, 같은 비위행위에 대하여 종전의 또는 다른 근로자에게 한 징계의 처분과도 형평성을 고려하여 경고, 감봉, 정직, 해고 등을 징계를 행하여야 한다. 한편, 감봉의 경우 근로기준법 제95조에서 근로자의 생활을 위협할 염려를 예방코자 "취업규칙에서 근로자에 대하여 감급의 제재를 정할 경우에 그 감액은 1회의 금액이 평균임금의 1일분의 2분의1을, 임금총액이 1임금지급기의 임금총액의 10분의1을 초과하지 못한다."고 규정함으로써 감급의 최고한도액을 설정하고 있다. 이때, 감급제재가 제한되는 임금은 평균임금을 기준으로 하여야 한다.

부당징계에 대한 구제방법

위와 같은 징계의 사유, 절차, 수단에 있어서 정당하지 않은 경우에는 부당한 징계가 된다. 부당한 징계에 대한 구제신청 역시 근로기준법 제28조에 따라 부당징계가 있은 날로부터 3개월 내에 구제신청이 가능하며 법원을 통한 구제도 가능하다.

징계절차의 하자 치유 Fastrack

만일 징계위원회를 개최하면서 규정에 명시된 절차를 위반한 경우, 징계사유와 양정이 정당할지라도 그와 같은 징계처분은 절차위반의 부당징계에 해당하게 된다.

그런데, 절차 위반의 징계를 행한 이후, 징계대상 직원이 노동위원회에 부당징계 구제신청을 제기하지 않고, 회사 내의 2심 징계심의를 요청하여 2심 징계절차에서는 모든 절차를 준수한 경우에는 1심 징계에서의 절차 위반이 모두 치유되어, 결국 그 징계는 유효하고 정당한 징계처분으로 간주된다.

Frequently Asked Questions

업무를 원활히 수행하고 있는 근로자가 과거 입사 시 대졸 학력임에도 고졸로 속이고 취업한 것이 발각되는 경우 징계가 가능한지?

채용과정에서 근로자는 사용자에게 진실고지의 의무를 부담함이 원칙이다. 이러한 경력의 사칭에 대해 판례는 "사용자가 이를 사전에 알았더라면 채용하지 않았거나 적어도 같은 조건으로는 채용하지 않았을 것으로 인정되는 중요한 경력의 사칭은 징계의 대상이 된다."고 판단한다. 또한 최근 판례는 "고용 당시의 사정만이 아니라 고용 이후 해고에 이르기까지 제반사정을 종합적으로 고려하여 해고의 정당성을 판단하여야 한다."고 하여 보다 구체적이고 합리적인 판단기준을 제시하였다. 따라서 원칙적으로 경력 사칭은 징계의 사유가 된다.

정당한 사유로 징계가 이루어진 경우, 그 사유에 대하여 추가적인 징계를 할 수 있는지?

정당한 징계 사유라 하더라도 같은 사유에 대하여 이중으로 징계할 수 없다. 다만, 종전의 징계가 수단 내지 절차 등의 문제로 부당한 징계가 되어 종전의 징계를 취소한 후 새로운 징계를 하는 것은 이중징계가 아니다. 한편, 새로운 징계를 하면서 징계수단을 결정할 때, 종전의 징계를 참작하여 새롭게 징계를 결정하는 것은 이중징계로 보지 않는다.

THEME 07 경쟁업체로의 이직을 방지할 수 없을까?

일정기간동안의 전직금지약정은 직업선택의 자유를 제한하지 않는다

전직금지약정이란 근로자가 사용자와 경쟁관계에 있는 업체에 취업을 하거나 스스로가 경쟁업체를 설립 또는 운영하는 등의 경쟁행위를 하지 않을 것을 내용으로 하는 약정이다.

전직금지약정은 헌법에 규정되어 있는 직업선택 자유를 직접적으로 제한하게 되며 자유로운 경쟁을 저해하게 된다. 특히 퇴직 이후에 경쟁업체로의 전직금지약정은 근로자 생계와도 직접적으로 연관이 있기 때문에 그 적법성 여부는 엄격하게 판단하여야만 한다.

대법원은 전직금지약정이 근로자의 직업선택의 자유와 근로권을 제한하는 측면이 있지만, 회사의 중요 정보를 알고 있는 근로자가 회사가 제공한 연구비와 기술지원에도 불구하고 합리적 범위의 기간 동안 근무하지 않고 경쟁기업으로 전직하는 것은 부당하다고 판시한 바 있다.

즉, 대법원은 전직금지약정으로 인한 일정기간 동안의 동종업종으로의 이직 제한은 합법이라고 판단하고 있음을 볼 수 있다.

전직금지기간을 과도하게 설정하는 경우 약정 자체가 무효가 된다

흔히 전직금지약정을 체결할 때 기업의 영업비밀을 누설 · 유출하지 않겠다는 비밀유지와 함께 전직금지기간을 명시한다.

영업비밀이라는 것은 공공연하게 알려져 있는 것이 아닌, 독립된 경제적 가치를 가지는 것으로 상당한 노력에 의해 비밀로 유지되는 생산방법이나 판매방법, 그 외 영업활동에 유용한 기술상, 경영상 정보를 의미한다.

최근 통신장비업체가 핵심기술을 다루다 이직한 연구원을 상대로 직접 낸 소송에서 잇따라 승소한 바 있다. 대법원은 근로자가 알게 된 회사 내 정보는 전직금지약정을 통해 유출되지 않도록 보호할 수 있는 사용자 이익에 해당한다고 하여 판단의 이유를 설명하였다.

전직금지기간은 어느 정도로 해야 하는지 살펴보자

전직금지청구 사건에 대한 판례를 분석해 보면 우리 법원이 인정하는 전직금지기간은 1~2년이 가장 많았고(74%), 그 다음으로 2~3년(12%), 3~5년(14%)이었다.

확정적인 전직금지기간에 대한 허용치는 정해지지 않았으나, 판례의 태도에 따르면 전직금지기간을 과도하게 장기적으로 설정하게 되거나 영업비밀의 범위를 추상적으로 정하고 또는 기업 내부적으로도 영업비밀보호를 위한 특별한 조치를 하지 않게 되었다면 전직금지약정 자체가 무효가 된다.

유효한 전직금지약정의 요건은 무엇일까?

법원은 전직금지약정이 유효한지 여부는 근로자의 기존 회사에서의 지위와 직무의 내용, 전직금지기간의 장단, 전직금지의 지역적 범위, 전직금지의무에 대한 보상 등을 고려요소로 삼고 있으며 기본적으로 영업비밀을 보호하기 위한 목적의 범위 내에 있는지를 핵심적인 판단요소로 보고 있다.

전직금지약정 체결시 금지기간에 상응하는 보상이 당연히 요구되는 것은 아니다

판례 분석을 보면, 우리 법원이 전직금지에 상응하는 대가를 제공하지 않은 이유만으로 전직금지약정을 무효로 본 사례는 없었으며 대가의 유무는 단지 기간을 결정하는 참고로 삼는 경향을 보였다. 법원은 전직금지에 상응하는 회사 측 보상이 없었지만 퇴직 후 1년간 전직금지약정은 '비교적 단기간'이라 지나치지 않는다고 판단한 바 있다. 그러나 1~2년을 직장 없이 생활하는 건 매우 어려운 일이다.

예컨대 기술 발전 속도가 빠른 IT 산업에 있어 1~2년은 단지 수입의 문제가 아니라 재취업 여부와도 직결될 수 있는 부분이다. 기업의 영업비밀이 중요한 만큼 개인의 행복추구권도 중요하다. 그럼에도 전직금지에 따른 보상에 관한 우리 사회 논의는 매우 부족한 상황이다.

경업 금지 서약서 (Non-compete Agreement)

Fastrack

직원은 근로기간 및 근로계약이 해지된 후 6개월 동안 퇴사의 이유여하를 불문하고 아래사항에 대해 절대적으로 동의하고 인정해야 한다.

- 직원은 ○○○○의 제품과 경쟁하는 개인 또는 회사를 위해 제품생산, 유통, 생산과정에 참여하는 등의 직간접적인 활동을 할 수 없다.
- 상기의 경쟁회사 또는 기타 경쟁조직에 어떠한 방식(회사설립, 투자 등)이든지 직간접적인 투자를 할 수 없다.

상기의 경쟁에 참여하지 않는다는 의무를 감안하여, 회사는 퇴직 후 6개월 동안 월 기본급의 70%에 해당하는 급여를 보상금으로 지급한다.

또한, 직원은 새로운 채용결정이 확정되기 전에 이러한 경업 금지 조항에 대해 새로운 고용주에게 알리는 것에 대해 동의한다. 또한 경업금지 의무기간 동안에는 취업하였을 경우 고용주의 성명, 주소 및 변경시항에 대해 서면으로 통지하며, 실업상태일 경우에는 현재 실업상태라는 확인서를 서면으로 통지해야 한다. 상기 조항 위반 시 매월 보상금 지급이 중단된다.

위의 경업 금지를 위반하는 경우, 의무기간 동안 수령한 기본급의 70%에 해당하는 금액을 회사 또는 ○○○○그룹에 반환해야 한다. 이 보상은 각 위반 항목에 따라 발생하며, 회사 또는 ○○○○ 그룹이 위반의 결과로 발생할 수 있는 손해배상 청구권 및 법원으로부터 판결 받아 중단을 요청할 수 있는 권리의 포기하는 것에 해당하지 않는다.

경업 금지 위반에 따른 행동으로 회사는 측정할 수 없을 정도의 심각한 손해를 입을 수 있다는 것과 이로 인한 배상금 회수 및 손해배상이 공정하고 당연하다는 것을 인정하고 동의한다.

Frequently Asked Questions

전직금지약정이 유효하기 위한 전직금지 기간은?

전직금지기간이 영업비밀을 보호하기 위하여 필요한 기간을 초과하여 과도하게 장기간으로 되어있는 경우, 법률적 전직금지약정의 효력이 부정될 수 있다. 즉 전직금지기간은 영업비밀의 존속기간의 범위 내에서만 유효하다. 따라서 각 사안에 따라 전직금지기간은 달라질 수 있으며 판례는 짧게는 6개월, 길게는 5년의 전직금지기간을 유효한 것으로 판단한 바 있다.

전직금지약정이 유효하기 위한 영업비밀의 범위는?

영업비밀로 인정되기 위해서는 ① 당해 정보가 공연히 알려지지 않아야 하고(비공지성·비밀성), ② 당해 정보가 생산방법, 판매방법 기타 영업활동에 유용한 기술상 또는 영업상의 정보로서 독립된 경제적 가치를 지닌 것이어야 하며(경제적 유용성), ③ 영업비밀의 보유자가 당해 정보를 상당한 노력에 의하여 비밀로서 관리하였어야 한다(비밀 관리성).

THEME **08**

정당한 이유 없는 해고는 불법이다

해고에도 유형이 있다

사용자와 근로자간의 근로관계는 해고, 사직, 합의해지, 계약기간의 만료, 정년의 도달, 당사자의 소멸 등으로 종료되는데, 근로기준법은 근로자의 직장보호를 위한 해고에 관하여 규정하고 있다. 해고의 유형으로는 크게 사용자측 사정에 의한 경영상 이유에 의한 해고(정리해고), 근로자측 사정에 의한 해고로 나누어지며, 근로자측 사정에 의한 해고는 다시 징계처분에 의한 징계해고와 그와는 무관한 통상적인 해고(일반해고)로 구분된다. 즉, 유형에 따라 사유 · 절차 등의 정당성이 달라진다.

무분별한 해고는 근로기준법에 의해 제한된다

사용자는 채용의 자유를 가지지만, 근로관계의 종료에 있어서는 법령상의 제한을 받는다. 근로기준법 제23조는 “사용자는 근로자에게 정당한 이유 없이 해고 등을 하지 못한다.”고 규정함으로써 ‘정당한 이유’가 없는 해고는 법 위반임을 명확히 하고 있다. 이때 ‘정당한 이유’란 사회통념상 근로계약을 유지할 수 없을 정도로 근로자에게 책임이 있는 사유 또는 부득이한 경영상의 필요가 있는 경우를 말하며, 근로기준법 제24조에 의한 경영상의 이유, 업무능력 결여, 무단결근 · 인사/지시 거부 · 위법한 쟁의행위 등이 정당한 이유에 해당될 수 있다. 그러나 위와 같은 경우라도 일률적으로 정당한 이유에 해당하는 것이 아니라 사업의 목적 및 성격, 직무의 내용, 과거의 근무태도 등 여러 가지 사정을 종합적으로 검토하여 판단하여야 한다.

취업규칙에 정한 해고사유도 정당성 판단이 필요하다

취업규칙 등에 해고 사유가 명시되어 있는 경우, 취업규칙에 명시되어 있다 하더라도 그에 해당하는 사유로 인한 해고가 언제나 법적으로 유효한 것은 아니다. 객관적으로 정당한 이유가 아닌 것을 해고사유로 규정한 취업규칙의 부분은 무효가 된다. 따라서 취업규칙 등으로 정한 해고 사유에 해당하여 해고한 경우라도 구체적 상황에 근거하여 '정당한 이유'라 판단되었을 때 해고의 효력이 발생한다.

해고절차 역시 정당성 판단의 중요한 요소이다

정당한 이유에 의한 해고라도 법령상 규정된 절차를 거쳐야 하며, 그 절차로는 해고예고 및 해고의 서면통지 등이 있다(근로기준법 제26조 · 제27조). 근로자를 해고하려면 적어도 30일 전에 예고를 하여야 하고, 예고를 하지 않은 경우 30일분의 통상임금을 지급하여야 한다. 다만, 근로기준법은 해고예고를 하는 것이 적절치 않은 경우에 대해 해고예고의 예외를 인정하고 있으며 그 사유로는 '부득이한 사유에 의한 사업계속이 불가능한 경우', '근로자가 고의로 사업에 막대한 지장을 초래하거나 재산상 손해를 끼친 경우' 및 단기취업자의 경우에 해당한다.

해고의 서면통지는 해고의 사유와 시기를 서면으로 통지하여야 하며, 근로기준법은 서면통지를 하지 않은 경우, 해고의 효력이 발생하지 않음을 규정하고 있다.

한편, 사내 1심 징계절차를 준수하지 않았으나, 재심 징계절차에서 필요한 절차를 모두 준수하였다면, 1심 징계절차 위반의 하자는 모두 치유된다고 보는 것이 법원의 입장이다.

부당해고는 행정적 · 사법적으로 구제받을 수 있다

근로자에 대한 해고에 있어서 그 해고가 부당해고라 여겨지는 경우, 근로자는 그 구제를 신청할 수 있다. 부당해고 등의 구제는 노동위원회를 통한 행정적 구제와 사법적 구제로 구분된다.

노동위원회를 통한 행정적 구제는 부당해고 등이 있었던 날부터 3개월 이내에 하여야 하며, 그 신청은 당해 근로자이고 노동조합은 이에 포함되지 않는다. 이러한 요건을 갖추어 노동위원회에 부당해고 등의 구제신청이 있으면 노동위원회는 필요한 조사와 당사자 심문을 해야 한다. 노동위원회는 심문을 마친 후, 부당해고 등이 성립한다고 판정하면 사용자에게 구제명령을 하여야 하며 성립하지 않는다고 판정하면 구제신청을 기각하는 결정을 하여야 한다.

부당해고 등이 성립하는 경우에는 해당 근로자에게 원직복직과 임금상당액을 지급하여야 하고, 근로자가 원직복직을 원하지 않는 경우에는 해고기간 중의 '임금상당액 이상'의 금품을 지급하여 근로관계를 종료시킬 수 있다.

부당해고 구제신청 절차

노동위원회는 확정된 구제명령을 이행하지 않는 사용자에게는 구제명령의 실효성 확보수단으로 구제명령의 이행을 위한 이행강제금을 부과할 수 있다.

부당해고는 법원에 의해 사법상의 구제를 받을 수도 있는데, 부당해고를 본안으로 다투면서 임시의 지위 내지 임금지급 등의 가처분 신청을 할 수도 있다. 부당해고를 다투는 경우의 입증책임은 사용자에게 있다. 법원이 해고가 부당하다고 판단한 경우 사법상 무효가 된다. 원직복직과 소급임금의 지급으로서 당해 근로자의 손해는 전보되지만, 사용자가 고의 또는 중대한 과실로 명목상의 해고사유를 내세워 해고한 경우에는 불법행위에 기한 손해배상 책임을 인정하고 있다.

Frequently Asked Questions

사업주가 충동적으로 행한 해고는 해고의 통보로서 효력을 발생시키는지?

순간적인 화를 못 이겨 근로자에게 해고통보를 한 경우, 해고의 사유가 정당하다 하더라도 해고의 서면통보를 하지 않았음을 이유로 해고의 효력이 발생하지 않는다. 다만, 충동적인 해고 통보 이후 사유가 정당하고 서면통보 등의 절차를 거친 경우에는 그 때에 효력이 발생한다.

해고예고를 하지 않은 경우에도, 해고의 효력이 발생하는지?

해고를 할 때, 해고일로부터 30일 이전에 해고예고를 하여야 하고, 그렇지 않은 경우에는 30일분의 통상임금을 지급하여야 한다. 또한 해고예고가 없는 해고의 효력에 대해 해고수당을 청구할 수 있을 뿐 해고의 효력자체가 무효가 되지 않는다.

해고예고 기간 중 근로제공의 의무가 있는지?

해고예고를 받은 경우라 하더라도 근로자는 노무제공의무가 면제되는 것은 아니어서 그 기간에도 근로의 제공은 해야 한다. 다만, 해고기간의 취지가 원활한 구직활동을 위한 이유도 있기 때문에 그러한 구직활동을 위한 결근, 외출 등에 대해서 승인해야 한다는 것이 일반적인 견해이다.

이메일로 행한 해고의 통지를 해고의 서면통지로 볼 수 있는지?

모든 경우의 이메일 해고통보가 유효한 것은 아니지만, 이메일에 해고사유와 해고시기에 관한 내용이 구체적으로 기재되어 있으며, 해고에 적절히 대응하는 데 아무런 지장이 없는 등 서면에 의한 해고통지의 역할과 기능을 충분히 수행하고 있어 즉시 출력이 가능한 상태의 이메일 통보는 유효하다 (대법원 2015두41401)

THEME 09 비정규직에 대한 차별은 금지된다

비정규직이란 기간제 · 단시간 · 파견근로자를 아우르는 개념이다

비정규직 근로자는 법적개념이 아니다. 따라서 명확한 개념정의가 어렵지만 정규직과는 상반되는 기간제, 파견직, 단시간 근로자를 아우르는 개념으로 사용된다. 최근 기업환경이 급변하고 불확실성이 증대함에 따라 기업의 입장에서는 유연한 인력운영을 가능하게 하는 비정규직을 선호하고 있다.

비정규직의 차별은 법으로 금지된다

비정규직의 증가로 인하여 이들을 보호할 필요성이 대두되었고 그에 따라 기간제 및 단시간 근로자 보호 등에 관한 법률 및 파견근로자 보호 등에 관한 법률이 제 · 개정되었다. 비정규직 관련법에 있어서 주로 다루고 있는 것이 정규직 근로자와의 차별에 관한 것이다.

비정규직 보호는 동일한 업무를 수행함에도 정규직이 아니라는 이유만으로 근로조건 등의 차별이 발생하는 경우를 막고자 비정규직의 차별을 주요 내용으로 한다.

「기간제 및 단시간 근로자 보호 등에 관한 법률」 제8조와 「파견근로자 보호 등에 관한 법률」 제21조는 차별적 처우의 금지 및 시정 등을 규정하고 있다.

합리적인 이유 없는 차별은 금지된다

비정규직 근로자가 정규직 근로자보다 합리적 이유 없이 불리한 대우를 받는 등의 차별은 금지된다. 구체적으로 살펴보면, 「기간제 및 단시간 근로자 보호 등에 관한 법률」의 차별에 관한 비교대상은 동종 · 유사한 업무에 종사하는 기간의 정함이 없는 또는 통상 근로자보다 차별적 처우를 금지하고 있으며, 「파견근로자 보호 등에 관한 법률」의 차별에 관한 비교대상은 사용사업주 사업 내의 동종 · 유사한 업무를 수행하는 근로자보다 차별적 처우를 금지한다. 최근 「기간제 및 단시간 근로자 보호 등에 관한 법률」 및 「파견근로자 보호 등에 관한 법률」은 '임금 그 밖의 근로조건'으로 규정했었던 차별적 처우의 대상을 개정하여 '근로기준법 제2조 제1항 제5호에 따른 임금', '정기상여금 · 명절상여금 등 정기적으로 지급되는 상여금', '경영성과에 따른 성과금', '그 밖에 근로조건 및 복리후생 등에 관한 사항'으로 차별 대상을 명확히 하여 차별적 처우 대상에 대한 분쟁여지를 최소화하였다.

구체적으로 살펴보면 ⅰ) 성과급 지급과 관련하여 경영성과에 따른 성과급이 차별적으로 지급되는 경우는 비정규직 차별에 해당하며, 개인의 성과에 연동한 성과급 지급률 차이는 차별에 해당하지 않는다. ⅱ) 상이한 임금인상률로 인해 결과적으로 근로조건이 달라지는 경우에는 차별에 해당하지만, 임금인상률의 차이가 있더라도 결과적으로 근로조건이 차이가 없는 경우라면 차별에 해당하지는 않는다. ⅲ) 단체협약이나 취업규칙에 근거한 경조금 등의 복리후생이 비정규직에게만 지급되지 않는 경우라면 이는 차별에 해당하지만, 사내복지기금으로 운영되는 경우, 그 대상을 사내기금 출현 대상자로만 한정하는 것은 차별에 해당하지 않는다.

| 비정규직 차별의 비교 대상자 |

유형	비교대상 근로자
단시간 근로자	당해 사업 또는 사업장의 동종 또는 유사한 업무에 종사하는 통상근로자
기간제 근로자	당해 사업 또는 사업장에서 동종 또는 유사한 업무에 종사하는 기간의 정함이 없는 근로계약을 체결한 근로자
파견 근로자	사용사업주의 사업 내의 동종 또는 유사한 업무를 수행하는 근로자

근로조건의 적용여부가 차별의 기준이 된다

차별인지 여부를 판단할 때는 먼저, 단체협약 · 취업규칙 · 근로계약 및 관행을 중심으로 정규직 근로자와 비정규직 근로자의 근로조건이 어떻게 달리 적용되는가를 판단한다. 파견근로자의 경우에는 파견사업주와 사용사업주가 맺은 근로자파견계약과 파견사업주와 파견근로자가 맺은 고용계약을 같이 판단한다. 이러한 규범이나 계약에서 비정규직 근로자와 정규직 근로자와의 차별적인 근로조건을 명시하고 있는 경우라면 이는 관련 법령의 위반이 된다.

노동위원회를 통해 비정규직에 대한 차별은 구제된다

비정규직에 대하여 불합리한 차별이 가해진 경우 노동위원회를 통하여 구제를 받을 수 있다. 차별의 주체는 원칙적으로 기간제근로자, 단시간근로자, 및 파견근로자이다. 불법으로 파견된 경우라도 구제를 신청할 자격이 인정된다. 차별에 대한 구제신청은 차별적 처우가 있은 날부터 6개월 이내에 신청할 수 있으며, 계속적 · 정기적으로 적용되는 근로조건을 대상으로 하는 계속되는 차별적 처우의 경우에는 그 종료일로부터 6개월 이내에 신청할 수 있다.

기간제근로자, 단시간근로자, 및 파견근로자가 차별에 대한 구제를 신청하는 경우, 노동위원회는 지체 없이 조사와 심문을 거친 후 차별적 처우에 해당된다고 판정한 때에는 사용자에게 시정명령을 발하여야 하고, 차별적 처우에 해당하지 않는다고 판정한 때에는 그 신청을 기각하는 결정을 하여야 한다. 노동위원회는 시정신청에 대한 결정을 하기 전 심문과정에서 관계당사자의 쌍방 또는 일방이 신청하거나 직권에 의하여 조정절차를 개시할 수 있다.

| 차별시정 구제제도 |

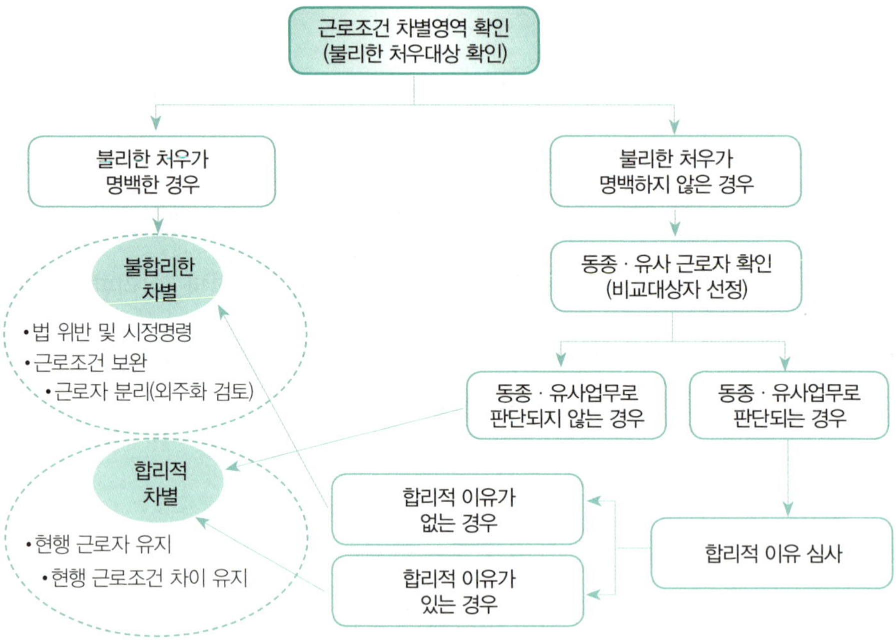

- 복리후생의 경우 동종 또는 유사업무 수행자를 살피기 전에 정규직과 계약직 간 구별 또는 차이영역을 검토
- 직무구분을 통하여 업무를 구분하였더라도 불리한 처우가 명백한 경우로 판단될 경우 차별시정 위험성이 발생
- 따라서 엄격한 직무분리를 기초로 직무분리를 실시하는 것을 기본적인 원칙으로 함

차별유형

Fastrack

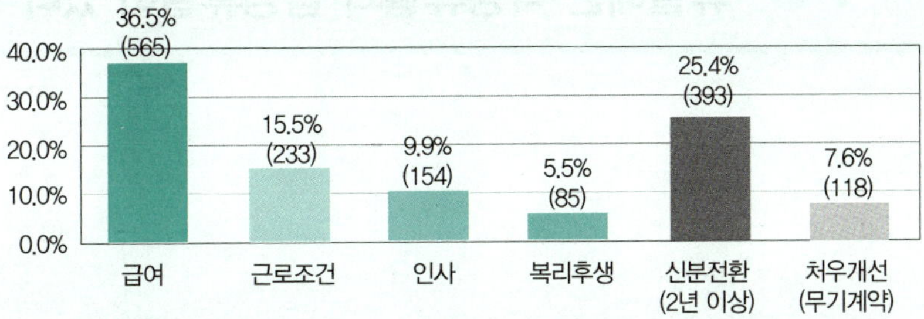

국민권익위원회 조사 결과

Frequently Asked Questions

한 사업장 내에 정규직과 비정규직의 직무가 분리되어 있는 경우에도 임금 등에 있어서 비정규직의 차별이 발생할 수 있는지?

비정규직 차별의 요건으로는 ① 비정규직임을 이유로 ② 정규직 근로자보다 ③ 합리적인 이유 없이 불리한 처우를 받아야 한다. 따라서 한 사업장 내에 정규직과 비정규직이 혼재되어 있다고 하더라도 동종·유사한 업무를 수행하는 정규직 근로자가 없는 경우라면 ②의 요건이 충족되지 않기에 차별의 문제가 발생할 가능성은 작다

'임금 그 밖의 근로조건'을 차별적 처우의 대상으로 하고 있는데, 회사가 회사 직원의 복리후생을 위한 콘도이용, 경조금 등의 경우도 파견근로자에게 지급하지 않는 경우에도 차별적 처우의 대상에 해당하는지?

개정된 「파견근로자 보호 등에 관한 법률」에서는 차별적 처우의 대상을 보다 명확히 함으로써 차별문제를 보다 엄격히 판단하고 있다. 개정된 「파견근로자 보호 등에 관한 법률」의 취지는 같은 사업장 내에 근로하는 파견근로자들이 직접적인 근로관계가 존재하지 않는다는 이유로 불리한 처우를 받는 것을 제한하고자 함이기에 회사에서 지급하는 것을 파견근로자에만 지급하지 않는 경우라면 차별적 처우에 해당할 가능성이 크다.

THEME 10 휴일에는 약정휴일과 법정휴일이 있다

직장인이 쉴 수 있는 휴일의 유형에는 2가지가 있다

– 법정휴일 : 법에서 정해 둔 휴일

– 약정휴일 : 회사가 주기로 약속한 휴일

법정휴일은 법에서 정해 둔 휴일이므로 어떤 예외도 인정되지 않는다. 반면 약정휴일은 회사마다 보장하기로 약속한 휴일이 다르므로 회사마다 달라질 수 있다.

법정휴일에 3가지 유형이 있다

휴일을 정해놓은 법은 2가지로, 근로기준법과 근로자의 날 제정에 관한 법률이 있다. 근로기준법 제55조에 규정된 주휴일은 통상 일요일로 정해지지만 교대제 등이 운영되는 사업장에서는 휴일로 정해지는 요일이 유동적일 수 있다. 근로자의 날 제정에 관한 법률에서는 5월1일을 근로자의 날로 정하고, 이 날을 유급휴일로 규정하고 있다.

- 근로기준법 제55조(휴일): 사용자는 근로자에게 1주일에 평균 1회 이상의 유급 휴일을 주어야 한다.
- 근로자의 날 제정에 관한 법: 5월1일을 근로자의 날로 하고 이 날을 근로기준법에 따른 유급휴일로 한다.

2020년 이전에는 위 2가지가 법정휴일의 전부이어서 통상 달력의 빨간 날로 통하던 관공서 휴일은 회사가 반드시 휴일로 인정해 주어야 할 날들이 아니었다. 그렇다 보니, 일부 중소기업이나 영세업체에서는 공휴일은 연차를 쓰는 날로 각인되어 있기도 했다. 이런 기업간 복지수준의 편차를 줄이고 보편적 복지를 향상시키기 위해 근로기준법을 개정하여 관공서 휴일을 법정화 했으며 아래 일정에 따라 전사업장에 단계적으로 도입되고 있다.

- 300인 이상 사업장 : 2020년 1월 1일
- 30~299인 사업장 : 2021년 1월 1일
- 5~29인 사업장 : 2022년 1월 1일

설과 추석도 법정휴일이다

2020년 이전에는 석가탄신일이나 어린이날, 선거일 등은 법률에 정해져 있는 휴일(법정휴일)이 아니므로 모든 직장인이 쉴 수 있는 휴일이 아니었다. 다만 회사 사규에서 '관공서의 공휴일에 관한 규정'을 준용하고 있다면 관공서가 쉬는 모든 휴일이 해당 회사의 약정휴일로 정해졌다. 반면 사규로 '관공서의 공휴일에 관한 규정'을 준용하지 않는 회사라면 이 회사에 다니는 근로자들은 이런 날들을 휴일로 보낼 수 없었다.

2020년 부터는 근로기준법이 관공서의 공휴일에 관한 규정을 준용하는 것으로 정함으로써 약정휴일에서 법정휴일로 전환되었다. 이를 통해 새롭게 법정휴일로 인정되는 날들은 다음과 같다.

- 3 · 1절
- 광복절
- 개천절
- 한글날
- 1월1일
- 설날 전날과 설날 및 설날 다음날
- 석가탄신일
- 어린이날
- 현충일
- 추석 전날과 추석 및 추석 다음날
- 기독탄신일(12월 25일)
- 선거일

공휴일이 주말과 겹치면 대체휴일을 부여해야 한다

2021년 대체공휴일법 제정(2022년 1월 1일부터 시행)을 통해서 관공서 공휴일이 주말과 겹치면 대체공휴일을 부여해야 한다.

- 설날 및 추석 연휴 : 일요일과 겹치는 경우
- 3.1절, 광복절, 개천절, 한글날, 어린이날 : 토요일이나 일요일과 겹치는 경우

대체공휴일법에 따라 공휴일이 주말과 겹쳐서 대체휴일이 부여되더라도 원래 휴일의 법정휴일 성격이 유지되므로, 원래 휴일 및 대체휴일 모두 휴일로 봐서 이 날에 근무한다면 휴일근로수당을 지급해야 한다.

휴일에 근무하면 휴일근로수당을 지급해야 한다

근로기준법에 따라 법정휴일이나 약정휴일을 가리지 않고 휴일근무에 대해서는 휴일근로수당이 지급돼야 한다. 휴일근로수당은 시간급의 150%로 할증해서 산정된다. 만일 휴일근로가 주40시간 이상 근무시간대라면 연장근로수당까지 가산되어 200%로 할증되어야 하나, 근로기준법이 예외를 두어서 8시간까지의 휴일근로는 150%만 할증되도록 했다. 반대로, 휴일에 8시간 이상 근무하는 시간대라면 휴일과 연장을 동시에 가산해서 200%를 지급해야 한다.

▶ 휴일대체 조건 Fastrack

단체협약이나 취업규칙 등으로 노사가 미리 약정하여 지정된 휴일에 근로를 하고 다른 날에 휴일을 부여하는 제도를 휴일의 사전대체라고 하며, 휴일이 대체되면 당초의 휴일은 통상의 근로일이 되고, 그 날의 근로는 휴일근로가 아닌 통상근로가 되므로 사용자는 휴일근로가산수당을 지급하지 않아도 되며, 그 날 근로를 하지 않는 경우에는 결근으로 처리될 수 있으며, 휴일의 사전대체로 인정될 수 있기 위하여는 그 내용과 사유가 단체협약, 취업규칙 등에 정하여져 있어야 하고, 휴일의 사전대체를 하고자 할 때 적어도 24시간 이전에 근로자에게 통보해 주어야하며, 사전에 통보치 않고 휴일근로를 시킨 경우 사후에 대체되는 휴일을 주더라도 휴일근로 가산임금을 지급해야 할 것입니다.

THEME 11

고정 연장근로수당이 연봉에 포함되어서 지급될 수 있다

포괄임금제는 미리 연장근로수당을 지급하는 것이다

직원이 회사에 입사할 때는 근로를 제공하고 그 대가로 임금을 받는다는 내용을 골자로 하는 근로계약을 체결한다. 근로계약에서 미리 확정할 수 있는 근로는 통상근무(주 40시간, 일 8시간)이며 임금은 이에 상응해서 지급되는 고정급(fixed pay)인 기본급(based salary)이다.

퇴근시간을 넘겨 일하는 연장근로처럼 통상근무 외에 일을 하는 경우(추가 근무), 연장근로 수당과 같은 법정 수당이 추가로 발생한다. 이때 회사는 근로자가 추가로 일한 시간에 대해 추가 수당을 줘야 한다.

하지만 근로형태나 업무의 성격상 추가로 발생한 근로의 양이나 빈도를 정확하게 측정하기 어려운 경우, 근로계약서에 당사자간 합의로 추가근무의 양을 미리 확정해놓고 그에 대한 가산수당 등을 기본급에 합해 지급하는 임금 형태가 바로 포괄임금제다.

요컨대 추가로 일한 만큼 비례해 추가근로 수당을 받는 것이 일반적이지만, 추가로 일한 양을 계산하기 어려우면 추가근무 양을 미리 정해놓고 여기에 대한 추가근로 수당도 미리 정해 연봉에 포함하는 것이 포괄임금제의 핵심이다.

포괄임금제가 성립하기 위해 3가지 요건이 충족되어야 한다

대법원 판례에 따르면 포괄임금제가 유효하기 위해서는 업무의 성질, 근로자의 동의 그리고 근로자에게 불이익이 없을 것이라는 3가지 조건이 충족돼야 한다.

① **업무의 성질**: 작업과 휴식의 반복성과 변동성으로 실제 근무시간을 확인하기 어렵거나 주로 사업장 밖에서 근무가 이뤄져서 근로시간 파악 자체가 불가능한 경우 포괄임금제가 성립할 수 있다. 즉 근로시간의 정확한 측정이 어렵거나 불가능한 업무에는 포괄임금제가 인정된다. 예술이나 스포츠처럼 일과 휴식이 반복적으로 교차하며 진행되는 경우, 기자처럼 주로 회사 밖에서 일하는 경우 등이 대표적이다.

② **근로자의 동의**: 포괄임금제의 도입은 자칫 인건비 경감책으로 남용될 수 있다. 추가 수당이 이미 연봉에 포함돼 있다는 이유로 마땅히 지급해야 할 수당을 주지 않는 회사가 나올 수 있기 때문이다.

따라서 포괄임금제가 적용되려면 근로자의 명시적 동의가 전제돼야 한다. 여기서의 동의에 대해 대법원은 묵시적 동의까지 넓게 해석하는 경향을 보인다. 하지만 당사자간 다툼을 미연에 방지할 수 있으려면 근로계약서에 명확하게 적시해 좁고 엄격하게 해석하는 것이 바람직하다.

③ **근로자에게 불이익이 없을 것**: 설사 업무의 성질과 근로자의 동의 조건이 충족되더라도 포괄임금제의 적용으로 회사 내 다른 근로자나 동종업계 다른 기업과 비교했을 때 불이익이 생기면 안 된다.

연장근로수당 등이 주로 포괄되는 대상이다

① **연장/야간/휴일근로수당** : 포괄임금제의 취지는 실제 근로시간 측정이 어렵거나 계산 편의 등의 필요성이 있을 때 당사자간 체결된 계약을 존중하는 데 있다. 다음과 같이 정의되는 연장/야간/휴일근로수당이 포괄임금제에 포함되는 것은 그 취지에 비춰볼 때 충분히 인정된다고 할 수 있다.

- 연장 근로수당 : 주 40시간 또는 일 8시간을 초과하는 근로에 대한 할증 수당
- 야간 근로수당 : 오후 10시부터 다음 날 오전 6시까지의 근로에 대한 할증 수당
- 휴일근로수당 : 법정휴일이나 사규에 정해진 휴일의 근로에 대한 할증 수당

② **연차휴가 수당**: 만약 연차 휴가수당이 포괄임금에 포함돼 지급된다면 미사용연차에 대한 수당을 회사에서 미리 지급한 셈이므로 직원들이 휴가를 사용하는 데 제약이 발생할 수 있다. 예컨대 포괄임금제가 시행되는 기업에서 직원이 휴가를 가겠다고 신청할 경우, 사용하지 않은 연차에 대한 수당을 다 받으면서 휴가도 다 쓰겠다는 얘기냐는 타박을 들을 수 있다.

또한 회사가 연차휴가 수당을 포괄임금에 포함해 지급했는데 연차를 언제든 자유롭게 사용하게 한다면 휴가를 모두 사용하는 직원이나 하루이틀밖에 사용하지 못하는 직원이나 동일한 임금을 받게 되는 모순이 발생한다. 따라서 연차휴가 수당은 포괄임금제나 휴가제도의 취지에 맞게 포괄임금에서 제외하는 것이 바람직하다.

포괄임금제가 만능이 아니다

포괄임금제는 업종이나 직책의 성격상 초과근무를 명확히 산정하기 어려울 수 있다는 현실을 인정하고 이를 제도상 반영하는 데서 출발했다. 그러나 도입 취지와는 다르게 지나치게 광범위하게 도입돼 운영되면서 문제가 발생하기 시작했다. 가령

개인 PC 사용이 시스템적으로 모니터링되거나 출입카드상 기록으로 실제 근로시간을 어렵지 않게 측정할 수 있는 내근직 직원에게도 무리하게 포괄임금제를 적용해 정당한 수당을 지급하지 않는 식이다.

이렇게 포괄임금제가 확산되면 불필요한 야근이 만성화되거나 실제 근로시간에 대한 정당한 임금을 받지 못하는 등의 폐단이 발생할 수 있다.

▶ 포괄임금제 계약서 명시방안 Fastrack ⊕

1. 유효한 경우
   - 연봉 0000만원(월 52시간의 연장근로분이 포함)
   - 연봉 0000만원(주 12시간의 연장근로분이 포함)
   - 연봉 0000만원(월 00시간에 해당하는 000만원의 연장근로수당이 포함)
   - 연봉 0000만원(주 00시간에 해당하는 000만원의 연장근로수당이 포함)
2. 무효인 경우
   - 연봉 000만원(제반 연장근로수당이 포함)
   - 연봉 000만원(월 52시간의 연장, 야간, 휴일근로수당이 포함)
   - 연봉 000만원(주 12시간의 연장, 야간, 휴일근로수당이 포함)
3. 시사점
   - 포괄된 근로시간수를 주 또는 월 단위로 특정
   - 연장, 야간, 휴일근로수당이 모두 포괄되는 경우 수당별로 근로시간수 특정

THEME **12**

복잡한 연차 이렇게 산정하자

연차휴가는 '연간 출근율'에 따라 생긴다

회사는 1년간 80% 이상 출근한 직원에게 15일의 연차휴가를 주어야 한다. 이런 연차 발생의 요건에 대해 다음의 오해가 흔하게 생기고 있다. 먼저 80% 이상으로 출근만 하면 15일이 생긴다는 오해다. 그러나 1년을 꽉 채운 다음 출근율에 따라 연차 발생이 결정되므로 2022년 1월 1일부터 2022년 10월 31일까지 근무했다(출근율 약 83%)고 해서 연차가 생기지 않고, 2022년 12월 31일에 출근율을 따져 연차가 발생한다.

또한 2022년 한 해 동안 개인적인 일로 6개월 동안 휴직했다면 2022년 출근율이 80% 미만이므로 연차휴가가 생기지 않는다고 생각할 수도 있는데, 2022년에 대한 15일 연차휴가는 생기지 않지만 1개월 만근 시 1일의 연차휴가가 부여되므로 나머지 6개월 동안 꽉 채워 근무했다면 6일의 연차휴가가 2023년 1월 1일에 발생한다.

일을 오래 할수록 연차가 증가한다

1년마다 생기는 15일의 기본 연차 외에도 최초 1년을 초과하는 근속 2년마다 1일의 가산 연차가 발생한다. 이를 공식화하면 "가산휴가 일수 = (근속연수 - 1년)/2(소수점 이하 절사)"이 된다.

근속	1년	2년	3년	4년	5년	6년	7년
가산 연차 일수	0일	0일	1일	1일	2일	2일	3일

가산 연차를 포함한 연차일수의 최대한도가 25일이므로 근속 20년 차 이후로는 근속에 무관하게 25일이 된다.

파트타이머도 1년간 80% 이상 출근하면 연차가 생긴다

주 40시간보다 1시간이라도 적게 근무하는 자를 단시간 근로자라 하는데, 흔히 파트타이머나 아르바이트로 불린다. 파트타이머의 경우 4주 평균해서 1주 소정근로시간이 15시간 미만이면 연차가 생기지 않지만 15시간 이상 근무했고 1년간 80% 이상 출근했다면 연차휴가가 생긴다. 이 경우 주 40시간 근무자에 비례해서 연차일수를 산정한다. 가령 주 20시간 근무하는 파트타이머가 1년간 80% 이상 출근해서 근무했다면 7.5일(15일×(20시간/40시간)의 연차를 쓸 수 있다. 그리고 파트타이머의 연차휴가는 정규직과 달리 시간 단위로 산정되는데 1시간 미만은 절상해서 1시간으로 간주된다.

사 례

주 30시간　근무 파트타이머의 연차휴가
15일×(30시간/40시간)×8시간 = 90시간

출근율은 '소정근로일수'에 대한 출근 실적이다

80%의 출근율은 소정근로일수에 대한 출근 실적으로 계산된다. 소정근로일수는 근로계약서나 법령에 따라 근무하기로 사전에 정해진 일수로 볼 수 있는데 아래의 날들은 소정근로일수 계산에서 제외된다.

- 법령 또는 약정에 의한 휴일 : 주휴일이나 근로자의 날과 같은 법정휴일과 취업규칙 등에 의한 약정 휴일
- 특별한 사유로 근로제공 의무가 면제되는 날 : 경영위기로 인한 휴업기간, 적법한 파업 기간 등과 같이 당초 근로하기로 되어 있었으나 특별한 사유로 인해 근로제공이 정지되는 날 또는 기간

반면 아래의 날 또는 기간은 법령이나 취업규칙 등에 따라 소정근로일수에는 포함되나 출근한 것으로 간주된다.

- 산전후휴가
- 예비군훈련 기간
- 민방위 훈련 기간 또는 동원 기간
- 육아휴직
- 선거일
- 연차 휴가일
- 생리 휴가일 등

소정근로일수 계산에서 제외되는 기간이 있는 연도의 연차 일수는 비례적으로 산정한다. 가령 2020년 상병휴직을 6개월간 썼고 나머지 6개월간 출근율이 80%를 넘으면 7.5일(15일×6개월/12개월)이 발생한다.

연차일수 산정은 '입사일 기준'이어야 한다

연차는 1년마다 발생하며 1년을 산정하는 기준은 개별 직원의 입사일이어야 한다. 따라서 연차 산정기준인 입사일 기준을 법적 기준이라고 한다. 그런데 직원 수가 많다면 연차일수를 개별적으로 산정하고 관리하는 게 쉽지 않다.

이런 업무적 부담을 덜기 위해 많은 회사들이 회계연도 기준(매년 1월 1일부터 12월 31일까지)에 따라 연차를 산정하고 있다. 가령 2022년 7월 1일 입사했다면 2022년 12월 31일까지 근무에 대해 비례적으로 7.5일을 부여한 다음, 2023년 1월 1일부터 매 1년을 기준으로 연차를 산정해서 부여한다.

법적 기준과 회사 기준의 산정 방식이 달라 입사일부터 퇴사일까지의 총 연차일수를 산정해 보면 대부분 차이가 생긴다. 법적 기준 이외의 방식으로 연차제도를 운영하더라도 퇴사 시점에 정산제도만 운영한다면 연차일수와 관련된 법적 이슈는 모두 해소된다.

법적 기준은 곧 최저 기준이므로 만일 회계연도 기준(회사 기준)에 따른 총 연차일수가 20일인데 입사일 기준(법적 기준)에 따르면 25일이라면 5일만큼의 연차가 휴가로든 연차수당으로든 보전되어야 한다. 반대로 회사 기준상 연차일수가 법적 기준을 상회한다면 상회분 만큼 최종 급여에서 공제할 수 있는데, 반드시 공제해야 할 의무사항이 아니고 하회할 때만 정산하는 회사가 적지 않으니 이 점도 감안하도록 한다.

THEME **13**

연차사용을 촉진하면 수당으로 보상할 휴가가 없어진다

연차 사용은 직원의 자유의사에 따른다(시기지정권)

근로기준법은 연차 신청과 사용 절차에 대해 별도로 규정을 두고 있지 않다. 따라서 연차는 직원의 자유의사에 따라 자유롭게 시기를 정해서 사용되는데 이를 "시기지정권"이라 한다. 다만, 회사에 따라 승인이나 사전 신청 절차 등을 사규에 넣어서 운영하고 있는데, 만일 이런 절차적 요건이 있다면 그 절차에 따라 사용해야 한다.

업무상 필요에 따라 연차 사용시기가 변경되거나 신청이 거부될 수 있다(시기변경권)

연차 사용이 직원의 의사에 일임되어 있으나 연차 사용이 사업 운영에 심대한 지장을 유발한다면 회사는 연차 사용시기를 변경할 수 있으며 이를 "시기 변경권"이라 한다. 시기지정권의 대척점에 있는 시기 변경권이 무제한으로 인정되면 시기지정권의 박탈로 이어지므로 시기 변경권에 대한 엄격한 해석과 보수적인 운영이 필요하다.

시기 변경권의 요건인 "사업 운영에 막대한 지장이 있는 경우"를 단순히 업무가 많다는 이유보다는 돌발적인 사태가 발생해 직원의 업무량이 평상시보다 현저히 증가한 경우로 한정해서 좁게 해석해야 한다. 이를 통해 자칫 생길 수 있는 회사의 시기 변경권 남용을 방지할 수 있다.

연차는 반차로도 사용할 수 있다

근로기준법은 연차휴가를 1일 단위로 규정하고 있기 때문에 1일 단위로 사용되는 게 법상 기준이므로 반차 사용을 허용해야 할 회사의 의무는 없다. 그러나 자녀 학교행사 참여 등과 같이 종일 휴가까지 필요 없는 경우 반차만으로도 직원은 자녀 학교행사에 참여할 수 있고 회사 입장에서도 업무상 지장이 최소화될 수 있으므로 반차사용이 인정되는 게 합리적이다.

이 경우 오전과 오후 근무로 나누어 반차를 운영할 게 아니라 실제 근무시간 기준 4시간만큼 휴가로 처리해야 한다. 가령 9시에 업무를 개시하는 회사에서 오전 반차를 사용하는 경우 점심시간에 쉰다면 오후 2시까지 근무해야 하며, 점심시간까지 이어서 근무한다면 오후 1시에 퇴근할 수 있다.

사용되지 않은 연차는 수당으로 보상된다

직원들의 휴식과 재충전의 시간을 부여하는 의미에서 매 1년의 근무에 대해 연차가 부여되는데 만일 연차가 전부 또는 일부 사용되지 않아 잔여 휴가가 남아 있는 경우 미사용 연차수당으로 보상된다. 1일 치의 미사용 연차수당은 8시간의 통상임금으로 보전되며 이를 산식화하면 다음과 같다.

1일 치 미사용 연차수당 = 8시간X월고정급여 / 209시간
1년은 365 / 7 = 52.14 주이고, 한 달 근무시간은 48시간X52.14주 / 12개월 = 208.56 시간임. 208.56시간을 반올림하여 209시간을 최종 산출됨.

연차 사용이 촉진되면 사용되지 않아도 수당으로 보상되지 않는다

과거 만연했었던 '연차는 급여'라는 어긋난 인식을 바로잡고 연차제도가 취지에 맞게 운영되도록 하기 위해 연차 사용 촉진제도가 많은 회사에서 도입되어 시행되고 있다. 연차 사용 촉진 제도에서는 직원의 사용계획 제출, 회사의 사용시기 지정(계획서 미제출자 대상)과 사용계획일 출근자에 대한 노무수령 거부 등의 요건이 충족되어야 한다.

연차사용촉진제도는 4단계로 구성된다. 모든 절차가 준수된다면 사용되지 않고 남은 연차가 있더라도 회사가 지급해야 할 미사용연차수당은 존재하지 않는다.

- **1단계 사용계획 제출 촉구** : 회사가 7월1일부터 10일 사이에 직원별로 남아 있는 연차일수를 알려주고 직원이 연말까지 사용시기를 정해서 회사에 통보하도록 서면으로 촉구한다.
- **2단계 사용계획 제출** : 직원이 서면으로 촉구를 받은 날로부터 10일 이내에 사용계획을 제출한다. (예컨대 7월1일 촉구를 받았다면 11일까지 사용계획을 제출한다)
- **3단계 사용시기 지정 통보** : 직원이 서면 촉구날로부터 10일 이내 사용계획을 제출하지 않으면 회사가 10월 말 이전에 사용시기를 지정해서 서면으로 통보한다.

– 4단계 노무수령 거부 : 직원이 제출한 사용계획일이나 회사가 지정한 사용일에 해당 직원이 출근했다면 회사는 노무수령 거부의사를 전달할 수 있다. (전달 방식에 제한은 없지만 추후 입증 문제가 발생할 수 있으므로 서면으로 하는 게 바람직하다)

▶ 노무수령거부통지서 Fastrack⊕

노무수령거부통지서

성명		소속		사번	

근로기준법 제61조(연차유급휴가 사용촉진)에 의거 회사는 귀하에게 미사용 연차휴가 일수를 알려주고, 그 사용시기를 정하여 회사에 통보하도록 촉구하였음에도 불구하고, 아무런 통보를 하지 않아 부득이 회사가 귀하의 연차휴가 사용일을 지정하여 통보하였습니다.

금일은 회사가 귀하의 연차휴가일로 지정한 날이므로 귀하는 금일 회사에 근로를 제공할 의무가 없고, 회사에서는 귀하의 노무수령을 거부하니 즉시 퇴근하시기 바랍니다.

본 통지서를 수령하였음에도 귀하가 퇴근하지 않고 계속 근로를 하는 경우 회사는 근로기준법 제61조(연차유급휴가 사용촉진)에 따라 귀하가 연차휴가를 사용한 것으로 처리하고, 추후 미사용연차휴가수당을 지급하지 않음을 알려드리오니, 이 점 유념하시어 휴가제도의 취지에 맞게 충분한 휴식을 취하시기 바랍니다.

2022. ○○. ○○.

(주)○○○○

임원 승진을 위한

팀장 패스트트랙

PART 03

경영심리학

THEME **01**

리더십은 타고나는 것이 아니라 개발해야 할 역량이다

리더십을 통해 조직과 개인의 목표가 연결된다

리더십이란 기업의 경쟁력에서 가지는 중요성이나 전략적 가치로 인해 많은 의미로 정의되고 있어 하나의 정의로만 이해하기 어려울지 모른다. 그럼에도 많은 정의와 해석들이 가지는 공통점을 분석해보면 결국 조직과 개인을 연결시키는 교두보 역할을 하는 것이 리더십의 본질이 아닐까 한다.

리더십이란 조직의 비전과 미션을 보여주고 이들을 달성하기 위해 가야할 방향을 설정하며, 구성원이 조직의 비전과 미션을 이해하고 이들의 달성을 위해 최선의 노력을 다하도록 영향을 주는 일체의 활동을 실행하는 것으로 이해할 수 있다. 즉, 조직이 지향하는 바를 달성하기 위해 구성원들을 체계적으로 연결하고(Engaging)하고 영향을 주는(Influencing) 일체의 과정을 리더십이라고 정의할 수 있다.

리더는 관리자와 구분되어야 한다

리더(Leadership)와 관리자(Management)라는 표현은 간혹 실생활에서 혼용해서 사용되는 경우가 있다. 하지만 양자의 역할상의 차이나 의미는 상당한 차이를 가지므로 반드시 구분하는 것이 좋으며, 관리자의 개념을 리더십에 대비해서 이해한다면 리더십에 대한 보다 정확한 이해가 가능할 것으로 보인다.

| 리더와 관리자의 구분 |

리더(Leadership)	관리자(Management)
Vision and mission	Planning and budgeting
Aligning	Organizing and staffing
Inspiring and motivating	Controlling
Doing the right things	Doing things right
Coping with change	Coping with complexity

리더와 관리자를 요약해서 구분해 보면, 관리자는 매해 목표를 달성하기 위해 매일의 업무수행과정을 관리하는 역할이라고 할 수 있고, 리더는 단기간의 성과나 목표달성도 고려하지만 보다 장기간에 걸쳐 조직이 거쳐나가야 할 변화의 모습을 미리 준비하고 앞에서 이끌어주는 역할에 대해 보다 높은 중요도를 둔다는 점에서 양자의 큰 차이가 있다고 할 수 있다.

과거에는 리더는 타고난 존재였다

1940년대까지는 리더에게 요구되는 역량과 자질은 후천적으로 계발되는 것이 아니라 선천적으로 주어지는 것으로 봤다. 이를 리더십의 특성이론(Trait Theory)라고 일컫으며, 그 근원은 1800년대 중반 Thomas Carlyle의 위대한 사람 이론(Great man theory of leadership)에서 찾을 수 있다.

Carlyle는 현재시점의 역사는 위대한 사람(Great man)들의 업적에 따라 이뤄져 왔다고 믿고 위대한 사람들이 가진 역량과 자질은 계발할 대상이 아니라 선천적으로 가지고 태어나는 것이라고 정의했다.

이러한 리더십의 특성이론은 아래와 같이 3가지 사실을 전제로 하고 있다.

– 특정 특성은 특정 행동패턴을 형성한다

– 형성된 특정 행동패턴은 다양한 상황 하에도 일관적으로 나타난다

– 리더는 이러한 특정 특성을 가지고 태어난다

1940년대부터 리더십 특성이론이 퇴조하고 리더십은 후천적으로 계발될 수 있다는 입장이 대세로 자리잡으면서 리더십 진단 및 계발 시장이 급격히 성장하기 시작했다.

리더의 행동방식이 리더십을 결정한다

리더십의 효과성은 리더가 어떻게 행동하느냐에 달려 있다. 과거 리더의 특성 자체에서 리더십을 찾던 관점을 벗어나 후천적으로 계발될 수 있는 리더의 행동으로 시각을 돌린 최초의 접근이다. 이를 행동이론(Behavior Theory)이라고 하며, 이 이론에 따르면 아래의 2가지 측면에서 리더십의 효과성을 판단할 수 있다.

– 직무 관점(Initiating structure/production orientation) : 직원의 업무방식과 성과창출에 대해 자세하게 알려주고 이끌어 가는 행동

– 직원관리 관점(Consideration/employee orientation) : 직원 개개인의 정서적이고 감정적인 니즈를 충족시키면서 관리하는 행동

상황에 따라 리더십의 효과는 달라진다

피들러(Fiedler)는 상황적 리더십 이론(Contingency theory)을 통해 이상적인 리더의 상을 리더 개인이 소지한 특성에서 찾는 것이 아니라 리더를 둘러싼 상황의 특성에서 찾게 된다. 피들러는 리더를 둘러싼 상황을 3가지로 제시하였는데, 리더와 구성원의 관계(Leader–member relations), 업무구조(Task structure) 그리고 권한(Position power)이 바로 리더를 둘러싸고 있는 환경이자 변수라고 보았다.

- **리더와 구성원의 관계** : 상호간의 신뢰와 존중의 정도, 신뢰에 대한 조직의 문화와 정서
- **업무구조** : 구성원들이 조직의 목표나 수행과정에 어느 정도 연계되어 있는지의 정도
- **권한** : 리더가 구성원에 대해 가지는 파워나 영향력의 정도

피들러에 따르면 리더와 구성원간 신뢰가 높을수록, 업무구조상 구성원의 몰입이나 참여가 높게 나타날수록 그리고 리더가 구성원에 대해 가지는 권한의 영향력이나 폭이 클수록 리더십이 효과적인 것으로 나타난다.

| 상황적 리더십 이론에서의 상황과 리더십간의 관계 |

구분	방향	리더십
리더와 구성원의 관계	신뢰가 높을수록	높고 강하게 나타남
업무구조	구성원의 연계가 높을수록	
권한	권한이 강할수록	

바람직한 리더는 업무나 관계의 성격에 따라 달라진다

허시와 블랜챠드(Hersey and Blanchard)에 따르면, 바람직한 리더는 상황에 따라 달라질 수 있으므로 다양한 리더십 스타일을 보여줄 수 있어야 한다고 주장하였다. 상황이론(Situational leadership theory)에 따르면 상황별로 달라질 수 있는 리더십의 스타일을 4가지로 구분하여 제시하였다.

우선 4가지 스타일로 나누기 위해 제시한 2가지 기준은 관계중심적 행동(Relationship behavior)과 업무관련 행동(Task behavior)이다. 우선 관계중심적 행동은 리더와 구성원들간 업무를 벗어난 사회적인 관계를 설정하는 데 필요한 행동이나 역할을 의미한다. 그리고 업무관련 행동은 관계관련성을 배제하고 순수히 업무의 추진과 달성을 위해 필요한 행동이나 역할을 의미하게 된다. 이 두가지 기준에 근거하여 분석해 볼 때, 4가지 유형의 리더십이 나타난다.

- 제1스타일 Selling : 관계중심적 행동 높고, 업무관련 행동 높은 유형
- 제2스타일 Participating : 관계중심적 행동 높고, 업무관련 행동 낮은 유형
- 제3스타일 Telling : 관계중심적 행동 낮고, 업무관련 행동 높은 유형
- 제4스타일 Delegating : 관계중심적 행동 낮고, 업무관련 행동 낮은 유형

이 상황이론에서는 리더십을 발휘해야 할 상황이나 대상에 따라 필요한 리더십 스타일을 정해서 발휘해야 한다는 점이 가장 중요한 특성이다. 상황이론의 장점이자 동시에 가장 큰 단점은 모든 상황에 대한 스타일을 제시하고 있으나, 각 상황에 대한 특정한 리더십 스타일의 제안이 없다는 점에서 다소 현업 적용상 어려움이 있다는 점이다.

| 허시와 블랜차드의 상황이론(Situational Leadership Theory)|

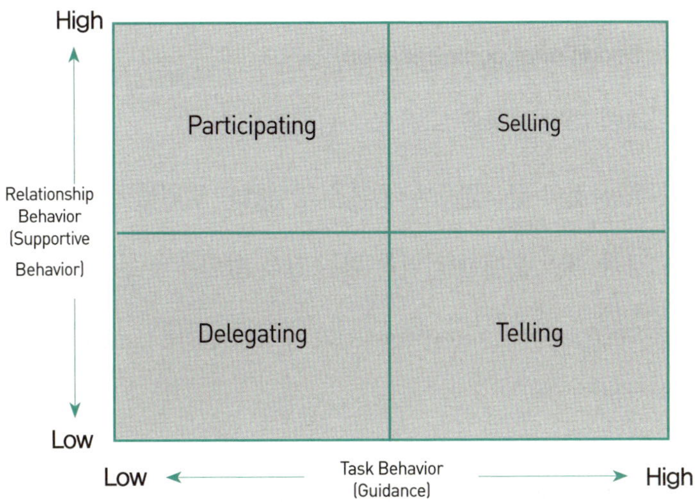

팀원들과 거래를 할 것인가 아니면 팀원의 근본을 변혁해 나갈 것인가

리더십이 조직의 목표와 팀원의 활동을 연결시키는 가교역할을 한다고 할 때 과연 어떤 방식으로 양자를 연결시켜 나갈 것인가에 대한 입장에 따라 최근 거래적 리더십(Transactional leadership)과 변혁적 리더십(Transformational leadership)이라는 두 가지 유형의 리더십 스타일이 대두되고 있다.

성과와 보상이라는 거래를 통해 팀원을 동기부여한다

거래적 리더십이란 전통적인 리더십 개념에 해당하는 것으로 상황에 따른 보상에 기초하여 팀원에게 영향력을 행사하는 리더십을 의미한다. 즉, 인센티브나 성과급 등을 사용하여 부하로부터 올바른 행동을 유발하는 과정이 거래적 리더십의 핵심이라고 할 수 있다. 이렇듯 리더의 인센티브와 팀원의 성과창출간에 교환관계나 거래관계가 성립한다고 하여 거래적 리더십이라고 한다.

거래적 리더십은 다음과 같은 특징이 있다.

조건적 보상(Conditional compensation)

- 업무의 성과에 대한 보상을 조건으로 팀원들을 관리
- 팀원이 원하는 것이 있으면 교환조건을 명시하고 팀원들이 해야 할 과업을 제시
- 팀원의 보상과 처벌에 대한 리더와 팀원 간의 합의
- 부정적 강화(Negative reinforcement)와 긍정적 강화(Positive reinforcement)를 통해 동기부여

예외에 의한 관리(Management by exception)

- 팀원들이 성과창출을 실패하거나 바람직하지 못한 행동을 보일 때 리더가 개입
- 리더는 팀원들의 기대나 허용된 기준으로부터의 일탈을 감시
- 기준으로부터의 일탈이나 바람직한 행동이 나타나지 않을 시 개입하지 않음
- 사전적인 동기부여보다 사후적인 보상 또는 처벌로 팀원을 관리함

요약하면 거래적 리더십은 리더와 팀원이 사전에 거래에 대한 공정한 룰을 정하고 사전에 정해진 룰에 따라 성과창출에 대해서는 보상을 실패에 대해서는 처벌을 함을 핵심적인 내용으로 한다. 이러한 거래적 관계를 통해 리더와 팀원 간의 관계가 형성되다 보니, 신뢰기반의 과업수행이 어려워지고, 장기적인 관점에서 팀원 육성과 역량 개발이 다소 어려워진다고 할 수 있다.

팀원의 변혁을 통해 조직의 변혁을 도모한다

전통적 리더십인 거래적 리더십이 리더와 팀원 간 공정한 거래관계에만 초점을 맞춤으로써 효율성 중심의 패러다임을 가지고 있다면, 변혁적 리더십은 팀원의 근본

적인 변혁을 통해 조직의 성과창출을 추구하는 패러다임이라고 할 수 있다.

변혁적 리더는 조직이 추구하는 목표와 방향에 대해 팀원의 의식수준을 끌어올리고 팀원들이 자신들이 소속된 조직에 대해 자신의 이익을 희생하도록 만든다. 즉, 변혁적 리더십의 실행은 조직의 비전과 미션이 개별 팀원으로 내재화되는 과정이라고 할 수 있으며, 조직과 개인이 하나의 이해관계와 방향으로 정렬되는 결과를 만들어가는 과정으로 이해할 수 있다.

| 거래적 리더십과 변혁적 리더십의 비교 |

구분	거래적 리더십	변혁적 리더십
핵심 요소	조건적 보상 예외에 의한 관리	카리스마 지적자극 개인적 배려
동기부여	팀원의 이익 자극	영감과 비전 제시
이념	능률지향	적응지향
적합한 조직구조	기계적 관료제	임시조직, 유연한 조직

변혁적 리더십은 다음과 같은 특징이 있다.

카리스마(Charisma)

- 모범적 행동을 통해 팀원으로부터 지지와 존경을 받음
- 비전 구축에 팀원들의 참여를 유도
- 목표달성에 대한 신뢰와 동기부여
- 도전적 목표 설정에 대한 몰입 장려
- 높은 자신감과 자기확신을 통한 강한 이미지

지적 자극(Inspiration)

- 팀원들의 반복적 행동보다 창의적인 행동을 요구
- 당연시해온 기존 가정에 의문제기
- 기존 사고의 틀을 넘어 새로운 접근방식 강조

개별적 배려(Individual consideration)

- 변혁적 리더는 지시자가 아닌 코치 또는 멘토의 역할
- 팀원의 성장과 성취욕구에 관심을 가짐
- 개별 팀원에 대한 경청

| 변혁적 리더십의 측정도구(Bass & Avolio의 MLQ Form) |

1. 나는 다른 사람들이 내 주위에 있는 것을 기분 좋게 느끼도록 한다.
2. 나는 우리가 무엇을 할 수 있고 또 무엇을 해야 하는지를 몇 마디 짧은 말로 명확하게 표현한다.
3. 나는 다른 사람들이 낡은 문제들을 새로운 방식으로 생각하도록 할 수 있다.
4. 나는 다른 사람들이 자신을 스스로 개발해 나가도록 돕는다.
5. 나는 다른 사람들이 자신의 업무성과에 따른 보상을 받기 위해 무엇을 해야 하는지를 말해준다.
6. 나는 다른 사람들이 합의된 업적기준을 충족시켰을 때 만족한다.
7. 나는 다른 사람들이 항상 같은 방식으로 계속 일하도록 하는 것에 만족하고 있다.
8. 다른 사람들은 나를 완전히 신뢰하고 있다.
9. 나는 우리가 무엇을 할 수 있는 지에 대한 호소력 있는 표현을 하고 있다.
10. 나는 다른 사람들에게 복잡하고 어려운 문제를 보는 새로운 방법을 제공한다.
11. 나는 다른 사람들로 하여금 자신들이 하고 있는 것을 내가 어떻게 생각하고 있는지를 알도록 한다.
12. 나는 다른 사람들이 그들의 목표에 도달했을 때 인정해 주고 보상을 제공한다.
13. 일들이 잘 되어 가고 있는 한, 나는 어떤 것도 바꾸려고 시도하지 않는다.
14. 다른 사람들이 무엇을 하려고 원하든 나는 좋다.

15. 다른 사람들은 나와 함께 하고 있는 것을 자랑스럽게 생각한다.
16. 나는 다른 사람들이 자신의 일에서 의미를 찾도록 돕는다.
17. 나는 다른 사람들로 하여금 자신이 이전에 전혀 의문을 갖지 않았던 일들에 대해 다시금 생각하도록 만든다.
18. 나는 소외 당하고 있는 듯한 사람들에게 개인적인 관심을 보인다.
19. 나는 사람들이 그들의 업적에 대해 받고 있는 보상에 주의를 기울인다.
20. 나는 다른 사람들에게 그들이 자신의 일을 수행하기 위해 알아야 할 원칙들을 말해준다.
21. 나는 다른 사람들에게 꼭 필요한 것만을 요구한다.

설문항목별 구분 : 이상적 영향력(1, 8, 15) 영감적 동기부여(2, 9, 10) 개별적 고려(4, 11, 18) 지적 자극(3, 10, 17) 상황적 보상(5, 12, 19) 예외의 관리(6, 13, 20) 자유방임적 리더십(7, 14, 21)

▶ 거래적 리더십과 변혁적 리더십 Fastrack

최근 리더십을 분석하고 규정하는 이론은 거래적 리더십과 변혁적 리더십으로 구분된다. 거래적 리더십은 리더와 팀원 간의 관계를 거래관계와 유사한 관계로 파악함으로써 다소 기계적인 관계에 기초를 두고 있는 접근법으로 볼 수 있다.

이와 반대로, 변혁적 리더십은 거래관계로 파악하는 것이 아니라, 리더가 팀원으로부터의 근본적인 변화를 유도해야 한다는 접근법에 해당하는데, 변혁적 리더십을 위해 지적자극, 개별적 배려 그리고 리더의 카리스마가 뒷받침이 되어야 한다.

THEME 02 더 열심히 하려는 동기를 부여해서 성과를 창출한다

동기부여를 통해 성과를 창출한다

동기부여(Motivation)는 업무수행 및 팀의 목표달성을 위해 개인의 노력을 최대한 발휘하게끔 하는 힘을 의미한다. 동기 부여된 팀원일수록 팀의 목표에 연결되어 한 방향으로 힘과 에너지를 쏟을 가능성이 높아진다. 또한 동기부여는 조직에 활력을 불어넣고 팀원들로 하여금 자발적이면서 적극적인 의지를 가지고 전념하도록 함으로써 조직과 개인의 성과 창출에 큰 영향을 미친다.

과거의 조직관리 방식은 공포의 리더십처럼 조직에서 원하는 행동이나 성과를 창출하지 못하면 벌을 받게 된다는 메시지를 보내고 직원들은 벌 받지 않기 위해 최선의 노력을 다했다고 한다면 현대의 조직 및 사람관리는 이러한 공포의 리더십만으로 한계가 있다는 것을 입증해왔다. 즉, 진정한 리더십은 팀원들의 다양한 욕구를 잘 이해하고 이를 충족시킬 수 있는 방법들을 적용하는 것이라는 결론에 도달하였다.

물론 당근과 채찍이라는 두 가지 요소가 병존해야 조직관리가 현실적으로 돌아갈 수 있다. 다만 두 가지 요소 중 비율을 두고 볼 때, 과거에는 채찍의 비중이 높았다면 현재는 당근의 비중을 점차 높여가는 것이 추세라 할 수 있다.

팀원의 욕구단계에 따라 동기부여 방안을 달리해야 한다

매슬로우(Maslow)의 니즈단계론은 동기부여와 관련한 입장 중 가장 고전적인 이론이다. 이 니즈단계론에 따르면 모든 개인은 기본적인 니즈 또는 욕구가 있고 이러한 니즈는 5단계로 구성된다고 한다.

| 매슬로우의 니즈단계론 |

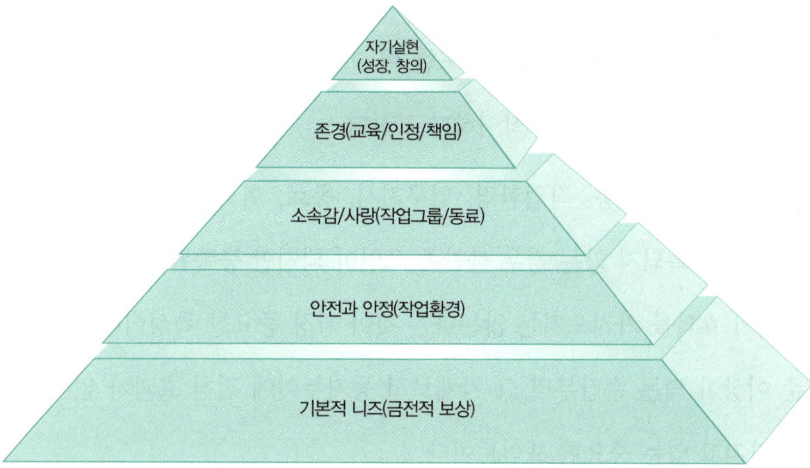

매슬로우의 이론에 따르면 어느 단계의 욕구가 충족되면 그 욕구단계는 더 이상 개인을 동기부여하지 못한다고 하며, 그보다 상위단계의 욕구가 동기부여의 원천이 된다고 한다. 매슬로우의 이론을 팀원의 동기부여에 활용하자면, 우선 각 팀원들이 어느 욕구단계에 있는지를 파악하는 것이 중요하다. 즉, 모든 개인이 현재 속한 욕구단계가 상이할 수 있으므로 하나의 보상이나 정책이 모든 팀원을 동기부여할 수는 없기 때문이다.

따라서 개인별로 현재 위치한 욕구단계를 파악한 후 그에 맞는 동기부여방안을 적용해서 동기부여하는 것이 필요하다. 가령 낮은 연봉으로 고민하면서 기본적 니즈가 충족되지 않은 팀원에게 자기실현에 대한 지원과 배려는 효과가 없다. 동시에 자기실현에 대한 니즈로 가득찬 팀원에게 작업환경 개선이라는 방안은 동기부여방안으로 효과가 미미하다고 볼 수 있다.

위생요인이 아닌 동기부여요인에 주목해야 한다

허즈버그에 따르면 개인의 욕구는 위생요인(Hygiene factors)과 동기부여요인(Motivators)으로 구분된다고 한다. 또한 이 이론에 따르면 각 요인별로 업무만족도와 동기부여에 미치는 영향이 상이하다고 한다.

우선 위생요인은 연봉, 작업환경, 업무지시, 동료, 회사의 정책 등과 같은 요인들로서 이들이 충족되지 않는 경우 불만족 요인이 되지만 충족된다고 하여 직접적으로 동기부여의 효과를 가져오지는 않는다는 것이 가장 중요한 특성이다. 즉, 이들은 일정수준 이상이 되는 순간부터 그 자체로서 동기부여에 전혀 효과가 없다는 것이 이 이론이 가지고 있는 중요한 포인트이다.

한편 동기부여요인은 성취감, 도전감, 책임, 보람 그리고 인정 등과 같은 요인으로서 이러한 요인들이 진정으로 개인을 동기부여하는 요소라고 2요인 이론은 주장하고 있다.

상기와 같은 특성을 팀원 관리에 적용해 본다면, 팀장은 위생요인에 대해서는 불만족을 최소화할 수 있을 수준을 파악하여 이를 충족시키고 동기부여요인에 대해서는 이를 극대화할 수 있도록 조직 분위기와 환경을 조성하는 것이 가장 중요하다고 하겠다.

| 허즈버그(Herzberg)의 2요인 이론 |

요인	내용
위생요인	• 고용안정, 보상수준, 복리후생, 기타 근로조건 – 불만을 제거
동기부여요인	• 개인적인 성장, 일을 통한 성취, 성장의 기회, 직무 그 자체 – 동기부여

팀원의 동기부여는 기대가 충족되는 프로세스 관점에서 보아야 한다

다른 동기부여 이론들이 동기부여가 되는 상황이나 요소를 중심으로 정적으로 동기부여 과정을 해석했다면 Vroom의 기대이론(Expectancy theory)은 동적인 프로세스를 중심으로 한 개인이 동기부여가 되는 과정을 3단계로 구분하여 해석한 것이 가장 큰 특징 중 하나이다.

기대이론에서 제시하는 동기부여의 3단계 과정은 다음과 같으며 각 단계가 순차적으로 충족되어야 팀원이 동기부여된다고 한다.

- 1단계 Expectancy : 노력하면 성과를 창출할 수 있을 것이라는 기대(Efforts–to–performance expectancies)
- 2단계 Instrumentality : 성과를 달성하면 보상을 받을 수 있을 것이라는 수단성(Performance–to–reward)
- 3단계 Balance : 주어진 보상을 통해 느끼는 매력의 정도

| Vroom의 기대이론(Expectancy Theory) |

	Expectency	Instrumentality	Balance
동기부여 이론	• 내가 그 목표를 달성할 수 있을까? • 노력하면 좋은 결과가 나오기는 할까? • Effort – performance	• 좋은 성과에 맞는 보상을 받을 수 있을까? • Performance – reward	• 좋은 보상이 내가 원하는 것일까? • Reward – personal goal
인사관리	• 내가 제품을 고객에게 많이 팔 수 있을까?	• 많이 팔면 나에게 적절한 보상이 주어질까?	• 그 보상이 내가 원하는 그리고 나의 가치체계에 부합하는 보상일까?

1단계 : 과연 노력하면 달성할 수 있을까

팀원에게 어떤 과제를 부여하면서 동기부여하고자 할 때, 그 과제의 달성 가능성을 먼저 검토해 보아야 한다. 아무리 긍정적이고 적극적인 성격의 팀원이라 할지라도 팀장이 요구하는 과제가 본인의 노력으로 달성할 수 없는 것일 때 해당 과제에 대한 동기부여 효과는 발생하지 않는다.

즉, 과제가 다소 도전적이라 할지라도 팀원이 노력하면 달성할 수 있는 것이라야 이에 대한 동기부여 효과가 발생할 수 있다고 한다.

2단계 : 노력해서 달성하면 무엇이 주어질까

팀원이 주어진 과제를 노력하면 달성할 수 있으나, 노력하여 달성한 이후 본인에게 무엇이 주어지는지를 보게 된다. 만일 달성은 하였으나, 이에 대한 보상이 전혀 없다면 과제 달성에 대한 팀원의 동기부여 효과는 전혀 없게 된다.

반대로 과제 달성에 대해 무언가가 보상으로서 주어진다고 할 때 비로소 동기부여 효과가 발생할 수 있는 조건이 충족되는 것이다.

3단계 : 주어진 보상이 내게 의미있는 것일까

마지막으로 노력해서 달성한 성과에 대해 주어진 보상이 나에게 의미가 있고 중요한 것이라고 인식되어야 한다. 만일 조직에서 준 보상이 있기는 하나 나에게 전혀 의미가 없거나 중요하지 않은 경우, 동기부여 효과는 발생하지 않는다.

가령 예를 들어 금전적 보상에 대해 중요하게 생각하는 팀원에게 보상으로 인정(Recognition)이라는 비금전적 보상을 부여하거나 반대로 성취감을 제일 중요하게 생각하는 팀원에게 금전적 보상인 보너스를 지급하는 경우, 그 동기부여책의 효과가 그만큼 제한적일 수밖에 없다.

▶ 동기부여 이론 Fastrack

팀원들이 보다 열심히 열정적으로 일할 수 있도록 동기(Motive)를 주는 과정을 동기부여(Motivation)라고 하며, 동기부여된 팀원은 그렇지 않은 팀원보다 높은 수준의 생산성과 성과를 달성할 수 있어 팀관리의 핵심과업 중 하나가 동기부여라고 할 수 있다.

매슬로우는 팀원이 가지고 있는 욕구나 니즈의 단계를 5단계로 구분하여 각 단계의 니즈가 충족된 경우 더 이상 동기부여 효과를 가지지 않고 상위 단계의 니즈가 충족되어야 동기부여된다고 보았다.

한편, 허즈버그에 따르면 위생요인의 충족은 동기부여와 관련 없으며 단순히 불만족을 제거하는 효과만을 가진다고 하고, 동기부여요인이 충족되어야 팀원의 동기부여효과가 나타난다고 한다.

THEME 03 동료와의 비교와 강화를 통해 동기부여한다

동료와의 비교를 통한 결과에 따라 동기부여효과가 달라진다

Adams의 공정성 이론(Equity theory)에 따르면 팀원은 자신이 다른 팀원 대비 공정하게 대우받고 있는가에 따라 동기부여효과가 결정된다고 한다. 만일 팀원이 투여한 노력(Input) 대비 보상(Output)의 비율이 본인의 비율보다 크다면 자신이 공정하게 대우받고 있지 않다고 인식하게 되고 결국 본인의 노력 투입비율을 줄이는 현상이 발생할 수 있다.

한 사례를 들어 공정성 이론에 대해 보다 자세히 이해해 보자. 상황은 다음과 같다. Case 1을 선택하게 되면 본인이 받게 되는 인센티브는 500만원 그리고 동료가 받게 되는 인센티브는 400만원이다. 그러나 Case 2를 선택하는 경우 본인은 50만원 증가하여 550만원의 인센티브를 받지만 동료는 300만원이 늘어 700만원의 인센티브를 받게 된다고 가정해 보자.

이 사례에서 본인의 인센티브 금액만 본다면 Case 2를 당연히 선택할 것이고, Case 1을 선택하는 팀원은 없을 것이다. 그러나 본인의 인센티브 금액뿐만 아니라 동료의 금액까지 동시에 본다면 결과는 다소 달라질 수 있다. 여전히 많은 사람들이 Case 2를 선택함으로써 본인의 인센티브 금액을 늘리려 하겠지만 일부는 Case 1을 선택하게 될 것이다. 그럼 과연 무엇 때문에 팀원들은 Case 1을 선택하게 될까? 앞에서 살펴본 동료와 자신의 투입대비 산출 비율에서 왜곡이 발생하여 본인이 공정하게 대우받고 있지 못하다는 인식을 가지는 경우 본인의 인센티브 금액이 줄더라도 Case 1을 선택하는 사례가 발생할 수 있다. 과연 이 사례가 주는 시사점은 무엇일까 생각해 보도록 하자. 팀원이 받게 되는 동기부여라는 것은 절대적인 수치나 금액으로도 영향을 받지만 동료와의 상대적인 비율에도 영향을 크게 받게 된다는 점은 팀원 관리를 위해 깊이 새겨둘만 하다. 즉, 얼마를 주냐가 아니라 어떻게 주느냐에 따라 팀원들의 동기부여가 결정될 수도 있다는 것이다.

| 공정성 이론 사례 |

구분	본인	동료
Case 1	500만원	400만원
Case 2	550만원	700만원

바람직한 행동은 다양한 강화방법에 따라 지속된다

기업이 직원에게 요구하는 행동이나 성과를 달성하는 방안 중의 하나가 바로 직원에 대한 동기부여다. 이러한 동기부여는 강화라는 개념을 통해 개별 직원에게 숙지되고 체화될 수 있다는 것이 Skinner의 강화이론이다. Skinner에 따르면 조직은 세 가지 강화 방법에 따라 개인에게 특정 행동이나 사고를 할 것을 요구하고 동기부여한다고 한다.

긍정적 강화(Positive reinforcement)

팀원들이 바람직한 행동을 하는 경우 이에 대해 보상하거나 칭찬해서 동일하거나 유사한 행동이 향후에도 지속적으로 일어나도록 동기부여하는 유형이다. 예를 들어 목표 초과매출을 달성한 팀원에게만 인센티브를 부여하는 경우가 바로 긍정적 강화의 대표적인 사례이다. 이러한 인센티브를 받기 위해 동일한 행동(목표 초과매출)을 하도록 계속 노력하는 것이 긍정적 강화가 작동하는 프로세스이다.

부정적 강화(Negative reinforcement)

팀원이 바람직하지 않은 행동을 하는 경우, 이러한 행동이 반복되지 않도록 하기 위해 자극을 지속적으로 제공함으로써 해당 행동의 반복을 저지하는 유형이다. 자가용에 승차하고 안전벨트 착용이라는 바람직한 행동을 하지 않는 경우 귀에 거슬리는 경고음이 계속 울리게 된다. 이 경우 바람직한 행동인 안전벨트를 착용하는 순간이 경고음이 제거된다. 즉, 바람직한 행동을 하는 경우 그렇지 않은 경우 주어지는 자극을 제거해 줌으로써 반복적으로 바람직한 행동을 하게끔 유도하는 것이다.

처벌(Penalty)

바람직하지 않은 행동이 발생하거나 바람직한 행동을 하지 않는 경우, 이에 대해 적극적으로 처벌을 가함으로써 바람지한 행동을 유도하는 유형을 말한다. 무단결근에 대해 급여삭감은 물론 감봉이라는 징계를 내린다고 가정해 보자. 무단결근이라는 바람직하지 않은 행동이 급여삭감 및 감봉이라는 처벌을 통해 제지되고 반복되지 않게 되는 것이다.

| Skinner의 강화이론(Reinforcement theory) |

긍정적 강화 (Positive reinforcement)	• 바람직한 행동에 대해 추가적인 보상 또는 칭찬 등을 통해 유사한 행동이 자주 일어나도록 유도
부정적 강화 (Negative reinforcement)	• 바람직하지 않은 행동이 발생할 경우 행동이 수정될 때까지 부정적인 자극을 제공하여 바람직하지 않은 행동 제거
처벌 (Penalty)	• 바람직하지 않은 행동이 발생할 경우 그에 대해 벌칙을 부여하거나, 급여를 삭감하는 등의 처벌을 통해 행동이 바람직하지 않은 행동 제거

형평성이론과 강화방식 Fastrack

형평성이론에 따르면 팀원이 실제 얼마를 받느냐의 문제보다 다른 팀원 대비 공정하게 처우를 받고 있느냐가 더욱 중요한 요소라고 한다. 만일 특정 팀원의 연봉이 절대적으로 오르긴 했으나, 자신보다 낮은 성과를 창출한 다른 팀원의 연봉 인상폭보다 낮다면 연봉이 올라도 동기부여가 되지 않는 결과가 발생하게 된다.

한편, 바람직한 행동을 지속하도록 동기부여할 수 있는데, 이러한 방식을 강화방식이라고 하는데, 긍정적 강화(Positive reinforcement)는 바람직한 행동을 한 경우 그에 대한 보상을 적절히 해주는 방안이고, 부정적 강화(Negative reinforcement)는 적절하지 않은 행동을 한 경우 그에 대해 부정적인 자극을 지속적으로 제공하는 방식을 의미한다.

THEME 04 임파워먼트가 실패를 가져올 수도 있다

임파워먼트에 대한 저항은 자연스러운 것이다

임파워먼트는 상사가 부하에게 자신의 권한과 책임을 나누어주는 과정이다. 이 과정에서 권한과 책임을 가진 자와 권한과 책임을 받을 자의 저항이 자연스레 발생하게 된다. 우선 권한과 책임을 가진 상사의 입장에서 보면 자신이 가진 권한과 통제가 상실되는 것에 대한 두려움이 앞서게 된다. 이러한 거부반응은 관리 경력이 상대적으로 짧은 신규 관리자에게서 더욱 선명하게 나타나는데, 자신의 경력개발과 승진을 위해서 최대한 많은 권한을 유지하는 것이 필수적이라고 하는 편견에서 비롯되는 것이 일반적이다.

> "임파워먼트란 자신의 일을 떼어 내 다른 사람에게 맡기는 것이 아니라 진정으로 자신의 일을 수행하는 과정이다." – 피터 드러커
>
> "21세기에는 다른 사람에게 권한을 위임하는 사람이 리더로 성공할 것이다." – 빌게이츠

반면 권한과 책임을 부여받는 부하직원 입장에서도 이러한 거부반응이 나타나게 된다. 즉, 주어진 과업을 완수하지 못하고 실패하거나 문제가 발생할 것을 예상하여 이에 대한 거부반응이 크게 나타나는 것이다. 여기에서 주의할 점은 과업이 실패하거나 문제가 발생하는 경우 그 자체는 문제가 되지 않으나, 이 과정에서 상사가 보여주는 태도에 따라 거부반응의 정도가 크게 달라진다. 실패와 문제발생에도 불구하고 격려와 지원을 통해 심리적으로 위축되는 것을 방지하고 자긍심을 유지시켜 주는 것이 상당히 중요하다. 만일 상사가 부하에게 '실패' 그 자체만 부각시켜 책임추궁만 한다면 결국 부하직원은 "나서지 않고 시키는 일만 하는 편이 낫다."라는 정치적인 판단을 하게 되고, 이러한 판단이 결국 임파워먼트의 취지를 무색하게 만들어 버린다.

결국 신뢰가 있어야 임파워먼트가 성공한다

앞에서 기술한 바와 같이 권한을 주는 자와 권한을 받을 자 모두의 저항을 최소한으로 줄이는 것이 임파워먼트의 성공요소라 할 것이고, 그 역할을 하는 것이 바로 '신뢰'이다.

따라서 임파워먼트의 도입 및 실행을 고민하고 있다면 본격적인 제도의 도입부터 고민할 것이 아니라, 조직 내 상사와 부하 간 신뢰지수에 대한 검토가 먼저 이루어지는 것이 필요하다.

실수나 실패에서 미래의 성공을 배울 수 있도록 한다

권한이 분배되어 기존보다 많은 권한을 부여받고 행사하다 보면 때로는 실수를 하게 되고 과업완수를 실패하는 경우도 발생할 수 있을텐데, 이때 실수나 실패에 너무 집착하여 책임소재만 가리기보다는 좀 더 긍정적이고 건설적인 피드백을 통해 부하직원의 사기를 살리면서 긍정적인 분위기를 유도하는 것이 필수적이다.

| 실수와 실패에 대한 대응방안 |

원칙	스크립트
신뢰감 표시	"누구나 실수를 하는 거야"
자신의 실패담 공유	"나도 예전에 그렇게 한 적이 있어"
개방형 질문	"어떻게 된거야"
해결책에 대한 질문	"어떻게 하면 만회할 수 있을까?
격려	"시행착오로 생각하고 향후 더 발전할 것으로 생각하네"

실수나 실패시에도 '항상 당신을 신뢰하고 있어'라고 하는 신뢰감 및 배려감을 표현하는 것을 잊지 않는 것이 필요하다. 그리고 자신의 실패담을 공유함으로써 상사의 신뢰감을 쌓아나가는 것이 좋다. 그리고 문제나 문세의 원인 자체에 집착하기보다 넓은 시각에서 문제를 바라보고, 책임소재가 아닌 해결책 중심의 커뮤니케이션을 하는 것도 잊어서는 안된다. 마지막으로 실패나 실수로 인한 사기 저하를 막기 위해 항상 격려를 통해 동기부여 하는 것도 중요한 과정이다.

"성공했을 때는 창밖을 보며 다른 사람에게 공을 돌리고, 실패했을 때는 거울을 보며 스스로 책임을 돌아보라." - 짐 콜린스

의미, 역량, 자율성 그리고 영향력를 고려해서 임파워먼트를 실행해야 한다

Spreitzer는 임파워먼트의 효과적인 도입과 실행을 위해 필요한 4가지의 중요한 요소를 제시하였다.

- 의미(Sense of meaning) : 본인이 수행하고 있는 업무가 중요하고 의미가 있다고 생각할 것
- 역량(Sense of competency) : 업무의 성공적 수행을 위해 필요한 역량에 대해 알고 있고 해당 역량과 자신감을 보유할 것

• **자율성**(Sense of self-determination) : 상사의 지시감독이 아닌 업무수행을 위한 재량을 가지고 있을 것

• **영향력**(Sense of impact) : 자신의 업무수행이 조직의 성과창출에 영향을 미친다는 생각을 가질 것

즉, 요약하면 요구역량을 갖춘 부하직원에게 의미있는 과업을 부여하고, 수행과정에서 자율성을 보장함은 물론, 일의 결과가 조직에 긍정적인 영향을 미칠 것이라는 확신을 줌으로써 임파워먼트는 효과적으로 실행되게 된다.

| 임파워먼트의 효과적 실행을 위한 4요소 |

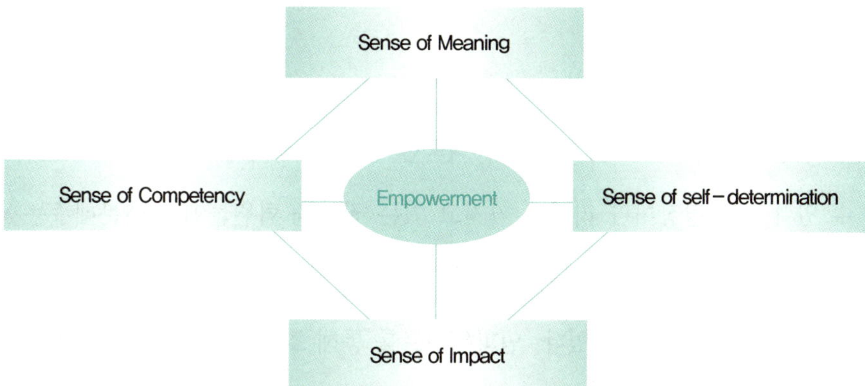

▶ Empowerment   Fastrack

권한을 가진 자가 권한을 가지지 않은 자에게 권한을 배분해주는 과정이 임파워먼트이므로 팀장의 입장에서는 자연스럽게 거부감이 생길 수 있으며, 팀원의 입장에서도 권한에 따른 업무실행의 결과로 인한 책임을 질 수 있다는 두려움으로 인해 거부감이 생길 수 있다.

따라서, 권한을 주는 자(팀장)과 권한을 받는 자(팀원)간의 신뢰가 형성되어 있어야 임파워먼트는 성공할 수 있으며, 임파워먼트의 결과로 발생할 수 있는 시행착오에 대해 관대하고 용인할 수 있는 문화가 형성되어야 조직 내 문화로 정착할 수 있다.

THEME 05 80 : 20의 법칙으로 임파워먼트한다

권한 위임으로 팀원의 잠재력을 극대화한다

임파워먼트(Empowerment)를 보다 익숙한 용어로 해석해 보면 권한 위임이라고 할 수 있다. 즉, 팀장이나 리더가 가지고 있는 권한을 팀원들에게 배분해주는 과정을 임파워먼트라고 하는 것이다. 이러한 임파워먼트는 최근 성공적 리더십에 있어 필수적인 요소로 인식되고 있다. 임파워먼트를 통해 조직이나 팀이 가질 수 있는 긍정적 변화는 두 가지로 압축되는데 조직의 성과창출과 팀원의 육성과 성장이다. 과거 독점적인 권한 구조 하에서의 리더십이 인정받던 시기가 있었으나, 최근 권한 위임을 통해 팀의 시너지와 성과가 강화된다는 점은 부인할 수 없는 현실이 되어가고 있다. 또한 팀원 입장에서도 자신의 능력이나 성과를 인정받아 리더로부터 권한을 인정받았다는 인식을 가지는 순간 담당업무에 대한 책임감과 오너십이 생기고 업무 효율은 높아지게 되는 것이다. 이 과정에서 팀원들은 실수를 하고 또 실수에서 교훈을 얻어가면서 성장과 육성의 프로세스를 거치게 된다.

권한 위임의 과정을 다른 각도에서 보면 팀원 개개인의 가치를 인정하면서 담당

업무에 대한 권한을 강화시켜주는 것이라 할 수 있다. 이러한 과정을 통해 팀원 개개인의 잠재력을 발굴하고 극대화할 수 있는 기회를 가질 수 있게 된다. 따라서 임파워먼트는 팀원 개개인들에게 권한을 위임해줌으로써 육성과 성장의 길을 열어주고, 업무측면에서는 높은 수준의 책임감과 오너십을 가진 팀원들이 높은 효율을 통해 조직의 성과 창출에 기여하게 되는 상생의 과정이라 할 수 있다.

권한을 위임하는 것과 업무를 위임하는 것은 구별되어야 한다

리더들이 간혹 권한을 위임하는 것과 업무를 위임하는 것 사이의 차이를 인식하지 못하는 경우가 있다. 임파워먼트의 어원은 말 그대로 권한을 부여하는 과정으로 해석된다. 권한(Power)이란 업무를 처리하는 과정에 대한 최종적인 결정력을 의미한다. 따라서 권한을 부여한다는 의미는 해당 업무의 종결을 위한 최종적인 결정력을 부여하는 것으로 이해할 수 있다. 따라서 권한을 부여하거나 위임해주는 임파워먼트는 단순히 업무의 양과 종류를 부여해주는 업무 위임과는 구별되어야 한다. 다시 말해, 임파워먼트가 업무의 수직적인 확대(Enrichment)라면 업무 위임은 업무의 수평적인 확대(Enlargement)라고 할 수 있다.

| 임파워먼트의 어원 |

Em	+	Power	+	Ment
부여	+	권한	+	하기

또한 임파워먼트가 권한을 부여하는 과정이므로 권한에 상응하는 책임이라는 요소가 함께 따라다니는 반면 업무 위임의 경우 권한이 부여된 경우가 아니라 단순히 업무의 양과 종류가 늘어난 경우에 해당하므로 업무 결과에 대한 책임을 물을 수 없

다고 볼 수 있다.

임파워먼트가 업무의 결과에 따라 권한과 책임을 부여해 주는 과정이므로 이를 위해 가장 중요한 요소는 리더가 해당 업무를 믿고 맡길 수 있느냐이다. 사실, 과거 대다수 조직에서는 권한이 리더의 전유물이라는 인식을 어렵지 않게 찾아볼 수 있었고, 만일 조직 내에 리더와 팀원 간 권한을 나누어 책임을 분담할 신뢰관계가 형성되어 있지 않다면 임파워먼트는 요원한 길이 될 수밖에 없다.

80 : 20의 법칙에 따라 성공적으로 임파워먼트한다

흔히 임파워먼트의 성공전략으로 80 : 20의 법칙을 제시하곤 한다. 리더와 팀원 간 커뮤니케이션 내용의 비중에 대한 비율이다. 즉 이 법칙에서는 팀원이 80%의 말을 하고 리더는 20%만 말을 하게 되면 임파워먼트를 위해 가장 성공적인 커뮤니케이션이 된다고 한다. 만일 이 책을 읽고 있는 리더나 팀장은 지난 1주일간 팀원들과 한 대화의 내용을 한번 더듬어 보도록 하자 과연 내가 한 말이 전체 대화에서 어느 정도 비중을 차지하는지에 대해 한번 되돌아 보는 것도 리더십 강화를 위해 필요하다고 보인다.

만일 20%보다 적은 비중을 차지한다면 팀원에게 명확한 메시지를 전달하기 힘들고 20%보다 많이 차지한다면 팀원들이 적극적으로 자신들의 이야기를 꺼낼 시간적 여유가 없어지는 것이다.

또한 임파워먼트의 성공실천전략으로 두 가지를 제시하는 이 요소들만 지켜서 임파워먼트를 실천해 보도록 하자. 다시 말하지만 임파워먼트는 성공적인 리더십을 위해 필수적이고 결국 조직의 성과 창출에 지대한 영향을 미치게 된다.

권한 위임의 한계를 명확히 하라

권한위임이 좋다고 하지만 지나치게 넓은 범위의 위임은 오히려 조직에 독이 될 수 있다. 권한의 위임은 적절한 범위와 수준에서 점진적으로 이루어지는 것이 필요하고 또한 반드시 대상 팀원에게는 위임의 한계에 대해 명확히 커뮤니케이션하는 것이 필수적이다.

권한에는 책임이 수반됨을 인식시켜라

권한은 항상 단독으로 부여되지 않는다. 권한에 해당하는 책임도 항상 뒤따르는 것이 바람직하다. 간혹 권한에 대한 의지나 의욕은 있으나 책임에 대해서는 가급적 회피하려는 팀원들이 있다. 이들에 대해서 반드시 책임에 대한 인식을 명확히 해야 한다.

임파워먼트의 실행배경에 대해 이해시켜라

권한 부여시 왜 권한을 부여하는지에 대한 실행배경을 이해시키는 것이 필요하다. 이러한 배경 상황에 대한 이해나 상호 공감대 형성 없이 권한을 부여하는 경우 임파워먼트의 취지가 무색해질 수 있다. 임파워먼트는 팀원의 성장과 조직의 성과창출을 위한 시너지 창출의 프로세스라는 점을 명확히 해야 한다.

Empowerment의 80 : 20원칙 　Fastrack

간혹 권한을 위임하는 것과 업무를 위임하는 것 사이에 혼동이 생기는 경우가 있는데, 임파워먼트는 업무를 위임하는 것이 아니라 권한을 위임하는 것에 해당한다.

효과적인 임파워먼트를 위해 80 : 20 원칙을 적용해서 대화 중 80%를 팀원이 이야기하고 20%를 팀장이 하도록 해서, 팀장의 경청 스킬을 강화해야할 필요가 있으며, 임파워먼트시 권한 위임의 한계를 명확히 하고, 권한에 책임이 수반됨을 인지시키고, 실행배경에 대해 팀원 간 커뮤니케이션을 하는 것이 필수적이다.

THEME 06 물고기 잡는 법을 가르쳐 주는 것이 코칭이다

경영 코칭은 스포츠의 코칭에서 유래되었다

코칭은 영어로 Coach에서 나온 단어로서 '훈련시키다'라는 뜻으로 코칭의 목표는 팀원이 조직이나 개인 생활에서 설정해 둔 목표를 달성할 수 있도록 훈련시키고 도와주는 과정이라 할 수 있다. 여기에서 중요한 것은 팀원이 원하는 바를 직접 달성해주는 것이 아니라 달성할 수 있도록 도와준다는 점이다.

이 과정에서 코치는 팀원이 가지고 있는 다양한 심리적 장애요인을 극복하게 도와주고 팀원이 가지고 있는 잠재력이나 업무능력을 제대로 발휘할 수 있도록 길을 열어주게 된다. 경영학에나 심리학에서의 코칭은 스포츠 코치가 선수의 육체적 능력만을 키워주는 것이 아니라 정신이나 감정적인 면에 있어서도 강한 선수로 거듭날 수 있도록 해야 뛰어난 스포츠 선수를 양성할 수 있다는 점에 착안하여 시작되었다.

즉, 경영학이나 심리학에서도 단순히 팀원의 업무능력만을 중심으로 판단하고 개발하는 것이 아니라 개별 팀원의 정신이나 감정적인 면에까지 영향을 주고 개발할 수 있어야 결국 뛰어난 조직의 구성원이 되고 개인적인 측면에서도 본인의 역량을 극대화할 수 있게 되는 점을 중시하게 되었다.

훌륭한 코치의 요건은 무엇일까?

흔히 훌륭한 코치는 코칭을 받는 사람에게 거울과 같은 역할을 해야 한다고 한다. 즉, 코칭을 받는 팀원이 코치를 통해 자신을 보다 객관적으로 봄으로써 강점을 보다 강화하고 약점을 개선할 수 있어야 훌륭한 코치가 된다는 것이다. 따라서, 팀원이 겪고 있는 상황이나 직면한 문제들에 대해 최대한 객관적으로 조언해주고 상황이나 문제를 해결해 나갈 수 있게 해주는 것이 코치의 핵심적인 역할이다.

한편, 이러한 훌륭한 코치의 역할이 팀장의 역할과 상충하는 경우가 있어 팀장이 훌륭한 코치가 되는 것이 현실적으로 어려울 수 있다. 팀장은 팀의 성과창출에 대한 책임자로서 팀원에게 수시로 업무지시를 하게 되고, 팀의 장이라는 자리의 특성으로 인해 팀원에게 영향력이나 압력을 행사할 수 있다. 즉, 코치의 가장 중요한 역할인 '제3자적 시각', '객관성' 그리고 '중립성'이 팀장에게 요구되는 역할과 상충할 수 있게 된다. 이러한 이유 때문에 팀장이 훌륭한 코치가 되기에 어려운 경우가 있을 뿐 불가능한 것은 아니니, 위와 같은 점을 염두에 두고 팀원들에게 훌륭한 코치가 되도록 하자. 훌륭한 코치가 되기 위해 아래의 기본적인 마음자세 4 가지에 대해 항상 기억하고 실천하는 노력을 할 때, 성공적인 코치이자 리더로 인정받게 된다.

- 팀장은 팀원이 항상 무한한 잠재력을 가진 인간이라는 인식을 가져야 한다. 따라서 코치의 궁극적인 역할로 이 잠재력을 표현하고 이끌어내는 것이다.
- 팀원에 자율성을 부여해 주어야 한다. 모든 업무의 일거수일투족에 대해 지시나 모니터링에만 신경을 쓴다면 팀원은 자신의 역량을 발휘하거나 잠재력을 이끌어낼 기회를 얻지 못하게 된다.

• 말하기보다 듣는 역할이 중요하다. 항상 팀원의 말을 듣고, 질문하고 피드백을 줄 수 있는 역할이 중요하다.

• 팀원을 신뢰해야 한다. 만일 팀장이 팀원을 멍청하다고 생각하면 멍청해지고 똑똑하다고 생각하면 똑똑해지게 된다. 신뢰는 팀원의 역량을 향상시키게 된다.

코칭은 심리적인 반발과 자기설득을 통해 작동하게 된다

팀원은 일반적으로 팀장에게 어떤 지시를 받거나 어떠한 행동을 해야 한다고 강요받는 경우 그에 대한 심리적 반발심이 생기나. 심리학적으로 인간의 본성에 따르면 강요에 따라 어떤 행동을 해야 한다면 거꾸로 행동하려고 하지 않거나 또는 따르는 척만 한다는 것이다. 이러한 심리적 반발을 줄이기 위한 것이 바로 코칭이다. 코칭을 통해서는 업무지시 등을 직접적으로 하기보다 팀원들의 자발적인 참여와 노력을 이끌어 내게 되므로 결과적으로 팀원들이 업무를 바라보는 시각을 변화시키고 능동적으로 업무에 임하도록 하는 역할을 하게 된다.

그리고 자기설득 과정 역시 코칭에서 빼놓을 수 없는 요소이다. 팀원들에게 회사에 대한 애사심이 왜 필요한가에 대해 설명하기보다 그 이전에 왜 애사심이 필요한지 또는 없으면 어떻게 되는지에 대한 의견을 충분히 스스로 생각하게 하면 애사심의 필요성에 대한 설명이 보다 효과적으로 전달될 수 있게 된다. 즉, 외부로부터 어떤 정보가 주어지기 전에 스스로 그 정보에 대하여 생각하는 과정을 거친다면 보다 수용성을 높일 수 있게 되며, 이러한 과정을 자기설득의 과정이라고 한다.

코칭은 Risk free이다

코칭이라는 개념을 도입하지 않다가 실행하게 되면 여러 가지 필요한 변화가 생긴다. 우선 팀장의 지시적인 역할이 보조자로서의 역할로 서서히 변화하게 되고, 팀원들은 자율성을 토대로 본인들의 역량을 이끌어낼 수 있는 기회를 맞이하게 된다. 이러한 변화를 통해 조직의 성과는 창출될 것이고 팀원의 역량개발을 통한 만족도는 높아지게 된다.

물론 코칭을 실시한다고 해서 이러한 청사진처럼 모든 프로세스가 흘러가는 것은 아니다. 코치의 역량 문제, 팀원의 수용도, 업무의 성격, 비즈니스에의 영향 등 다양한 변수가 코칭의 정착을 위해 고려되어야 한다. 그럼에도 코칭이란 큰 제도의 도입이나 규정의 변경이 아닌 일상생활에서 업무스타일의 변화와 같은 아주 작은 부분에서 시작하게 되고 그러한 작은 범위에서의 변화는 현실적으로 Risk free라는 점을 기억해 두자. 이렇게 보면 굳이 코칭이라는 것을 실행하지 않을 이유가 없어 보인다.

Coaching Fastrack

코칭은 스포츠 코치가 선수의 육체적 능력만을 키워주는 것이 아니라 정신이나 감정적인 면에 있어서도 강한 선수로 거듭날 수 있도록 해야 뛰어난 스포츠 선수를 양성할 수 있다는 점에 착안하여 경영에 접목되기 시작되었다.

훌륭한 코치(팀장)는 코칭을 받는 사람(팀원)에게 거울과 같은 역할을 해야 하며 항상 제3자적 시각을 줄 수 있고, 코칭은 심리적인 반발과 자기설득을 통해 작동하게 되므로, 팀원의 역량을 극대화하기 위해 당장 실행하는 것이 바람직하다.

THEME 07 코칭은 Good Question과 적극적 경청에서 시작된다

Good question이라 대답해 주자

외국인들의 강의나 강연 그리고 회의를 진행할 때, 자주 듣게 되는 표현 중의 하나가 바로 Good question이다. 자신의 강의나 의견 제시에 질문을 던지거나 반론을 펼칠 때 주로 사용하는 표현이다. Good question에는 상대방에 대한 인정과 배려가 동시에 함축되어 있다고 할 수 있다. 만일 강의자가 미처 생각지 못했거나 놓친 포인트가 있는 상황에서 그에 대한 질문이나 반론이라면 이에 대한 인정의 의미를 부여해 줄 수 있고, 그렇지 않고 질문자가 제대로 상황이나 배경지식을 이해 못한 상황이라면 그에 대한 배려로도 해석할 수 있을 것이다.

즉, Good question이라는 반응은 대화 상대방에 대해 기를 살려주는 효과가 있다. 만일 신입사원이 업무처리에 대한 아주 초보적인 질문을 했을 때, 팀장이 "그런 것도 아직 모르고 있는 건가?" 또는 "선배팀원들은 뭐하는 거지?"라는 식의 반응을 보인다고 하면 과연 그 신입사원의 입장과 감정은 어떠할지 생각해보자. 아마 많이 주눅이 들 것이고, 향후 유사한 질문에 떠오르거나 궁금하더라도 자신의 의견이나 질문을 던지지 않게 될 것이다. 즉, 이러한 반응들이 축적됨으로써 되면 팀원들은 수동형으로 바뀌게 되고, 결국 일방적인 커뮤니케이션 문화가 정착되어 갈 것이다.

그러나 동일한 신입사원의 질문에 만일 "아 그런 내용이 있었네!" 또는 "업무처리에 있어 아주 중요한 부분이지!" 식으로 대답하게 되며 해당 신입사원은 자신의 표현에 대한 확신을 가지게 되고 향후 유사한 상황에 직면하더라도 적극적인 태도를 가지게 될 수 있다.

코치는 적극적으로 경청해야 한다

코치는 팀원의 감정과 동기에 항상 귀 기울이고 들어야 한다. 이렇게 하기 위해서는 팀원의 말을 적극적으로 경청하는 습관이 필요하다. 팀장이 적극적으로 경청하게 되면 커뮤니케이션이 활성화되고, 팀원들에게 자존감과 심리적 안정감을 불러일으킬 수 있다.

폐쇄형보다는 개방형으로 질문하라

폐쇄형 질문은 '예' 또는 '아니오'의 대답을 요구하는 형태를 말한다. 반면 개방형 질문은 단순한 '예' 또는 '아니오'의 응답을 요구하는 것이 아니라 상대방의 참여와 아이디어의 공유를 이끌어내는 형태의 질문을 의미한다.

| 개방형 질문과 폐쇄형 질문 |

개방형 질문

– 현재까지의 프로젝트 진행에 대해 어떻게 생각하는가?
– 이 프로젝트에서 주요 쟁점은 무엇이라고 생각하는가?

폐쇄형 질문

– 프로젝트는 예정대로 진행되고 있는가?
– 프로젝트 일정이 촉박한 것이 문제인가?

개방형 질문을 받게 되면 팀원은 요구받은 주제에 대해 대안을 탐색하고 이에 대한 자신의 의견을 반영할 기회를 갖게 된다. 반면 폐쇄형 질문에 접하게 되면 상대방이 말한 내용을 기준으로 대답을 찾게 되므로 커뮤니케이션의 범위 자체가 제한적일 수밖에 없다.

경청의 기술 Fastrack

상대방의 질문이나 의사표시에 대한 Good question의 응답은 상대방에 대한 인정과 배려가 동시에 함축되어 있다. 팀장의 적극적인 경청은 커뮤니케이션이 활성화시키고, 팀원들에게 자존감과 심리적 안정감을 주게 되는데, 경청을 하기 위해 준수할 핵심사항은 다음과 같다.

- 먼저 경청하고 이야기가 끝난 후 평가하라.
- 시선을 맞추고 상대방의 표현에 반응을 보여라.
- 미소를 지어 상대방의 감정을 편하게 하라.
- 대화 상대방의 주의를 분산시키는 행동을 하지 마라.
- 상대방의 의견이나 표현을 자신의 표현으로 정리하라.

THEME 08 코칭의 4단계 실천프로세스를 따르자

코칭의 실천프로세스는 4단계로 구성된다

코칭이란 업무수행과정에서 일상적으로 나타나는 것이나, 구체적인 코칭의 프로세스를 살펴보면 4단계의 세부 프로세스가 있음을 알 수 있다. 우선 목표설정을 통해 팀원이 직면한 상황이나 이슈를 명확화하게 되고, 대안 검토를 통해 상황이나 이슈에 대해 어떠한 해결책을 적용할 것인지를 결정하게 된다. 이후 결정된 대안을 실행하고 최종적으로 결과에 대해 팀원에게 피드백함으로써 코칭의 싸이클이 1차적으로 마무리된다.

| 코칭의 4단계 실천 프로세스 |

1단계	목표설정
주요 활동	이슈 명확화, 대안 모색, 목표 합의

2단계	대안 검토 및 결정
주요 활동	필요사항 정리, 소요 자원 검토

3단계	실행
주요 활동	계획의 확인, 실행의 약속

4단계	피드백
주요 활동	성과의 확인

코칭 1단계 : 목표의 설정

가령 실적에 대한 압박을 받고 있는 팀장이 팀원들에게 "어쨌든 열심히 해." 또는 "어떤 방식으로든 매출을 늘려서 가져와." 등의 표현을 했다면 과연 팀원들은 어떠한 감정상태에 놓이게 될지 생각해보자. 이러한 팀장의 반응에 직면한 팀원들에게 열심히 해보자라는 동기부여를 기대하기는 어려워 보인다. 오히려 실적에 대한 압박과 스트레스에 직면하게 되어 업무에 대한 부담이 늘고 의욕은 줄어들 수 있게 된다.

이러한 커뮤니케이션에서 가장 문제가 되는 것은 바로 목표나 이슈의 불명확성이다. 팀장은 매출 증대에 대한 요구만 하였지 구체적으로 어떻게 해야 하는지에 대한 의견이나 메시지는 전혀 포함시키지 않은 것이 핵심적인 문제다. 즉, 이러한 상황 하에서 팀원들은 과연 어떻게 실적을 증대시킬지에 대한 대안을 고민하기 시작하겠지만 막막해질 수밖에 없다. 그리고 팀장이 팀원은 배려해 주지 않고 자신만을 위해서 말하고 있다고 생각하게 되어 상사-부하 간 관계에도 부정적인 영향을 미치게 되는 것이다.

항상 코칭을 시작할 때는 팀장과 팀원 간 목표나 이슈에 대해 명확하게 하는 것이 필요하다. 목표나 이슈가 명확해야 실행도 가능하고, 이후 팀원에 대한 피드백도 가능해지는 것이다.

| 1단계에서 사용가능한 코칭 표현 |

- 무엇이 문제였다고 생각하나?
- 그렇군 그래서?
- 좋은 생각이네. 예를 들어줄 수 있겠나?
- 그것에 대해 좀 더 구체적으로 이야기 해줄 수 있겠나?
- 생각나는 대로 좋으니 가급적 많은 아이디어를 내보게
- 지금까지 목표를 세우는 것으로 대화가 잘 진행된 듯한데 어떻게 생각하나?

코칭 2단계 : 대안 검토 및 결정

1단계에서 이슈나 목표가 명확해 졌다면 이슈를 해결하고 목표를 달성하기 위한 대안들을 모색하고 결정하는 단계로 나아간다. 이슈를 해결하기 위한 대안들을 실행을 위해 필요한 자원들에 정리하고 각 대안들의 장점과 단점을 분석하여 최종 대안을 결정하는 것이 필요하다.

이 단계에서 중요한 것은 답을 찾아가는 과정 즉 브레인스토밍 과정에서 팀원의 시야를 넓혀주는 것이 필요하다. 이슈를 해결하기 위한 대안 모색과정에서 자신의 입장에서만 바라보다 보면 다양한 대안들에 대한 탐색이 어려워지고 의사결정의 범

위 자체가 협소해질 수밖에 없다. 가령 예를 들어 팀원에게 팀원 입장에서 답만 찾도록 요구하는 것이 아니라, '10년 후의 자신이라면', '이상적인 자네라면' 또는 '만일 자네가 부장이라면 어떤 식으로 조언해주겠나' 등의 현재 팀원이 처한 관점을 넓혀주는 것이 폭넓게 대안을 모색할 수 있는 방안이 된다.

| 2단계에서 사용가능한 코칭 표현 |

- 목표를 달성하기 위해 필요한 것을 많이 들어주겠나?
- 실행 가능한 대안들을 결정하기 위해 어떤 기준을 적용하면 되겠나?
- 그럼 효과성과 비용 관점에서 대안들을 평가해 보겠나?
- 만일 자네가 나라면 어떻게 대답하겠나?
- 만일 자네가 팀장이라면 어떤 식으로 조언해 주겠나?

코칭 3단계 : 실행

이슈나 목표가 명확해진 후, 대안탐색과정을 통해 대안을 확정하면 이제 본격적으로 결정된 대안을 실천에 옮기는 단계에 들어가게 된다. 일반적으로 2단계까지 마무리가 되면 '열심히 해보게' 식으로 이야기를 마무리하는 경우가 많다. 달성해야 할 목표와 대안까지 함께 찾았으니 팀원이 실행한 결과에 대해 마지막으로 평가하고 피드백을 하면 될 것이라는 인식이 생기게 되는 것이다.

하지만 의외로 실행단계에서 지속적인 지원과 관찰이 필요한 팀원들이 많이 있다. 이들은 주로 최소한도로 필요한 일만 한다든지 실행에 대한 책임을 지지 않으려는 성향을 보이는 직원들이 대다수를 차지한다.

이런 경우 구체적으로 팀원들이 실행한 계획에 대해 확인하는 것이 필요하다. 가령 "다음 주 수요일까지 3/4분기 마케팅전략에 대한 보고서를 제출하기로 했네." 등의 계획을 확인하는 메시지가 필요하다. 그리고 추가적으로 실행에 대한 약속을 받아야 하는 경우가 있는데 이때 'Try'형이 아니라 'Will'형의 약속을 받아두는 것이 바람직하다. 'Try'형의 경우 "노력했지만 못했습니다."라는 식의 변명이 가능하지만 'Will'형 약속의 경우 그와 같은 변명이 불가능하므로 반드시 실행약속이 지켜지도록 하는 커뮤니케이션을 하는 것이 필요하다.

| 3단계에서 사용가능한 코칭 표현 |

- 다음 주 목요일 오전까지 보고서를 제출해 주세요.
- 그럼 다음 주 금요일까지는 금방 논의한 2개의 계획은 실행에 옮겨 주세요.
- 2개의 계획을 실행하면서 발생하는 문제점은 즉각적으로 공유해 주세요.
- 이번 달까지 목표를 달성하기 위해 해야 할 것들은 무엇인가요?
- 내일까지 ㅇㅇ보고서를 마무리해야 하는데 가능하신가요?
- 업무를 완료하기 위해 팀장인 제가 도움을 줘야하는 것이 있나요?

코칭 4단계 : 피드백

합의된 목표를 달성하기 위해 실행한 계획들에 대한 평가 및 피드백을 주는 과정이다. 우선 팀원이 이룬 결과물에 대해 확인하는 과정이 필요하다. "매출을 120% 달성했군요." 또는 "ㅇㅇ프로젝트를 납기 내에 마무리 했네요." 등의 메시지로 팀원의 행동을 인정하는 것이다. 이러한 승인 과정이 자칫 간과될 수 있지만 승인해주면 팀원은 자신을 인정해주는 사람이 있다는 사실에 동기부여될 수 있다.

그 다음으로 성과의 확인이라는 과정이 필요하다. 성과를 확인하는 과정은 단순히 팀원이 일궈낸 결과물을 확인하고 승인하는 과정보다 중요하다. 팀원이 계획을 실행해 보니 어떤 결과와 변화가 생겼는지 그리고 본인에게는 어떤 교훈이나 경험을 남겼는지 등에 대한 소통을 하는 것은 결과만 보는 것이 아니라 결과를 이루게 한 과정 전체에 대해 되돌아볼 수 있는 기회를 부여하게 된다.

| 4단계에서 사용가능한 코칭 표현 |

- ㅇㅇ프로젝트를 적기에 마무리 했네요.
- 이대로 계속하면 좋을 듯 하네요.
- 혹시 행동으로 옮기지 않은 이유가 있나요?
- 다음 번 동일한 실수를 하지 않기 위해 무엇이 필요할까요?
- 그것을 해보니 어떤 느낌이 들었나요?
- ㅇㅇ프로젝트를 수행하면서 본인이 겪은 경험중 가장 인상깊은 것은 무엇인가요?
- 다시 동일 업무를 추진한다면 제일 바꾸고 싶은 것은 무엇인가요?

코칭 프로세스 Fastrack

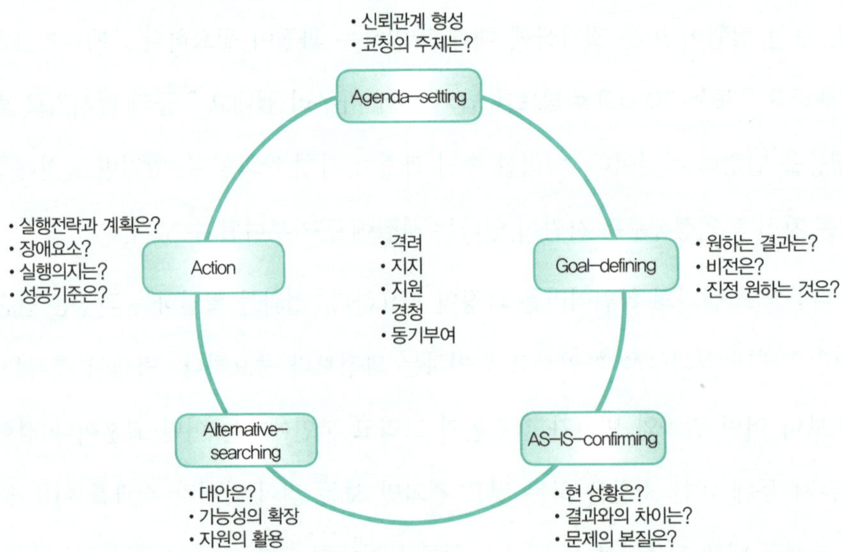

THEME 09 커뮤니케이션의 5요소를 활용하자

커뮤니케이션은 Communicator에서 Receiver에게 메시지를 전달하는 과정이다

커뮤니케이션은 Communicator부터 Feedback까지 5가지의 요소로 구성되어 운영되는 프로세스를 말한다. 그럼 아래에서 5가지 요소 각각에 대해 살펴보도록 하자.

- Communicator(Sender) : 전달할 생각, 의도 또는 정보를 보유한 사람
- Message : Communicator의 생각, 의도 또는 정보를 언어나 기호 또는 소리로 전환한 결과(Encoding process)
- Medium : Message가 전달될 전달매체나 방안
- Receiver : Message를 전달 받아 자신의 경험이나 기준에 따라 해석하는 사람 (Decoding process)
- Feedback : Communicator가 의도한 대로 Message가 전달되었는지를 확인하는 과정

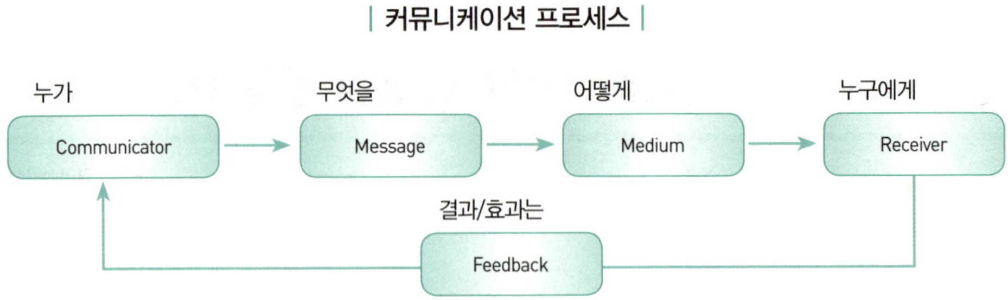

커뮤니케이션이 중요한 이유는 이러한 5가지 요소 중 한 가지라도 제대로 작동하지 않으면 커뮤니케이션 오류가 발생한다는 것이다. 항상 커뮤니케이션 전에는 5가지 측면에서 커뮤니케이션이 제대로 이루어졌는지에 대해 먼저 검토해보고 실행하도록 하자. 그렇게 함으로써 커뮤니케이션을 효과적으로 하는 팀장으로 인정받을 수 있게 된다.

커뮤니케이션 오류는 항상 발생할 수 있다

정보는 Communicator에서 Receiver로 오류없이 흘러가야 커뮤니케이션이 제대로 되고 있다고 할 수 있다. 그러나 현실적으로 다양한 원인으로 인해 커뮤니케이션의 오류가 발생하고 있으므로 오류의 근본적인 원인에 대해 살펴봄으로써 커뮤니케이션을 오류없이 보다 효과적으로 하도록 하자.

우선 개인의 해석기준(Frame of reference)에 따라 커뮤니케이션 오류는 발생한다. 복수의 사람이 동일한 정보를 보더라도 개인별로 해석하는 기준이 상이하게 되면 그 결과가 달라지게 된다. 이러한 해석기준은 주로 과거 개인이 쌓아온 경험에 따라 형성되게 되는데, 유사한 경험을 가진 사람들이 동일한 해석 기준을 보유하고 있을 가능성이 높다고 할 수 있다.

또한 선택적 경청(Selective listening) 또한 커뮤니케이션 오류를 유발하는 주요 요인이다. 사람은 누구나 본인이 가지고 있는 신념이나 가치체계에 부합하는 정보만을 받아들이고자 하는 니즈가 있다. 만일 그동안 자신이 가져온 신념이나 가치체계에 상반되는 정보를 받아들이는 경우, 내부적인 혼란만이 가중되므로 본능적으로 거부하게 되는 것이다.

그리고 Receiver가 커뮤니케이션의 대상이 되는 전체적인 정보를 받기 전에 메시지에 대한 가치 판단을 하는 경우가 간혹 있는데 이러한 경우 역시 커뮤니케이션 오류가 발생하는 원인이 되기도 한다. 아울러 Receiver가 communicator에 대해 가지고 있는 신뢰의 정도(Source credibility)에 따라 커뮤니케이션이 영향을 받게 된다. 즉, 지지와 신뢰를 받는 팀장이 행한 커뮤니케이션의 경우, Communicator에 대한 근본적인 신뢰를 통해 그 팀장이 전달한 메시지도 신뢰할 가능성이 상당히 높게 되는 반면, 팀원들로부터 지지를 받지 못하는 팀장의 경우 아무리 객관적인 정보를 전달하더라도 Communicator에 대한 불신이 그 메시지에까지 부정적인 영향을 미쳐 커뮤니케이션 오류가 발생하게 된다.

Filtering이라는 프로세스 역시 커뮤니케이션을 어렵게 하는 요소이다. 이는 주로 상향식 커뮤니케이션에서 나타나는데, 정보에 대한 조작을 통해 의사결정권자가 Communicator의 의도대로 의사결정을 하도록 필요한 정보만을 Filtering해서 위로 전달하는 과정을 말한다.

마지막으로 커뮤니케이션의 채널과 관련한 오류의 유형인데, 직업, 조직의 정서 및 문화, 교육, 능력 등에 따라 선호되는 커뮤니케이션 채널이 다른 데서 비롯되는 오류이다. 실제 필자가 겪은 사례로, CEO message를 e-mail을 통해 주기적으로 내보내는 회사에서 나름 활성화된 커뮤니케이션에 대해 강한 자신감을 가지고 있었으나, 실상 Receiver에 해당하는 직원들이 해당 e-mail을 열어보지 않아 실질적으로는 커뮤니케이션이 전혀 이루어지지 않은 경우가 있었다. 이러한 경우 커뮤니케이션에 대한 직원들의 선호를 사전에 파악해서 실행했더라면 보다 효과적인 커뮤니케이션이 충분히 가능했으리라 생각된다.

| 커뮤니케이션의 오류원인 |

1	Frame of reference
2	Selective listening
3	Value judgments
4	Source credibility
5	Filtering
6	Communication preference

Communication skill(백정과 이서방) Fastrack

옛날에 늙은 노인이 푸줏간을 하고 있었다. 하루는 두 양반이 고기를 사러 왔다.

한 양반이 "이 놈, 백정아 고기 한 근 썰어라."라고 주문했다.

늙은 푸줏간 주인은 "그러지요."라고 대답하고 솜씨 좋게 고기를 썰어 주었다.

이어 함께 온 다른 양반은 공손한 말투로 "여보게 이 서방, 여기도 고기 한 근 주시게."라고 주문을 했다.

그러자 푸줏간 주인은 "예, 그러지요."라고 기분 좋게 대답하고 선뜻 고기를 잘랐다.

그런데 먼저 고기를 산 양반의 고기보다 양이 월등히 많았다. 먼저 고기를 산 양반이 이를 보고 화를 내며 "이놈아, 같은 고기 한 근인데 어째서 내 것은 작고, 저 사람 것은 크냐?"라고 호통을 쳤다.

그러자 늙은 푸줏간 주인은 서슴없이 대답했다.

"그야 손님 것은 백정이 자른 것이고, 이 어른 것은 이서방이 자른 것이기 때문입니다."

THEME **10** 커뮤니케이션은 상하좌우로 흘러야 한다

커뮤니케이션, 공식적으로 할 것인가 비공식적으로 할 것인가

커뮤니케이션의 구분은 공식성 여부에 따라 나누어 볼 수 있다. 공식 커뮤니케이션(Formal communication)은 주로 조직구조에 따라 계획되고 실행되는 유형을 말하며, 공식적이라는 특성으로 인해 메시지가 가지는 공신력이 높은 것이 가장 큰 특징이다. 주로 공식적 커뮤니케이션으로 활용되는 사례를 살펴보도록 하자.

- 회사 발간 서적 및 자료집
- 교육훈련 교안
- E-mail
- 대외홍보 자료
- 공식 미팅
- 홈페이지 정보 등

반면, 비공식적 커뮤니케이션은 규정이나 관련 조직체계로부터 공식적으로 요구되지 않지만 상시적으로 이루어지는 커뮤니케이션 유형을 말한다. 그럼에도 조직

내에서 이루어지는 커뮤니케이션의 대다수가 비공식적으로 이루어진다고 할 수 있으므로 비공식적이라 하더라도 그 중요도는 상당히 높다고 할 수 있다. 다음은 비공식적 커뮤니케이션의 주요 유형이다.

- 전화대화
- E-mail
- 임시적 미팅
- 개인적 대화 등

기업이나 팀장 차원에서 팀원들과의 효과적인 커뮤니케이션을 위해서는 공식과 비공식 커뮤니케이션을 적절히 혼합하여 활용할 필요가 있다. 공식적인 커뮤니케이션이 많은 비중을 차지할수록 업무관련성이 높아지고 비공식적 커뮤니케이션이 많아질수록 관계중심적 커뮤니케이션이 활성화 된다. 따라서 업무와 관계 사이의 적절한 균형을 갖추기 위해 공식적 및 비공식적 커뮤니케이션도 적절하게 혼합하는 것이 필요하며, Communicator의 니즈에 따라 필요한 방향이 있는 경우, 그에 따라 공식적 · 비공식적 커뮤니케이션의 비중을 조절할 수 있다.

커뮤니케이션은 상하좌우로 흘러야 한다

커뮤니케이션은 상하좌우로 거침없이 흐르는 것이 가장 바람직하다. 커뮤니케이션의 방향에 따른 채널의 유형을 먼저 살펴보도록 하자.

- 상향식 커뮤니케이션(Upward communication) : 팀원에서 팀장 혹은 그 위 경영진에게 메시지를 전달되는 유형이다.
- 하향식 커뮤니케이션(Downward communication) : 주로 경영진에서 직원들에게 메시지를 전달하는 과정이나, 팀단위에서 팀장이 팀원들과의 커뮤니케이션을 실행하는 경우에도 이 유형에 해당하게 된다.

• 수평 커뮤니케이션(Horizontal communication) : 팀, 부서 혹은 본부 단위에서 동료 들간 이루어지는 메시지의 전달과정이나 흐름을 말한다.

조직문화와 커뮤니케이션 채널의 유형을 관련지어 보면, 수직적인 조직문화나 연공서열의 성격이 강한 정서를 가진 기업일수록 하향식 커뮤니케이션이 발달되어 있고 수평적인 문화나 정서를 가진 기업일수록 하향식 커뮤니케이션 못지않게 상향식이나 수평 커뮤니케이션도 활성화되므로 일반적인 기업들의 정서가 다소 연공중심이거나 수직적인 특성을 가진다는 점을 감안할 때 상향 커뮤니케이션을 강화시키는 것이 팀장의 주요 역할이라 할 수 있다.

| 커뮤니케이션 채널의 유형 |

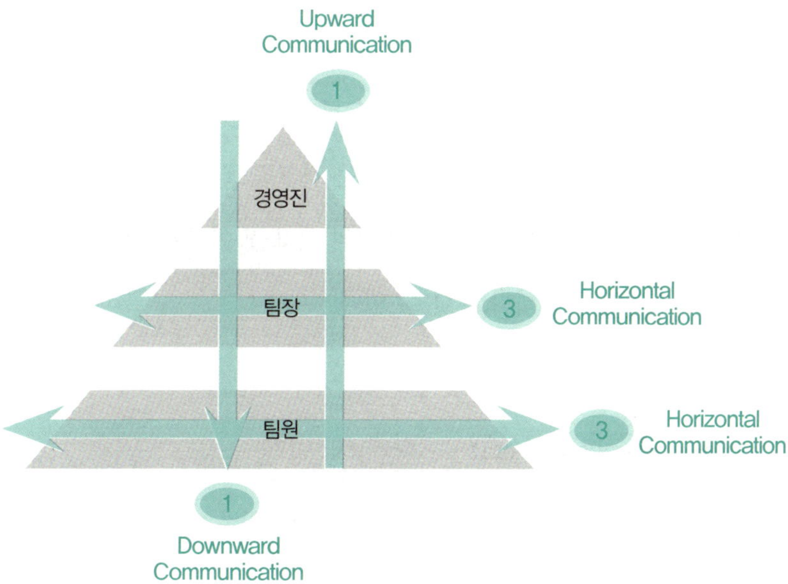

Grapevine을 활용해서 커뮤니케이션 하자

조직관리에서 커뮤니케이션이 중요한 이유 중 하나는 커뮤니케이션을 통해 경영진이나 팀장이 원하는 목표나 결과에 직원과 팀원들을 연계함으로써 공동의 목표를 함께 달성할 수 있도록 하는 것이다. 이러한 프로세스를 흔히 가치체계의 연계(Value alignment)라고 하며, 커뮤니케이션은 기업이 원하는 바나 나아가고자 하는 방향에 대해 직원들에게 명확히 알려주는 역할(Downward communication)을 하여 가치체계의 연계를 강화시키고 동시에 성과창출 과정에서 직원들이 겪고 있는 애로사항이나 고충을 들어 해결해 나감으로써(Upward communication) 기업과 직원을 하나로 연결하는 중요한 교두보 역할을 하게 되는 것이다.

이때 앞서 살펴본 상하좌우의 커뮤니케이션의 활용도 중요하나, 이에 못지않게 중요한 것이 바로 비공식적 정보의 흐름을 활성화 시키는 것이다. 이렇게 특정 목적을 달성하기 위해 관련 정보를 비공식적 채널을 통해 제공하는 것을 Grapevine이라고 한다. 이는 마치 포도덩굴이 담을 따라 커나가는 것처럼 조직에 필요한 정보가 조직 전반으로 퍼져나간다는 의미하는 것으로 조직의 목표를 이루기 위해 Grapevine에 대한 활용은 그 무엇보다 중요하다고 할 수 있다.

▶ Formal communication & Informal communication Fastrack+

공식 커뮤니케이션(Formal communication)은 주로 조직구조에 따라 계획되고 실행되는 유형을 말하며, 비공식적 커뮤니케이션(Informal communication)은 규정이나 관련 조직체계로부터 공식적으로 요구되지 않는 유형을 말한다.

수평적인 문화나 정서를 가진 기업일수록 하향식 커뮤니케이션 못지않게 상향식이나 수평 커뮤니케이션도 활성화 되며, Grapevine 등을 통해 비공식적 정보의 흐름을 활성화시켜 조직에 필요한 정보가 조직 전반으로 퍼져나가도록 하는 것이 중요하다.

공식적/비공식적 커뮤니케이션 채널이 원활하게 작동하지 않는다면 조직에 유리한 정보가 차단되고, 불리한 정보가 확산될 수 있으므로 이에 각별한 주의와 관심이 필요하다.

THEME 11 효과적인 커뮤니케이션은 경청에서 시작한다

Hear할 것인가 Listen할 것인가

영어표현 중 유사한 것 중 하나가 바로 Hearing과 Listening이다. 한글로 번역하면 '듣다'라는 지각동사의 의미를 동일하게 가지지만 실제 의미는 상당히 다르다. 먼저 Hearing은 사람의 들으려하는 의지가 없이 단순히 어떤 소리가 사람의 청각신경을 통해 그 사람에게 전달되는 과정을 표현하는 단어이다. 반면 Listening은 대화상대방이 적극적으로 들으려하는 의지를 가지고 듣는 과정을 표현한다고 할 수 있다. 다시 말해, 들리는 것과 들으려하는 것 정도의 차이라 할 수 있다.

효과적인 커뮤니케이션은 경청에서 시작한다고 흔히들 이야기 한다. 그만큼 커뮤니케이션은 말하는 것보다 듣는 것이 중요하다는 것을 강조하는 것으로 해석할 수 있다. 그럼 경청을 영어로 굳이 번역을 하면 어떻게 될까. Listening courteously로 표현할 수 있을 듯 하다. 즉, 청자가 들으려는 의지를 가지고 대화상대방에게 귀 기울이되 보다 적극적으로 예의에 맞도록 들으려는 자세를 함께 갖추는 것을 경청이라고 정의하도록 하자.

경청은 어렵다

흔히 '듣는 것이 말하는 것보다 쉽다'라고 생각할 수 있지만 필자는 경청만큼 어려운 것도 드물다고 생각한다. 일반적으로 사람들은 1초에 4천억 비트라는 정보의 양을 접하게 된다고 한다. 그러나 대부분의 사람들은 이 중 1/2,000만 정도에 해당하는 2,000비트의 정보만을 받아들일 수 있다고 한다. 그렇다면 우리는 우리가 노출되고 접하는 정보들은 모두 흡수되고 이해된다고 생각하지만 실상 그렇지 않은 것이 현실인 것이다.

이러한 과학적인 수치를 커뮤니케이션이라는 상황에 대입해 보면, 사람들은 커뮤니케이션을 통해 모든 정보를 받아들이고 이해하고 있다고 생각하지만 현실적으로는 주의깊게 집중하고 주의를 기울일 때만 커뮤니케이션의 내용을 받아들일 수 있게 된다. 그래서 경청은 어려운 것이고 경청을 해야만 커뮤니케이션이 오류없이 이루어질 수 있게 된다.

경청의 유형은 두 가지로 나누어 볼 수 있는데 자기중심적 경청과 상대중심적 경청이 바로 그것이다. 자기중심적 경청이란 경청은 하되 자신의 관점이나 입장을 그대로 유지하면서 자신의 의도대로 경청하는 것을 말한다. 반면 상대중심적 경청이란 자신의 관점이나 입장에서 상대를 보고 듣는 것이 아니라 상대방에 집중하여 감정, 느낌, 태도 등에 맞추어 반응하며 상호작용하면서 경청하는 것을 말한다. 경청을 통한 효과적인 커뮤니케이션을 위해서는 점차적으로 자기중심적 경청에서 상대중심적 경청으로 경청의 수준을 높이는 것이 반드시 필요하다고 하겠다.

| 경청 능력에 대한 평가지표 |

#	다른 사람이 말하는 동안에 나는…	전혀 그렇지 않다	그렇지 않다	보통 이다	그렇다	매우 그렇다
1	어떻게 답변을 해야 할지 마음 속으로 생각한다.	1	2	3	4	5
2	대화자와 계속 eye contact을 한다.	1	2	3	4	5
3	상대방의 감정에 나를 맞추려고 한다.	1	2	3	4	5
4	상대방의 뜻을 명확히 이해하고자 질문을 한다.	1	2	3	4	5
5	내가 이해하고 있다는 것을 확인하기 위해 방금 들은 내용을 내가 정리한다.	1	2	3	4	5
6	상대방의 대화를 끝까지 듣기 전에 판단을 하지 않는다.	1	2	3	4	5
7	의미 있는 제스처나 표현을 주의 깊게 관찰한다.	1	2	3	4	5
8	다른 산만한 버릇을 보이지 않고 대화에 집중한다.	1	2	3	4	5
9	대화가 끝나기도 전에 결론을 요구하며 말을 자르지 않는다.	1	2	3	4	5
10	정보를 더 얻기 위해 질문하고, 계속 말을 할 수 있도록 북돋운다.	1	2	3	4	5

경청을 위한 6가지 실천전략을 행동으로 옮기자

앞서 본 바와 같이 경청은 쉽게 말해 상대방의 말을 주의깊게 듣는 과정을 말하나 현실적으로 모든 커뮤니케이션에서 경청하기란 그리 쉬운 일이 아니다. 다음에서는 커뮤니케이션 과정에서 경청을 생활화하기 위한 6가지 실천전략에 대해 알아보도록 하자.

- **추임새를 사용하라** : 추임새를 대화 상대방이 말을 계속 이어나갈 수 있도록 하는 동기부여책이다. 또한 대화상대방이 당신의 이야기를 듣고 있다는 시그널로도 활용된다. "오호", "역시 자네군", "~이 자네가 이야기한 핵심 내용이군", "그래서", "흥미로운데" 등 같은 추임새를 적극적으로 사용하게 되면 상대방의 대화 참여를 보다 적극적으로 유도할 수 있다.

- **주의를 분산시키지 말아라** : 대화 중간에 스마트폰은 만지작한다든지, 심지어 문자나 카톡을 보낸다든지 또는 먼 산을 처다보는 등의 상대방의 주의를 분산시키는 행동을 하게 되면 적극적인 커뮤니케이션 그만큼 어려워지게 된다.
- **말을 끝까지 들어라** : 성격이 급한 팀장일수록 팀원의 말을 끝까지 듣지 않고 결론을 내린 다음 피드백을 주는 경우가 많다. 특별한 사정이 없는 한, 상대방의 말 중간에 중단시키거나 끼어드는 행동은 삼가야 한다.
- **들은 것을 다시 정리해서 말하라** : 상대방이 이야기한 것은 내가 정리해서 확인하는 대화를 하게 된다면 그만큼 커뮤니케이션 오류를 줄일 수 있게 되고, 상대방 입장에서도 나의 이야기가 모두 전달되었구나라는 느낌을 받게 된다.
- **미소를 띠어라** : 이왕 커뮤니케이션 하는 거 인상 쓰면서 할 필요 없다. 미소를 띠우며 적극적으로 듣는 자세를 보여준다면 상대방도 흥이 나서 보다 커뮤니케이션에 열중할 것이다.
- **상대방을 편안하게 하라** : 상대방이 불편한 자세나 입장에 있다면 그만큼 적극적인 커뮤니케이션을 하기 힘들어진다. 항상 상대방이 편한 자세나 마음가짐으로 대화에 임할 수 있도록 물리적 및 정서적 편안함을 가질 수 있도록 배려하는 것이 경청을 위한 첫 발걸음이다.

▶ 경청전략 Fastrack ⊕

경청은 상대방의 의사를 들으려는 의지가 내포되어 있으므로 Hear가 아닌 Listen이 맞는 표현이다. 과학적으로 사람이 이해할 수 있는 정보의 양이 제한적이므로 경청은 생각처럼 쉬운 과정이 아니며, 경청을 통한 효과적인 커뮤니케이션을 위해서는 점차적으로 자기중심적 경청에서 상대중심적 경청으로 경청의 수준을 높이는 것이 요구된다. 따라서 본문에서 살펴본 경청을 위한 6가지 실천전략을 적극적으로 활용하는 것이 필수적이라 할 수 있다.

THEME 12 Groupthink할 것인가 Teamthink할 것인가?

집단의사결정은 독이 될 수도 약이 될 수도 있다

집단적인 의사결정과정이 경영진이나 팀장의 독단적인 의사결정보다 항상 민주적이고 체계적일 듯하지만 집단의사결정이 가지고 있는 여러 가지 위험요소를 감안할 때 항상 바람직한 것만은 아니다. 즉, 집단의사결정이 합리적으로 이루어지면 더할 나위가 없겠지만 여러 위험 요소들에 노출되면 집단의사결정에서 여러 부작용이 발생하게 된다.

그러면 집단의사결정과정이 바람직하게 이루어지는 경우를 Teamthink라 하고, 여러 부작용이 발생하여 집단의사결정과정에 대한 긍정적 효과가 발생하지 않고 오히려 역기능이 발생하는 경우를 Groupthink라고 정의하고 각각에 대해 살펴보도록 하자.

집단의사결정시 Groupthink를 주의해야 한다

Groupthink란 의사결정 참여자간 공통성이 크고 결속력이 강한 조직에서 주로 나타나는 집단의사결정의 부작용으로서, 참여자간 합치된 의견을 내야 한다는 압력이 높은 상태에서 합리적인 의사결정과정을 거치거나 다각적인 정보를 검토하지 않고 의사결정에 이르는 경우를 의미한다.

우선 Groupthink가 발생하게 되는 배경 중 조직이나 구성원의 특성을 먼저 살펴보면, 구성원간 동질성이 아주 높아 강한 조직문화를 보유하는 조직에서 Groupthink 과정이 발생하기 쉽다. 이러한 조직이나 문화를 가진 기업은 다양성에 대한 존중보다는 획일성에 대한 의존도가 훨씬 높게 나타난다. 또한 리더십의 측면에서 볼 때도 민주적 리더십을 가진 리더보다는 비민주적이면서 독단적인 리더십을 가진 리더에게서 Groupthink의 가능성이 훨씬 높게 나타난다. 독단적인 리더십을 가지고 있을수록, 리더 자신의 의사를 관철하고자 하는 경향이 높아지고 리더 자신의 의사에 반하는 제안이나 해결책은 모두 무시되는 경우가 일반적이다. 이렇게 구성원간의 높은 동질성이 있는 조직에서 비민주적인 리더십이 존재하는 경우 합리적인 의사결정보다는 외부의 정보나 다각적인 대안들의 모색이 아닌 리더가 선호하는 해결책을 찾기 위한 차단된 의사결정과정을 거치는 것을 Groupthink라 한다.

이러한 Groupthink 과정이 발생하게 되면 소속 조직에 대한 과대평가가 이루어지게 된다. 문제점이 있더라도 집단적으로 합리화 한다든지, 조직적 측면에서는 아무런 문제가 없다는 식의 자기 평가를 통해 객관적인 시각을 상실하게 된다. 아울러 획일적인 의사합치에 대한 압력이 높게 나타나는 것이 일반적이다.

또한 Groupthink현상이 발생하는 경우, 결과적으로 목표나 대안들에 대한 탐색이나 수집이 제한적으로 이루어지면서 조직이나 팀이 선호하는 결과나 대안에 유리한 정보만을 선택적으로 제공받게 된다. 따라서, 의사결정 과정에서 추구하고자 한 대안을 선택하는 과정이 이어지고, 이에 대한 객관적인 검토나 피드백이 아닌 합리적인 의사결정과정이었다는 내부적인 판단을 통해 집단의사결정과정이 왜곡되는 것이다.

| Groupthink 모델의 프로세스 |

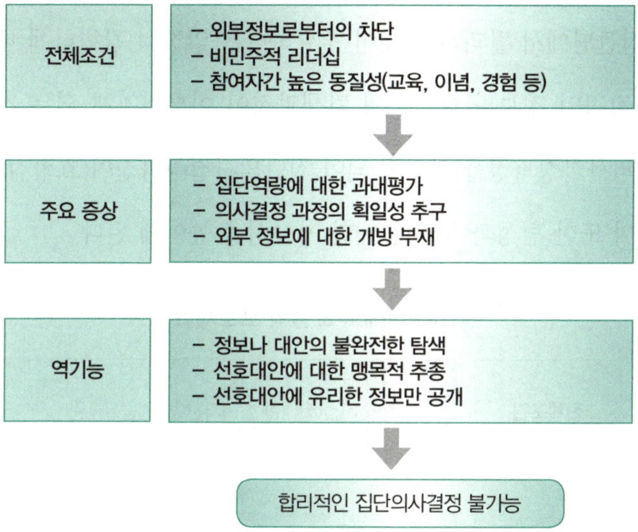

Teamthink로 집단의사결정의 시너지를 창출한다

Groupthink와는 반대로 집단의사결정 과정이 합리적이고 체계적으로 이루어져 시너지가 창출되는 과정을 Teamthink라 한다. Teamthink가 이루어지기 위한 전제조건은 Groupthink상황에서의 집단적 합리화가 아닌 집단적 고찰 및 자기 대화를 우선 꼽을 수 있다. 집단적 논리로 조직은 아무런 문제가 없다는 식의 합리화보다 조직도 상황에 따라서 틀릴 수 있음을 전제로 항상 내부를 되돌아보는 것을 집단적 고찰 및 자기 대화라 한다.

또한 의사결정 참여자간 조직의 비전이 충분하게 공유되는 것도 중요하다. 이렇게 비전의 공유가 선행되어야 단기적인 의사결정이 아닌 장기적으로 조직이 나가야 할 방향에서의 단기적 과제를 볼 수 있는 시야를 가질 수 있게 된다. 또한 조직 구성원이나 의사결정 참여자간 공유된 집단적 가치나 가정들도 Teamthink 실행을 위해 중요하다.

이러한 Teamthink의 전제조건들이 충족되는 경우, 우선 획일적 의사합치에 대한 압력이 줄어들어 의사결정 참여자간 상이한 관점이 인정되고 존중된다. 또한 기존 방식이나 고정관념에서 탈피하는 것이 필요하다는 입장이 강력하게 대두되고, 따라서 새롭고 다각적인 정보나 대안들의 탐색과정이 이루어지게 되는 것이다. 결과적으로 이러한 의사결정과정을 거치게 되어 집단의사결정과정이 효과적으로 이루어지게 되는 것이며 또한 팀성과 창출에 대한 가능성을 높이게 된다.

| Teamthink 모델의 프로세스 |

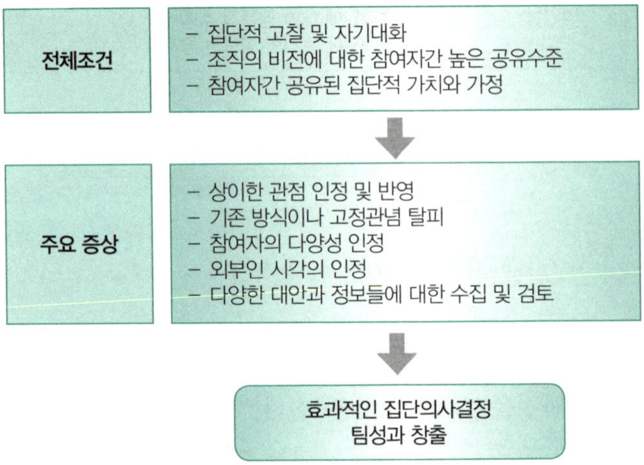

▶ Groupthink & Teamthink — Fastrack +

참여자간 합치된 의견을 내야 한다는 압력이 높은 상태에서 합리적인 의사결정과정을 거치거나 다각적인 정보를 검토하지 않고 의사결정함에 따라 나타나는 부작용을 Groupthink라 한다.

Groupthink 현상이 발생하게 되면 목표나 대안들에 대한 탐색이나 수집이 제한적으로 이루어지고 조직이 선호하는 결과에 유리한 정보만을 선택적으로 받아들이게 된다.

한편, 집단의사결정 과정이 합리적이고 체계적으로 이루어져 시너지가 창출되는 과정을 Teamthink 하며, 이를 위해 집단적 고찰 및 자기 대화, 의사결정 참여자간 조직의 비전이 충분하게 공유가 선행되어야 한다. Teamthink의 경우, 기존 방식이나 고정관념에서 탈피하는 것이 필요하다는 입장이 강력하게 대두되고, 새롭고 다각적인 정보나 대안들에 대한 탐색이 이루어진다.

THEME 13 GROW원칙에 맞추어 질문하자

질문을 하면 커뮤니케이션이 살아난다

질문은 대화를 이어주는 매개체가 되고 질문을 하게 되면 커뮤니케이션이 보다 명료해질뿐 아니라 질문을 통해 보다 명확한 정보에 다다를 수 있게 된다. 즉, 질문을 통해 커뮤니케이션이 보다 활성화된다고 할 수 있다.

질문이 커뮤니케이션에 주는 효과는 다양하다. 우선 대화 주제가 명확하지 않아 대화 상대방간 오해가 발생할 수 있는 경우 이에 대한 해결책이 바로 질문이다. 또한 반드시 궁금한 점이 있어서라기보다 대화 상대방에게 보다 적극적인 커뮤니케이션에의 참여를 북돋우기 위한 방안으로도 활용되기도 한다. 그리고 질문을 통해 미처 파악하지 못했던 정보들을 알아가는 계기가 될 수도 있어 커뮤니케이션에서의 질문스킬은 가장 중요한 요소 중 하나라 할 수 있다.

그러나 질문도 질문자의 역량이나 경험에 따라 그 효과가 크게 달라지는 것을 알 수 있다. 그만큼 질문스킬이라고 하는 것이 중요하다는 점이다. 만일 질문자의 역량이 부족하다면 차라리 하지 않는 편이 나을 지도 모르겠다. 다음에서는 과연 어떠한 질문 스킬을 가지고 커뮤니케이션에 임해야 하는지에 대해 살펴보도록 하자.

질문은 GROW원칙에 맞추어 하자

질문스킬에서 GROW 모델이 가지는 의미는 질문이 단순히 질문으로 끝나는 것이 아니라 질문을 통하여 최종계획이 효과적으로 Action plan으로 이어지도록 하는 것이다. 아래에서 GROW 모델의 프로세스를 중심으로 살펴보도록 하자.

- Goal : 커뮤니케이션의 목표를 명확히 하는 단계이다.

주요 대화사례

오늘은 어떤 주제로 이야기 할까요?

- Reality : 커뮤니케이션의 목표를 달성하기 위해 현재의 위치를 명확히 하고 애로사항을 파악하는 단계이다.

주요 대화사례

목표를 달성하는데 애로사항이 있으면 어떤 것이 있습니까?
현재의 위치는 어떻게 되나요?

- Options : 커뮤니케이션의 목표를 달성하기 위해 실행가능한 대안을 모색하는 단계이다.

주요 대화사례

그럼 과연 어떤 방법으로 해결할 수 있을까요? 여러 대안 중 어떤 것이 가장 효과적이라고 생각하십니까?

- Will : 구체적인 Action plan의 실행계획에 대해 요구하고 확인하는 단계이다.

주요 대화사례

언제 시작하시겠습니까? 시작하는데 제가 도움이 될 것이 있으면 알려주세요.
언제 중간점검을 하면 될까요?

| GROW model |

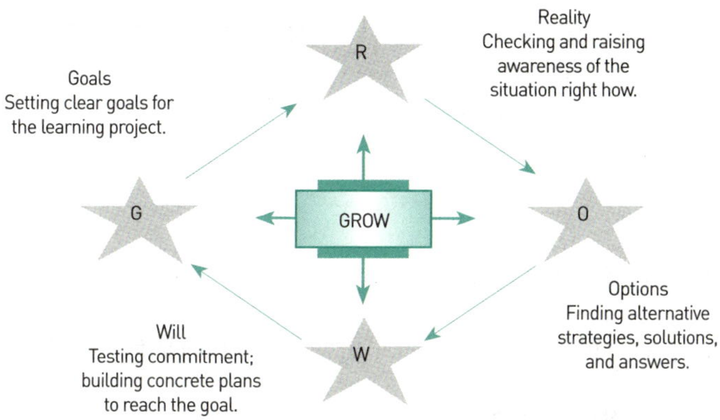

질문은 부정형보다 긍정형으로 하자

부정형인 질문을 받게 되면 그 커뮤니케이션 자체를 부정적으로 볼 가능성이 높아진다. 동일한 내용의 질문을 하더라도, 긍정적으로 하는 것이 효과적인 커뮤니케이션에서 필수적이다.

긍정형 사례	부정형 사례
• 무엇을 해야 하나요? • 목표를 달성하기 위해 어떤 것부터 해야 하나요? • 제가 도움이 될 수 있을까요?	• 뭐가 불확실한 거죠? • 왜 일이 순조롭게 진행되지 않나요? • 누가 비협조적으로 나오나요?

질문은 과거형보다 미래형으로 하자

과거형의 질문들은 책임소재를 명확히 하거나 잘잘못을 따지는 경우에 적합한 유형이다. 문제를 해결할 수 있는 것은 과거형이 아니라 미래형 질문이므로 염두에 두고 미래형 질문에 보다 집중하도록 하자.

미래형 사례	과거형 사례
• 앞으로 어떻게 하면 되나요? • 당신이라면 어떻게 할 것인가요? • 앞으로 예측되는 문제는 무엇인가요?	• 현재까지 어떻게 해온 거죠? • 전임자는 어떻게 처리했나요? • 과거에는 문제가 없었나요?

질문은 폐쇄형보다 개방형으로 하자

폐쇄형 질문은 단답형의 질문만을 요구하는 경우가 대부분이어서 상대방의 적극적인 커뮤니케이션 참여를 북돋우기 힘들다. 개방형 질문을 통해 적극적으로 상대방과의 긍정적 관계를 구축하고 커뮤니케이션 하는 것이 필수적이다.

개방형 사례	폐쇄형 사례
• 이 목표에 대해 어떻게 생각하시나요? • 그 사람에 대해 어떻게 생각하나요? • 목표시점까지 달성하기 위해 무엇을 해야 할까요?	• 이 목표에 대해 이의 있나요? • 그 사람은 원래 업무태도가 불량한가요? • 납기 맞출 수 있나요?

GROW원칙

Fastrack

GROW원칙에 따른 질문스킬은 최종적으로 최종계획을 통한 Action Plan으로 이어지도록 하는 것으로 세부내용은 아래와 같다.

- Goal : 커뮤니케이션의 목표를 명확히 하는 단계
- Reality : 커뮤니케이션의 목표를 달성하기 위해 현재의 위치를 명확히 하고 애로사항을 파악하는 단계
- Options : 커뮤니케이션의 목표를 달성하기 위해 실행가능한 대안을 모색하는 단계
- Will : 구체적인 Action plan의 실행계획에 대해 요구하고 확인하는 단계

실제 질문은 부정형보다 긍정형의 표현으로 하는 것이 상대방의 긍정적 참여를 유도할 수 있고, 과거형 질문보다 미래형 질문을 위주로 함으로써 문제 해결에 보다 집중하는 것이 필요하며, 폐쇄형 질문이 아닌 개방형 질문을 통해 대화 상대방과의 긍정적 관계를 형성해 나갈 수 있다.

THEME **14** 리더십으로 문제직원(Bad apple)을 관리한다

Bad apple은 관리되어야 한다

흔히 조직 내 문제직원을 Bad apple이라고 부르기도 한다. 이는 썩은 사과 하나가 같은 사과상자에 있는 다른 사과에 미치는 영향이 급속도로 퍼져간다는 특성에서 기인된 것이다.

즉, Bad apple이나 문제직원에게는 적절한 관리가 필요하다고 보아야 한다. 만일 이들에 대한 관리가 이루어지지 않는다면 문제직원이 가지고 있는 부정적인 정서나 특성이 다른 팀원에게도 그대로 전파됨으로써 조직 전반적으로 문제직원의 비중이 늘어나거나 부정적인 정서나 분위기가 확산 되는 것이다. 만일 문제직원을 조기에 발견하여 적절하게 관리하는 시스템을 갖추고 있다면 조직 내부적으로 조직 분위기나 정서를 회사에 우호적으로 형성함은 물론 문제직원의 비중을 점차 줄여나갈 수 있을 것이다.

과연 누가 Bad apple인가

문제직원을 관리하기 위해서는 문제직원에 대한 명확한 정의와 기준이 필요하다. 만일 기업 입장에서 명확하지 않은 기준을 가지고 관리하는 경우, 직원들은 문제직원 관리 자체에 대해 자신도 언젠가는 희생양이 될지 모른다는 심리적 불안감으로 인해 강하게 거부하게 된다. 대부분의 기업들은 공식적으로 어떤 성향의 직원이 문제직원이라는 것을 공시하거나 명시적으로 커뮤니케이션하지는 않지만 묵시적으로 구성원들의 동의를 통해 공유되고 있는 기준이나 정의는 가지고 있다.

이러한 기준들을 분석해서 유형화 해보면 3가지의 선발기준으로 정리해 볼 수 있다. 우선 업적(Performance)이 첫 번째 기준이다. 업적 위주의 기준을 적용하고 있는 경우, 다소 서구적인 조직 문화에 적합하다고 할 있다. 또한 업적 자체의 정의에 따라 다소 단기적인 관점이 반영되는 선발기준이며, 이 기준을 적용하기 위해서는 직무중심의 인사관리 및 개인중심의 업무처리 프로세스가 자리잡고 있어야 한다.

그 다음 기준으로 역량(Competency)을 들 수 있다. 역량은 미래의 성과를 창출할 수 있는 요소를 의미한다. 즉, 성과가 과거라는 시제의 요소라면 역량은 미래 시제라고 할 수 있다. 성과와는 달리 다소 장기적인 시기를 두고 판단한 수 있는 요소라는 점이 주요 특이사항이다.

마지막으로 가치관(Values)이 있는데 이는 직원이 가지고 있는 자세, 태도, 가정, 관점 등을 아울러서 일컫는 표현이다. 성과와는 달리 가치관은 직원의 가장 근본적인 측면에서 접근하는 요소로서 가장 변동가능성이 작은 것이 특징이다. 따라서 장기적인 인력운영 정책을 가지고 있는 기업이거나, 조직중심의 인사관리 또는 팀웍이 중요한 기업에 적절히 활용할 수 있는 문제직원의 선발기준이다.

이상 업적, 역량 그리고 가치관 3가지 요소를 중심으로 문제직원의 선발기준에 대해 살펴보았으나, 3가지 요소 중 한가지만을 배타적으로 사용하는 것은 다소 유연성이 떨어질 수 있다. 3가지 요소를 모두 반영하되 기업이 지향하는 방향이나, 인사관리의 운영현황 등을 감안하여 비율을 정한 후 함께 고려하는 것이 가장 바람직하다고 하겠다.

| 문제직원의 행동사례 |

문제직원의 행동사례
다른 사람의 자존심을 상하게 한다.
비꼬는 말투를 사용한다.
공공연하게 남을 비난한다.
다른 사람의 의견을 신뢰하지 않는다.
조직 구성원의 행동을 감시하듯 지켜본다.
협동작업에 쓸데없이 간섭한다.
권력을 이용해 남에게 처벌을 내린다.
자신의 활동영역을 보호한다.
자신에 대한 부정적인 의견을 잘 받아들이지 않는다.
자기가 타인에게 악영향을 미치는지 전혀 모른다.
남의 실수를 지적한다.

Source : Bad apples, Mitchell Kusy and Elizabeth Holloway

| 문제직원 선발 기준 |

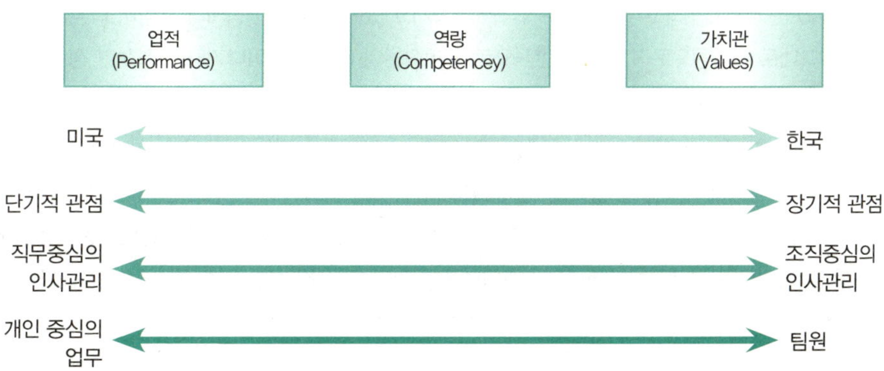

Bad apple은 해고만이 해결책인가

만일 문제직원에 대한 기준을 명확히 한 후, 선발하였다면 이후 어떤 관리방향을 적용할 것인지가 문제된다. 이때 적용가능한 방향은 크게 2가지로 나뉜다. 퇴출중심형과 육성중심형으로 구분해 볼 수 있다. 퇴출중심형은 문제직원은 잘 개선되지 않으며 육성을 위한 투자는 시간낭비라는 입장해서 출발하며, 선발 이후의 과정은 결국 해고로 가는 중간과정이며 해고시 발생할 수 있는 소송에 대비하여 사전에 기업에서 할 수 있는 준비작업을 하는 유형을 의미한다. 퇴출중심형은 대상 직원에 대한 교육이나 훈련보다 객관적인 성과측정과 이들을 기록 관리하는 서류작업이 주된 업무를 구성하게 된다.

한편 육성중심형은 문제직원 개선은 가능한 것이며, 기업이 문제직원을 관리하는 것은 퇴출이 목적이 아니라 교육훈련을 통해 지속적으로 개선되도록 지원하는 것이라는 믿음에 기초하고 있다. 육성중심형의 경우 퇴출중심형의 경우와 같이 서류작업에 대한 의존도가 낮으며, 교육훈련을 지속적으로 실시하여 실질적인 역량과 성과개선을 도모하는 과정으로 이해할 수 있다.

▶ Bad apple(문제직원) Fastrack ⊕

문제직원은 그의 태도나, 자세 혹은 인식 등이 다른 팀원에게도 전파될 수 있다는 측면에서 Bad apple 또는 Bad egg라고 불린다. 문제직원이 가지고 있는 부정적인 정서나 특성이 다른 팀원에게도 그대로 전파됨으로써 조직 전반적으로 문제직원의 비중이 늘어나거나 부정적인 정서나 분위기가 확산되는 것을 방지하여야 한다.

업적, 역량 그리고 가치관 3가지 요소를 중심으로 기업이 지향하는 방향이나, 인사관리의 운영현황 등을 감안하여 비율을 정한 후 함께 고려하는 것이 바람직하다. 주로 단기적 시각을 통해 문제직원을 관리하는 경우 업적의 반영비율이 높아지고, 장기적 시각을 통해 운영하는 경우 가치관을 중심으로 문제직원을 선발 및 관리하게 되며, 문제직원 선발 이후 퇴출중심형과 육성중심형 중 각 회사에 부합하는 적절한 관리방향을 적용할 것이 요구된다.

THEME **15**

리더는 과정에서 대응하고 결과를 책임진다

책임감은 대응능력이다

리더에게 중요한 핵심요소 중 하나로 책임감을 들 수 있다. 이를 영어로 옮겨보면 Responsibility가 되는데, 이 단어의 구조가 책임의 의미를 잘 보여준다. 목표를 달성하는 과정에서 발생하는 문제나 이슈들에 대해 "대응하는 능력"을 책임감이라고 한다.

Response + ability = Responsibility
대응 능력 책임

책무감은 결과를 설명할 수 있는 능력이다

Account는 '설명하다', '대답하다'의 의미를 내포하고 있어서 Accountability를 '설명할 수 있는 능력'으로 해석할 수 있다. 따라서 Accountability가 Answerability와 같은 의미로 해석될 수 있으니 2가지 표현을 혼용해서 사용할 수도 있다. Accountability의 의미가 목표달성 과정 끝에 나온 결과에 대해 설명해야 할 능력으로 해석되므로 책임감에 대비하여 책무감으로 부르기로 하자.

Account + ability = Accountability
설명 능력 책임

책임감과 책무감은 서로 다른 개념이다

책임감이 목표달성 과정에서 나온다면 책무감은 목표달성 끝에 나온 결과에 대한 요소라고 할 수 있다. 실행과정에서 필요한 업무들을 구분한 후, 담당자별로 업무를 부여하게 되는데, 업무를 부여받은 담당자가 해당 업무를 완결성 있게 마무리하고자 하는 인식이나 자세를 책임감이라고 하고, 실행과정이 완료되어서 나온 산출물이나 결과에 대해 설명의무를 지고 그에 따른 책임을 지고자 하는 인식을 책무감이라고 구분할 수 있다.

그리고 책임감은 세부과정이나 담당자별로 분산되어 공유되는 반면, 통상적으로 결과에 대한 책임은 정해진 사람이 단독으로 지게 되어서 책무감의 공유는 제한적으로 이루어지게 된다.

	책임감(Responsibility)	책무감(Accountability)
발생	목표달성 과정	목표달성 결과
부담주체	공유 가능	단독 부담
필요 단계	모든 직급	C-suite
평가기준	과정상 달성정도 (이번 달 100번의 마케팅 콜 실시)	목표상 달성정도 (이번 달 10억 매출 달성)
핵심성공요소 (CSF)	1. 명확한 R&Rs 구분 2. 상세한 Job description 체계 구축	1. 명확한 목표와 기대치 설정 2. 정교한 KPI 체계 구축 3. 필요한 권한 부여

리더의 책무감을 높이기 위해 10가지 과제를 실천에 옮기자

리더의 책무감이 높다면 결과에 대한 오너십과 과정에 대한 책임감이 동시에 올라간다. 따라서 책임감과 오너십 제고를 위한 효과적인 방법으로서 책무감을 강화할 수 있으며, 이를 위해 아래 10가지의 과제를 일상에서 실천할 수 있다.

1. 팀원의 관점 이해하기
2. 성공을 위해 적절한 리스크는 감수하기
3. 목표달성 과정에서 생긴 장애를 창의적으로 풀어보기
4. 피드백 주고 받기
5. 과거 성공 및 실패 사례에서 시사점 찾기
6. 실패에 대한 책임을 묻지 않기
7. 업무과정에 대해 실시간으로 업데이트 하기
8. 처리과정에서 문제점을 찾아서 수정하기
9. 성과지표를 합리적이고 객관적으로 설정하기
10. 결과에 대해 남 탓 하지 않기

THEME 16

리더십은 영향력, 권력 그리고 권한에서 발생한다

리더십은 영향력, 권력 그리고 권한을 통해 발휘된다

리더(Leader)가 팔로워(Follower)를 이끌기 위해서는 공식적이든 비공식적이든 Follower의 수용과 동참을 이끌어 낼 수 있는 힘이 필요한데, 이러한 힘의 원천에는 권한 (Authority), 권력 (Power) 그리고 영향력 (Influence) 이렇게 3가지가 있다.

	권한(Authority)	권력(Power)	영향력(Influence)
성격	공식적 한정적 정적	비공식적 개인적 능력 동적	비공식적 가장 광범위 동적
흐름	하향적	상하좌우로 다양	상하좌우로 다양
위임	팀장이 위임	주로 팀장이 위임 팀원으로 부터도 가능	위임 대상 아님
조직도와 관계	상사-부하 관계로 조직도에 표시	조직도에 표시 불가	조직도에 무관
결과	복종	수용	영향
효과	단기적	중기적	장기적

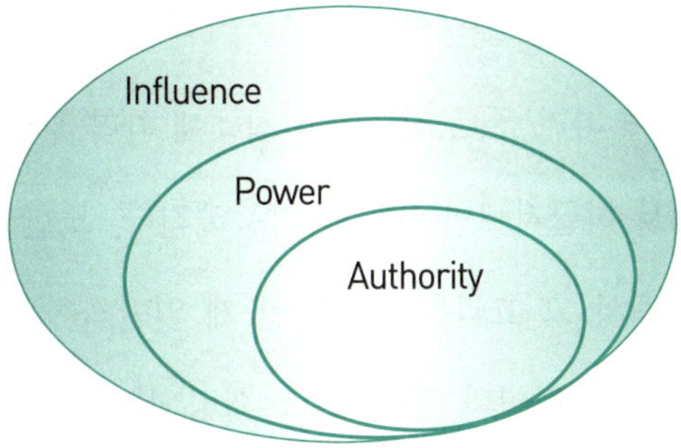

영향력은 타인의 생각에 변화를 주는 힘이다

영향력은 리더가 팔로워의 태도, 가치관, 행동 등에 변화를 유도할 수 있는 힘을 말하며 권력보다 광범위한 개념으로 특정 개인이나 집단이 자신이 의도한 방향으로 움직이도록 영향을 가하는 과정으로 볼 수 있다. 또한 영향력은 권한과 권력간 상호작용의 결과로 생길 수 있으며, 가시적 능력이 아닌 비가시적이면서 잠재적인 능력에 해당한다.

권력은 타인에게 영향을 줄 수 있는 힘이다

권력은 권력을 가진 리더가 목표달성에서 생기는 반발이나 저항을 극복하고 자신의 의사를 관철할 수 있는 힘이라고 정의된다. 또한 권력은 가시적이지 않으며 조직을 움직이는 강한 원동력을 수반한다. 권한과 같이 공식적으로 부여되거나 합법적으로 인정받아야 하는 대상이 아니며 조직을 구성하는 다양한 요소들의 상호작용을 통해 생겨난다.

권한은 공식적으로 부여된 힘이며, 권력의 하위 요소이다

모든 조직은 팀장, 파트장, 본부장 등과 같은 조직단계별로 권한과 책임을 부여하고 담당자로 하여금 권한 등을 실행하게 함으로써 조직을 운영한다.

권한은 본질적 특성에 따라 주로 직급이나 직책에 따라 부여되어 하향적으로 작동하게 되고, 상급자에서 하급자로만 위임이 가능해진다. 또한 권한의 행사는 대상자의 복종을 목적으로 해서 그 효과는 단기적인 게 일반적이므로 권한의 지속가능한 효과를 위해서는 권한이 권력이나 영향력으로 확장되도록 해야 한다.

마지막으로 권력이 기대하는 결과를 얻는 능력이라고 할 수 있는 반면, 권한의 행사는 기대하는 결과를 얻는 것을 담보해 주지 않아서 목적이 달성될 수도 있고 그렇지 않을 수도 있다는 측면에서 주요한 차이가 있다.

	권한 (Authority)	권력 (Power)	영향력 (Influence)
효과 발생시	복종	목표 달성	영향 발생
미발생시	물리적 이탈과 갈등	목표 미달성	영향 미발생

▶ 권력과 리더십 비교 Fastrack

구분	권한 (Authority)	권력 (Power)
수단성	성공의 촉진	집단(조직) 목표의 달성
목표에 대한 합의성	목표에 대한 합의는 반드시 필요하지 않음	리더와 추종자 간에 목표에 대한 동의 필요
영향력의 방향	상하에 관계없이 모든 방향으로 작용	주로 하향적으로 작용 (리더와 추종자 관계)

THEME 17 수많은 성격을 16가지로 유형화할 수 있다

모든 사람은 각자 유니크하다

개인이 가지는 성격은 유전적 요인과 환경적 요인을 통해 형성되어서 사람마다 자기만의 고유성을 가지게 된다. 필자는 현장에서 수많은 사람들을 만나고 있는데 필자가 접하는 성격의 다양성에 짐짓 놀라기도 한다. 흔히 예민한 성격과 둔감한 성격 이렇게 이분법적인 기준으로 상대를 이해하려 하는데, 예민하지만 덜렁대는 사람, 둔감하지만 업무적으로 치밀한 사람 등 반전을 주는 사람들도 만나게 된다. 성격의 가변성은 여기에 그치지 않는다. 예민하고 덜렁대지만 업무적으로 공격적인 사람, 둔감하고 치밀하지만 전혀 공격적이지 않은 사람까지 다양한 성격을 접하면서 "그래 사람 성격을 정해진 잣대로 구분해서 보지 말고, 그 사람 자체로 온전히 보도록 하자"라고 사람을 보는 시각을 바꾸었다.

그럼에도 성격의 유형은 구분될 필요가 있다

필자의 경험과 같이 수많은 사람들의 성격을 몇 가지로 나누어서 유형화하더라도

76억명의 인구가 보여줄 성격의 다양성은 쉽게 포괄되지 않을 것이다. 그럼에도 개인 성격의 차이에서부터 시작해야 효과를 볼 수 있는 교육, 컨설팅, 코칭, 인사 분야 등에서는 성격을 유형화할 필요가 있다.

교육 분야를 쉬운 예로 들어 보자. Learning style은 Visual learner, Auditory learner와 Kinesthetic learner로 구분되며, 각 스타일별로 정보를 처리하고 이해하는 구조가 다르다. 이 차이를 적절히 반영한 교육법을 적용하지 않는다면 교육효과는 기대할 수 없다.

- Visual learner : 노트필기를 선호하며 파워포인트, 동영상, 플로우차트 등을 통한 교육이 효과적임
- Auditory learner : 토론참여를 즐기며 노트필기 없이 청각을 통해 전달된 정보를 처리함
- Kinesthetic learner : 시청각을 통해 전달된 정보보다 실제 상황에 참여함으로써 습득한 정보를 잘 처리함

정보를 인식하는 방법은 2가지가 있다(감각 vs. 직관)

정보나 사물을 인식할 때 오감(five senses)을 이용하거나 오감 활용 없이 직관(intuition)에 의존할 수 있다. 사람은 태어나면서부터 2가지 정보인식 방법을 같이 가지고 생활하면서 정보나 사물을 인식하는데, 나이가 들어가면서 감각과 직관이 서로 우열을 다투는 과정을 통해 2가지 중 좀 더 지배적인 경향이 정해지고 주된 인식방법으로 자리잡는다. 실제 사무실에서 생길 수 있는 사례를 통해 감각형과 직관형을 구분해 보자.

Case 1

김하람 팀장 : 2021년 A본부의 영업실적 정리해서 보고해야 하니, 내일까지 마무리 해서 줘.

김은솔 과장 : 네, 팀장님. 2021년 영업실적 내일까지 준비하겠습니다.

Case 2

김하람 팀장 : 2018년 A본부의 영업실적 정리해서 보고해야 하니, 내일까지 마무리 해서 줘.

김다원 대리 : 네, 팀장님. 그런데, 2021년에는 B본부와 공동 프로모션한 제품이 많아서 A본부와 B본부를 합산해서 실적 정리해야 하지 않을까요? 그렇지 않으면 우리 A본부만 실적이 떨어지는 것으로 보일 수 있을 거 같아요.

김하람 팀장 : 음. 그런 면이 있겠군.

김은솔 과장이 감각형이고 김다원 대리가 직관형에 속한다. 김은솔 과장은 주어진 정보를 오감을 수용하면서 그대로 처리하려고 한 반면, 김다원 대리는 팀장의 요청에 깔려 있는 행간의 의미까지 읽어서 대화를 이어 나가고 있다.

판단하는 방법은 2가지가 있다(사고 vs. 직감)

결론을 내야 할 때는 논리적인 사고를 통해서 할 수도 있고, 직감 또는 느낌에 따라 할 수도 있다. 위에서 살펴본 바와 같이 모든 사람의 사고와 직감 방법은 가지고 태어나서 성장하면서 우열이 가려져서 주요 판단 경향이 형성된다. 사고형의 사람은 판단에 필요한 핵심 및 부대사항은 무엇인지 등의 질문을 통해 결론에 이르게 되며, 직감형의 사람은 논리적 사고 이전에 테이블 위에 놓인 문제에 대한 느낌을 토대로 결론을 짓는다.

Case 1

김하람 팀장 : 지금 검토 중인 A제품의 프로모션 진행여부를 결정해야 하는데 어떻게 생각해?

김은솔 과장 : 최근 경쟁업체 B사에서 C제품을 전격적으로 출시하면서 전폭적인 프로모션을 진행하고 있어서 A제품의 프로모션 타이밍이 좋지 않을 거 같아요. 대신 C제품에 대한 피드백을 알아보고 C제품의 단점을 역으로 활용할 수 있는 마케팅 논리를 만들어서 프로모션을 진행하면 어떨까요?

Case 2

김하람 팀장 : 지금 검토 중인 A제품의 프로모션 진행여부를 결정해야 하는데 어떻게 생각해?

김다원 대리 : 최근 B사의 행보를 보다 보니, 왠지 불안한 느낌이 들어요? 좀 미루죠.

사고형의 김은솔 과장은 논리적인 흐름에 따라 대안을 구상하고 제시하고 있는 반면, 직감형의 김다원 대리는 주관적인 감정을 중심으로 판단하고 있다. 김하람 팀장의 선호도에 따라 제안이 취사선택이 되겠지만, 보통 사고형 직원이 제시한 대안이 채택되는 게 일반적이다.

외부정보에 대한 성향에는 2가지가 있다(외향적 vs. 내향적)

외부정보를 접할 때 나타나는 성향을 외향적과 내향적으로 구분할 수 있다. 외향적인 사람은 정보를 둘러싼 외부환경부터 보기 시작하는 반면 내향적인 사람은 외부환경보다 정보 자체에 집중하는 관점의 차이가 있다.

Case 1

김하람 팀장 : 임원회의에서 올해 성과연봉제를 도입하기로 정했는데 어떻게 준비하면 될까?

김은솔 과장 : 현 정부가 들어서면서 성과연봉제를 폐지하고 직무급제 도입 방침을 정했어요. 이런 정책의 흐름에 역행하는 제도일 듯한데, 이 점을 먼저 보고한 다음 준비하면 어떨까요?

Case 2

김하람 팀장 : 임원회의에서 올해 성과연봉제를 도입하기로 정했는데 어떻게 준비하면 될까?

김다원 대리 : 성공적인 성과연봉제 도입을 위해 2가지를 필수적으로 준비해야 합니다. 먼저 개인과 팀별 성과지표를 재정비한 다음, 체계적으로 Pay band를 설계하면 됩니다.

만일 외부환경의 변화가 크다면, 김은솔 과장의 접근이 적절할 것이며, 그 변화가 크지 않고 안정적이라면 김다원 대리처럼 바로 해결방안으로 접근하는 게 좋을 것이다.

의사결정 성향은 2가지로 구분된다(판단 vs. 인지)

복수의 선택지가 있어 의사결정을 해야 할 때 나타나는 성향을 판단형과 인지형으로 나눌 수 있다. 판단형인 사람은 의사결정 시점에 가지고 있는 정보에 한정해서 결정하는 반면, 인지형인 사람은 의사결정 시점에도 추가적인 정보를 계속 탐색하면서 결정한다.

Case 1

김하람 팀장 : 사원 A, B, C 중 1명을 대리로 승진시켜야 하는데, 누가 적절할 것 같아?

김은솔 과장 : 과거 3년간 성과평가 결과에 따라 C를 승진시키는 게 맞을 듯 합니다.

Case 2

김하람 팀장 : 사원 A, B, C 중 1명을 대리로 승진시켜야 하는데, 누가 적절할 것 같아?

김다원 대리 : 과거 3년간 성과평가 결과에 따라 C를 승진시키는 게 맞을 듯한데, 최근 알게 된 C의 이직 가능성을 볼 때 A가 현 시점에서 적임자입니다.

의사결정의 2가지 요건인 속도와 정확성을 기준으로 할 때 신속한 의사결정을 위해선 판단형이 좀 더 적합하며 의사결정의 속도보다 파급효과가 더 중요하다면 인지형의 의사결정이 더 적절하다.

4가지 기준에 따라 성격을 16가지로 나눌 수 있다

앞서 살펴 본 성격구분을 위해 4가지 기준을 정리해 보자.

1. 정보인식 방법(감각(Sensing) vs. 직관(Intuition))
2. 판단 방법(사고(Thinking) vs. 직감(Feeling))
3. 외부정보에 대한 성향(외향적(Extraversion) vs. 내향적(Introversion))
4. 의사결정 성향(판단(Judgment) vs. 인지(Perception))

다음으로 위 기준에서 1번과 2번의 조합을 한 축으로 하고 3번과 4번의 조합을 다른 한 축으로 해서 매트릭스를 만들어 보면 16가지의 성격 유형을 개념화할 수 있다.

	ST	SF	NF	NT
IJ	ISTJ	ISFJ	INFJ	INTJ
IP	ISTP	ISFP	INFP	INTP
EP	ESTP	ESFP	ENFP	ENTP
EJ	ESTJ	ESFJ	ENFJ	ENTJ

16 Personalities 진단

Fastrack

16 Personalities 진단은 Big5를 토대로 만들어진 심리 테스트이며, 16 Personalities 진단의 정확한 명칭은 NERIS Type Explorer이다. 한국인의 성격 유형 중에 INFP와 ENFP가 가장 많은 비중을 차지한다.

순위	성격유형	합계
1	INFP	13.39%
2	ENFP	12.60%
3	ESFJ	8.35%
4	ISFJ	7.66%
5	ISFP	6.61%
6	ESFP	6.36%
7	INTP	6.28%
8	INFJ	6.25%
평균		6.25%
9	ENFJ	6.09%
10	ENTP	5.04%
11	ESTJ	4.56%
12	ISTJ	4.28%
13	INTJ	3.75%
14	ISTP	3.11%
15	ESTP	2.94%
16	ENTJ	2.73%

임원 승진을 위한

팀장 패스트트랙

PART 04

재무관리

THEME 01 재무제표는 재무 관련 모든 표를 말한다

재무제표는 기업의 경영활동과 성과를 보여주는 표 전부를 말한다

기업이 수익을 위해 업을 영위한다는 명제에는 이론이 없다. 물론, 공공기관이나 비영리기구(NPO 또는 NGO)는 여기에서 제외된다. 기업이 수익을 만들기 위해 소위 경영활동을 하게 되는데, 경영활동의 모습이나 결과가 눈에는 전혀 보이지 않아 잘하고 있는지 그렇지 않은지에 대한 판단이 잘 서질 않는다. 이런 비가시성의 문제를 해소하고자 고안된 게 바로 재무제표다. 즉, 재무제표는 기업의 본질적 모습인 경영활동의 과정과 결과를 보여주는 일련의 보고서를 말하며, 이는 손익계산서, 재무상태표, 자본변동표 그리고 현금흐름표로 구성된다.

- **손익계산서** : 특정기간 동안 기업이 경영활동을 해서 번 수익과 경영활동에 들어간 비용을 정리한 표
- **재무상태표** : 일정 시점의 재산 상태를 자본과 부채로 나누어서 정리한 표이며 기존 대차대조표에서 변경된 명칭
- **자본변동표** : 일정 시점에서 기업의 자본의 크기와 일정기간 동안 자본의 변동 내역을 나타내는 표

- **현금흐름표** : 기업의 영업활동, 투자활동, 재무활동별로 일정기간 동안 현금성 자산의 변동내역을 보여주는 표

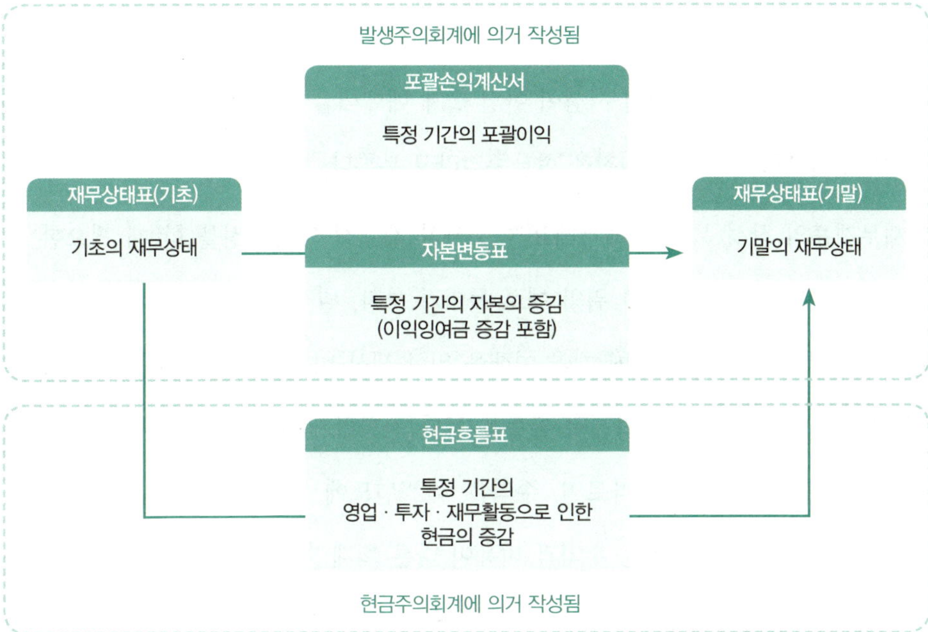

발생주의 vs. 현금주의 뭐가 어떻게 다른가

물건을 파는 즉시 대금 전부를 지급받는다면 수익과 비용의 인식 시점에 대한 논란은 전혀 없으며 재무제표상에서 보여주는 숫자들에 대해 고민을 덜해도 될 것이다.

그러나 현실은 전혀 그렇지 않다. 오늘 판 물건의 대금이 내년에 입금될 수도 있고 12개월간 할부로 대금을 나누어서 받을 수도 있다. 최악의 경우 대금을 지급받지 못하는 경우도 종종 발생한다.

그렇다면 회사의 수익을 물건을 팔 때 또는 대금이 입금될 때 중 언제 인식하는 게 맞을까? 이 문제를 해결하기위해 나온 회계원칙으로 발생주의와 현금주의가 있는데, 쉬운 예를 통해 살펴보자. 2022년 3월 물건을 1,000만원어치 팔고 그 대금을

2023년 2월에 받기로 해서 1,000만원의 외상매출이 발생한 후, 2023년 2월에 대금을 지급받았다.

이 상황에서 1,000만원의 매출은 언제의 수익으로 인식하는 게 맞을까? 먼저 물건매매 계약이 체결된 2022년 3월 시점의 수익으로 인식할 수 있는데 이를 발생주의라고 하며 매매 계약 체결 시점이 아닌 실제 매매대금이 들어오는 시점인 2023년 2월의 수익으로 인식하는 원칙을 현금주의라고 부른다.

재무제표의 작성 목적은 재무제표 이용자가 재무적 의사결정을 할 때 필요한 정보를 제공하는 것이다. 다시 위의 예로 돌아가 보자. 발생주의 회계에 따르면, 수익비용대응의 원칙에 따라 매매 계약 이행을 위한 생산 비용이 수익이 발생한 2022년에 같이 인식되어 기업의 경제적 활동을 보다 정확하게 보여줄 수 있는 장점이 있다. 반면 현금주의 회계에 따르면, 수익은 2022년도에, 비용은 2023년도에 인식되어 서로 밀접한 관계에 있는 수익과 비용이 다른 회계연도에 귀속됨으로써 각 연도의 재무제표가 경영상태를 제대로 보여주지 못할 수도 있다.

그렇다고 발생주의 회계가 만능이 아니다. 발생주의에서는 현금 유출입에 상관없이 수익을 인식하기 때문에 회계적 이익은 증가하고 있지만 실제 현금 수수율 또는 회전율이 낮아서 대금지급을 제때에 받지 못해 도산하는 경우까지 생길 수 있다. 즉, 장부상 실적은 양호하지만 현금흐름이 좋지 않아서 흑자도산(Insolvency)하는 최악의 경우에 대비해서 재무정보를 활용할 때 수익의 흐름과 함께 현금의 흐름까지 살펴 보는 것이 좋다.

| 발생주의와 현금주의 비교 |

	발생주의	현금주의
수익인식	판매 또는 계약체결 시점	현금 수입시점
비용인식	수익창출을 위한 부채발생 시점	현금 지출시점
장점	정확한 손익계산 가능	현금흐름의 정확한 정보
단점	현금흐름과 발생손익의 불일치	정확한 손익계산 어려움

재무상태표는 스톡(Stock)이고 손익계산서는 플로우(Flow)이다

돈이 많은 A가 있고 작년에 돈을 많이 번 B가 있다. 언뜻 볼 때는 동일 사람을 의미하는 것 같이 보인다.

돈이 많은 A에 대해서는 특정 시점에 돈이 많다는 것은 알 수 있지만, 언제 그렇게 재산을 쌓았는지에 대해서는 전혀 알 수 없다. 반면, 작년에 돈을 많이 번 B에 대해서는 말그대로 작년에 돈을 많이 벌었다는 정보를 알 수 있다. 따라서 A의 재산은 특정시점의 의미를 가지고 B의 재산은 특정기간 중 늘어난 의미로 해석되므로 A와 B는 실제 동일한 사람이 아닐 수 있다.

이렇듯 숫자를 읽고 해석할 때 2가지 기준이 있다. 하나는 특정시점의 의미를 가지는 스톡(Stock)이고 다른 하나는 특정기간의 의미를 가지는 플로우(Flow)다.

스톡 통계는 연말, 분기말, 반기말 등과 같이 특정시점에서의 수량이나 금액을 뜻하며 금융자산, 부채잔액, 통화량 등이 이에 해당한다. 플로우 통계에는 연중, 분기중, 반기중 등과 같이 특정 기간 동안의 의미를 가지는 통계이며, 3분기 인건비 증가분, 2023년 복리후생 비용, 연중 생산량, 분기중 국제수지, 반기별 수출입액 등을 예로 들 수 있다.

이러한 숫자의 정의를 재무제표에 대입해 보면, 특정시점의 재무상황을 보여주는 재무상태표는 스톡(Stock) 정보이고 특정기간 동안의 경영실적을 보여주는 손익계산서는 플로우(Flow) 정보에 해당한다고 할 수 있다.

▶ 외부회계감사와 재무제표 공시의무 Fastrack

외부회계감사를 받는 법인들은 의무적으로 공시를 하게 되어 있으며 공시된 재무제표는 금융감독원전자공시시스템(http://dart.fss.or.kr/)에서 확인 할 수 있다. ①자산 120억원 이상 ②부채 70억원 이상 ③매출액 100억원 이상 ④종업원수 100명 이상. 유한회사의 경우는 위의 4가지와 사원수 50인 이상인 경우 총 5가지 중 3개 이상 충족시 외부감사 대상에 해당된다.

THEME 02 1년간 처방전은 손익계산서이고 건강검진 결과는 재무상태표이다

회계기간은 1년을 주기로 한다

회계를 개시해서 마감하는 기간을 회계기간이라고 하며, 일반적으로 1년을 그 주기로 한다. 우리나라의 경우 1월 1일부터 12월 31일까지로 손익을 계산하는 게 일반적이지만 꼭 이 기간으로 맞출 필요는 없으며 회사의 재량에 따라 다르게도 정할 수 있다. 가령 증권회사들은 대부분 4월 1일부터 다음 해 3월 31일까지를 회계연도로 하고 있다.

회계연도가 시작하는 시점을 기초라로 하고 끝나는 시점을 기말이라고 한다. 손익계산의 대상이 되는 해당 회계기간을 당기라고 하고 직전 회계기간을 전기, 다음 회계기간을 차기라고 한다. 그리고 1년의 회계기간을 반기(6개월)와 분기(3개월)으로 나눌 수도 있다.

기초와 기말 재무상태표는 손익계산서로 연결된다

앞서 살펴본 바와 같이 스톡 통계인 재무상태표는 플로우 통계인 손익계산서로 연결된다. 자산은 부채와 자본으로 구성되며, 자본은 자산에서 부채를 차감한 결과를 의미한다. 그리고 손익은 매출액에서 비용을 차감해서 산출된다.

- 자산 = 부채 + 자본
- 자본 = 자산 - 부채
- 순이익 = 기말자본 - 기초자본
- 순손실 = 기초자본 - 기말자본

| 재무상태표와 손익계산서 |

재무상태표는 회계연도의 기초와 기말 각각에 작성되는데, 기초와 기말의 자본 차이는 1년간의 경영성과인 수익만큼 생기게 된다. 즉, 스톡 통계인 재무상태표에서의 자본이 플로우 통계인 손익계산서에 따라 증감되므로, 회계기간별 재무상태표가 손익계산서를 매개로 연결되는 것을 알 수 있다.

| 재무상태표와 손익계산서와의 관계 |

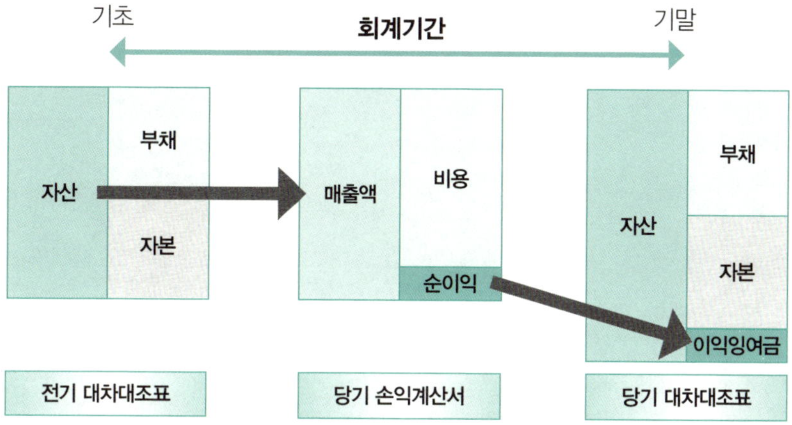

1년간 처방전은 손익계산서이고 건강검진 결과는 재무상태표이다

1년간 경영활동을 통해 벌어들인 수익이 기말 재무상태표에 그대로 반영된다. 즉 플로우 통계가 스톡 통계에 반영된다는 의미이다. 만일 1년간 경영활동이 원활하게 잘 돌아가서 소기의 경영목표를 달성했다면 양호한 손익계산서를 통해 기초 재무상태표 보다 나은 기말 재무상태표가 나올 것이나, 1년간의 경영활동이 원활하지 않아 손실이 발생하였다면 상황이 악화된 기말 재무상태표가 불가피할 것이다.

이러한 대차대조표와 손익계산서의 관계를 병원에 대입해서 보면, 1년간 받은 처방전에 충실하게 따랐다면 연말에 하는 건강검진 결과에 아무런 문제가 없을 것이지만, 1년간 처방전을 제대로 따르지 못했거나 처방전 자체에 문제가 있었다면 연말

기준 건강상태가 안 좋은 것으로 검진될 것이다. 이렇듯 1년간의 경영활동 과정을 담은 손익계산서는 처방전으로 볼 수 있고, 1년간의 경영활동 결과를 담은 재무상태표는 건강검진 결과표에 빗대어 볼 수 있다.

▶ 손익계산서 작성원칙 Fastrack+

손익계산서를 작성할 때는 외부의 이해관계자에게 판단을 그르치지 않도록 또한 올바른 손익계산의 결과를 나타내도록 하기 위하여 다음의 기준을 준수해야 한다. 이를 손익계산서 작성원칙이라고도 한다. 즉 모든 수익과 비용은 그것이 발생한 기간에 정당하게 배분되도록 처리하여야 한다.

① 발생주의 기준 : 수익과 비용은 그 발생 원천에 따라 명확하게 분류

② 수익비용대응표시의 기준 : 각 수익항목과 이에 관련되는 비용항목을 대응표시

③ 총액표시의 기준 : 수익과 비용은 총액에 의하여 기재함을 원칙으로 하고 수익항목과 비용항목을 직접 상계함으로써 그 전부 또는 일부를 손익계산서에서 제외하지 않음

④ 구분계산의 기준 : 손익계산서는 매출총손익, 영업손익, 경상손익, 법인세비용 차감전 순손익과 당기순손익으로 구분하여 표시

THEME 03 현금흐름은 경영성과의 측정지표다

현금흐름은 영업, 투자 그리고 재무활동에서 생긴다

흔히 재무제표의 하나로 언급되는 손익계산서는 지난 1년간의 손해와 이익을 정리한 표를 말한다. 그러나 이런 손익에는 현금이라는 실물 개념이 들어가 있지 않다. 간혹 손익계산서상 수익은 양호하지만 현금 흐름이 좋지 않아서 도산하는 경우가 생기곤 한다.

따라서 손익이라는 가장 중요한 기준에 추가해서 현금이 제대로 흐르고 있는지를 보는 것도 중요하다. 현금이 흐르는 주요 경로가 워낙 방대하고 다양하다 보니, 재무정보 활용자가 쉽게 정보를 이해하고 활용하는 게 어려울 수 있다. 이런 점을 고려해서 현금흐름을 영업, 투자 그리고 재무활동인 3가지의 활동으로 나누어서 작성하도록 했다.

현금흐름표는 1월초(기초)의 현금에서 1년 동안 생긴 현금유출입을 더해서 12월(기말)의 현금을 구하게 된다. 이 때 1년 동안 생긴 현금유출입은 영업, 투자 및 재무활동별로 산출한 후, 전체를 합산하여 각 활동의 규모와 방향을 알 수 있도록 했다.

현금흐름표의 구조

영업활동 현금흐름(= 현금유입 – 현금유출)	XXX
+ 투자활동 현금흐름(= 현금유입 – 현금유출)	XXX
+ 재무활동 현금흐름(= 현금유입 – 현금유출)	XXX
= 현금의 증감(= 총현금유입 – 총현금유출)	XXX
+ 기초의 현금	XXX
= 기말의 현금	XXX

현금흐름에서 경영의 건전성을 읽을 수 있다

손익계산서에서 나온 당기순이익을 대표적인 경영성과의 지표로 보는 게 일반적 시각이다. 그러나 수익과 비용이 각각 인식되어 당기순이익 산출에 반영되지만, 이러한 계산방식이 실제로 현금이 들어오고 나간 흐름과는 아무런 상관이 없다는 게 수익과 비용을 위주로 한 경영성과 판단기준의 한계이다. 또한 기업이 선택한 회계처리방법에 따라 수익이 조정될 수 있다는 점에서 손익만을 경영성과 지표로 보는 관점이 적절하지 않을 수도 있다.

따라서 현금흐름표상의 현금흐름을 손익계산서상의 수익과 비용의 보완적인 경영성과의 지표로 활용함으로써 경영성과를 좀 더 객관적으로 측정할 수 있다.

현금은 3가지 활동을 통해 흐른다

영업활동에 의한 현금흐름

회사의 주된 사업인 상품을 팔거나 서비스를 제공함으로써 창출한 현금흐름을 말한다. 이를 통해 주된 사업에서 생기는 현금으로 회사 운영이 가능한지를 파악할 수 있다.

투자활동에 의한 현금흐름

새로운 설비를 신설하고 추가 공장을 증축하거나 관계회사, 투자사 등의 지분을 매각 또는 인수하는 경우에 생기는 현금의 흐름을 말한다. 이는 현재 기준이 아닌 미래를 준비하면서 생기는 현금흐름이다. 투자활동에 따른 현금 유출이 많다면 그 기업은 밝은 미래가치를 가진 우량기업인 경우가 많다.

재무활동에 의한 현금흐름

금융기관으로부터 받은 차입금, 사채발행 등으로 조달한 자금과 상환한 자금의 흐름을 말한다. 차입금을 상환할 자금여력이 있는 우량기업과 차입금 상환 압박을 받는 도산직전기업 등에서는 마이너스의 현금흐름이 발생한다.

| 현금흐름표에 따른 기업 유형 |

	영업활동	투자활동	재무활동
우량기업	+	−	−
성장기업	+	−	+
재활노력기업	−	−	+
위험기업	−	+	+

위험한 회사를 현금흐름으로 구분할 수 있다

영업활동에 의한 현금흐름이 작거나 발생하지 않는 기업은 위험한 회사로 볼 수 있으며 주된 사업에서 현금이 생기지 않고 있으므로 이 기업의 미래가치는 밝을 수 없다. 그리고 재무활동에 따른 현금흐름이 비정상적으로 크다면 전반적 현금흐름은 좋지만 영업활동에 따른 현금흐름이 좋지 않아서 위험군 기업일 수 있다. 이러한 회사는 영업활동이 적자 상태이기 때문에 고정자산을 처분하거나 금융기관에서 돈을 빌려서 유동성을 확보하고자 하며 이 상태가 장기간 지속되면 오너가 곧 회사를 정리할 수도 있다는 예측을 할 수도 있다.

THEME **04**

자본변동은 주주와 채권자 모두에게 중요한 재무정보다

자본이 곧 순자산이고 기업의 장부가이다

"부채+자본=자산"의 등식은 자산을 이루기 위해 어떻게 자금을 조달했는지의 정보를 보여주며, "자본=자산-부채"로 등식을 전환해 보면 자본을 왜 순자산으로 부르는지에 대해 알 수 있다. 또한 자본은 기업의 장부상 가치라고 해서 장부가로도 부르며, 기업 청산시 원금과 이자를 상환하고 남은 잔여금액을 주주들이 나누어 가지기 때문에 주주지분이라고도 부른다.

발생원천에 따라 자본을 5가지로 구분할 수 있다

자본은 납입자본, 이익잉여금, 기타포괄손익누계액, 기타자본구성요소로 나뉘며, 납입자본은 자본금과 자본잉여금으로 세분화 된다.

- **자본금** : 발행된 주식의 액면총액
- **자본잉여금** : 대표적인 계정과목으로 주식발행초과금. 가령 액면이 1만원인 주식을 3만원에 발행했다면, 자본금 1만원, 자본잉여금 2만원 그리고 납입자본 3만원

- 이익잉여금 : 이익 중 배당금으로 지급하지 않고 남아 있는 유보이익의 누적액
- 기타포괄손익누계액 : 손익항목 중 포괄손익계산서상 당기손익계산에 포함되지 않는 항목
- 기타자본구성요소 : 납입자본, 이익잉여금 및 기타포괄손익누계액으로 분류할 수 없는 항목

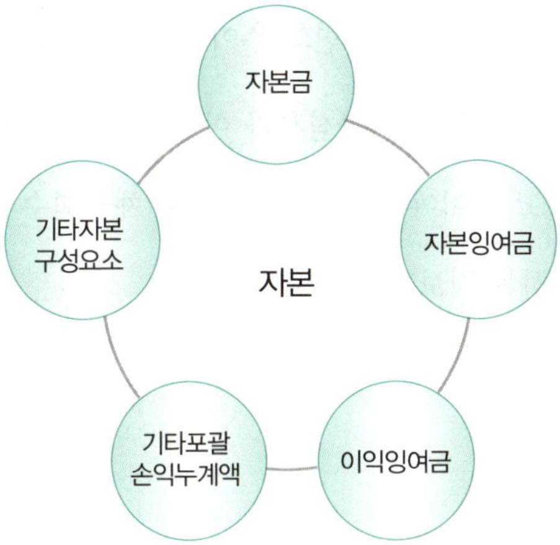

자본변동표는 기업 자본의 변동 내용을 표시한 재무제표다

자본변동표는 일정 시점에 기업 자본의 크기와 일정 기간 동안 기업 자본의 변동 내용을 표시한 재무제표이며 5가지의 자본 유형별로 변동내역을 보여준다. 순이익 발생, 주식 증자, 배당, 주식전환권 행사 등으로 자본의 변동이 생기므로 자본변동표상에서 자본의 변화가 있다면 왜 그 변화가 생겼는지를 알아보는 게 중요하다.

자본의 분류		세부항목
납입자본	자본금	보통주자본금, 우선주자본금
	자본잉여금	주식발행초과금, 기타자본잉여금 (자기주식처분이익, 감자차익 등)
이익잉여금		법정적립금, 임의적립금, 미처분이익잉여금
기타포괄손익누계액		매도가능금융자산평가손익누계액, 재평가잉여금 등
기타자본구성요소		자기주식, 미교부주식배당금, 주식할인발행차금 등

자본변동은 주주 뿐만 아니라 채권자에게도 매우 중요한 정보이다

자본은 주주의 소유이기 때문에 주주만의 관심사일 것 같지만 꼭 그렇지 않다. 은행 등과 같이 기업에게 자금을 빌려준 채권자 입장에서도 채무자 회사의 자본의 변동은 상당히 중요하다. 만일 A은행이 B기업에게 대출을 해 준 다음, B기업이 장기간 영업 악화로 인해 자본잠식 상태에 있다면 A은행이 가지고 있는 채권을 회수할 방법이 없어질 수도 있으므로 자본의 변화 추이를 알아야 할 필요성이 있다.

즉, 자본변동은 단순히 주주만의 관심사가 아닌 특정 회사와 채권채무 관계를 가지는 모든 당사자가 알고 있어야 할 필수 사항이며 채권회수 불가상태를 방지할 수 있는 안전장치 역할을 하는 정보라고 할 수 있다.

자본변동표 작성원칙 Fastrack

1) **자본의 구분표시** : 자본금, 자본잉여금, 자본조정, 기타포괄손익누계액, 이익잉여금(결손금)으로 구분

2) **자본변동 사유표시**

- 자본금 : 보통주/우선주자본금으로 구분 – 유무상증/감자, 주식배당 등
- 자본잉여금 : 주식발행초과금/기타 자본잉여금으로 구분 – 유무상증/감자, 결손금처리 등
- 자본조정 : 자기주식 / 기타자본조정 – 자기주식의 취득 및 처분
- 기타포괄손익누계액 : 매도가능증권평가손익 / 해외사업환산손익 / 현금흐름위험회피파생상품평가손익 – 미실현손익거래
- 이익잉여금 : 법정적립금 / 임의적립금/ 미처분이익잉여금(결손금) – 당기순손익, 전기오류수정손익

3) **자본변동 원인 표시순서** : 이익잉여금 변동사건 → 자본금 , 자본잉여금 → 자본조정 → 기타 기타포괄손익누계액. 단, 자본항목의 배열순서대로 표시해도 무방

THEME 05 현금흐름을 통해 경영상태를 진단하고 사업전략을 수립할 수 있다

BCG 매트릭스는 사업전략을 4가지로 구분한다

기업의 전략을 수립할 때 단골로 등장하는 전략수립 프레임워크(Business Strategy Development Framework)로 보스톤컨설팅그룹(BCG)의 매트릭스가 있다. 이 매트릭스 기법은 시장점유율(Market Share)과 사업의 성장률(Growth)을 기준으로 사업전략을 평가하고 수립할 수 있도록 도와준다.

시정점유율은 해당 사업모델이 시장에서 가지는 점유율을 의미하는데, 이해를 돕기 위해 점유율을 경쟁정도(Competition Intensity)로도 바꾸어 쓸 수도 있으며 사업 성장률은 사업의 현재 상태에서 성장할 수 있는 가능성의 정도로 볼 수 있다. 이 2가지 기준은 현재의 점유율과 미래의 성장률이 되므로 현재와 미래의 사업 특성에 따라 사업전략을 수립 또는 평가하는 것이라 할 수 있다.

BCG 매트릭스에 따른 4가지의 사업전략에 대해 살펴보자

1. 스타(Star) 사업

시장점유율과 성장률이 같이 높은 사업이다. 시장에서의 현재 포지셔닝을 유지하기 위해 지속적으로 높은 투자수준을 유지해야 하는 부담이 있으며 미래시장에서의 수익을 볼 때 현명한 투자는 아닐 수 없다. 만일 스타 사업이 시간이 지나 성장률이 낮아지면 캐시카우 사업이 될 가능성이 있으므로 이를 미리 예방하는 차원에서 지속적 혁신과 투자를 병행해야 한다. 현재 스타벅스, 구글, 애플 등이 스타 사업으로 불리고 있다.

2. 캐시카우(Cash Cow) 사업

시장점유율은 높지만 성장률이 낮아 성장이 정체된 사업이다. 캐시카우 사업은 안정적인 수익모델을 의미하며, 대부분 캐시카우 사업들은 규모의 경제를 누리고 있어서 지속적인 수입과 원활한 현금 흐름을 유지할 수 있다. 주로 정유 등과 같은 자본집약적 산업이나 통신, 유통 등과 같은 노동집약적 산업에서 한발 앞서 나가 경쟁 우위를 보유한 기업들이 여기에 해당한다.

3. 물음표(Question Mark) 사업

상대적으로 낮은 시장점유율을 가지고 있으나 높은 성장률이 예상되는 사업이다. 이 사업에서 고려할 수 있는 선택지는 2가지다. 과감하고 전폭적인 투자를 통해 스타 사업으로 성장시켜 나갈 것인지 아니면 시장 자체를 포기할 것인지를 결정해야 한다. 주로 Start-up 기업이 여기에 속하며 산업적으로는 게임회사, 제약 등의 회사들이 향후 투자에 대해 물음표를 던지는 기업들이다.

4. 개(Dog) 사업

성장 가능성이 희박하고 당장의 현금 흐름 마저도 원활하지 않아서 출구전략을 고민해야 하는 사업이다. 개 사업이 속하는 산업 자체가 쇠퇴기에 접어들었다고도 볼 수 있으므로, 레드오션 시장에서 개별 회사의 차별화 전략이 무용할 테니 효과적이고 단계적인 사업철수 전략을 모색해야 한다.

현금흐름에 따른 사업전략을 구분해 보자

기업의 근본적인 활동은 영업활동, 투자활동 그리고 재무활동으로 나누어지며 3가지 기업활동의 결과는 현금흐름표에 그대로 표시된다.

- **영업활동** : 회사의 본질적 영업활동에서 발생한 수입과 지출에 따른 현금의 흐름
- **투자활동** : 지적재산권, 건물, 차량, 주식 등 영업활동에 필요한 것을 매입하거나 판매하면서 생긴 현금의 흐름
- **재무활동** : 대출은 받거나 상환 또는 지분투자를 받거나 주주 배당금을 지급하면서 생긴 현금의 흐름

4개 회사의 현금흐름을 예로 들어 기업활동별 현금흐름을 분석하고 사업전략을 수립해 보자.

(단위 : 억원)

	A사	B사	C사	D사
영업활동	100	100	50	−100
투자활동	−70	−10	−100	50
재무활동	−10	−50	50	40
합계	10	40	0	−10

A가 전형적인 스타 사업의 현금흐름을 보여준다. 이 회사는 영업을 통해 100억을 번 후, 무려 70억을 투자한 반면 주주 배당으로 10억만 썼다. 매출대비 투자의 비중으로 보아 사업의 성장률이 낙관적으로 보인다.

B사는 캐시카우 사업에 해당한다. A사와 같은 영업실적을 올렸지만 그 절반인 50억을 주주 배당하고 10억만 투자활동에 쓴 점을 보아 A사는 미래의 가능성을, B사는 당장의 이익 배당을 중시하는 것으로 대비된다.

C사는 투자 유지의 갈림길에 선 기업으로 보인다. 매출이 50억인데, 투자활동이 그 2배인 100억에 달한다. 나머지 50억도 지분투자를 받아 손실은 면한 회사이다. 대표적인 물음표 사업에 속한다.

D사는 100억의 영업손실을 메우기 위해 보유자산을 팔아서 50억을 조달하고 은행 대출을 받아서 40억을 추가로 확보했다. 그럼에도 10억의 적자는 피하지 못했다. 전형적인 개 사업이 보여주는 현금 흐름이다.

현금흐름에 따라 사업전략을 수립할 수 있다

현금흐름에 따라 분석된 사업의 현황에 따라 향후 전개할 사업전략을 수립할 수 있다.

- 스타 사업 : 육성 및 유지전략
- 캐시카우 사업 : 유지전략
- 물음표 사업 : 수확 및 철수전략 또는 수확 및 육성전략
- 개 사업 : 수확 및 철수전략

스타 사업에서는 현 경영실적을 유지하면서 더 큰 실적을 위해 사업육성에 치중해야 하며, 캐시카우 사업에서는 더 이상의 시장점유율이나 실적을 기대하기 어려우므로 현 실적을 유지하는 방향으로 사업전략을 펴야 한다.

한편, 물음표 사업에서는 시장철수와 사업육성 중에 방향을 정해서 그에 맞도록 이후 사업전략을 매칭해야 한다. 그리고 개 사업에서는 이미 시장의 미래가 정해졌으므로 출구전략을 중심으로 사업을 전개하며, 출구 과정에서 피해를 최소화하는 것이 가장 중요하다.

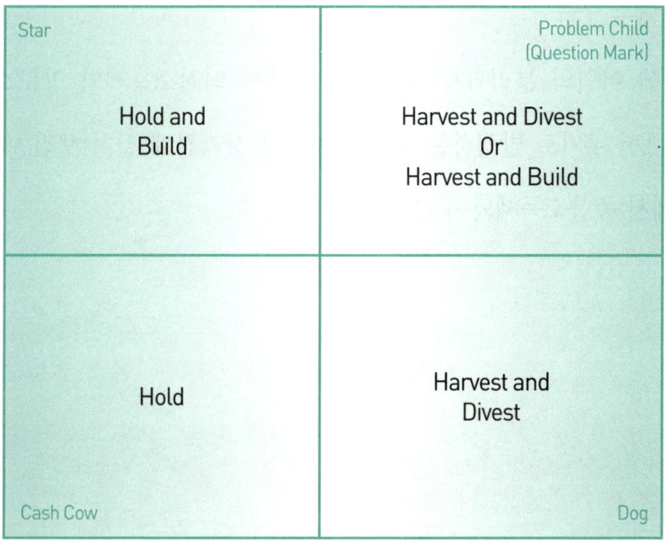

THEME **06**

이배사근연기를 합해서 종합소득세를 낸다

소득세 영역에는 3가지의 세금이 들어가 있다

세법은 소득세를 종합소득세, 퇴직소득세 그리고 양도소득세로 나눈다. 종합소득세는 개인이 1년 동안 벌어들인 모든 소득에 대해 다음 해 5월 31일까지 자진 신고 및 납부해야 한다. 종합소득에 해당하는 소득의 종류에는 이자소득, 배당소득, 사업소득, 근로소득, 연금소득 그리고 기타소득이 있는데 필자는 이들의 두음을 따서 이배사근연기라고 부른다.

종합소득세 이외의 분리과세 소득세 영역에는 퇴직소득세와 양도소득세가 있는데, 이들은 1년 주기로 발생하는 소득이 아니라 장기간에 걸쳐 생긴 이익에 대한 과세라는 점에서 종합소득세와 구분된다.

소득세 영역

종합소득세	퇴직소득세	양도소득세
종합소득금액 − 종합소득공제	퇴직소득금액 − 퇴직소득공제	양도소득금액 − 양도소득공제
종합소득과세표준 X 기본세율	퇴직소득과세표준 X 기본세율	양도소득과세표준 X 양도소득세율
종합소득산출세액 − 감면공제세액	퇴직소득산출세액 − 감면공제새액	양도소득산출세액 − 감면공제세액
종합소득결정세액 + 가산세	퇴직소득결정세액 + 가산세	양도소득결정세액 + 가산세
종합소득총결정세액 − 기납부세액	퇴직소득총결정세액 − 기납부세액	양도소득총결정세액 기납부세액
종합소득 차감납부세액	퇴직소득 차감납부세액	양도소득 차감납부세액

종합소득을 분리과세하고 퇴직소득은 분류과세한다

종합소득세의 대상인 이자소득 등 6개의 소득은 모두 합산해서 세금을 산출하게 되며 누진율이 적용되어 소득이 높을수록 세율은 올라간다. 이렇게 6개 소득 전부가 합산되면 세율이 상당히 높아질 수 있어서 소득 유형별로 종합소득으로 합산되지 않고 분리된 상태에서 과세될 수 있는 예외를 두고 있다. (분리과세)

소득 종류	분리과세 범위
금융(이자/배당)소득	연간 금융소득 2천만원 이하
근로소득	전부 종합소득에 합산
사업소득	전부 종합소득에 합산
연금소득	연간 연금소득 1,200만원 이하
기타소득	필요경비 80% 공제 후 연간 기타소득 300만원 이하

반면, 퇴직소득세와 양도소득세는 장기간에 걸쳐 발생한 소득에 대한 과세이어서 1년 주기로 과세되는 종합소득세의 누진율 효과로 인한 세금 부담을 방지하기 위해 종합소득에서 분류해서 별도로 과세하고 있으며 이를 분류과세라고 한다.

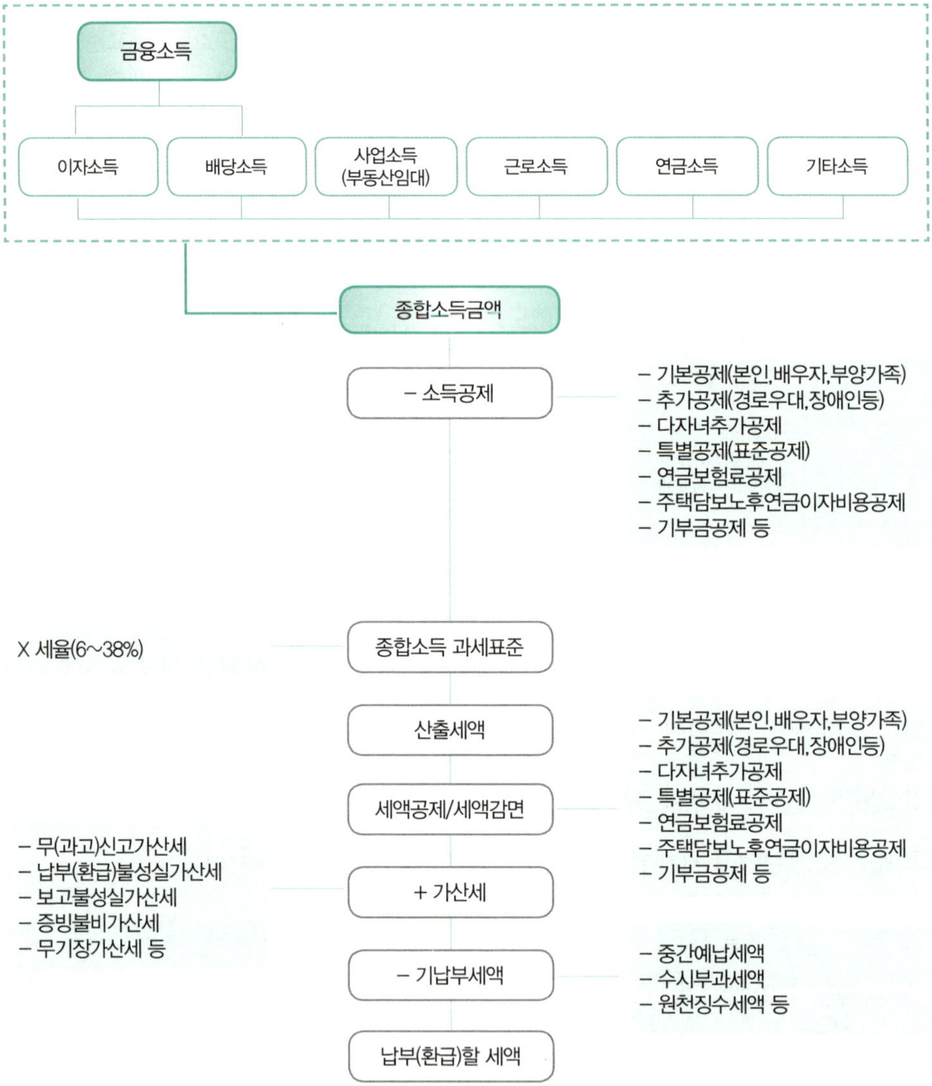

수입이 있는 곳에 세금이 있지만, 수입세가 아닌 소득세를 낸다

흔하게 하는 말로 수입이 있는 곳에 세금이 있다고 한다. 그러나 수입에 대한 세금이라는 의미로 수입세라는 표현을 쓰지 않고 소득세라는 표현을 쓰고 있어서 수입과 소득이 개념상 다를 수 있다는 것을 알 수 있다.

국세청은 과세대상인 소득금액을 과세기간 동안 납세자가 벌어들인 수입 전체로 보지 않고 벌어들인 수입에서 제반 경비를 차감하고 남은 금액으로 정의하고 있다.

수입 - 경비(공제) = 소득
소득 X 세율 = 소득세

종합소득세 계산시 과세소득으로 합산되는 금액은 소득액 전체가 되지만 근로소득, 사업소득, 기타소득 등에서는 필요경비를 공제한 후 계산하도록 하고 있다.

수입과 소득의 개념을 구분해 볼 때, 수입을 만들기 위해 필요한 경비를 공제하고 그 나머지에 대해 세금을 매기는 것으로 간단히 이해할 수 있다. 사업이나 강의 등을 통해 벌어들인 사업소득이나 기타소득에서는 소요경비라는 개념이 적합하지만, 근로소득의 경우, 근로하기 위한 경비라는 개념이 적합하지 않을 수 있어 근로소득공제액 등의 개념을 써서 과세 근로소득을 정하고 있다.

	종합소득에 합산되는 금액
이자소득	이자소득 총액
배당소득	배당소득 총액
근로소득	총급여액 - 근로소득공제액
사업소득	총수입 - 필요경비
연금소득	총연금액 - 연금소득공제액
기타소득	총수입 - 필요경비

THEME **07**

월 60시간 이상 근무하는 일용직은 4대보험에 가입한다

일용직은 매일 근로계약 체결과 종료가 반복되는 자를 말한다

일용직(Daily Worker)은 말그대로 매일 근로계약이 체결되고 종료되는 근로계약을 체결한 직원을 말한다. 계약기간이 정해진 근로계약을 체결한 직원을 계약직이라고 하는데, 일용직은 계약직 유형 중 가장 짧은 근로계약을 체결한 직원이 되며, 흔히 아르바이트, 알바 등으로 통용되기도 한다. 일용직 직원의 근무기간이 단기이다 보니 4대보험 등과 같은 신고업무를 소홀하게 처리할 수 있으며, 고용보험 가입일수 때문에 실업급여를 못 받는 일용직의 민원이 발생할 수도 있으니 일용직 신고업무에 신경 써서 처리해야 한다.

노동법은 일용직을 1개월 미만 고용되는 자로 정하고 있다

고용보험법은 2004년 법개정을 통해 일용직 고용보험가입을 의무화하면서 "일용직을 1개월 미만동안 고용되는 자"라고 정의하고 있다. 고용보험상 구직급여의 경우 일단위로 임금이 지급되는 일용직의 특수성 때문에 구직급여의 산정기초인 평균임금을 정하는 게 쉽다. 따라서, 마지막 근로일 이전 4개월 중 최종 1개월을 제외한 나머지 3개월을 토대로 일용직의 평균임금이 산정되도록 정했다.

$$\text{일용근로자 평균임금} = \frac{\text{이직일 이전 4개월 중 최종 1개월을 제외한 3개월 간의 임금 총액}}{\text{이직일 이전 4개월 중 최종 1개월을 제외한 3개월 간의 총 일수}}$$

세법은 일용직을 3개월 미만 고용되는 자로 정하고 있다

소득세법은 일용직을 '건설공사에서 1년 미만으로 근무하거나 근로계약에 따라 동일한 고용주에게 3월 이상 계속하여 고용되어 있지 아니한 자'라고 정하고 있다. 일용직의 근로소득에 대해서는 원천징수의무자가 일급을 기준으로 원천징수함으로써 납세의무가 종결되게 된다. 따라서 일용직은 별도로 연말정산을 하지 않으므로 의료비 등을 통한 소득공제가 적용되지 않는다. 언뜻 보면 일용직은 연말정산을 하지 않아서 통상 근로자보다 세금을 더 많이 내는 것으로 보일 수 있으나 실제 세금액이 미미해 연말정산을 하는 근로자보다 세금을 적게 내게 된다.

소득세법 시행령

제20조【일용근로자의 범위 및 주택임대소득의 산정 등】

① 법 제14조제3항제2호에서 "대통령령으로 정하는 일용근로자"란 근로를 제공한 날 또는 시간에 따라 근로대가를 계산하거나 근로를 제공한 날 또는 시간의 근로성과에 따라 급여를 계산하여 받는 사람으로서 다음 각 호에 규정된 사람을 말한다. 〈개정 2010.2.18, 2015.2.3〉

1. 건설공사에 종사하는 자로서 다음 각목의 자를 제외한 자
   가. 동일한 고용주에게 계속하여 1년이상 고용된 자
   나. 다음의 업무에 종사하기 위하여 통상 동일한 고용주에게 계속하여 고용되는 자
      (1) 작업준비를 하고 노무에 종사하는 자를 직접 지휘 · 감독하는 업무
      (2) 작업현장에서 필요한 기술적인 업무, 사무 · 타자 · 취사 · 경비등의 업무
      (3) 건설기계의 운전 또는 정비업무
2. 하역작업에 종사하는 자(항만근로자를 포함한다)로서 다음 각목의 자를 제외한 자
   가. 통상 근로를 제공한 날에 근로대가를 받지 아니하고 정기적으로 근로대가를 받는 자
   나. 다음의 업무에 종사하기 위하여 통상 동일한 고용주에게 계속하여 고용되는 자
      (1) 작업준비를 하고 노무에 종사하는 자를 직접 지휘 · 감독하는 업무
      (2) 주된 기계의 운전 또는 정비업무
3. 제1호 또는 제2호외의 업무에 종사하는 자로서 근로계약에 따라 동일한 고용주에게 3월이상 계속하여 고용되어 있지 아니한 자

일용직 근로소득은 10만원까지는 비과세 소득이다

일급 10만원까지는 근로소득공제로 비과세 소득으로 구분된다. 10만원을 초과하는 일급에 대해서만 6%의 세율로 과세되며, 이렇게 산정된 세액의 55%가 근로소득세액공제되어서 45%만큼만 납부하면 된다. 이 세금 산정방식을 좀 더 간단하게 만들면, 소득세 = (일급 – 10만원) X 2.7%로 정리된다.

산출된 소득세가 1,000원 미만이라면 세금 납부 면제대상에 해당되어서 일용직 일급 137,000원까지는 비과세 소득으로 볼 수 있다((137,000원 - 100,000) X 2.7% = 999원).

- 산출세액 = [(일 급여액 - 비과세소득) - 근로소득공제(일 10만원)] X 6% (세율)
- 원천징수할 세액 = 산출세액 - {산출세액 X 55% (근로소득 세액공제)}

소득세 계산	금액
총지급액(비과세제외)	200,000원
- 근로소득공제(일10만원)	100,000원
= 일 근로 소득금액	100,000원
X 세율(6%)	
= 산출세액	6,000원
- 근로소득세액공제(산출세액의 55%)	3,300원
= 결정세액	2,700원

※ 원천징수세액: 소득세 2,700원+주민세 270 (합계 2,970원)

일용직의 4대보험 가입은 월 60시간을 기준으로 결정된다

4대보험별 가입대상 범위는 다음과 같다.

국민연금 : 월 8일 이상 근무하거나 월 60시간 이상 근무한 자

건강보험 : 월 8일 이상 근무하거나 월 60시간 이상 근무한 자

고용보험 : 월 60시간 이상 근무하거나 1주 소정근로시간이 15시간 이상인 자

산재보험 : 근로일과 근로시간에 상관없이 의무가입대상

일용직의 월별보험료는 해당월에 일용직이 지급받은 보수총액을 월평균보수로 보아 월별보험료를 산정하여 납부하며 보수총액은 근로내용 확인신고서에 들어간 보수총액으로 한다. 이렇게 매월 보험료를 납부한 후 통상 근로자와 동일하게 다음연도 3월 15일까지 보수총액을 신고해서 보험료 정산절차를 거치게 된다.

4대보험료 기준 금액 Fastrack

구분	국민연금	건강보험	고용보험	산재보험
기준금액	기준소득월액	보수월액	월평균보수	
기준금액의 범위	소득세법상의 총 급여	소득세법상의 총 급여 + 국외근로소득 비과세 금액	소득세법상의 총 급여	

THEME 08 퇴직일시금은 퇴직소득세를, 퇴직연금은 연금소득세를 낸다

퇴직급여를 받을 수 있는 방법에는 3가지가 있다

퇴직금제도가 법정으로 되어 있는 나라가 한국 포함해서 홍콩, 호주 등에 한정되어 있어 의외로 많지 않다. 한국 법에서는 재직기간이 만 1년이 되는 시점부터 근속 매1년에 대해 평균임금 30일분을 퇴직급여로 지급하라고 정하고 있으며, 퇴직금제도에 2가지 퇴직연금 제도가 추가로 도입되면서 현재 3가지의 퇴직급여 방식 중에서 선택할 수 있다.

퇴직금제도 (Severance Pay Scheme) : 퇴직금제도를 설정하려는 사용자는 계속근로기간 1년에 대하여 30일분 이상의 평균임금을 퇴직금으로 퇴직 근로자에게 지급할 수 있는 제도를 설정하여야 한다.

확정급여형 퇴직연금제도 (Defined Benefits Pension Plan) : 급여 수준은 가입자의 퇴직일을 기준으로 산정한 일시금이 계속근로기간 1년에 대하여 30일분의 평균임금에 상당하는 금액 이상이 되도록 하여야 한다.

확정기여형 퇴직연금제도 (Defined Contribution Pension Plan) : 가입자의 연간 임금

총액의 12분의 1 이상에 해당하는 부담금을 현금으로 가입자의 확정기여형퇴직연금제도 계정에 납입하여야 한다.

퇴직급여 금액 기준에서는 퇴직금제도와 확정급여형 제도간 아무런 차이가 없으며 확정기여형 제도는 자산운영 결과에 따라 퇴직급여가 달라질 수 있다는 점에서 확정급여형 제도와 차이가 난다. 퇴직연금제도에서는 사외로 적립된 자산을 운영해서 그 손익에 따라 실제 퇴직급여액 또는 부담금이 달라지는데, 확정급여형 제도에서는 회사가 자산운영의 책임을 지고 확정기여형 제도에서는 직원이 책임을 진다.

| 확정급여형 제도의 급여수준 |

퇴직금 = 퇴직시 30일분이상 평균임금 X 근속년수

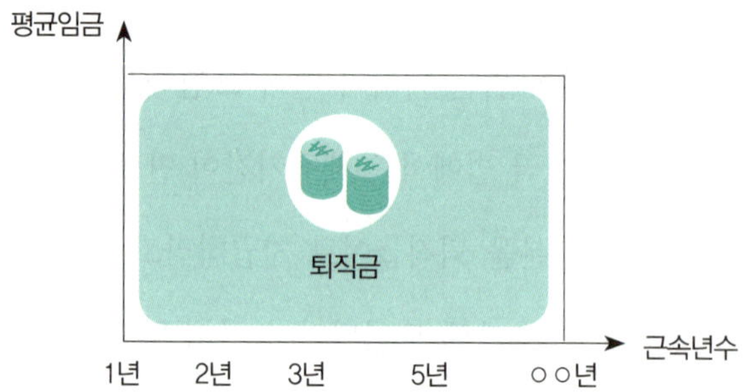

| 확정기여형 제도의 급여수준 |

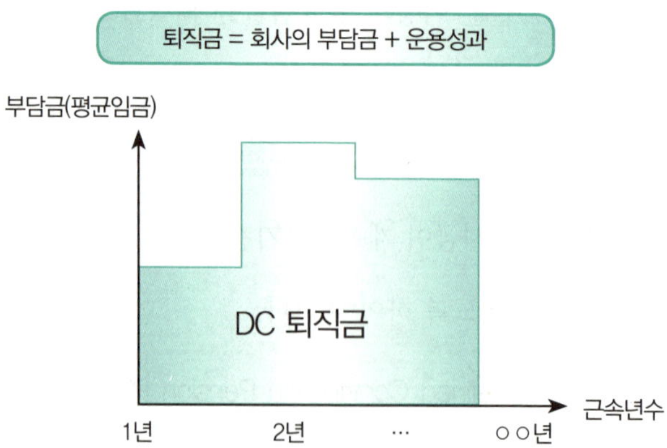

구 분	퇴직금	확정급여형	확정기여형
비용부담주체	사용자	사용자	사용자
퇴직급여 형태와 수준	일시금	연금 또는 일시금 (퇴직금과 같음)	연금 또는 일시금 (퇴직금보다 많거나 적을 수 있음)
비용부담 수준	연간 임금총액의 30일분 (1/12)	사용자의 적립금 운용 결과에 따라 다름	퇴직금과 같음 (연간 임금총액의 8.3%)
적립방식	사외적립 여부 임의	부분사외적립 (예상급여액의 60%)	전액 사외적립
사용자의 관리부담	인사노무관리 경직적	퇴직 후에도 관리 필요	적립 후 부담 없음
직장이동시 통산	어려움	어려움	쉬움
자산운영 권한 및 책임		회사	근로자
적합기업근로자	도산위험이 없고, 임금상승률이 높은 근로자	도산위험이 없고, 퇴직연금수급자 관리능력이 있는 회사	연봉제, 체불위험이 있는 기업, 직장이동이 빈번한 근로자

퇴직할 때 퇴직일시금과 퇴직연금 중에서 선택할 수 있다

퇴직연금제도에 가입되어 있다가 퇴직할 때 선택할 수 있는 퇴직급여 수급방법에는 일시금과 연금 2 가지가 있다. 물론 퇴직연금 수급조건이 한정되어 있어 이 조건에 맞지 않으면 일시금 이외의 수급방법을 선택할 수 없다.

퇴직연금 수급조건

– 55세 이상

– 10년 이상 가입

– 연금의 지급기간 5년 이상

퇴직일시금은 적립된 퇴직급여를 한번에 일시금으로 받고 퇴직소득세를 납부하게 되며, 퇴직연금은 5년 이상의 연금수급기간을 정해서 쌓여진 퇴직급여를 수급기간에 걸쳐 나누어서 받고 연금소득세를 부담하게 된다.

이 2가지 수급방법 중에서 일시금에 대한 수요, 장기적 노후설계 필요성 등과 같은 개인적 상황 또는 총금액에서 세후 금액을 정하는 세금액 등과 같은 재무적 요소를 고려해서 선택할 수 있다. 아래에서는 재무적 기준에서 일시금과 연금 중 무엇이 더 유리할지에 대해 한번 알아보자.

퇴직일시금으로 받으면 퇴직소득세 5% 가량을 부담한다

퇴직일시금에 적용되는 퇴직소득세는 퇴직일시금액과 근속기간 2가지 요소에 따라 결정된다. 퇴직퇴소득세에 적용되고 있는 다양한 공제항목에 따라 월급이 1,000만원이 넘지 않는 수준이라면 5~6% 정도의 세금이 산출된다.

2016년 퇴직소득세제 개정으로 퇴직금 금액에 상관없이 적용된 세제혜택을 대폭 줄이고 고소득자에 대해 누진효과가 생기게 해서 퇴직금 금액과 세율이 비례하도록 하였다. 구체적으로는 2015년까지 40%로 정률공제와 연분연승법이 적용되어 왔는데 2016년부터 40% 정률공제 대신 환산급여공제가 도입되고 연분연승법에서도 세율을 곱하기 전에 5배수나 12배수를 적용해서 고소득 퇴직자의 세금 부담이 커지도록 했다.

퇴직소득세 계산방식

종전(2016~2019년)	개정
퇴직소득그액=퇴직급여	퇴직소득금액=퇴직급여
(−)정률공제(퇴직급여액×40%)	(−)근속연수 공제
(−)근속연수 공제	과세표준
과세표준	(÷)근속연수(×)12
(÷)근속연수(×)5	환산급여
5배수	(−)차등공제
연분연승과세표준	과세표준
(×)종합소득세율	(×)종합소득세율
연평균산출세액	연평균산출세액
(×)근속연수(÷)5	(×)근속연수(÷)12
퇴직소득산출세액	퇴직소득산출세액

근속연수 공제

5년 이하	30만원×근속연수
5년초과 10년 이하	150만원+50만원×(근속연수−5년)
10년초과 20년 이하	400만원+80만원×(근속연수−10년)
20년 초과	1200만원+120만원×(근속연수−20년)

차등 공제

환산급여	공제액
800만원 이하	환산급여의 100%
7000만원 이하	800만원+(800만원 초과분의 60%)
1억원 이하	4520만원+(7000만원 초과분의 55%)
3억원 이하	6170만원+1억원 초과분의 45%)
3억원 초과	1억5170만원+(3억원 초과분의 35%)

퇴직소득세	구분	연금소득세
· 분류과세	과세방법	· 종합과세 (타 소득과 합산과세)
· 환산급여 공제	공제범위	· 연금소득공제 (구간별 공제, 한도 900万)
· 소득의 크기에 비례해서 세금 증가	특징	· 소득의 크기에 비례해서 세금 증가 · 다른 연금소득과 합산해서 세금 산출

연금소득액이 연간 1,200만원이 넘지 않으면 분리과세 할 수 있다

연금소득도 근로소득과 마찬가지로 지급받을 때마다 소득세가 원천징수된 세후 금액을 받게 된다. 연간 연금소득이 1,200만원을 넘지 않는다면 분리과세나 종합과세 중에서 납세자가 선택할 수 있다. 분리과세를 선택한다면 연금소득세율은 3%에서 5% 사이에서 적용되고 종합과세를 선택한다면 종합소득세가 적용되어서 6.6%에서 최대 44%의 세율이 적용된다.

세율만 놓고 보면 분리과세가 종합과세보다 유리해 보이지만, 소득의 구성과 수준에 따라 종합과세가 유리할 수도 있다. 연간 1,200만원의 연금수령액이 있고 이외 별도 소득이 없는 상황을 가정해 보자. 분리과세를 택하는 경우 5.5% 세율을 적용받아 66만원을 세금으로 내는 반면, 종합과세를 택하면 각종 공제 항목을 활용해서 66만원 이하로 세금을 낮출 수 있다. 따라서, 자신의 연금수령액, 다른 소득의 유무, 다른 소득의 수준 등을 감안해서 종합과세 할지 분리과세 할지 정해야 한다.

| 종합과세시 연금소득 공제액 |

연금액	연금소득 공제액
350만 이하	전액
350만~700만	350만원+350만원 초과금액의 40%
700만~1,400만	490만원+700만원 초과금액의 20%
1,400만 이상	630만원+400만원 초과금액의 10%

| 종합과세시 연금소득세 산출 사례 |

① 총연금수령액(국민+퇴직+개인) = 20,000,000원 (연간수령액)
② 연금소득공제 = 6,900,000원 (위 Table 적용)
③ 연금소득금액 = ①-② = 13,100,000원
④ 종합소득공제 = 2,600,000원(2인가정 기준, 인적공제 각 100만원, 표준공제 60만원)
⑤ 과세표준 = ③-④ = 10,500,000원
⑥ 산출세액 = 63,000원 (2009년도 종합소득세율 적용)
⑦ 총세액(주민세 포함) = 630,000 × 1.1 = 693,000원

공적연금과 사적연금을 합해서 연금소득 과세표준을 확정한다

국민연금과 같은 공적연금과 퇴직연금 또는 개인연금과 같은 사적연금은 모두 합산해서 과세된다. 연금수령액에서 과세제외금액과 비과세금액을 공제하면 총연금액이 산출되며, 여기에서 900만원 한도로 연금소득공제를 적용하면 연금소득금액이 확정된다.

다음으로 연금소득금액에 다른 종합소득금액을 합산한 후 종합소득공제 등을 적용하면 종합소득 과세표준이 확정되어서 산출세액이 계산된다. 마지막으로 산출세액에서 표준세액공제 등을 적용하면 납부해야 할 결정세액이 최종적으로 확정된다.

구분	계산방법
총연금액	연금수령액(=공적연금소득+사적연금소득)-과세제외금액-비과세금액
연금소득금액	총연금액=연금소득공제(900만원한도)
종합소득 과세표준	연금소득금액+다른 종합소득금액(이자,배당,사업,근로,기타소득금액)-종합소득공제-주택담보 노후연금이자 비용공제 등(200만원 한도, 공제신청한 경우 적용)
산출세액	과세표준에 기본세율을 적용하여 계산
결정세액	산출세액에 자녀세액공제, 표준세액공제 등 적용

※ 공적연금소득을 제외한 연금소득이 다음에 해당하는 경우 분리과세 함

① 연금계좌에 입금한 이연퇴직소득을 연금수령하는 연금소득

② 세액공제받은 연금계좌 납입액 및 연금계좌의 운용실적에 따라 증가된 금액을 의료목적, 천재지변, 그 밖에 부득이한 사유 등으로 인출하는 연금소득

③ ①,② 외의 연금소득의 합계액이 연 1천 200만원 이하인 경우 그 연금소득. 다만, 해당 소득이 있는 거주자가 종합소득 과세표준을 계산할 때 이를 합산하려는 경우는 제외한다(선택적 분리과세)

퇴직연금 절세 방안 Fastrack

1. 세액공제 혜택을 극대화한다. 연금저축과 IRP를 합친 연금계좌에서는 연간 최대 700만원까지 세액공제를 받을 수 있다. 직장인으로서 기존에 연금저축만 가지고 있다면 400만원(고소득자일 경우 300만원)까지 세액공제를 받을 수 있기 때문에 IRP를 추가로 가입함으로써 공제 혜택을 늘릴 수 있다. 연간 총 700만 원을 저축할 계획이라면 연금저축에 최대 300만원 혹은 400만원을 저축하고, 나머지는 IRP에 저축하는 것이 공제 혜택을 극대화하는 방법이 된다.
2. 퇴직하거나 회사를 옮긴 근로자가 기존 퇴직급여를 수령했을 때, 이를 IRP에 옮겨 계속 운용하면 절세 효과를 극대화할 수 있다. 55세 미만인 근로자가 퇴직연금에 가입돼 있던 퇴직급여를 퇴직할 때 수령하게 되면 이는 IRP 계좌로 이체된다. 이 경우 퇴직소득세는 계산만 해두고 납부하지 않는다. 이렇게 과세를 이연하고, IRP에 적립된 금액을 나중에 연금으로 수령하면 30%의 세금이 경감된다. 또한 적립된 자산을 운용하면서 발생한 이자, 배당 등의 운용수익은 연금으로 수령할 때 15.4%의 이자배당 소득세 대신 3.3~5.5%의 저율로 세금을 납부할 수 있다.

THEME 09 부가가치세는 최종 부가가치에 대해 부과되는 간접국세다

매입 부가세가 매출 부가세를 줄여준다

부가가치세(부가세)란 재화나 서비스가 거래되거나 제공될 때 만들어지는 부가가치에 대해 과세하는 세금을 말한다. 매출이 발생하는 경우 매출액의 10%만큼의 매출 부가세가 발생하며, 반대로 매입할 때도 매입 부가세가 발생하는데 매입 부가세는 납부해야 할 매출 부가세에서 차감하여 부가세액을 줄여주는 역할을 한다. 이 때 매입 부가세를 차감하는 것을 세액공제라고 부른다.

통상 부가세는 재화나 서비스 유통과정에서 생기는 최종가격(소비자가격)에 포함되어 있다. 부가세가 포함된 금액을 공급대가, 부가세가 제외된 금액을 공급가액이라고 한다.

부가세 산정 사례 1 (세액공제)

매출 = 공급가액 100만원 + 매출 부가세 10만원
매입 = 공급가액 50만원 + 매입 부가세 5만원

납부해야 할 부가세액 = 매출 부가세 10만원 - 매입 부가세 5만원

부가세 산정 사례 2 (부가세 환급)

매출 = 공급가액 50만원 + 매출 부가세 5만원
매입 = 공급가액 100만원 + 매입 부가세 10만원

환급받을 부가세액 = 매출 부가세 5만원 - 매입 부가세 10만원

부가가치세를 절세할 수 있다

매출이 10억 미만인 개인사업자의 경우 신용카드 매출전표 또는 현금영수증을 통해 매출을 발생시키면 매출액의 1.3%를 연간 500만원 한도로 공제받을 수 있다.

부가세 신고시 국세청홈택스를 통해 전자신고하면 확정신고시마다 1만원의 세액공제를 받을 수 있다. 연간 2만원이어서 큰 혜택으로는 보이지 않을 수 있지만 절차상 큰 부담이 있는 게 아니니 잘 챙겨서 절세에 활용하는 게 좋다.

매입자료 적격증빙을 인정받을 수 있는 자료는 계산서, 신용카드 매출전표 그리고 현금영수증에 한정된다. 간이영수증, 거래명세서, 통장거래내역 등은 부가세 공제의 자료로 인정되지 않으니 적격증빙 요건에 맞추어서 매출과 매입자료를 챙겨야 한다.

부가세는 1년에 2번 신고하고 납부한다

개인사업자와 법인사업자로 구분해서 부가세 납부기간이 달라진다. 개인사업자는 1년에 2번 신고납부(반기별)하고, 법인사업자는 1년에 4번 신고납부(분기별)한다. 기한 내에 신고 또는 납부하지 않으면 가산세 폭탄을 맞을 수 있으니 신고납부기간 만큼은 반드시 챙겨야 한다.

| 부가세의 불성실 가산세 |

> 신고 불성실 가산세 = 납부세액 X 20%
> 납부 불성실 가산세 = 미납세액 3/10000 X 연체일수 (매일 0.03% 가산)
> 세금계산서 합계표 제출 불성실 가산세 = 합계표미제출한공급가액 X 0.5%

| 개인 및 법인사업자 부가세 신고납부기간 |

과세기간	과세대상기간		신고납부기간	신고대상자
제1기 1.1.~6.30	예정신고	1.1~3.31	4.1~4.25	법인사업자
	확정신고	1.1~6.30	7.1~7.25	법인, 일반과세자
제2기 7.1~12.31	예정신고	7.1~9.30	10.1~10.25	법인사업자
	확정신고	7.1~12.31	익년도 1.1~1.25	법인, 일반과세자

간이사업자라면 간단하게 부가가치세 신고할 수 있다

연간 매출이 4800만원 이상인 개인사업자는 일반과세로 등록되지만 4,800만원 이하라면 사업자의 선택에 따라 일반과세자 또는 간이과세자 중 하나로 등록할 수 있다. 간이과세자로 등록하는 경우 매출세액과 매입세액의 차이에 업종별 부가가치율을 한번 더 곱해서 부가세를 산정하게 된다.

세액공제 비중이 커서 간이과세자의 세금부담이 작아 보이지만 항상 그렇지는 않다. 사업초기에는 매출보다 매입이 많기 때문에 부가세를 환급받아야 하는데 간이과세자로 등록했다면 환급액이 작아지는 단점이 생길 수도 있다. 따라서 매출과 매입의 추이에 따라 일반과세자와 간이과세자 중에서 어떤 유형이 세제상 더 유리할지 비교검토해서 등록하도록 하자.

| 부가세 산정 사례 |

일반과세자 : 매출 부가세 100만원 – 매입 부가세 50만원 = 50만원
간이과세자 : (매출 부가세 100만원 – 매입 부가세 50만원) X 10% = 5만원 (음식점 경우)

| 일반과세자와 간이과세자 구분 |

구분	일반과세자	간이과세자
자격	법인사업자 또는 직전사업연도 공급대가(연 매출액)가 4,800만원 이상인 개인사업자	직전사업연도 공급대가가 4,800만원 미만인 개인사업자
부가가치세 계산법	매출세액 – 매입세액	(매출세액 – 매입세액) × 업종별 부가가치율
세금계산서 발행여부	발행가능	발행불가

| 간이과세자 업종별 부가가치율 |

구분	부가가치율
전기, 가스, 증기 및 수도 사업	5%
소매업, 재생용 재료수집 및 판매업, 음식점업	10%
제조업, 농업, 임업 및 어업, 숙박업, 운수 및 통신업	20%
건설업, 부동산임대업 및 그 밖의 서비스업	30%

THEME **10**

근로소득세는 매월 원천징수하고 연말에 정산한다

근로소득세는 매달 월급에서 원천징수한다

근로소득은 종합소득의 한 소득이어서 세액은 1년을 주기로 최종적으로 확정된다. 근로소득세액을 한번에 몰아서 납부하게 되면 납세자 입장에서 무리가 따르기 마련이다. 따라서 매달 월급에서 소득법 시행령에 명시된 근로소득 간이세액표에 따라 근로소득세액을 미리 원천징수해서 납부하게 된다. 여기에서 근로소득 간이세액표는 직원의 세금 일시 납부에 따른 부담을 분산하기 위해 월 급여수준과 공제대상 부양가족 수 별로 원천징수액을 정한 표를 말한다.

직원은 이 간이세액표에 따른 세액의 80%, 100%, 120% 중에서 선택해서 회사(원천징수 의무자)에게 적용해 달라고 요청할 수 있다.

근로소득 간이세액표(제189조 제1항 관련)				
근로소득 간이세액표(소득세법 시행령 제189조 제1항 관련)총급여액	공제대상가족의 수가 1명인 경우	공제대상가족의 수가 2명인 경우	공제대상가족의 수가 3명 이상인 경우	
3,000만원 이하	310만원 + 연간 총급여액의 4퍼센트	360만원 + 연간 총급여액의 4퍼센트	500만원 + 연간 총급여액의 7퍼센트	
3,000만원 초과 4,500만원 이하	310만원 + 연간 총급여액의 4퍼센트 – 연간 총급여액 중 3천만원을 초과하는 금액의 5퍼센트	360만원 + 연간 총급여액의 4퍼센트 – 연간 총급여액 중 3천만원을 초과하는 금액의 5퍼센트	500만원 + 연간 총급여액의 7퍼센트 – 연간 총급여액 중 3천만원을 초과하는 금액의 5퍼센트	+ 연간 총급여액 중 4천만원을 초과하는 금액의 4퍼센트
4,500만원 초과 7,000만원 이하	310만원 + 연간 총급여액의 1.5퍼센트	360만원 + 연간 총급여액여의 2퍼센트	500만원 + 연간 총급여액의 5퍼센트	
7,000만원 초과 1억 2,000만원 이하	310만원 + 연간 총급여액의 0.5퍼센트	360만원 + 연간 총급여액의 1퍼센트	500만원 + 연간 총급여액의 3퍼센트	

근로소득세 계산방법

총급여세액(비과세소득 제외)

−

근로소득공제

총급여액	근로소득공제금액
500만원 이하	총급여액의 100분의 70
500만원 초과 1,500만원 이하	350만원+(총급여액−500만원)×40%
1,500만원 초과 4,500만원 이하	750만원+(총급여액−1,500만원)×15%
4,500만원 초과 1억원 이하	1,200만원+(총급여액−4,500만원)×5%
1억원 초과	1,475만원+(총급여액−1억원)×2%

=

근로소득금액

−

인적공제

기본공제	추가공제	
· 본인	· 경로우대자	· 한부모
· 배우자	· 장애인	
· 부양가족	· 부녀자	

−

연금보험료공제

−

특별소득공제

- 건강보험료 등, 고용보험료
- 주택임차차입금 원리금상환액
- 장기주택저당차입금 이자상환액
- 기부금(이월분)

−

그 밖의 소득공제

- 개인연금저축
- 주택마련저축
- 소기업 · 소상공인 공제부금
- 투자조합출자 등
- 신용카드 등
- 우리사주조합 출연금 · 기부금
- 장기집합투자증권저축
- 고용유지중소기업

=

과세표준 X 세율

과세표준 구간	세율
1,200만원 이하	6%
1,200만원 초과 4,600만원 이하	72만원+1,200만원 초과금액의 15%
4,600만원 초과 8,800만원 이하	582만원+4,600만원 초과금액의 24%
8,800만원 초과 1.5억원 이하	1,590만원+8,800만원 초과금액의 35%
1.5억원 초과	3,760만원+1.5억원 초과금액의 38%
5억원 초과	17,060만원+1천200만원 초과금액의 40%

=

산출세액

−

세액공제 · 감면

- 소득세법 및 조세특례제한법상 세액감면
- 근로소득세액공제
- 자녀세액공제
- 특별세액공제(보장성보험료, 의료비, 교육비, 기부금)
- 연금계좌세액공제
- 표준세액공제
- 월세액세액공제

=

결정세액

−

기납부세액

- 매월 급여에 대해 근로소득 간이세액표에 따라 원천징수한 세액의 연간 합계액

=

차감징수세액

- 결정세액 〉 기납부세액 : 차액을 납부
- 결정세액 〉 기납부세액 : 차액을 환급

13월의 보너스인 연말정산은 5단계 과정을 거쳐 이루어진다

1단계 : 총급여(식대, 육아수당, 자가운전보조비 등 비과세 수당은 제외)에서 근로소득공제를 차감해서 근로소득금액 산출

2단계 : 근로소득금액에서 인적공제, 연금보험료공제, 특별소득공제 등을 공제해서 과세표준 산출

3단계 : 과세표준에서 세율 곱해서 산출세액 산출

4단계 : 산출세액에서 제반 세액공제/감면 적용해서 결정세액 산출

5단계 : 결정세액에서 매월 원천징수한 기납부세액 차감해서 차감징수세액 산출 (결정세액이 크면 차액 납부, 결정세액이 작으면 차액 환급)

3가지 비과세 혜택을 최대한 활용하자

연봉 항목 중에서 근로소득자에게 세제 혜택을 주기 위해 세법이 정한 비과세 소득이 있다. 대표적 비과세 소득에 대해 아래에서 알아보자.

- 식대 : 월 10만원까지 비과세 가능하며 회사로부터 식사(현물)를 제공받지 않아야 함
- **차량유지보조금** : 월 20만원까지 비과세 가능하며 직원 명의 차량을 업무에 사용하면서 출장비 등을 실비로 지급받으면 안됨. 단, 장거리 출장에 대한 경비나 여비는 보조 가능함
- **육아/보육수당** : 월 10만원까지 비과세 가능하며 6세 이하 자녀가 있는 경우 적용됨. 자녀 수에 상관없이 월 10만원 한도이며 맞벌이 부부의 경우 각각 10만원씩 비과세 혜택 받을 수 있음

연봉계약서의 연봉이 단계적으로 범위가 좁아진다.

자신이 체결한 연봉계약서상의 연봉이나 월급에 대한 세금이 결정되기까지 총 4개의 개념이 단계적으로 적용된다.

- 1단계(연봉) : 연봉계약서에 명시된 세전 연봉이나 월급 전부
- 2단계(총급여액) : 연봉에서 식대 등 비과세 항목을 차감한 금액
- 3단계(근로소득금액) : 총급여액에서 급여액 구간별로 정해진 공제액을 차감한 금액
- 4단계(과세표준) : 근로소득금액에서 인적공제, 연금보험료공제 등을 차감한 금액

연말정산 주요 용어

Fastrack

1. **원천징수** : 급여를 지급할 때 급여에 대한 세금을 미리 떼는 것
2. **비과세소득** : 근로소득 가운데 세금을 내지 않아도 되는 소득으로 식대, 자가운전보조비, 요양급여, 실업급여, 육아휴직급여 등이 있음
3. **월정액급여** : 매월 지급별로 받는 봉급, 임금 등과 같은 성질의 급여 총액(당해 연도 중에 받는 상여 등 부정기적 급여는 제외)
4. **총급여액** : 연간 근로소득에서 비과세소득을 뺀 금액
5. **과세표준** : 세금을 부과하는데 기준이 되는 금액

임원 승진을 위한

팀장 패스트트랙

PART 05

관리 – A. 자기관리

THEME 01 매일 2분이면 산을 옮기고 천리를 간다

미래의 내가 현재의 나를 경쟁에서 이겨야 한다

미국의 한 대학에서 실시한 저축성향 관련 심리실험에서 월급의 2%를 매월 자동이체해서 저축할 의사가 있는지 물어봤다. 이 질문에 대해 한 명도 빠짐없이 저축하겠다고 답변했다.

시간 요소를 추가한 질문에는 지금 즉시 저축이 시작된다고 했을 때는 참가자의 30%만 참가의사를 밝혔고 저축 시작 시점을 1년 뒤로 물었을 땐 77%나 동의했다.

저축이라는 명분 좋은 명제에 대해선 아무도 반대하지 않았지만 시간적인 요소를 추가했더니 결과가 크게 바뀌는 것으로 나타났다. 왜 이런 결과가 나오게 되는 걸까? 저축을 즉시 개시한다는 질문은 당장의 소비를 줄이거나 가처분 소득이 줄게 된다는 것을 내포하고 있다. 저축을 통한 미래의 효용보다 당장의 소비나 효용을 선호하는 성향이라면 저축 의사는 명확하나 당장이라는 시간적 조건이 붙는다면 저축 의사를 고수하지 않게 된다.

한편 당장의 소비보다 미래의 자신을 위해 투자하고자 하는 성향이라면 당장 저축을 시작해야 한다 하더라도 굳이 마다할 이유는 없을 것이다.

이 실험의 결과는 저축이라는 미래가치와 소비라는 현재가치 사이에서 다투고 있는 미래의 자신과 현재의 자신 간의 경쟁이라고 요약할 수 있다.

미래의 자신을 잘 만들어 가기 위해서는 현재 자신의 양보와 희생이 필요하다. 현재 자신의 양보와 희생은 결국 미래가치를 위한 변화과정(Change Process)인데, 사람들은 현실에 안주하고 변화를 본능적으로 거부하는 성향을 어느 정도 가지고 있어서 이 변화과정을 만들어 가는 게 쉽지 않다.

이 과정의 발목을 잡고 있는 게 바로 현재의 습관과 관성이다. 결국 현재 몸에 베어 있는 습관과 관성을 떨치기 위한 변화를 조금씩 만들어가는 게 미래에 대한 진정한 투자가 될 것이며 이 노력은 매일 2분이라는 작은 노력과 관심에서 시작할 수 있다.

일요일 오후보다 금요일 오후가 더 행복하다

필자는 강의장에서 종종 수강생들에게 일요일 오후와 금요일 오후 중 어느 시간대가 더 좋은지에 대해 물어본다. 개인차가 있겠지만 금요일 오후라는 선택의 비중이 압도적이다. 일하고 있는 금요일 오후보다 일을 안하고 쉬고 있는 일요일 오후가 왜 덜 선호될까? 물론 이 질문은 일보다는 휴식을 선호한다는 가정에 토대를 두고 있다.

바로 행복과 만족을 판단하는 시점이 현재가 아닌 미래에 있다면, 즉 현재 근무 중이라 하더라도 곧 올 주말 동안 쉴 수 있다는 생각에 행복감을 느낄 수 있다면 행복의 시점은 현재의 자신이 아닌 미래의 자신에 있는 것이다.

우보로 천리 가고 우공이 이산한다. 필자는 "모든 사람들은 성공을 원하지만 성공을 위한 변화는 대부분 싫어한다(Everyone likes success but no one likes changes)"라는 표현을 자주 쓴다. 그만큼 성공을 위한 변화는 심리적으로 불편하고 많은 에너지를 소모시키기 때문에 적극적으로 변화를 만들어가는 태도를 쉽게 기대할 수는 없다.

이를 반대로 보면 성공하기 위해서는 현재의 습관을 떨쳐내고 새로운 습관과 관성을 만들어 가는 것이 필수적이라고 할 수 있다. 새로운 습관을 만들어 가는 길은 크고 엄청난 첫 발걸음에서 시작하는 게 아니라 큰 발걸음을 만들기 위한 작은 노력이 쌓이는 데서 조금씩 변화가 생겨난다는 것을 알아야 한다.

큰 목표를 달성하기 위한 매일 2분의 노력과 변화의 사례를 한번 들어보자.

마라톤 종주를 위해 마라톤화 신기

저서 집필을 위해 한 문장 쓰기

요가강사가 되기 위해 요가매트 가지고 다니기

박사 취득을 위해 노트에 메모 시작하기

공인노무사가 되기 위해 관련 카페에 가입하기

매일 2분은 1년이면 12시간이 되고 10년이면 5일의 시간이 된다. 찰나의 시간들이 쌓이고 모이면 생각 이상의 장시간이 되며, 이 시간들 동안 반복된 시도와 노력이 새로운 습관과 관성을 만들어 간다는 믿음으로 실행에 옮겨보자.

매일 2분이면 어리석은 노인이 산을 옮기고 더디고 더딘 소걸음으로 천리를 갈 수 있다.

THEME 02 오늘 할 일 내일로 미루면 내일도 안 한다

간단한 일은 즉시 처리한다

필자는 매일 적게는 3~40개 많게는 100개의 이메일을 받고 있다. 이메일 한 개 한 개가 다른 회사로부터 날라온 질의 내용이다. 간단한 내용은 직원에게 시켜서 처리하기도 하지만 대부분 내가 처리해야 할 일들이다.

20년 넘는 기간 동안의 경험을 통해 체득한 진리는 바로 "즉시 처리하기" 이다. 바로 처리하지 않으면 나중에 해야 할 일들이 눈덩이처럼 불어나기가 십상이다. 물론 즉답 못하는 난이도 있는 이메일도 제법 있다. 그럴 때는 MS 아웃룩에 처리기한을 정해서 별도로 구분해 둔다.

즉시 처리하지 않으면, 질의 내용도 한번 더 봐야 하는 등 이에 따른 시간적 소모가 만만찮다. 시간을 효율적으로 쓰려면 가급적 일거리가 생기는 족족 처리하는 원칙을 정해야 한다. 그래야 자신도 모르게 눈덩이처럼 늘어나는 업무량이 최소화될 수 있다.

> 시간은 인생의 주화다. 시간은 당신이 가진 유일한 주화이며, 오직 당신만 어떻게 쓸지 결정할 수 있다. 조심하지 않으면 다른 사람이 당신 대신 쓰게 된다.
>
> – 칼 샌드버그

즉시 처리하지 못하면 캘린더에 스케줄을 업데이트 한다

이메일이나 업무를 받았는데 즉시 처리하지 못할 때는 MS 아웃룩에 이메일을 끌어다 화면 오른쪽 캘린더의 날짜에 넣으면 일정이 업데이트 된다(Drag, drop and update). 그리고 이 일정을 구글 캘린더와 연동해서 실시간으로 모바일로 볼 수 있다면 효과적인 일정관리에 큰 도움이 된다.

업무 집중도를 위해 스마트폰은 끄거나 멀리 두어야 한다

시간을 잘 쓰고 관리하기 위해서는 한 가지 일을 확실히 마무리한 후 다음 일로 넘어가야 한다. 만일 스마트폰이 손을 뻗으면 잡을 수 있는 위치에 있어서 일하면서 카톡, 페이스북, 인스타그램 등을 실시간으로 본다면 업무 집중도가 떨어져서 시간 대비 효율성이 많이 낮아질 수 밖에 없을 것이다.

물론 멀티태스킹(Multi-tasking)에 능한 사람이라면 큰 문제가 되지 않겠지만, 대부분의 사람들은 멀티태스킹으로 인해 업무 집중도에 영향을 받고 있는 것도 모르고 일을 하고 있을 것이다. 그래서 업무에 집중할 시간대라면 스마트폰을 꺼 두거나 눈에 보이지 않는 곳에 두는 게 좋다. 또한 업무집중 시간대 동안 스마트폰을 들여다보지 않아도 아무런 문제도 생기지 않는다는 심리적 여유나 확신을 가져보는 것도 좋다.

일을 체계적으로 계획하는 것과 미루는 것은 완전히 다른 개념이다

필자는 어떤 일을 맡았을 때, 직감적으로 처리 소요시간을 가늠해 보고 10분 이내 처리 가능한 업무와 그렇지 않은 업무로 구분한다.

10분 이내 처리 가능하면 지체하지 않고 바로 처리하고 그렇지 않으면 구글캘린더와 MS아웃룩 일정에 언제까지 처리할건지를 표시해 둔다. 이 때 이미 구글캘린더에 반영되어 있는 일정과 업무량을 충분히 반영해서 처리 데드라인을 정한다.

이렇듯 일을 당장 처리하지 못할 때 향후 처리계획을 체계적으로 세우는 것은 일의 분량과 처리 소요시간을 제대로 파악하지 않은 채 막연히 미루는 것과 명확히 구분된다.

아래 원칙에 맞추어 업무를 처리하고 계획을 세울 것을 제안한다.

- 업무 처리시간 파악 : 업무를 맡았을 때 전체 업무 윤곽을 파악하고 예상 처리시간 파악
- 10분 이내 처리 가능여부 판단
- 10분 이내 처리 가능 업무 : 즉시 처리
- 10분 이내 처리 불가능 업무 : 향후 일정 감안해서 처리 데드라인 결정
- 데드라인 준수 : 일정표에 반영되어 있는 계획과 데드라인에 맞추어 처리

THEME 03 아침 1시간이 하루의 생산성을 결정한다

하루 24시간은 모든 사람들에게 공통적이다

하루 24시간은 모든 사람들에게 주어진 공통조건이어서 시간의 절대량 기준에서는 아무런 차이가 없다. 그러나 주어진 24시간을 어떻게 사용하는 지는 사람마다 천차만별이고 그 누구하고도 동일하지 않을 것이다. 결과적으로 같은 양의 시간을 어떻게 쓰는지에 따라 하루 동안 할 수 있는 일의 양은 사람마다 상당히 달라지게 된다.

시간은 사용하는 만큼 길게 이어진다.

– 레오나르도 다빈치

성공한 사람들의 공통분모는 바로 아침 한 시간에 있다

성공한 사람들의 70%는 아침 5시에 하루를 시작하고 30%는 아침 4시부터 시작한다고 한다. 이렇게 일찍 시작된 하루는 다음과 같은 패턴으로 활용된다.

- 명상하거나 책을 읽는다
- 태블릿으로 이메일을 체크한다
- 실내용 자전거로 유산소 운동을 한다
- 물을 많이 마신다
- 신문을 읽는다
- 과일, 에너지바, 오트밀 등으로 아침을 간단히 해결한다
- 짧게라도 가족과 시간을 함께 보낸다
- 침대를 정리한다
- 하루 일정을 점검하고 세운다
- 감사할 일들을 메모한다

> 생산적인 아침은 생산적인 하루를 만들어 내고 평범한 아침은 평범한 하루로 이어진다.
>
> – 엘 로드

아침 한 시간으로 하루의 활력을 살린다

모든 사람들은 매일 아침 한정된 양의 의지력을 가지고 하루를 시작한다. 의지가 일찍 고갈된 날에는 제대로 처리되는 일도 없을 것이고 의지력이 하루 종일 지속되는 날이라면 무엇을 해도 되는 날로 기억될 것이다. 이렇듯 사람의 의지 수준에 따라 하루 일정의 질이 절대적으로 달라지게 되므로 어떻게 의지를 최대한 살려서 유지할 지가 자기관리의 또다른 관건이 된다.

많은 연구 결과에 따르면 의지력의 양과 유지시간은 활력의 정도에 따라 정해진다

고 한다. 따라서 자신만의 활력 촉진방안을 찾고 매일 활력을 살려서 의지력을 최대한 유지하는 게 시간관리와 업무생산성 극대화의 중요한 전제 조건이 될 것이다.

생산성(Productivity) = 의지력(will) x 활력(Vitality)

성공한 유명 인사들이 활력있는 아침을 만드는 작은 습관들을 보면 다음과 같다.

– 매일 아침 6시에 일어나서 뉴스와 SNS를 확인한 다음 45분간 트레이너와 운동한다. 출근하면서 가족과 통화한다.

– 아침 6시에 일어나 물 한 잔을 마시고 개와 산책을 하며 공원에서 턱걸이를 한다.

– 새벽 5시 40분에 일어나 45분 가량 가정용 자전거를 타면서 뉴스를 본다.

성공하는 사람들의 아침 습관이 대단한 무언가가 있는 것은 아니다. 자기만의 활력을 찾고 유지하기 위한 작은 패턴이 몸에 베어 있으며 이를 통해 의지력과 업무생산성을 극대화하는 선순환의 사이클이 굳건하게 자리잡고 있어서 성공가도를 달리고 있는 것으로 볼 수 있다.

아침 한 시간의 생산성은 생각 이상이다

필자는 보통 하루에 50~100통의 이메일을 처리하고 있다. 여기저기서 날라오는 전화, 스카이프, 카톡, Teams 초대 등 때문에 9 to 6 사이에는 온전히 업무에 집중하기 쉽지 않다. 그래서 필자의 하루는 4시반에 시작해서 5시반까지 사무실로 출근한다. 사무실에서 간단한 식사를 한 후, 런닝머신에서 10분간 걸으면서 오늘 해야 할 일들을 하나 둘 정리한다.

6시경 자리에 앉아서 이메일 등 집중이 필요한 업무를 처리하기 시작한다. 이 시점에서 나 자신에게 주어진 시간은 3시간이다. 이 때 아무런 방해요소가 없기 때문에 업무에 전념할 환경으로 최적이다. 이 시간에 필자가 처리할 수 있는 이메일은 전날로부터 넘어와 있는 50통 가량이다.

그 다음 대부분 사람들이 출근하는 9시가 되면 10~20분 가량 쉰 후, 클라이언트와 페이스를 맞추어 화상전화, 전화, 카톡, 이메일 등으로 업무를 처리한다.

필자의 개인적 경험에 따르면 아침 한 시간의 생산성은 낮시간의 3~4배라고 해도 전혀 과언이 아니다. 이렇게 살린 활력과 의지력이 고갈될 이른 저녁이 되면 가족들과 이야기 나누며 하루를 마무리하고 소진된 활력을 충전한다.

THEME 04 일의 우선순위를 정해야 한다

3가지 기준에 맞추어 우선순위를 정한다

많은 업무에 묻히다 보면 어떤 일이 중요한지 어떤 일부터 처리해야 하는지 등에 대한 감을 잊어버리고 닥치는 대로 일을 처리하는 경우가 빈번하다. 그 결과 일은 많이 처리했으나 정작 중요한 일이 제때 처리되지 않아서 곤란해진 경우가 없지 않을 것이다.

이러한 상황을 예방하기 위해 필수적인 게 바로 일의 우선순위이며 이는 아래 3가지 기준에 따라 정할 수 있다.

- **선별하기(Filtering)** : 많은 일을 동시에 받았을 때, 각각에 대해 어떠한 행동이나 처리가 필요한지에 대한 판단이다. 가령 10개 이메일을 체크하면서 처리해야 할 그리고 처리하지 않아도 될 이메일을 구분하는 것, 오늘 잡혀져 있는 5개의 회의 중 반드시 참가해야 하거나 참가하지 않아도 될 회의를 구분하는 것 등이 대표적인 선별 과정이라 할 수 있다.

–계획하기(Scheduling) : 어떠한 행동이나 처리가 필요한 업무로 구분된 업무를 언제 처리할 지에 대한 결정이다. 한정된 자원인 시간을 효율적으로 쓰기 위해 처리 시점을 오늘 할지 내일 할지 아니면 다음 주 화요일에 할지를 정해야 한다.

–순서 정하기(Sequencing) : 많은 일의 처리순서를 정하는 기준이다. 가령 10가지 업무 중에서 가장 중요한 업무에서 가장 덜 중요한 업무까지 순서를 정하는 것이다. 이 기준에 충실하면 업무의 처리순서가 정해질 것이며 결과적으로 한정된 시간을 적재적소에 배치해서 효율적으로 사용할 수 있게 된다.

	선별하기(Filtering)	계획하기(Scheduling)	순서 정하기 (Sequencing)
결정사항 (Decision)	Yes / No	Now / Later	First / Last

가치, 시기 그리고 실행이 업무 판단기준이 된다

3가지 기준을 적용할 때 핵심적으로 고려해야 할 판단기준은 다음과 같다.

– 선별하기(Filtering) : 업무별로 생길 수 있는 가치(Value)를 기준으로 업무 하나하나를 선별해야 한다. 이 때, 고전적인 우선순위 프레임워크를 사용하는 것도 좋은 대안이 된다.

	Urgent	Not urgent
Important	(1) 바로 처리한다.	(2) 우선순위 기준 (3)에 밀리지 않도록 한다.
Not important	(3) 예외적으로 (2)보다 우선시 될 수도 있다.	(4) 남는 시간에 처리한다.

– 계획하기(Scheduling) : 지금 처리할 지 아니면 나중에 처리할지 처리시점에 대한 판단 과정이다.

– 순서 정하기(Sequencing) : 많은 업무들의 처리순서를 정하는 과정이다.

	선별하기(Filtering)	계획하기(Scheduling)	순서 정하기 (Sequencing)
결정사항(Decision)	Yes / No	Now / Later	First / Last
결정기준(Criteria)	가치	처리시점	실행순서

우선순위를 정하면 적절한 업무, 시기 그리고 순서가 정해진다

3가지 기준을 적용하면 기대할 수 있는 결과물은 다음과 같다.

– 선별하기(Filtering) : 해야 할 일과 하지 않아도 될 일을 구분한다.

– 계획하기(Scheduling) : 선별된 해야 할 일들의 처리시점을 정한다.

– 순서 정하기(Sequencing) : 선별된 해야 할 일들의 처리순서를 정한다.

	선별하기(Filtering)	계획하기(Scheduling)	순서 정하기 (Sequencing)
결정사항(Decision)	Yes / No	Now / Later	First / Last
결정기준(Criteria)	가치	처리시점	실행순서
결과(Outcome)	Right work	Right timing	Right sequence

일을 잘하기 위해서는 단순히 우선순위만 정해서는 안 된다

많은 사람들은 일의 우선순위를 정하는 것이 일의 효율성 차원에서 최선이라 생각한다. 그러나 협의의 우선순위로 단순히 일의 처리 순서만 고려한다면 일을 처리해야 할 가치와 타이밍은 누락되어 최적의 업무 프로세싱 일정이 되지 않을 수도 있다.

따라서 광의의 우선순위 개념을 적용해서 일 처리에 따르는 가치의 유무와 정도에 따라 해야 할 일을 정하고 해야 할 일로 구분된 것들만 따로 모아서 처리 타이밍 및 순서를 정하면 진정한 우선순위 개념이 반영되는 것이다. 이렇게 일의 가치, 처리 타이밍 그리고 업무 순서 모두를 고려한다면, 중요하고 가치있는 일을 적시에 적합한 순서에 맞게 처리할 수 있게 되어 업무의 생산성이 극대화되게 된다.

4D 원칙에 따른 우선순위 결정 매트릭스 Fastrack

1. **DO** : 긴급하고 중요하면 본인이 즉시 실행한다.
2. **DECIDE** : 중요하지만 긴급하지 않으면 언제 실행할 지 결정한다.
3. **DELEGATE** : 긴급하지만 중요하지 않으면 제3자에 위임한다.
4. **DELETE** : 긴급하지 않고 중요하지도 않으면 실행하지 않는다.

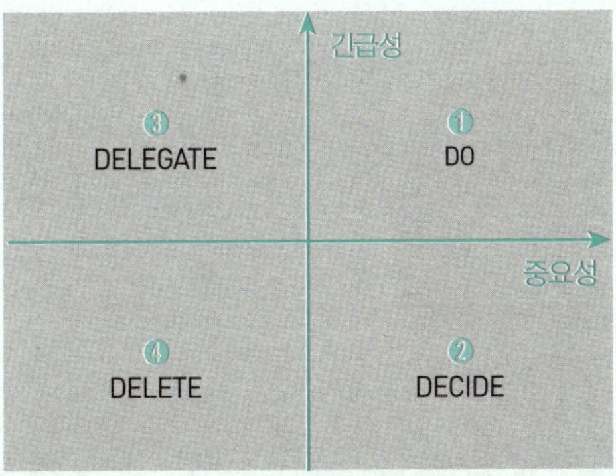

임원 승진을 위한

팀장 패스트트랙

PART 05

관리 – B. 갈등관리

THEME 01

갈등은 칡과 등나무의 관계다

갈등은 서로 맞서는 칡과 등나무이다

칡과 등나무는 덩굴식물로 성장 성질이 유사하다. 덩굴식물은 무엇이든 축을 삼고 위로 휘어 감으면서 올라가는 성질을 갖는다. 만일 칡과 등나무가 같은 축을 기준으로 서로 엉켜서 올라간다면 서로 성장 경쟁하다가 어느 시점에서는 둘 중 하나가 먼저 죽게 된다. 이렇게 같은 축을 타고 있는 칡나무와 등나무가 생존을 위해 다투고 있는 상태를 바로 갈등 상황이라고 할 수 있다.

'칡 갈(葛)' 자와 '등나무 등(藤)'

갈등은 외면 또는 내면적으로 이해관계가 달라 생긴 인지적 불화 상태이다

갈등은 발생원인의 위치에 따라 외면적 그리고 내면적 갈등으로 나누어 정의할 수 있다.

- **외면적** : 개인이나 집단 사이에 목표나 이해관계가 달라 서로 적대시하거나 불화를 일으키는 상태
- **내면적** : 마음속에 두 가지 이상의 욕구 등이 동시에 일어나 갈피를 못 잡고 괴로워하는 상태

외면적 갈등은 자신과 타인과의 관계에서 생기는 갈등 유형으로 노사, 동료 또는 상사, 협상당사자 사이에서 흔하게 찾아 볼 수 있는 갈등이 이에 해당한다. 또한 갈등의 상대방에 따라 조직과 개인 간 갈등인 조직갈등과 타인과 자신 사이의 갈등인 대인갈등으로 나눌 수도 있다.

반면 복수의 개인이나 집단 사이가 아닌 개인의 마음 속에서 복수의 목표나 욕구 중에서 선택을 못하고 주저하는 상태가 발생할 수 있는데 이를 외면적 갈등에 대비하여 내면적 갈등이라고 부른다.

| 갈등의 유형 |

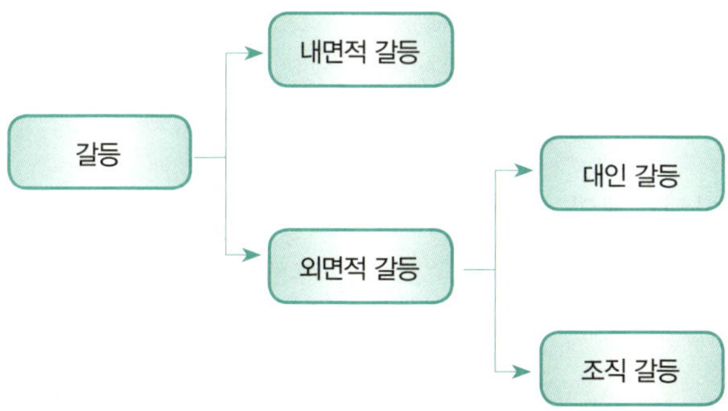

갈등의 원인은 사람과 일 그리고 내부와 외부 기준에 따라 4가지 유형으로 구분된다

갈등의 원인은 1차적으로 사람과 일을 기준으로 구분된다. 즉, 갈등이 사람관계에서 나왔는지 일에서 시작되었는지에 따라 갈등의 성격이 달라지는 것이다. 그러나 대부분 사람과 일이 함께 모태가 되어 갈등이 빚어지는 경우가 허다해서 사람과 일 사이에 명확한 구분선을 긋는 것은 쉽지 않다.

그리고 대인관계에서 시작된 갈등이 업무에 영향을 미치고 일에서 시작된 갈등이 대인관계에 영향을 미친다는 건 당연한 귀결이어서 사람과 일 사이에서의 원인 규명은 닭이 먼저냐 달걀이 먼저냐 식의 논쟁일 수도 있다.

또한 사람과 일 못지 않게 중요한 기준으로 내부와 외부를 들 수 있다. 표면적으로 보이는 갈등이라면 외부적 요소가 되고, 가시적으로 볼 수 없는 갈등이라면 내부적 요소가 된다.

사람과 일 그리고 내부와 외부 2가지 기준을 동시에 적용하면 4가지 유형의 갈등 원인이 나온다. 이렇게 갈등의 원인을 유형화 하는 과정의 의미는 갈등을 풀어나가기 위한 시발점을 찾는 것에 있다고 할 수 있다. 가령 사람/외부적 갈등이라면, 각 갈등 당사자의 성향을 파악하고 왜 그리고 어떻게 성향이 충돌하게 되었는지에 대해 거슬러 올라가서 알아보면 갈등을 해소하기 위한 실마리가 잡힐 수도 있을 것이다.

- **사람/내부적** : 해석의 충돌
- **사람/외부적** : 성향의 충돌
- **일/내부적** : 이해관계의 충돌
- **일/외부적** : 구조의 충돌

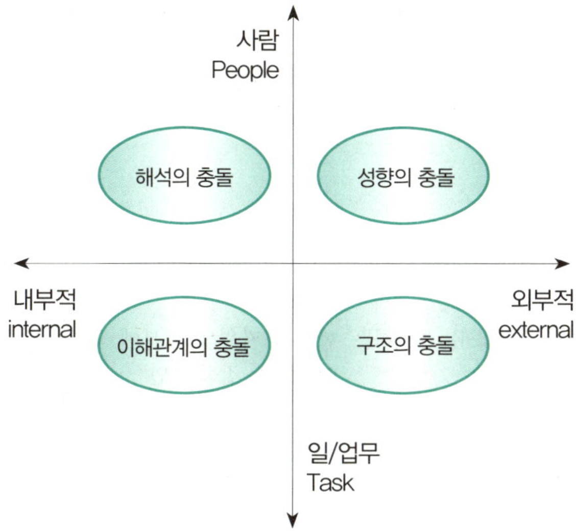

대표적인 갈등의 원인으로 개인 간 차이, 한정된 자원의 배분, 역할 차이를 들 수 있다.

먼저 개인 사이에 서로 다른 나이, 믿음, 가치, 경험 때문에 의견의 충돌이 생겨서 갈등 상황이 전개될 수 있다. 세대간 관점과 인식의 차이에 따라 생긴 세대간 갈등이 이 갈등유형에 해당한다.

한정된 성과급 재원을 나눌 때도 갈등이 발생한다. 이 유형은 자신의 성과를 부풀리거나 상대방의 성과를 깎아 내려서 조금이라도 더 받으려는 것과 같은 제로섬 게임에서 배분문제로 생기는 갈등이라고 볼 수 있다. 하나의 자리를 놓고 복수의 후보자가 경쟁하는 승진 역시 한정된 자원에서 기인하는 대표적인 갈등 상황이 된다.

마지막으로 조직이 개인에게 부여한 역할에 대한 이해의 차이와 충돌로 인해서도 갈등이 생길 수 있다. 최근 트렌드로 자리잡고 있는 사례를 들어 보자. 회사가 수평적 조직문화를 만들어 가고, 직급에 상관없이 자기 업무에 대한 오너십을 갖도록 기존 호칭제도를 폐지하고 '매니저'라는 타이틀로 통일했다. 그런데 한 신입직원이 위계가 완화되는 수평적 조직문화의 장점만 취하고 자기 업무의 오너십에는 관심을 두지 않았다. 이렇게 역할에 대한 이해의 차이로 회사와 신입직원 간 갈등이 조성될 수 있다.

	개인간 차이	한정된 자원	역할 차이/충돌
정의	개인간 차이에서는 발생하는 갈등 요인	한정된 자원의 배분에 있어 생기는 갈등 요인	조직이 부여한 역할의 차이나 충돌에서 생기는 갈등 요인
사례	세대간 차이, 학력간 차이, 지연의 차이, 가치의 차이	승진, 연봉인상, 성과급 배분, 노조위원장 선거	후임 직원의 항명, 업무지시 불복종
해결방안	공감대 형성, 소통 강화	배분기준의 공정성 강화	역할별 정의 명확화, 역할별 기대수준 공유

6가지 갈등 유형 Fastrack+

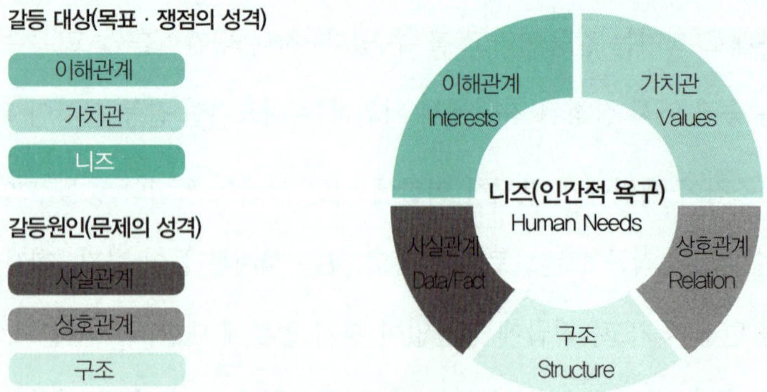

THEME 02 적절한 조직 내 갈등은 생산성을 높인다

갈등상황은 발생–증가–교착–감소–해결 5단계 과정을 거친다

모든 사람에게 갈등요인은 잠재적으로 수면 밑에서 상존하고 있다. 이 잠재적 갈등요인이 조직이나 개인간 또는 자신 내부적으로 심리적 충돌을 겪으면서 수면 위로 올라오게 된다. 이렇게 수면 위로 올라온 갈등은 서서히 영향력을 키우게 되고 어느 시점부터 갈등 당사자는 갈등국면 탈출을 위한 출구전략을 모색하게 된다. 결정된 출구전략을 통해 갈등 수위는 점점 낮아질 것이며 결국 갈등해소로 갈등 사이클이 마무리된다.

만일 갈등상황에 직면한다면, 갈등사이클의 5단계 중 어느 단계인지를 잘 살펴보아야 한다. 갈등 증가 국면이라면 증가속도가 완화되도록 갈등 감소 국면이라면 감소속도가 빨라지도록 할 수 있는 대안에 대한 고민이 필요하다.

| 갈등 사이클 (Conflict Cycle) |

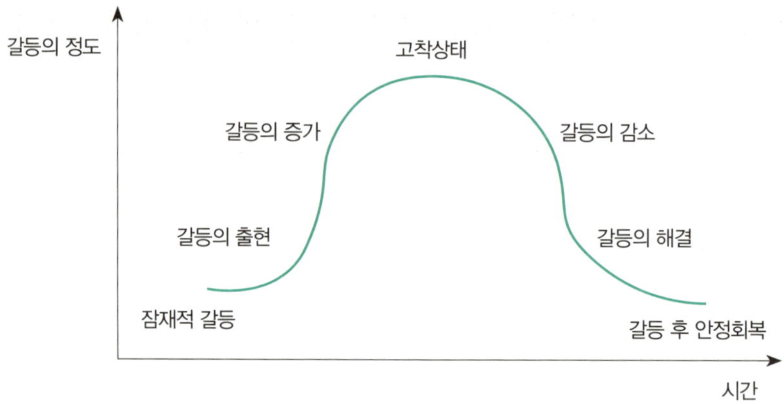

갈등고원(Conflict Plateau)이나 갈등정상(Conflict Peak)과 같은 극단적 결과가 생긴다

통상적으로 갈등 상황은 사이클에 따라 갈등상황의 정점인 교착상태가 풀리면서 갈등감소국면을 거쳐 완전히 해소된다. 극단적인 경우로 갈등의 정점에서 변화의 조짐이 전혀 안보이거나, 갈등이 지속적으로 증가일변도이어서 갈등 수위가 끝없이 올라갈 수도 있다. 이 때 전자의 경우를 갈등고원이라고 하며 후자를 갈등정상이라고 부를 수 있다.

제조업체 A사의 사례를 들어 보면, 노사간 교섭이 결렬되어서 노조가 태업과 파상파업을 교대로 전개하여 생산라인의 지속적 가동이 불가능해지자, 회사가 직장폐쇄로 맞섰다. 직장폐쇄 후 6개월이 경과했음에도 노사 누구도 먼저 화해의 제스처를 보이지 않고 있다. 노사가 평행선을 달리면서 6개월이라는 장기간의 교착상태가 마치 풀릴 것 같지 않은 갈등고원 상태로 이어지고 있는 상황이다.

다른 제조업체 B사에서는 지난 9년동안 갈등고원 단계를 지나 대규모 정리해고, 전면파업, 소송, 법정관리 등을 겪으면서 ○○명 직원의 자살 등으로 갈등정상 국면으로 접어 들었다. 이 사례는 갈등고원 국면이 갈등해소 국면으로 전환되도록 노력하는 것 못지않게 갈등정상 국면을 사전에 예방하는 활동도 중요하다는 것을 보여준다.

| 갈등고원(Conflict Plateau)과 갈등정상(Conflict Peak) |

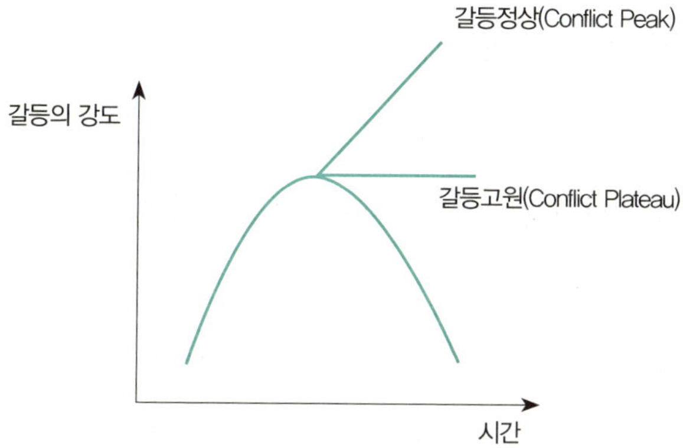

갈등과 조직생산성은 상호보완적 관계에 놓인다

갈등 자체를 막연히 부정적으로 보고 미연에 방지하는 게 최선이라는 인식이 일반적이다. 대체적으로 맞는 말이기도 하지만 항상 그렇지는 않다는 것도 알아야 한다. 적정한 수준의 갈등은 오히려 조직생산성을 올리는 순기능을 가진다.

적정한 갈등수준 하에서는 개방적 의사소통, 공통적 목표의식, 창의성, 문제해결 능력 등이 강화되고 갈등이 조직 내 건강한 자극제 역할을 하면서 결과적으로 조직생산성을 향상시킬 수 있다. 이러한 순기능을 가진 갈등을 건설적 갈등이라고 하며 이를 조성하기 위해서는 공정한 기준과 룰이 정해져 있고 기준 준수에 대한 높은 직원의식이 수반되어야 한다.

한편 갈등 자체가 없다고 가정하면, 구성원 사이에서 의견의 충돌이 생기지 않게 된다. 따라서 무사안일의 조직정서가 만연할 것이며 그 결과 공통 목표를 함께 달성

코자 하는 자발적인 참여와 기여를 기대할 수 없을 것이다. 이러한 저갈등 또는 무갈등 조직에서 나타나는 가장 심각한 폐단은 바로 환경변화에 대한 둔감성과 변화에 대한 저항성이다. 환경변화에 대해 아무런 관심도 두지 않고 그대로 현상유지해도 별다른 문제가 생기지 않으니, 굳이 적극적으로 대응할 필요가 없다고 생각하게 된다. 이런 조직에서는 조직 내 자극제 역할을 위해 갈등을 조성하면서 갈등방향이 건설적으로 유지되도록 하는 게 필요하다.

만일 갈등수위가 지나치게 높다면, 혼란과 분열의 정서가 팽배할 것이며 이로 인한 생산성에 대한 부정적인 여파는 더 이상 논하지 않아도 쉽게 예상될 것이다. 이러한 조직에서는 갈등의 원인을 파악하고 그 원인에 대한 근본적인 해결책을 실행하면서 갈등수위를 낮추어 가는 게 필요하다. 그리고 이러한 조직이 가지는 문제의 근간은 공정한 기준이나 룰 자체가 부재하거나, 기준이 있더라도 직원의 준수의식이 높지 않은 것이므로 회사가 가지고 있는 기준의 공정성을 진단하고 직원의 준수의식을 높이기 위해 주기적으로 교육, 워크샵 등을 실시해서 건설적 갈등의 기반을 조성해야 한다.

| 갈등 수위와 조직성과의 관계 |

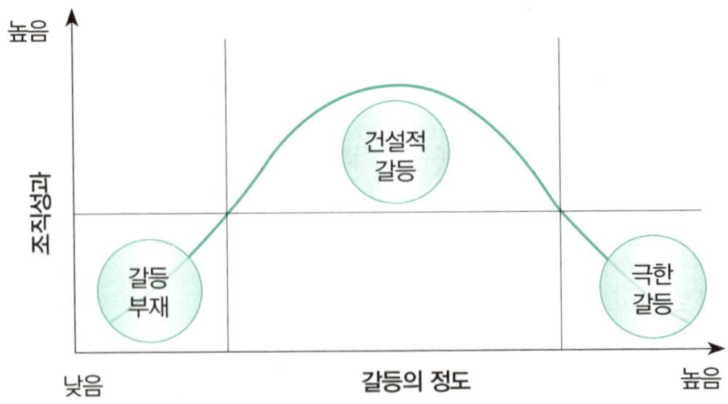

갈등수준	부재/낮음	적정	높음
조직특성	복지부동 무사안일 침체 환경변화에 둔감	창의적 적극적 목표달성 변화 지향 환경변화에 적극적 대응	혼란과 분열 조정기능 미비 공통목표 상실
필요 기능	건설적 갈등 활성화	갈등수준 유지	갈등 조정 및 억제

갈등관리 진단 지표

Fastrack

다음 항목의 내용을 읽고 자신에게 해당되는 점수를 괄호안에 적은 후 각각의 점수를 모두 합산

전혀 그렇지 않다(2) 그렇지 않다(4) 보통이다(6) 그렇다(8) 매우 그렇다(10)

1. 나는 다른 사람에게 공격적으로 느껴질 수 있는 비난이나 비판을 하지 않는다( )
2. 나는 다른 사람을 대할 때 정중하고 예의바른 말과 태도를 취한다( )
3. 나는 다른 사람의 의견을 무시하지 않으며 상대방의 관점을 이해하려 노력한다( )
4. 나는 다른 사람의 취향이나 스타일을 존중하며 가능한 한 수용하려 노력한다( )
5. 나는 다른 사람과 갈등이 생겨도 쉽게 흥분하지 않고 감정을 잘 조절한다( )
6. 나는 다른 사람과 갈등이 생기면 상대방의 상황과 감정을 헤아리려 노력한다( )
7. 나는 다른 사람과 갈등이 생기면 충분한 대화를 통해 나의 생각과 감정을 이해시키려 노력한다( )
8. 나는 다른 사암에게 잘못이나 실수를 행하면 곧바로 인정하고 사과한다( )
9. 나는 다른 사람과 갈등이 생기면 책임이나 잘못을 따지기보다 해결에 초점을 맞춘다( )
10. 나는 다른 사람과 갈등이 생기면 내 주장을 관철시키기 보다는 함께 승-승 할 수 있는 대안을 찾으려 노력한다( )

THEME **03**

갈등에 대응하는 유형에는 5가지가 있다

자신의 목표와 타인과의 관계에 따라 갈등에 대응하는 방식이 달라진다

갈등은 틀림(Wrong)과 다름(Different)의 정의를 오해하면서 종종 생기곤 한다. 나한테는 너무나 당연한 결과지만 상대방에게는 당연하지 않은 게 많이 있다. 이럴 때 흔히 '내가 맞아(Right)'라는 판단을 통해 상대방이 틀렸다(Wrong)고 단정하게 된다.

상대방의 기준과 방식에 대해 다양성 차원에서 자신과 다를 수 있다고 인정한다면 불필요한 갈등이 많이 걷어질 것이다. 이런 관점에서 자신과 상대방의 갈등대응 유형을 미리 알 수 있다면 그에 따라 접근방식을 다르게 해서 갈등의 발생 가능성이나 수준을 낮출 수 있을 것이다.

갈등대응 유형에 대해 가장 넓게 사용되고 있는 토마스-킬만(Thomas-Kilmann)의 모델에 따르면 자신과 타인의 목표에 대한 확신 정도를 기준으로 5가지 유형으로 구분된다.

- 경쟁형(Competing) : 자기 목표의 달성을 위해 입장을 고수하면서 상대방을 압도해서 갈등을 해소하는 유형
- 회피형(Avoiding) : 갈등상태 자체에 대해 대응하지 않는 유형
- 협력형(Collaborating) : 자신의 목표를 추구하면서도 상대의 목표도 배려함으로써 모두를 만족시킬 수 있는 이상적 유형
- 순응형(Accommodating) : 자신의 목표보다 상대방의 목표를 전적으로 수용함으로써 갈등을 해결하는 유형
- 절충형(Compromising) : 쌍방의 이익을 고려해서 적절한 타협과 양보를 통해 갈등을 해결하는 일반적 유형

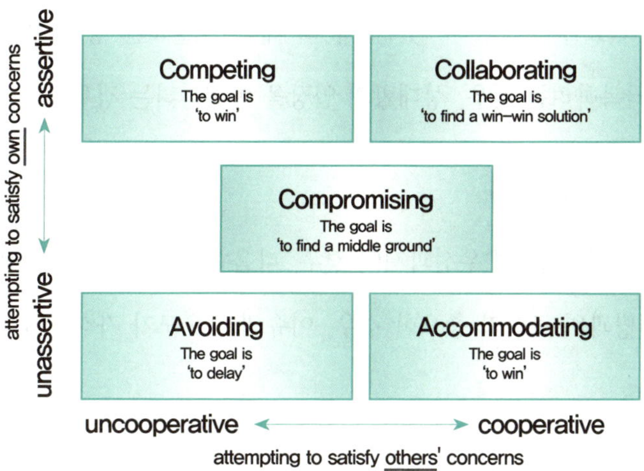

갈등관리 5가지 유형별로 적합한 상황은 다르다

갈등관리 5가지 유형별로 적합한 상황은 다르다. 따라서 모든 유형을 익힌 후, 상황별로 유연하게 적용하기 위해서 각 유형이 유효한 상황에 대해 알아보자.

경쟁형(Competing)

위기시와 같이 결단과 신속한 판단이 필요한 경우

조직전체의 생존이나 명운이 걸려있는 경우

상대방의 유형이 순응형으로 판단되는 경우

회피형(Avoiding)

중요도에서 후순위인 이슈 때문인 경우. 제3자의 중재나 조정이 더 적절한 경우. 자신의 목표가 달성될 가능성이 전혀 없는 경우. 현재 가용가능한 정보의 양과 질이 부족한 경우

협력형(Collaborating)

당사자들의 목표를 충족할 수 있는 제3의 대안이 필요한 경우. 감정상의 충돌로 생긴 갈등을 극복하려는 경우. 상대방의 입장을 이해하려는 경우

순응형(Accommodating)

상대방의 신뢰를 받는 게 우선과제인 경우. 다음 단계로 더 크고 중요한 이슈가 있는 경우. 상대방과의 조화가 중요한 경우. 이슈의 중요도가 자신보다 상대방에게 훨씬 더 큰 경우

절충형 (Compromising)

사안이 상당히 복잡한 경우. 당장이 아니더라도 잠정적인 해결을 찾으려는 경우. 임기응변적 해결안이 필요한 경우. 강압적인 접근의 부작용이 큰 것으로 예상되는 경우

THEME 04 갈등은 예방하거나 해결할 수 있다

5단계 대응전략으로 갈등을 해소할 수 있다

갈등은 5단계 대응전략을 통해 예방하거나 해소할 수 있다.

1. **근본적 문제 분석** : 현 상황에서 무엇이 근본적 문제인지에 대해 분석하는 단계이다. 문제의 근본적 원인에 대한 이해 없이는 갈등해결이 불가능하므로 가장 신중하게 접근해야 할 단계이다.

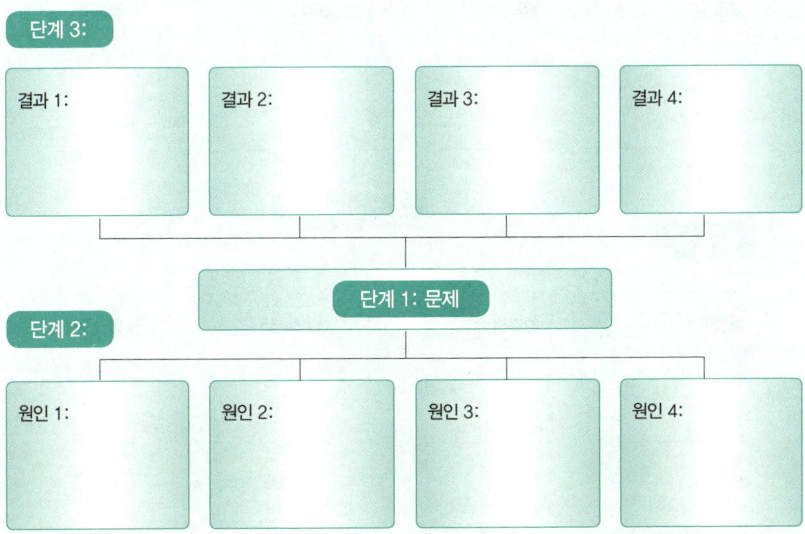

2. **목표설정** : 근본적 이슈에 대해 분석한 후, 갈등해결 프로세스를 통해 달성하고자 하는 목표를 설정하는 단계이다. 왜 갈등이 생겨났는지, 해결 프로세스를 통해 무엇을 달성하고자 하는지에 대해 판단하고 결정하는 단계이다.

3. **대안 모색** : 지금까지 갈등해결을 위해 한 행동들의 효과를 검토해서 현 시점에서 가용가능한 행동대안을 찾는 과정이다. 이를 통해 갈등해결에 한 발짝 더 다가가게 된다.

행동목록	이미 행하여진 행동	효과가 없는 행동	남아 있는 행동

4. **해결책 모색** : 3단계까지 거치면서 파악된 대안을 최종 해결책으로 이어가는 단계이다. 대안에 대한 합리적인 평가기준을 정하고 최종 해결책을 선택할 수 있다.

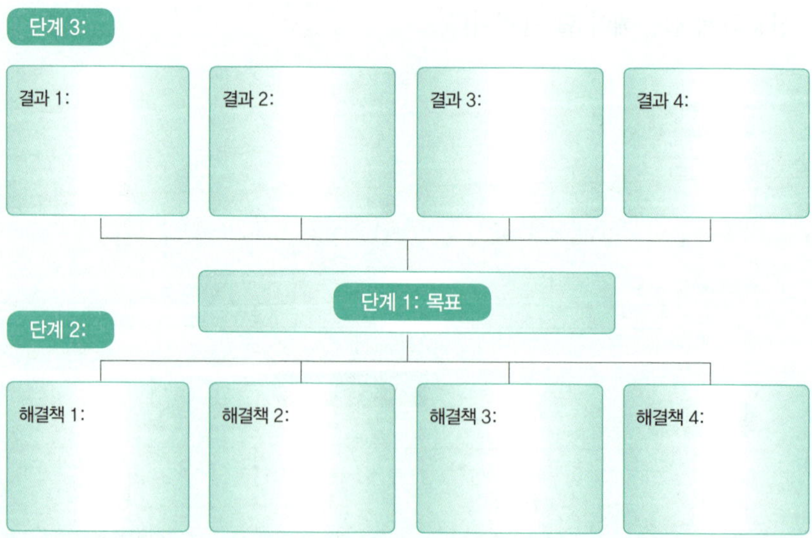

5. **해결책 평가 및 채택** : 해결책 평가기준으로 영향도, 성공가능성, 내재적 및 외재적 근거를 들 수 있다.

- **영향도** : 이 해결책이 영향을 받는 개인들에게 얼마나 중대한가? 누가 혜택을 받고 누가 제외되는가?
- **성공가능성** : 이 해결책을 반대하는 사람은 누구인가? 얼마나 강하게 반대하고 있는가? 이 해결책의 실행에 지장요소는 무엇인가?
- **내재적 근거** : 이 해결책을 위한 자원을 충분히 가지고 있는가? 우리 조직에 도움이 되는가?
- **외재적 근거** : 외부환경으로부터의 기회 또는 위협요인에의 대응인가? 외부위협을 최소화할 수 있는가?

갈등관리를 위한 Dos와 Donts를 명심하자

갈등이 발생했을 때 이를 해결하거나 갈등발생을 사전에 방지하기 위한 Dos과 Donts를 실제 상황에 적용해 보자.

- **효과적인 갈등관리를 위해 해야 할 행동(Dos)** : 자신이 느끼고 있는 것을 그대로 전달한다. 상대방의 행동을 자의적 해석없이 그대로 수용한다. 현재 진행 중인 것에 대해서만 이야기한다. I-message를 통해 상대방의 수용도를 올린다. 상대방이 변경할 수 있는 사항에 대해서만 요청한다. 자신과 상대방이 어떻게 다른지를 잘 살펴본다. 적극적으로 해결책을 모색한다. 상대방이 목표를 정확히 이해하고 있는지를 상대방에게 확인한다. 상대방이 자신을 정확히 이해하고 있는지를 확인해 준다.

– 효과적인 갈등관리를 위해 하지 말아야 할 행동(Donts) : 상대방의 의사, 목표, 행동 등을 자기기준에 맞추어 해석한다. 상대방 행동의 이유를 이야기한다. 현재나 미래보다는 과거에 생긴 일에 집중한다. 상대방이 변경할 수 없는 것에 대해 비판한다. 설명하지 않고 비판한다. 상대방에게 뒤집어 씌우려는 구실을 찾는다. 자신의 의견만 말하고 상대방의 반응에는 관심을 가지지 않는다. 의도적으로 애매모호하게 자신의 입장을 전달한다.

THEME **05** 조하리의 창을 통해 갈등을 줄일 수 있다

조하리의 창을 통해 갈등을 줄이거나 예방할 수 있다

조하리의 창은 1963년 조(Joseph)와 하리(Harry) 두 심리학자가 개발한 사람의 마음을 읽을 수 있게 해주는 창을 말한다. 대인관계에서 자신을 얼마나 개방하고 상대방으로부터 피드백을 어느 정도 받는가를 기준으로 성격의 유형을 나누고 있다.

조하리의 창에서는 4분면이 각각 자신이나 타인이 자신에 대해 어느 정도 알고 있는지 또는 모르고 있는지에 따라 구분되며, 타인으로부터의 피드백과 자기 개방의 정도에 따라 창의 크기가 결정된다.

- **공개영역** : 나도 알고 남도 안다
- **맹인영역** : 나는 모르는데 남은 안다
- **비밀영역** : 나는 아는데 남은 모른다
- **미지영역** : 나도 모르고 남도 모른다

| 조하리의 창 |

	자신이 아는 부분 (Know to Self)	자신이 모르는 부분 (Unknow to Self)
타인에게 알려진 부분 (Known to Others)	공개영역(A) (Open Area)	맹인영역(B) (Blnd Area)
타인에게 알려지지 않은 부분 (Unknown to Others)	비밀영역(C) (Hdden Area)	미지영역(D) (Unknown Area)

창의 크기에 따라 성격유형이 정해진다

- **공개영역이 넓은 개방형 성격(A창)** : 자신과 타인이 같이 아는 부분인 공개영역(Open Area)이 넓을수록 상호간 공감대가 잘 형성되기 때문에 대인관계가 원만해진다. 공개영역은 스스로 피드백을 요청하고 자신을 더 많이 개방함으로써 점점 커진다. 개방형 성격은 적절하게 자기표현을 하며 타인이 하는 말에 경청함으로써 관계형성에 능하다.
- **맹인영역이 넓은 자기주장형 성격(B창)** : 자신은 모르지만 타인은 알고 있는 자신의 모습이 큰 유형이다. 자기이해가 부족하기 때문에 타인이 자신에게 알려주지 않으면 알 수 없는 영역이므로 타인의 피드백이 상당히 중요한 유형이다. 이 유형은 자신의 기분과 의견은 잘 표현하지만 타인의 반응이나 피드백에 둔감하거나 무관심해서 독단적인 성향을 보인다.
- **비밀영역이 넓은 신중형 성격(C창)** : 자신은 잘 알고 있지만 타인에게 감춰진 모습이 큰 유형이다. 자기이해는 충분하지만 자기표현을 꺼려 하기 때문에 타인이해가 낮고 타인의 접근에 대한 문턱도 높다. 관계형성에 있어서는 타인에 대한 수용성은 높지만 관계 자체에 대한 불안감이 있어서 내면적인 고독감이 생길 수 있다.

– 미지영역이 넓은 고립형 성격 (D창) : 자신도 타인도 모르는 미지의 자기 모습이다. 이 유형은 우발적 사건이나 심리치료 등을 통해서 전에 인지 못했던 정보를 통찰력을 통해 알게 되는 경우가 많다. 이러한 정보들은 주로 무의식 영역에 존재하며, 어린 시절의 경험 및 심리적 외상 등에서 생기게 된다. 고립형 성격은 타인과의 교류, 공감, 소통 등에 어려움을 느끼며 관계형성에 있어서 소극적이고 은둔적인 성향이 있어 고립된 생활을 하게 된다.

피드백을 통해 A창을 확대해서 갈등을 해결할 수 있다

A창이 크다면 개인의 개방폭이 넓어져서 타인이 가질 수 있는 오해의 소지가 줄어든다. A창은 자기표현을 보다 적극적으로 하고 타인의 피드백을 잘 수용함으로써 확대될 수 있다. A창의 확대는 곧 B와 C창의 축소를 의미하므로 B와 C창을 줄이면서 A창을 키울 수도 있다.

B창은 동료들이 피드백을 제공함으로써 줄일 수 있고, C창은 자신이 동료들에게 피드백을 줌으로써 축소할 수 있다. 즉, A창이 넓어진다는 것은 개방영역을 넓혀서 타인이 가질 수 있는 자신에 대한 오해의 소지를 줄일 수 있는 것을 의미하므로 이를 통해 갈등을 예방하거나 발생한 갈등도 줄일 수 있다.

| A창의 확대 |

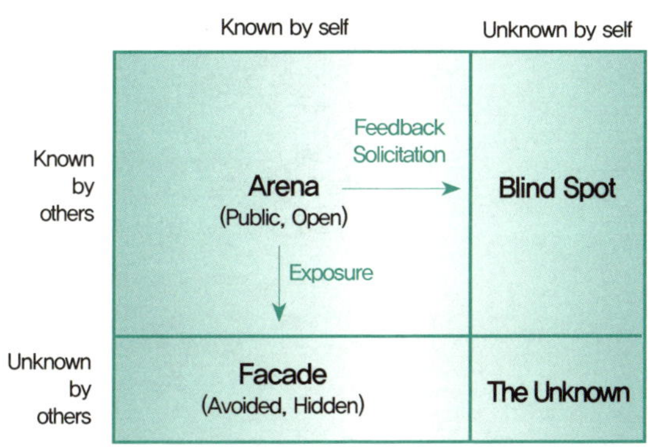

창의 유형별로 피드백 대상이 달라진다

창의 유형에 따라 자신과 타인이 가지고 있는 정보가 다르기 때문에 그에 맞추어 피드백을 해주는 게 중요하다

- A창 : 나도 알고 남도 알고 있는 영역이어서 가장 가시적인 행동에 대해 피드백 필요
- B창 : 나는 모르지만 남은 알고 있는 영역이어서 자신이 모르고 있는 재능이나 스킬에 대해 피드백 필요
- C창 : 나는 알지만 남은 모르는 나만의 가치에 대해 피드백 필요
- D창 : 통찰적인 시각을 통해 나도 모르고 남도 모르는 숨겨진 욕구를 찾는 과정 필요

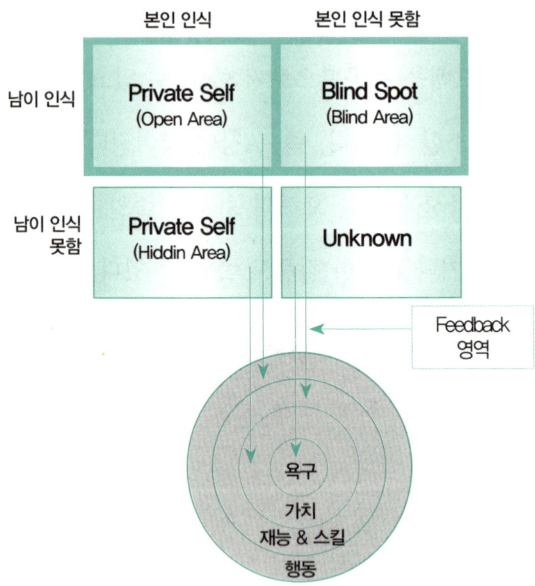

THEME 06 사내정치가 조직운영의 윤활유가 된다

한정된 권력(Power)를 가지기 위해 사내정치가 시작된다

조직이 가지고 있는 권력은 한정되어 있어서 더 많은 권력을 가지기 위해 경쟁과 갈등이 시작된다. 만일 조직 내의 자원과 권력이 무한이라면 구성원 사이에 권력을 두고 다투고 경쟁할 필요는 없을 것이다.

이러한 자원과 권력의 한정성은 조직 내 기회의 제한성으로 귀결되어서 구성원들이 소위 사내정치(In-house Politicking)를 통해 보다 많은 기회를 가지기 위한 경쟁하게 된다. 조직 내 자원과 권력의 총량은 피라미드형태를 띠기 때문에 상위 직급으로 올라갈수록 권력과 기회를 둘러싼 사내정치는 더 치열해진다.

권력의 원천은 자원 등 3가지에서 발생한다

- **자원권력(Resource Power)** : 물리적 의미의 자원이 바로 권력이다. 예산, 회사자산, 인사 등 회사가 가지고 있는 자원을 더 많이 점유하고 권한을 가지는 자가 자원의 권력자가 된다.

- 역할권력(Position Power) : 역할, 타이틀 또는 지위 등에서 나타나는 결정권한이 바로 권력이다. 가령 People Manager라는 역할의 경우, 타이틀 자체에서 연봉 인상, 평가, 채용, 해고 등의 공식적 권한이 인정되게 된다.
- 전문권력(Expert Power) : 전문지식이나 역량을 보유하고 있는 게 바로 권력이다. 스스로 내세울 수 있는 자원과 역할권력과는 달리 전문권력은 스스로 이를 가지고 있다고 할 수 없다. 전문권력은 전문성을 인지할 수 있는 구성원으로부터 인정될 때 비로소 전문권력자로 불릴 수 있다.

조직의 의사결정이 항상 합리적이지 않아서 사내정치가 생긴다

조직이 합리적인 가정과 모형을 통해 의사결정을 한다면 최선의 대안은 1개로 수렴될 수 있다. 따라서, 복수의 대안을 놓고 갑론을박할 필요가 없어지므로 경쟁하거나 주장 관철을 위해 사내정치 해야 할 필요성도 상당히 줄게 된다. 그러나 현실은 전혀 그렇지 않은 게 문제다.

급변하는 외부환경과 복잡한 내부구조 라는 현실적 한계에 불구하고 유일한 최적의 대안이 도출될 수 있다는 가정은 너무나 이상적인 접근이다. 따라서 완전무결한 유일한 최적 대안은 존재할 수 없다는 전제로 조직 의사결정의 제한적 합리성이 인정되며, 이에 따라 복수 대안 간에 자기주장을 관철시키기 위한 보이지 않는 경쟁이 시작된다. 바로 사내정치의 두 번째 이유이다.

사내정치는 5가지 카테고리로 정의된다

Henry Minzberg는 사내정치를 5가지의 카테고리 하에서 13가지 유형으로 세분화 했다.

1. **권한을 거부하기 위한 정치(Games to resist authority)** : 상사 지시나 의도 거부하기
2. **저항을 누르기 위한 정치(Games to counter resistance)** : 규정과 규율을 통해 항명 제압하기
3. **권력을 가지기 위한 정치(Games to build power base)** : 능력있는 매니저로 각인시키기, 같은 편의 동료 찾기, 부하직원의 연대 구축하기, 자원 배분권 확보하기, 전문지식 선점하기, 자신의 권한 과시하기
4. **상대방을 제압하기 위한 정치(Games to defeat rivals)** : 상대방을 제압하기(팀간, 본부간 또는 기능간)
5. **조직을 변화시키기 위한 정치(Games to change the organization)** : 상대방에게 정보 전달하기, 변화분위기 형성하기, 지지할 직원그룹 조성하기

경쟁(Competition)이 갈등(Conflict)이 되지 않도록 해야 한다

사내정치의 어감상 부정적인 측면이 강해 보이지만, 사내정치의 공정한 룰을 만들고 선의의 경쟁이 되도록 한다면 조직운영의 윤활유와 같은 순기능을 발휘할 것이다.

그렇다면 남은 문제는 '어떻게 사내정치를 긍정적이고 순기능적 방향으로 만들 것인가'이다. 한정된 권력과 자원을 더 많이 가지기 위해 필연적으로 생기게 되는 경쟁이 바로 사내정치이다. 이 경쟁의 기준을 공정하게 정하고 기준 위반에 대해 엄격하게 대처한다면 건설적 사내정치의 토대가 조성될 수 있을 것이다.

다음으로 의사결정의 최종 목적지에 대한 불확실성을 줄이는 게 필요하다. 만일 불확실성이 커서 합리적인 대응이나 가이드가 어렵다면 필요 이상으로 소모적 경쟁이 과열될 수 있고, 경쟁 국면이 갈등 국면으로 쉽게 전환될 수 있다.

견제와 균형을 통해 권력의 집중화를 방지한다

공정한 기준과 선의의 경쟁이 담보되더라도 그 결과로 이루어진 권력의 집중화가 어느 조직에서든 권력의 변질과 부패로 이어질 가능성은 항상 존재한다. 이러한 권력의 집중화를 방지하기 위해 권력 배분과정에 대한 지속적인 모니터링이 필수적이며 필요한 경우 권력 분산이나 재편까지 고려할 수 있을 것이다. 이렇게 견제와 균형을 통해 선의의 경쟁이 또다른 선의의 경쟁으로 이어지도록 하고 구성원 사이에 건강한 긴장과 경쟁이 자리잡도록 함으로써 사내정치의 순기능을 최대한 활용할 수 있다.

건설적 사내정치를 장려하기 위한 3가지 전략을 숙지하자

1. **구성원 간 또는 그룹 간 명확한 공통목적을 설정하자** : 조직 내 가치체계와 목표가 구성원 사이에 더 많이 공유될수록 소모적인 경쟁이 줄고 갈등의 수준이 낮아진다.
2. **목표를 달성하는 과정에서 필요한 정보를 공유하자** : 시의적절한 정보공유는 구성원들이 경쟁의 장에서 갖게 되는 불확실성을 줄여서 경쟁이 지나치게 과열되는 것을 방지한다.
3. **실수를 제재하지 말자** : 실수에 따른 책임을 묻는다면 업무를 떠넘기거나 복지부동과 같이 소극적인 업무자세를 고수함으로써 사내정치의 역기능만 고스란히 남을 수 있다.

사내정치에서 관계 규정하기

Fastrack

자신을 둘러싼 사람들과의 관계를 정확히 규정해서 불필요한 정치나 갈등을 예방할 수 있다.

협력 필수(Collaboration-critical) : 자발적으로 관계를 형성하였고 높은 이해관계를 가지고 있다.
잠재적 경쟁(Potential competition) : 비자발적으로 관계를 형성하였고 높은 이해관계를 가지고 있다.
자발적 지원(Voluntarily support) : 자발적으로 관계를 형성하였고 낮은 이해관계를 가지고 있다.
존재감 없는 관계(Presence-free relations) : 비자발적으로 관계를 형성하였고 낮은 이해관계를 가지고 있다.

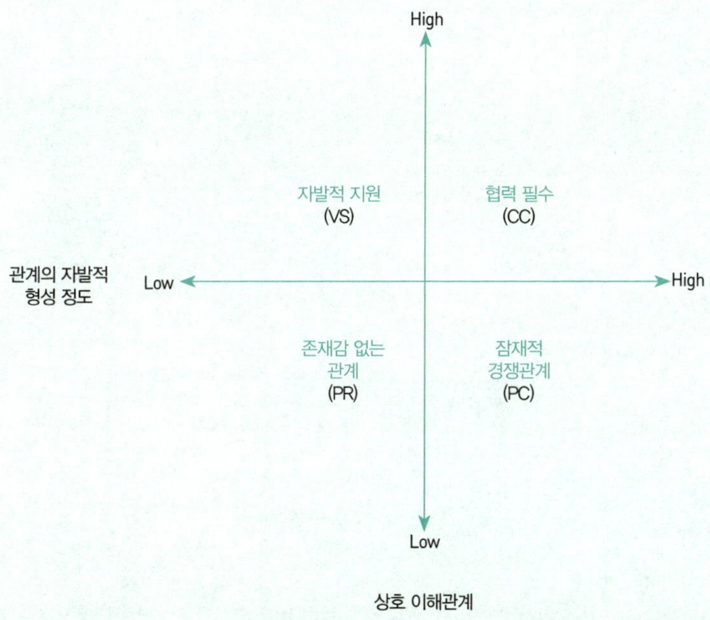

임원 승진을 위한

팀장 패스트트랙

PART 05

관리 – C. 팀관리

THEME 01 조직의 목표와 역할에 따라 팀을 설계한다

"여럿이 함께 행동하는 집단은 혼자서는 누구도 해낼 가능성이 없는 일을 달성할 수 있다"

– 프랭클린 루스벨트

팀과 그룹은 목표와 역할에 따라 구분된다

팀과 그룹을 혼용해서 쓰면서 양자의 의미를 구분하지 않는 경우가 많이 있지만 두 개념을 목표와 역할에 따라 구분하는 게 중요하다.

- **팀** : 구성원(팀원)들이 공동의 목표와 높은 상호의존도를 가지고 임무를 수행
- **그룹** : 구성원(그룹원)들이 공동의 목표는 가지고 있지 않지만 공동의 관심사를 가지고 낮은 상호의존도 하에서 관계를 지속

팀의 정의를 좀 더 구체적으로 살펴보면, '상호보완적인 기술이나 지식을 가진 복수 이상의 구성원이 상호 협조하며 헌신함으로써 공동의 목표를 달성하기 위해 임무

를 수행하는 자율과 재량을 가진 조직의 단위'라고 할 수 있다. 즉, 팀을 통해 팀원들의 서로 다른 기술과 경험을 잘 융합하고 시너지 효과를 창출해서 개인이 단독으로 임무를 수행하는 경우에 대비해 더 큰 성과를 창출할 수 있다.

팀의 유형은 팀 업무 할당방식에 따라 달라진다

팀과 팀원이 가지는 공동의 목표를 달성하기 위해 필요한 세부 업무 각각의 성격, 담당자 특성, 책임, 전문성, 목적 등의 기준에 따라 팀 조직을 설계할 수 있다.

- **개별형** : 대표적인 팀의 유형이며, 5명 내외의 팀원 수에 적합하다. 팀의 세부 업무들이 상호독립적인 경우에 활용할 수 있다.
- **번들형** : 소위 사수와 부사수와 같이 특정 세부 업무별로 복수의 팀원을 번들해서 업무를 할당하며 5~10명 내외의 팀원 수에 적합하다.
- **파트형** : 단독 팀원이 수행하기에 어려운 업무의 경우 팀의 하위 구조인 파트를 만들어서 업무를 부여한다. 파트장의 책임 하에 업무가 수행되므로 업무의 완결성과 책임성 측면에서 효과가 있으나, 자칫 옥상옥이라는 조직적 폐단으로 이어질 수 있다.
- **하이브리드형** : 범위와 전문성 측면에서 다양하게 구성된 팀의 업무별로 조직 유형을 정하며, 10인 이상의 조직에 적합하다.

팀 구성

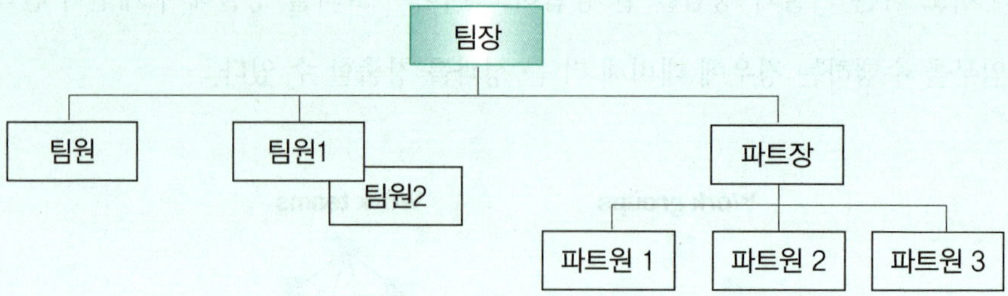

팀 유형

개별형	번들형	파트형	하이브리드형
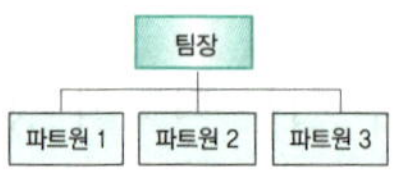	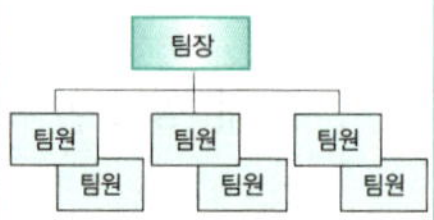	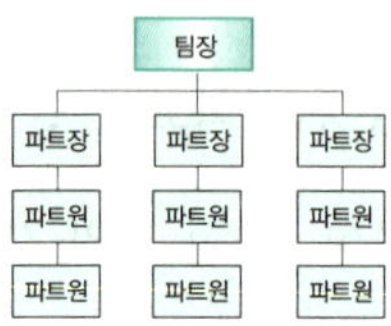	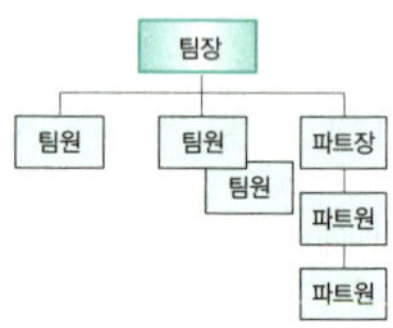
• 업무 구조가 상호독립적인 경우 적합 • 고직급 팀원으로 구성된 경우에 적합 • 다른 팀 유형 대비 시너지효과가 적을 수 있음	• 동일업무를 주/보조 방식으로 부여 • 업무에 대한 경험자와 무경험자 번들 • 신입사원의 OJT 등에 활용 가능	• 팀 단위 업무를 세분화하며 하위조직은 파트에 할당 • 업무의 전문성과 책임성을 높일 수 있음 • 사일로(Silo) 현상 발생 가능	• 팀 업무의 상세 내용에 따라 개별형, 번들형, 파트형 등을 혼용해서 조직

HR팀을 한번 설계해 보자

1,000명 직원수의 제조업 회사의 예를 들어 HR 팀 조직을 하이브리드형으로 설계해 보자.

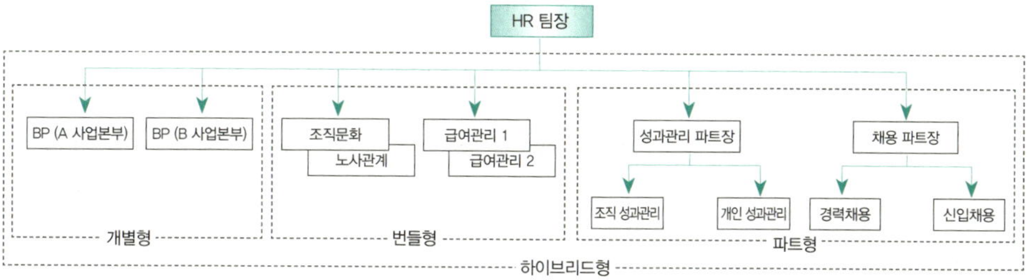

- **사업부별 Business Partner** : HR 팀내 업무의 상호의존도가 낮고 높은 전문성이 필요하므로 개별형으로 조직
- **조직문화/노사관계** : 조직문화와 노사관계 업무의 시너지 효과를 높이기 위해 번들형으로 조직
- **급여관리1/2** : 급여관리 자체를 아웃소싱하고 있어서 업무량이 많지 않으나 곧 다른 부서로 이동할 현재 담당자와 신규 담당자 간의 인수인계 작업을 효율적으로 하기 위해 한시적 번들형으로 조직
- **성과관리/채용** : 업무량이 많고 범위가 넓은 업무 유형이며 성과관리와 채용에 대한 완결성과 책임감을 높이기 위해 HR 팀 내 하부구조인 파트형으로 조직

팀의 기능에 따라서도 팀 유형이 달라진다

전통적인 팀 유형인 기능팀 조직은 특정 기능에 특화되어 업무를 수행하면서 다른 기능과 협업하는 조직 구조이다. 기능별로 팀이 구분되다 보니, 업무추진 속도가 늦

어질 수 있으며, 사일로 효과(Silo effect)가 발생할 수 있다는 단점이 있다. 조직 부서 간에 협력이 잘 되지 않고 자기 부서의 이익만을 추구하는 폐단으로 일컬어지는 사일로 효과가 생기면 팀 조직의 시너지, 신속성, 효율성 등이 달성될 수 없다.

이를 보완하기 위해 나온 팀 조직이 바로 기능횡단팀 조직(Cross Functional Structure)이다. 팀을 기능별로 구성하지 않고 상품이나 지역을 중심으로 팀을 구성한 후 상품이나 서비스의 기획부터 생산, 판매 등 필요한 기능을 모아서 자기완결적 팀으로 조직할 수 있다.

기능팀과 기능횡단팀 이외에도 태스크포스팀(Task Force Team)과 위원회(Committee)가 있다. 프로젝트 팀과 같이 특별한 과업을 수행하기 위해 한시적으로 생긴 조직을 TFT라고 하며 특별한 의사결정을 하거나 정책을 수립 또는 모니터링할 때 필요한 조직을 위원회라고 부른다.

THEME 02 공개경쟁을 통해 사내정치를 예방한다

사내정치는 한정된 자원에서 비롯된다

만일 조직이 가지고 있는 자원이 무한적이라면 자원을 조금 더 취하기 위해 노력해야 할 필요가 전혀 없을 것이다. 실제 모든 조직이 가지고 있는 자원은 유한하며 항상 부족한 상태에서 그 부족분을 채우기 위해 움직이는 게 조직의 현실이자 생리일 것이다.

직급 측면에서 보더라도 모든 조직은 피라미드 형태의 인력 구성을 가지고 있어서 상위 직급으로의 승진을 위해 경쟁이 불가피하며, 코로나 사태 등으로 고용조정을 할 때도 해고 대상자가 되지 않고 남는 사람에 속하기 위해 치열하게 경쟁해야 한다.

자원의 한정성 못지 않게 중요한 사내정치의 원인을 의사결정의 제한적 합리성에서 찾을 수 있다. 만일 의사결정을 해야 할 상황에서 유일한 최적안이 존재한다면 의사결정이 수월하고 그를 위해 다툴 이유가 전혀 없을 것이다. 그러나 현실은 그렇지 않아서 항상 복수의 대안이 제시되며 선택의 문제가 남는다. 자신이 제시한 대안이 선택되도록 자신의 대안을 부풀리고 상대방의 대안을 깎아내리는 과정이 수반되는 게 일반적인데 이를 사내정치의 한 단면이라고 볼 수 있다.

경쟁을 통해서도 사내정치가 생기지 않을 수 있다

모든 경쟁에는 승자와 패자가 있으며 보통 패자가 승자보다 많은 것이 일반적이다. 그러나 모든 참가자가 승자가 될 수 있다고 가정하면 경쟁에서 필연적으로 사내정치가 생기는 것은 아닐 것이다.

마라톤과 경마를 예를 들어 보자. 현대인 사이에 건강에 대한 관심이 올라가면서 크게는 마라톤 작게는 조깅의 인기가 날로 더해지고 있다. 대부분의 마라토너가 가지는 경쟁의 목표는 마라톤 대회에 나가서 1등을 하는 게 아니라 자기의 최고 기록을 갱신하는 것이다. 즉, 마라톤에서의 경쟁 상대는 자신이어서 모든 마라토너가 승자가 될 수 있다.

반면 경주마와 기수는 자신의 최고 기록을 갱신하는 것에 관심이 없고 오로지 대회에서 1등을 하는 것이 목표이다. 그래서 경마에서는 모든 경기에서 승자와 패자가 나누어진다.

여기서 마라톤을 공개경쟁(Open Competition)이라고 하고 경마를 폐쇄경쟁(Closed Competition)이라고 부르기로 하자. 공개경쟁에서는 모든 참가자가 승자가 될 수 있어 더 많은 권한과 권위를 얻기 위한 사내정치가 방지될 수 있다.

공개경쟁을 위한 3가지 조건이 있다

공개경쟁 환경을 조성할 수 있다면, 조직 갈등과 사내 정치의 수위를 낮추고 경쟁 참가자 간에 협력적 관계를 강화해서 조직의 경쟁력을 높일 수 있다. 이러한 순기능

을 위한 공개경쟁의 조건 3가지에 대해 알아보자

1. 시점 (Timeline)

한정된 자원과 권한이라는 조건 하에서는 경쟁자보다 더 많은 자원과 권한을 가지기 위해 제로섬 게임이 불가피하다. 만일 자원과 권한의 한정성을 제외한다면 굳이 단기적으로 제로섬 경쟁을 할 필요가 없을 것이지만 이 가정은 전혀 합리적이지 않다.

시점을 단기에서 중장기로 한번 옮겨 보자. 당장의 케이크 조각 수가 한정되어 있어서 제로섬 경쟁이 불가피하지만, 중장기적으로 케이크의 사이즈를 키워서 10조각에서 20조각으로 늘릴 수 있다면 모든 참가자는 패자 없이 승자가 될 수 있다.

2. 공정한 절차 (Fair Procedures)

참가자들이 경쟁하는 과정에서 갈등과 상충의 발생은 불가피하지만, 이들이 항상 부정적인 결과로 이어지는 것은 아니다. 만일 갈등과 상충을 해소하고 풀어나가는 절차와 기준에 대해 경쟁 참가자들이 공정하다고 보고 있다면, 갈등과 상충 국면에서 경쟁자간 상호 이해와 수용감이 생기게 되어 조직 차원에서는 순기능의 효과를 볼 수 있다.

따라서 승진, 연봉인상, 보너스, 인센티브 등 자원과 권한의 배분 절차와 고충처리, Hot line 등 갈등해소 절차의 공정성을 강화하는 게 공개경쟁을 위한 첩경이 될 것이다.

3. 통제가능한 결과 (Result under Control)

경쟁에서 패한 경쟁자가 자신의 패배를 '운(Luck)'의 탓으로 돌리는 경우를 많이 본다. 이를 반대로 보면, 승자의 승리 역시 '운'에 따라 생긴 것으로 해석된다. 이러한 인식이 실제인 경우도 왕왕 있다. 경쟁의 결과가 운의 영향을 많이 받거나 그에 좌지우지된다면 경쟁의 결과에 대한 패자의 승복은 기대하기 힘들 것이다.

따라서 경쟁의 대상은 운의 영향 없이 순수하게 실력과 노력에 따라 나온 결과이어야 하며 이를 위해 '2. 공정한 절차'를 확보해서 경쟁 참가자의 결과에 대한 수용도를 높여야 한다.

▶ 건강한 사내정치에서 이기는 10가지 원칙

Fastrack

1. 싸우지 않는 사람이 승리한다.
2. 자신의 단점은 포기하고 장점에 집중해서 부각시킨다.
3. 알고 있더라도 건성건성 듣지 않고 경청한다.
4. 경쟁보다 협력을 택한다.
5. 부하에게 인정받는 게 중요하다.
6. 불만을 듣게 되면 개선 기회를 받는 것에 대해 감사해야 한다.
7. 데드라인은 준수해야 할 철칙이다.
8. 업무처리를 미루면 안 하게 된다.
9. 스몰톡을 하는 만큼 인맥이 넓어진다.
10. 타인에 대한 부정적 피드백은 절대 입에 올리지 않는다

THEME 03 팀원의 연봉이 아니라 자존감을 올려주자

| PART 05 관리 – C. 팀관리

팀원의 높은 자존감만큼 효과적인 건 많지 않다

필자의 경험에 따르면 직원을 동기부여하고 팀 생산성을 올리기 위해 가장 손쉽고 빠르게 쓸 수 방법이 바로 인센티브이다. 이러한 보상의 유형을 외재적 보상(Extrinsic Reward)라고 한다. 당장의 효과 측면에서 외재적 보상의 효과성은 부인할 수 없다. 그러나 그 효과의 지속가능성(Sustainability) 기준에서 본다면 물론 회사별로 제도별로 천차만별이겠지만, 근본적인 한계가 있다는 회의와 우려가 없지 않다.

반면에 금전적인 가치는 전혀 없지만 직원의 동기부여를 위해 더 값지고 효과가 있는 보상이 바로 자존감일 것이다. 이러한 보상의 유형을 내재적 보상(Intrinsic Reward)라고 한다. 자존감은 말그대로 “스스로 존중하는 정도”를 의미하며 “얼마나 많이 자신의 외모, 사고, 행동, 가치 등을 존중하고 좋아하고 있는가”라는 심리적인 상태로 해석된다.

| 보상의 유형 |

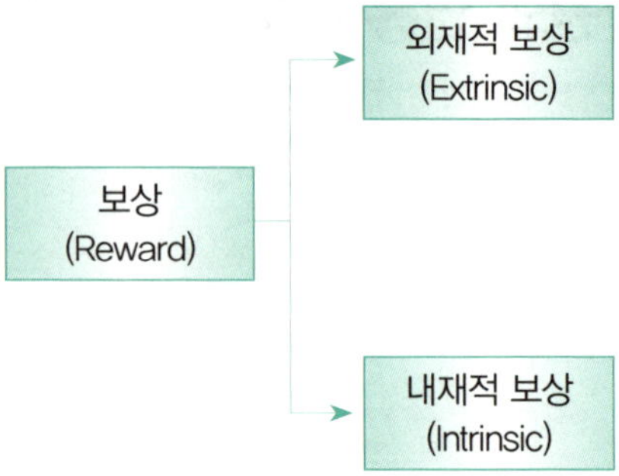

어렵게 올린 자존감도 한번에 무너질 수 있다

자존감을 약화시키거나 무너뜨리는 요인은 심리적인 상태 등 내부적 요인과 상사와의 관계 등 외부적인 요인으로 나눌 수 있다.

내면적으로 가질 수 있는 두려움이나 죄의식이 자존감에 크게 영향을 줄 수 있다. 혹시 중요한 상황에서 실패하지 않을까 하는 불확실성에 대한 우려 또는 자신이 제시한 제안이 거절될 수 있다는 두려움도 못지 않게 크게 영향을 끼친다.

내면적인 심리가 아닌 상사나 동료와의 관계, 업무의 특성, 상사의 성향, 의사소통 체계 등과 같이 외부적인 요인도 자존감에 영향을 준다.

- **소외 (Exclusion)** : 의사결정 과정에서 배제되거나 일상 생활에서 다른 팀원과 차별적으로 대우해서 소외감을 느끼게 하 는 경우
- **의사소통 부재(Lack of communication)** : 의사소통 자체가 없거나 하향식 커뮤니케이션만 있어서 자신의 의견을 개진할 수 없는 경우
- **피드백 이슈 (Feedback issue)** : 피드백 자체가 없거나 피드백은 있지만 피드백의 대상이 명확하지 않고 전반적으로 부정적인 피드백만 있는 경우(가령, "항상

문제야", "당신 때문에 되는 게 없어")

– 인정/칭찬 부족(Lack of recognition) : 인정이나 칭찬을 적절하게 하지 않아서 인정욕구가 채워지지 않는 경우

팀장의 자존감을 올리기 위해 7가지 과제를 실천하자

1. **임파워된 것을 알게 해라** : 스스로 결정하고 실천할 수 있는 주체임을 인지시키기 위해 임파워먼트 해야 하며, 임파워된 상태를 알게 해야 한다.
2. **조직과의 연동감을 느끼게 하라** : 자존감은 소속된 조직 내에서 생기고 강화될 때 효력이 발휘된다. 항상 개개인과 조직이 연결되어 있다는 감정을 가지도록 하면 심리적 안정감을 제고할 수 있다.
3. **자율적인 의사결정을 지원하라** : 자존감이 높은 팀원은 스스로 결정하려는 성향이 강하다. 자발적인 의사결정을 지원함으로써 자존감을 더욱 강화할 수 있다.
4. **스스로 능력이 있다고 생각하도록 해라** : 자신이 능력 있다는 것을 더 인지할수록 자존감이 높아진다. 역량에 대한 인정을 통해 자신의 능력을 알게 해야 한다.
5. **I-message를 자주 써라** : "김과장 지각 좀 하지마"로 시작하지 않고 "나는 김과장이 자주 지각해서 ~~"로 주어만 바꿈으로써 질책의 느낌과 뉘앙스가 대폭 줄게 된다.
6. **각자의 특성과 가치를 인정해라** : 모든 팀원은 고유의 특성과 가치를 가진다. 한 가지의 특성으로 동조화(Conformity)를 강조하면 자신의 가치와 특성이 무시된다고 생각할 것이다.
7. **의사소통과 경청을 항상 우선해라** : 가장 중요한 과제다. 말하기 전에 경청하고 경청 후에 소통해야 팀원의 자존감이 올라간다.

THEME **04**

조직개발은 생산성을 높이기 위한 모든 활동이다

조직개발(OD)은 4가지 기준에서 실행되는 활동이다

종종 '조직개발'이라는 직무에 대해 듣게 되는데 들을 때마다 직무의 상세내용은 달라진다. 이에 대해 필자는 같은 이름의 직무인데 왜 실제 과업이 달라질까라는 의구심을 가져왔다.

그러나 Organization Development가 조직(Organization)을 개발(Development)하는 직무가 해석되므로 조직의 어떤 측면을 개발할지에 따라 조직개발의 정의가 달라질 수 있는 점을 알 수 있었다.

- 인적자원 (Human process) : 팀빌딩, 대인 또는 그룹 관계개선, 코칭 등
- 전략 (Strategic) : 조직변혁, 문화변화, 리더십 개발, 유지 및 유인 등
- 조직구조(Techno–structural initiatives) : 인수합병, 유연근무제 도입, 다운사이징, 6시그마, 애자일 조직, 일가정 양립 등

– **인사관리(HR)** : 직원몰입, 교육훈련, 멘토링, 다양성 관리, 성과관리, 승계관리 등

조직을 바라보는 관점으로 인적자원, 전략, 조직구조 그리고 인사관리 이렇게 4가지를 들 수 있으며 각각의 관점에서 실행되는 활동을 조직개발이라고 부를 수 있다. 회사마다 4가지 관점 중에 우선적으로 보는 관점이 있을 것이므로 그 관점에 따라 그 회사의 조직개발 직무의 상세내용이 정해지게 된다. 물론 4가지 관점 중에 한 가지의 관점만 취사선택하는 문제가 아니어서 4가지 기준이 균형있게 상호 보완적으로 실행되도록 하는 게 중요하다.

따라서, 조직을 개발한다는 건 구성원의 만족도와 삶의 질과 조직의 생산성을 높여서 조직의 목적을 달성하는 일체의 과정이나 과업으로 볼 수 있다.

조직개발은 조직문화에 영향을 주어 변화를 유도한다

조직개발을 행동과학 기법과 이론 등을 통해 조직문화를 계획적으로 변화시키는 과정이라고 정의할 수 있다. 이렇게 조직개발이 궁극적으로 변화시키고자 하는 조직문화는 조직 내부적으로 그리고 구성원 간 공유된 가치나 태도의 총합이며, 아래와 같은 4가지의 기능을 담당한다.

– 구성원간 일체감 부여

– 집단 몰입도 제고

– 시스템 안정성 강화

– 바람직한 행동 조성

이러한 기능을 담당하는 조직문화의 강도에 따라 현실에서 직원의 성향, 변화에 대한 입장 등이 다르게 나타난다. 강한 문화(Strong culture) 하에서는 구성원간 가치나 태도의 공유 정도가 높아서 직원들이 조직목표 달성을 위해 노력하게 되는 장

점이 있다. 또한 조직이 정한 변화의 방향에 대한 수용도 역시 높게 나타난다. 이렇게 강한 문화의 장점만 나열하다 보니 강한 문화가 최선으로 보이지만 개개인의 창의성과 의견이 제대로 수렴되지 못해서 다양성 기준에서 아쉬운 측면이 있다.

반면 약한 문화 (Weak culture) 하에서는 변화 자체를 거부하고 현실 유지에 대한 성향이 크게 나타난다. 변화에 대한 수용도가 낮다 보니 변화를 수반해야 할 조직목표 달성에 대해서도 대체적으로 미온적인 태도로 일관할 수 있다.

다음으로 조직문화의 강도를 정하는 주요 요소인 리더십과 과거 경험에 대해 알아보자. 리더십은 곧 책임을 의미한다. 리더십이 장기간 유지되지 않고 자주 교체되어 왔다면 변화에 대한 책임에 대해 선뜻 나서서 부담하려는 리더는 없을 것이다. 따라서 현상유지가 책임을 피하는 최선의 상책이라고 생각하며, 현실지향적 리더십과 조직문화가 조성되면서 약한 문화가 자리 잡게 된다.

과거에 상당한 성공을 이룬 경험이 있다면, 이 경험을 기반으로 조직적 자신감 (Organizational confidence)이 쌓이고 있을 것이며, 위기가 곧 기회라는 인식이 구성원 사이에서 형성되게 된다. 반면 그러한 성공의 경험이 없다면 변화에 대한 주도성보다 반발과 저항이 먼저 나오게 되게 된다.

	강한 문화(Strong culture)	약한 문화(Weak culture)
리더십 연속성	장기간 연속	잦은 교체
지리적 특성 (근무지 기준)	특정 지역에 집중	여러 지역으로 산재
직원 수	소수	다수
과거 경험	상당한 성공을 이룬 경험	성공을 이룬 경험 부재

조직개발 전략은 3단계로 실행된다

조직개발을 조직에 영향을 주어 변화를 만들어 가면서 목적지까지 나아간다는 동태적 개념으로 볼 수 있다. 이를 설명해 주는 3가지 이론적 접근에 대해 알아보자.

– Change process theory

Unfreezing–Moving–Refreezing 3단계로 조직을 개발한다. Unfreezing 단계는 소위 해동단계로 불릴 수 있으며 곧 변화가 올 것이라는 인식을 구성원에게 심어 주는 단계이다. 변화에 대한 반발을 최소화하기 위한 정석의 접근이다. Moving 단계에서 미리 알려준 변화를 실행한 후 Refreezing 단계에서 새롭게 만든 변화의 결과가 조직의 한 부분으로 자리잡을 수 있도록 한다.

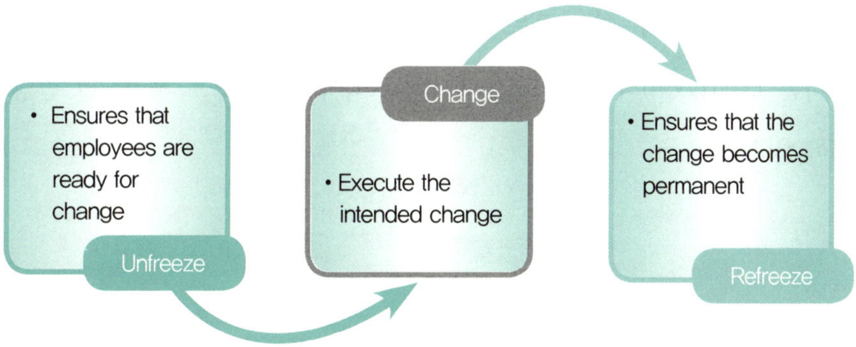

– Implementation theory

바로 위 Change process theory의 Moving 단계에서 실행할 수 있는 접근방식이며 이의 실행과제를 대인, 기술적 그리고 구조적 전략으로 나누어서 살펴볼 수 있다.

- 대인 전략(Interpersonal strategy) : 팀빌딩, 호칭 폐지, 직급구조 개선 등 대인관계를 새롭게 재편하고 개선할 수 있는 과제를 실행
- 기술적 전략(Technological strategy) : 업무프로세스에 대한 것으로 직무재설계,

프로세스 혁신, 직무 단순화 등을 통해 업무프로세스를 개선하거나, 유연근무제 등을 통해 업무프로세스의 효율성을 높이는 과제를 실행

- **구조적 전략(Structural strategy)** : 조직 구조 상 보고체계, 권한 위임, 전결규정, 통솔범위 개선 등 조직구조에 배어 있는 사일로를 제거하고 효율성을 제고하는 과제를 실행

– Positive model

변화에 대한 질문을 화두로 꺼내고 그에 대한 우수 사례(best practices)를 알아본다. 베스트 프랙티스에서 주요 시사점과 주제를 찾아서 향후 조직이 지향하는 미래상을 구체화 시킨다. 다음으로 도출된 미래 조직상을 구현하기 위한 방법을 설계한 후 실행을 개시한다. 이 과정은 1회성 과정이 아니라 실행과제와 베스트 프랙티스 조사는 루프(Loop)식으로 연결되어서 피드백이 상시적으로 제공되고 반영되도록 해야 한다.

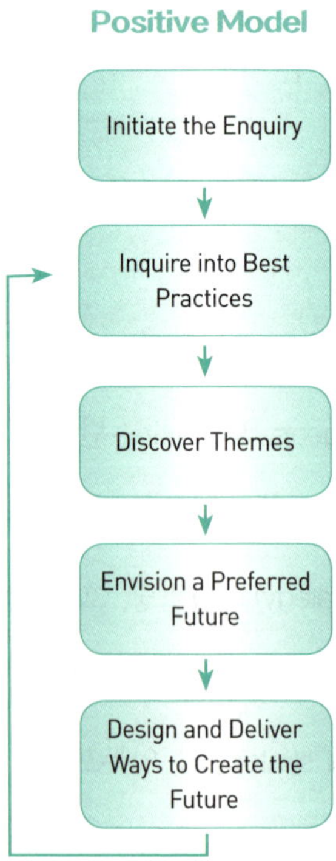

THEME **05**

팀원의 업무량을 모두 합하면 팀 업무량이 된다

MECE하게 팀 전체 업무량을 팀원의 업무량으로 나눌 수 있다

업무량 조사는 팀 정원을 산정할 때나 팀원의 성과지표(KPI)를 추출할 때 진행된다. MECE(Mutually Exclusive Collectively Exhaustive, 상호배제와 전체포괄)는 항목들이 상호 배타적이면서 모였을 때는 완전히 전체를 이루는 것을 의미한다. 이를테면 '겹치지 않으면서 빠짐없이 나눈 것'이라 할 수 있는 원칙인데, 팀 업무량과 팀원 업무량 사이의 관계로 볼 수 있다.

각 팀원의 업무내용과 업무량 파악은 팀 전체의 업무내용과 업무량 파악에서 시작해서, MECE원칙을 준수하면서 각 팀원에게 배분되고 분담되도록 해야 한다

1단계 팀 전체의 직무를 파악한다

팀 전체 및 팀원별의 업무량을 산정하기 위해서는 먼저 팀 전체의 직무를 조사한 후 세부분류로 구분해야 한다. 직무분류체계를 구성할 때 MECE(Mutually Exclusive, Collectively Exhaustive)하게 함으로써 세부분류간 중복이 없어야 하며, 팀 전체 업무 측면에서 공백이 없어야 한다.

그림의 사례에서는 중분류 수준이 팀 전체업무를 보여주고 있으며 HR을 1차적으로 인사관리와 인력개발로 구분하고 2차적으로 인사관리를 급여제도와 평가제도로 더 세분화할 수 있고, 마지막으로 급여제도를 정기급여와 평가계획 등으로 가장 세분화할 수 있다.

| 직무분류체계 사례 |

<table>
<tr><th>직무분류 단계</th><th>정의</th><th colspan="2">분류방법</th><th>예시</th><th>활용</th></tr>
<tr><td>대분류</td><td>• 업무완결성, 전문성 측면에서 목적어 동일한 업무영역으로 Value Chain 상 High Level의 주요기능
• 직무의 고유한 기능 및 조직구조 등을 고려함</td><td rowspan="2">• 사업 프로세스의 주요 기능 분석 및 핵심기능 파악
• 기능 영역의 특성 고려, 하위 중기능분류</td><td>–</td><td>• 경영지원, 마케팅, 영업 등</td><td>• HR 차별화가 이루어지는 최상의 단위
–예) 직군 별 차별화</td></tr>
<tr><td>중분류</td><td>• 업무기능 및 목적, 전문지식 및 기술이 유사하여 이동이 용이한 개별 직무들의 집합
• 전문가육성의 단위(Market에서 통용되는 전문가 단위)</td><td rowspan="2">• 조직기능, 필요역량, 지식/스킬의 유사성을 고려함
• 향후 전문화가 필요한 기능을 파악</td><td>• HR, 재무, IT, 총무 등</td><td>• 조직 내 전문가 육성 단위로 활용
• 이동/배치 범위 설정의 참고단위</td></tr>
<tr><td>소분류 (Job)</td><td>• 최소 1인 이상에 의해 수행되며, 업무시작에서 끝의 완결성이 존재하는 단위 업무
• 수행하는 업무활동, 요구되는 지식 및 스킬 등이 유사한 업무 그룹</td><td>–</td><td>• 인사관리, 인력개발 등</td><td>• 직무조사 및 직무역량 도출 단위
• 직무중심인사제도의 기본단위</td></tr>
</table>

<table>
<tr><td>과업
(Task)</td><td>• 독립된 목적으로 수행하는 하나의 작업활동
• 관련된 주요활동을 임의로 묶어 놓은 것으로서 직무를 수행하는 데 있어 주가 되는 책임</td><td>–</td><td>• 급여제도, 평가제도 운영</td><td rowspan="2">• 직무수행의 상세 정보 제공</td></tr>
<tr><td>세부활동
(Activity)</td><td>• 한 개의 직무를 체계적인 방법에 따라 나눈 가장 작은 단위
• 자체적으로 독립적이며 측정이 가능한 행동의 범위</td><td>–</td><td>• 정기급여, 평가계획 수립 등</td></tr>
</table>

2단계 직무별로 과업과 세부활동을 조사한다

HR팀 전체 직무를 1차적으로 구분한 인사관리와 인력개발 각각 직무에 대해 과업과 세부활동을 조사해서 팀 전체 직무의 상세내역을 수준별로 파악할 수 있다.

이 때 주요 과업별로 주요산출물과 성과측정지표까지 조사한다면, 조사된 내용을 성과관리제도의 목표설정에 연계할 수 있고 이를 통해 제도간 일관성이 강화된다는 장점이 생긴다. 이처럼 조사결과의 활용범위를 최대한 넓히기 위해 관련 제도의 연결고리를 만들어서 조사하는 것이 바람직하다.

❶ 순서	❷ 세부 업무 Task (프로세스순으로작성)	주요 활동 Activity (프로세스순으로 작성)					❼ 업무 중요도	❽ 업무 난이도	❾ 비율	❿ 세부 업무의 주요 산출물	⓫ 성과 측정 지표	⓬ 전략적 강화업무 및 사유
		순서	❸ 활동 내용	❹ 비율	❺ 난이도	❻ 비용 처리 계정	고/중/저	고/중/저				
1	다면 평가 수행	1	평가 계획 수립	10%	고	–	고	중	50%	종합 근무 평정 결과	직원 만족도	강화 필요–평가결과의 수용도 제고
		2	중간 평가 시행	50%	저	–						
		3	평가 결과 종합 및 순위화	40%	중	–						
		비율계		100%								
2	채용 시행	1	채용 공고	30%	저	광고 선전비	중	저	50%	채용 계획서 신규 인원		
		2	1차서류심사	30%	중	–						
		3	면접 시행	40%	고	비품 구입비						
		비율계		100%								
							계		100%			

주요 작성 내용

❶ 순서 : 순서는 업무 프로세스순으로 작성하되 프로세스가 없거나 불명확한 경우에는 업무 중요도순으로 작성

❷ 세부업무 : 본 직무의 목적을 달성하기 위하여 수행하는 세무업무 내용을 프로세스(프로세스 구분이 어려울 경우 중요도) 순서대로 기입하며, 내용의 통일성을 기하기 위하여 핵심구문으로 작성하고 크게 10개 이내로 작성

❸ 활동내용: 세부업무를 수행하기 위하여 행하는 업무 활동을 프로세스(프로세스 구분이 어려울 경우 중요도)순으로 기입 내용의 통일성을 기하기 위하여 핵심구문으로 작성

❹ 비율(%): 세부업무내의 주요활동 별 총 투입시간의 상대적 비율을 작성. 상대적 업무량의 전체 합은 100%가 되어야 함

❺ 활동 난이도: 해당 활동 내용에 대해 업무 활동의 복잡성, 요구되는 역량/지식/스킬 수준 등을 고려하여 고/중/저 선택

❻ 비용발생/처리계정: 해당 주요활동 수행과정의 비용 발생이 있는 경우, 구체적인 해당 비용 처리계정 또는 항목을 기술함

❼ 업무 중요도: 본 직무의 목적을 달성하기 위하여 본 세부업무가 필요한 정도로 고/중/저 선택

❽ 입무 난이도: 본 세부업무의 복잡성, 업무달성을 위해 요구되는 역량/지식/스킬 수준 등을 고려하여 고/중/저 선택

❾ 비율(%): 세부업무별 총 투입시간의 상대적 비율을 작성. 상대적 업무량의 전체 합은 100%가 되어야 함

❿ 세부업무의 주요산출물: 세부업무를 수행하면서 산출되는 요소

⓫ 성과측정지표: 주요산출물의 성과를 측정할 수 있는 지표

⓬ 전략적 강화영역 및 사유: 현재 업무상 중요도는 낮으나, 추후 전략적 관점에서 강화가 필요한 업무 및 그 사유를 기재

3단계 업무분담표를 작성한다.

2단계에서 조사된 과업의 주요활동별로 담당자를 정하는 업무분담표를 작성한다. 업무분담표를 작성할 때 업무담당을 Korean title(사원–대리–과장–차장–부장)을 기준으로 하는 경우가 많은데, 최근 직급파괴, 호칭폐지 등의 트렌드와 조사된 내용의 범용성을 위해 역할(주니어–시니어–팀장)을 기준으로 하는 것이 더 바람직하다.

순서	과업 Task (프로세스순으로 작성)	주요활동 Activity (프로세스순으로 작성)		업무분담표			
		순서	활동내용	본부장	팀장	선임	팀원
1		1					
		2					
		3					
		4					
		5					

4단계 직무별로 소요시간을 조사한다.

주요 과업과 활동별로 수행에 필요한 시간을 조사해서 직무별 총 소요시간을 산출하고 이를 통해 팀 전체 업무시간을 도출할 수 있다.

업무시간은 주요 활동별로 발생주기를 연간, 반기, 분기, 월, 수시로 나누어서 발생건수와 건당 처리시간을 반영하면 연간 환산건수와 연간 소요시간이 파악된다. 연간 소요시간을 인원수로 환산할 때는 2,000시간이 1인의 연간 업무시간의 기준이 된다. 따라서, "1 FTE(Full Time Equivalent) = 2,000시간"의 등식을 통해 업무시간을 적정 정원수로 전환할 수 있다.

직무명	세부업무 Task	주요활동 Activity	산출물	업무량				
				발생주기	발생건수	건당처리 시간(분)	년간환산 건수	총소요시간(분)
				년간	2	100	2	200
				주간	2	5	104	520
				일간	2	60	730	43,800
				분기	2		8	–
				반기	1	100	2	200
				주간	5		260	–
				수시	2		8	–
				수시			0	–
총계								44,720

5단계 업무분담표와 과업별 소요시간을 합해서 팀원별 업무량을 파악한다.

3단계에서 팀 전체업무가 주요 과업과 활동으로 구분되어서 개별 팀원에게 할당이 되고 4단계에서 주요 과업과 활동별로 소요시간이 산출된다.

이렇게 각각 산출된 개별 팀원의 담당 과업과 과업별 소요시간을 합하면 각 팀원이 수행해야 할 연간 업무시간이 산정된다. 이를 기준으로 팀원간 업무량 조정, 재배분 등을 함으로써 팀 업무를 균형있게 배분하고 특정 팀원에게 업무 쏠림현상을 방지할 수 있다.

직무분석 방법 Fastrack

구분	관찰법	면접법	설문법
정의	• 직무조사자가 직무담당자의 직무활동에 대해 상세히 관찰 · 기록하는 방법	• 특정 직무에 대해서 많은 지식과 경험을 보유하고 있는 사람과의 면담을 통해 직무를 분석하는 방법	• 직무에 관한 설문지를 작성하여 직무담당자로 하여금 이에 응답하도록 하여 직무조사에 필요한 자료를 수집하는 방법
장점	• 가장 간단한 방법으로 사용이 쉬움 • 육체노동과 같이 관찰이 가능한 직무에 적용이 쉬움	• 구성원과의 직접면접을 통하여 자료를 얻기 때문에 자료의 실질성이 큼	• 설문지가 잘 설계되고 정확한 자료를 얻는 경우 매우 효과적 • 단시일에 많은 정보를 수집 • 직무가 많은 경우에 유용
단점	• 지적 사고력이 많이 포함된 직무는 관찰이 어려움 • 분석할 직무가 많거나 직무의 성격이 비반복적인 경우에는 관찰에 많은 시간이 소요 • 관찰자의 주관 개입 가능	• 직무가 많을 경우에는 면접에 너무 많은 시간이 소요	• 직무담당자의 응답이 정확하지 않거나 직무조사자가 설문지 자료를 잘못 이해 또는 해석할 위험이 있음
사용 빈도	○	◐	●

THEME **06**

전략적인 의사결정을 위해 목표, 우선순위 그리고 대안을 고려해야 한다

전략적 의사결정이 왜 중요한가

전략은 장기적인 효과를 가진 목표를 달성하기 위한 한정된 자산의 배분과정이라고 흔히 정의된다. 만일 보유하고 있는 자산이 무한하다면 설령 전략 부재로 잘못된 판단을 한 경우라도 자산의 무한성 때문에 크게 문제될 게 없다.

실제에서는 전혀 그렇지 않다. 대부분 자산은 한정되어 있고 잘못된 판단의 여파가 회복되지 않는 경우가 빈번하다.

따라서, 한정된 자산을 목표달성을 위해 효과적으로 배분하기 위한 판단이 필요한데, 이를 전략적 의사결정이라고 한다.

Strategy = a series of resource allocations for reaching a specific goal that has long-term significance

전략적 의사결정을 구성하는 3가지 요소는 다음과 같다.

– 명확한 목표

– 한정된 자산

– 최적의 대안 선택

만일 3가지 요소 중 하나라도 충족하지 않으면 전략적 의사결정 개념은 성립할 수가 없다. 즉, 목표가 없거나 불투명한 경우, 자산이 무한한 경우, 대안의 최적성이 부재한 경우 등에는 의사결정에 있어 굳이 전략의 개념을 적용하지 않아도 크게 문제되지 않을 것이다.

3단계 전략적 의사결정 방식을 충실히 따르자

1단계 목표의 명확화

추구하는 목표가 명확하고 그 범위가 특정되고 한정되어야 한다.

'최고의 경영성과 달성'을 경영 목표로 정한 회사를 예로 들어 보자. 언뜻 봐서는 흔하게 보이고 익숙한 목표이어서 딱히 문제로 보이지 않는다. 그러나 경영성과라는 개념 자체가 다의적으로 해석될 수 있고 명확하게 특정되지 않기 때문에 목표로 적절하지 않다. 여기에서 성과가 기업의 외형적 규모를 뜻하는 매출액을 의미하는 것인지, 기업의 내실을 의미하는 순이익을 말하는 건지, 아니면 매출액과 순이익 둘 다 함께 표현한 것인지에 대해 명확히 정의해야 한다.

이러한 목표의 애매모호성으로 인해 목표에 대한 해석은 이해관계자별로 제각각일 수도 있으며, 그 결과 조직 내 서로 상이한 목표의식에 따라 조직의 역량이 한곳으로 결집되지 않아서 시너지 효과를 기대하기 어렵게 된다.

2단계 우선순위 결정(Prioritization)

만일 보유 자산이 무한하다면 자산배분의 우선순위는 중요하지 않을 것이다. 현실은 그렇지 않아서 보유하고 있는 자산을 어디에, 언제, 어떻게 배분할지에 대한 의사결정 즉 우선순위를 정하는 것이 매우 중요하다.

명확히 정해진 목표를 달성하기 위한 세부 활동을 전부 찾은 다음 세부 활동의 우선순위를 정해야 하며 이 때 중요도(Importance)와 긴급성(Urgency)의 기준을 동시에 적용할 수 있다. 간혹 긴급성에 시야가 매몰되어서 중요도를 잘 보지 못하는 경우가 있다. 그러나 시급한 안건이 중요하지 않을 수 있으니, 중요도 기준이 항상 우선 적용되도록 주의해야 한다.

| Prioritization Matrix |

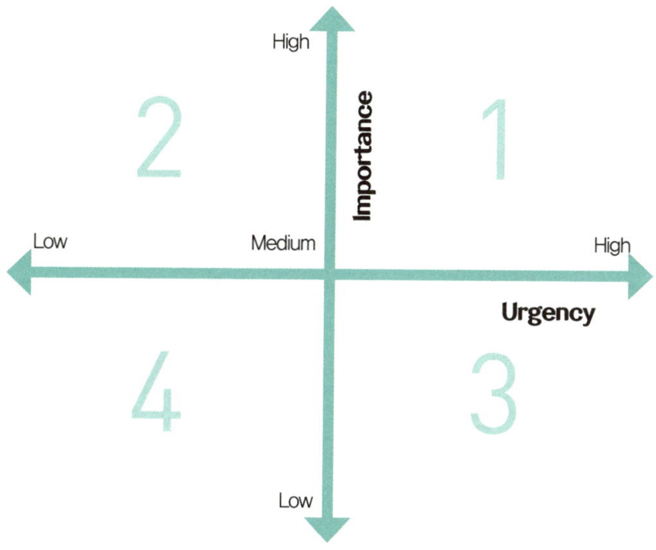

Quadrant Key:
1-Most Important, Most Urgent
2-Most Important, Least Urgent
3-Most Urgent, Least Important
4-Least Urgent, Least Important

3단계 최적의 대안 선택

'결정이 최적의 대안보다 좋을 수 없다'라는 말이 있다. 만일 단일 항목에 대한 하나의 결정이라면 이 결정이 최적인지 알 수 없다. 복수의 대안이 함께 고려된 후 대안이 결정되었다면 최적이라는 수식을 붙일 수 있을 것이다. 그리고 결정된 사항도 결정 이후 더 나은 대안이 제시된다면 조정할 수 있는 유연성을 유지해야 전략적인 의사결정이 효과적인 목표 달성으로 귀결될 수 있다.

따라서 의사결정권자가 명확한 목표(1단계)와 우선순위(2단계)를 가지고 있는 것을 전제로 할 때, 더 많은 대안이 곧 더 좋은 결정으로 이어진다고 할 수 있다. 즉 전략적 의사결정 과정에서 대안의 질과 수가 중요하며, 창의적이면서 기존과 다른 대안을 최대한 모색하는 것이 전략적 의사결정의 핵심과정이라고 할 수 있다.

의사결정 프로세스 Fastrack

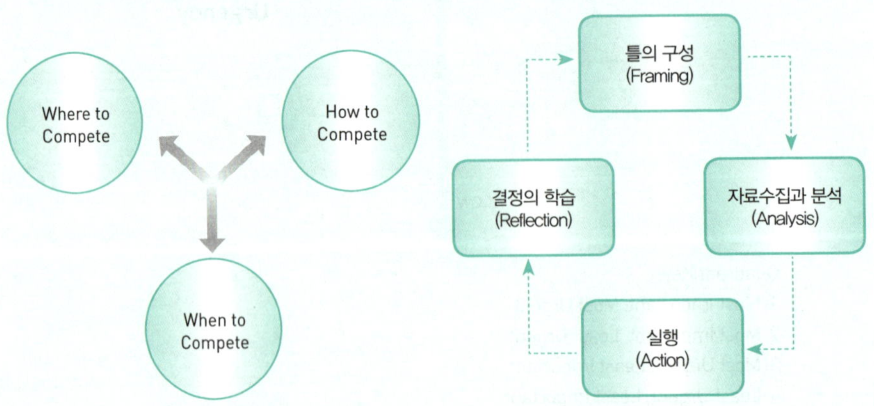

THEME **07**

합리적인 의사결정 과정을 위한 3요소만 챙기자

합리적인 의사결정을 위해 정보, 사람 그리고 객관적 사고가 중요하다.

의사결정이 어떤 정보를 토대로 되는지, 누가 의사결정을 하는지 그리고 의사결정 과정에서 객관적인 사고가 적용되는지 등 3가지 요소가 의사결정의 질을 판단하기 위해 필요하다.

| 의사결정 프로세스 |

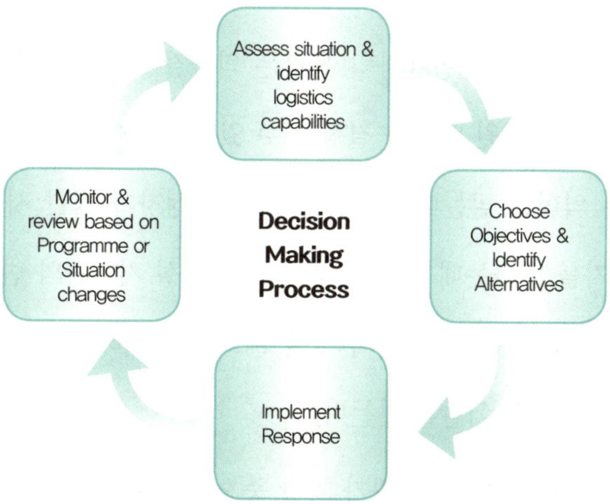

의사결정의 토대인 정보는 사실기반이어야 한다.

의사결정을 위해 수집한 정보의 질에 따라 의사결정의 질이 달라진다. 수집된 정보에 한정해서 대안이 모색될 것이며, 의사결정 역시 모색된 대안의 수와 질에 따라 정해지므로 의사결정의 첫 단계인 정보수집이 전체 의사결정의 범위와 방향을 정할 수 있다는 점에서 그 중요성을 높이 평가할 수 있다.

정보수집 단계에서 생길 수 있는 오류를 유형화하면 다음과 같다.

- 미래 관점에서 필요한 정보가 아닌 과거지향적 정보 활용
- 통계나 설문 결과만 중시
- 수집가능한 정보만 활용
- 사실기반이 아니거나 확인이 안 되는 정보를 수집해서 활용
- 중요한 정보는 아니지만 수집되었기 때문에 이에 의존
- 필요성을 모르는 정보는 수집 자체를 하지 않음
- 미리 정해 둔 목적에 맞는 정보만 수집

의사결정을 둘러싼 이해관계자들의 이해는 다르다.

의사결정에 관련되는 이해관계자의 유형은 의사결정자, 지지자 그리고 참가자로 나뉜다. 의사결정자는 자원 배분을 결정할 수 있는 권한이 있는 자로 결정된 사항이 실행되도록 하는 역할을 맡는다. 지지자는 의사결정자가 정한 사항이 잘 실행되도록 도움을 주는 자를 말하는데 지지 방향에 따라 찬성 지지자와 반대 지지자로 나뉜다. 마지막으로 참가자는 의사결정의 질을 제고하기 위해 의사결정 과정에 참가해서 정보를 제공하는 등의 역할을 맡는다.

이러한 이해관계자 중 의사결정자가 가장 중요하다는 것은 자명한 사실이다. 의사

결정의 주요 요소별로 바람직한 리더십 유형과 주요 화법이 달라지므로 상황별로 적합한 리더십이 유연하게 나올 수 있도록 해야 한다.

| 의사결정 요소와 리더십 유형 |

의사결정 요소	리더십 유형	주요 화법
목표 설정	권위적 리더십	Follow me
우선순위 결정	권위적 + 민주적 리더십	What do you think / follow me
대안 도출	민주적 + 코칭 리더십	What do you think / try it
객관적 사고	코칭 리더십	Try it
정보파악	코칭 리더십	Try it

객관적인 사고를 통해 합리적 의사결정을 한다.

의사결정은 특정 활동을 선택하는 것으로 해석하기보다는 그 활동으로 인해 생기는 결과를 선택하는 것으로 보는 것이 정확하다.

따라서, 의사결정 과정에서 객관적인 사고를 통해 대안별로 긍정적인 또는 부정적인 결과를 분석하고 비교해서 최종적으로 결과를 선택하게 된다. 의사결정이 곧 자원 배분이므로 자원 배분이 긍정적인 결과로 이어져야 하며 의사결정이 과거에 대한 결정이 아니라 아직 발생하지 않은 미래에 대한 결정이므로 불확실성과 미지성이라는 리스크가 상존하는 점도 항상 염두에 두어야 한다.

이렇게 긍정적인 결과를 예측하고, 불확실성을 낮추기 위해 필요한 접근이 객관적 사고이다. 의사결정을 위한 객관적 사고를 위해 대안판단 매트릭스를 적용해서 대안이 가지는 가치와 리스크에 따라 최종 결과와 활동이 결정될 수 있다.

– Objectively reason : 가치는 높으나 리스크가 낮아서 선택하지 않을 이유가 없는 객관적 판단이다.

- Divide and conquer : 가치와 리스크가 모두 높다. 리스크가 높은 요소는 제거하고 리스크가 낮거나 낮출 수 있는 부분부터 선택적으로 실행한다.
- Defer : 가치는 낮은데 리스크만 높다. 굳이 선택해야 할 이유가 전혀 없다.
- Define consideration : 가치와 리스크가 모두 낮다. 리스크가 낮아서 실행에 대한 부담은 없지만 실행 끝에 얻을 수 있는 혜택의 가치가 크지 않아서 재고의 대상이다.

| 대안판단 매트릭스 |

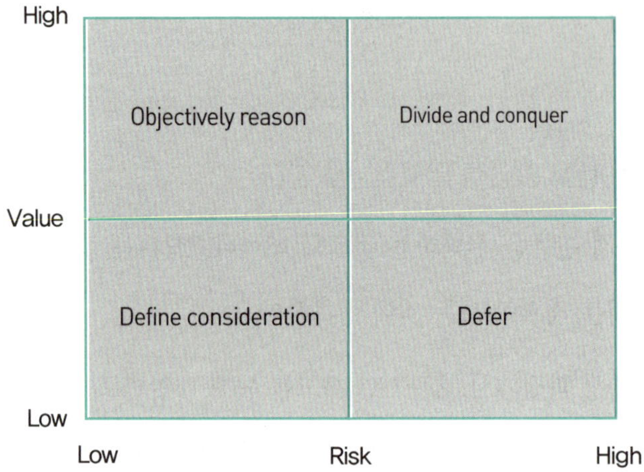

객관적 사고는 5단계로 진행된다.

객관적 사고 방식에 따를 때 의사결정의 질과 정확성이 올라간다. 주요 의사결정을 할 때는 항상 5단계의 객관적 사고 방식에 따르도록 하자.

1. **문제정의** : 의사결정 대상의 핵심을 정확히 꿰뚫어 보면서 문제를 정확히 정의한다. 이 때 "우리가 해결해야 할 문제는 무엇일까?" "이 문제는 근본적인 문제일까?"라는 자기질문을 끊임없이 해야 한다.

2. **이슈 구조화** : 문제를 풀어 나가기 위한 주요 요소를 체계적으로 구조화한다. 흔히 이슈트리(Issue tree) 또는 피쉬본(Fish bone)이라고 부르기도 한다.

3. **가설 수립 및 우선순위 결정** : 이슈트리 내에 있는 이슈별로 가설을 수립하고 중요도 등의 기준에 따라 우선순위를 정한다.

4. **분석** : 가설을 사실에 기반해서 검증하고 분석한다. 이 때의 분석은 분석 자체가 목적이 아니라 검증을 위한 분석이라는 점을 항상 고려해야 한다.

5. **시사점 도출** : 분석 결과를 문제해결에 어떻게 적용할지를 결정하는 단계이다. 동시에 대상 직원에 대한 커뮤니케이션 역시 시작되는 시점이어서 커뮤니케이션 방식, 시기, 장소, 대상 등을 사전에 검토해서 미리 준비해야 한다.

| 객관적 사고 단계 |

| 피쉬본(Fish bone) 사례 |

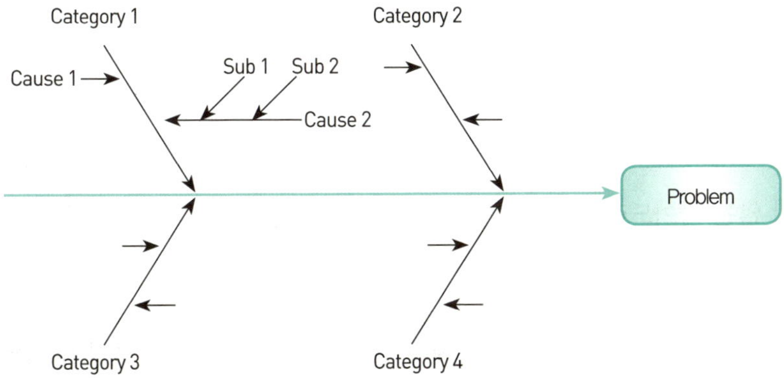

THEME **08**

팀장 의사결정에는 6가지 함정이 있다

의사결정 하면서 6가지 오류에 쉽게 빠진다

팀장의 의사결정이 항상 합리적이면 이상적이겠지만 현실은 그렇지 않다. 합리적인 의사결정에 지장을 주는 심리적 오류 또는 함정이 현실적으로 많이 존재하는데, 하나씩 알아보면서 예방대책도 함께 생각해 보자.

첫 생각에서 헤어나지 못한다(Anchoring trap)

첫 인상, 생각, 의견의 영향력은 상상 이상이어서 최초 의견이 뿌리를 내리고 이후 생각들의 발목을 잡는 앵커링 효과(Anchoring effect)를 통해 합리적 의사결정에 영향을 끼친다. 대표적인 사례로 팀 미팅에서 팀장이 제시한 첫 의견이 그 회의에서 보이지 않는 가이드라인으로 작용하면서 팀원들의 사고와 의견이 팀장의 의견이 정한 범위 내에서만 제시될 수 있다.

이를 방지하기 위해 언제든지 문제의 근본으로 돌아와서 첫 생각이 과연 그대로 유효한지를 점검할 수 있는 사고의 유연성이 절대적으로 필요하다. 팀장의 의견에 자유롭게 이의제기하고 토론할 수 있는 개방적 조직문화 역시 이 오류 방지 차원에서 필요하다.

변화를 두려워 한다(Status quo trap)

변화는 항상 고통과 목적달성을 수반한다. 사람은 본능적으로 익숙했던 상황을 벗어나는 것에 대해 거부감을 느낄 수 있고 심하면 고통을 체감할 수 있다.

의사결정 할 때면 언제나 복수 이상의 대안들이 의사결정자의 선택을 기다리고 있다. 의사결정자가 대안들이 가지고 있는 가치와 리스크를 중심으로 판단할 것이나, 못지않게 대안별로 실행시 나타날 수 있는 변화의 폭도 동시에 고려해야 하므로 가치는 크고 리스크는 낮지만, 변화의 범위가 커서 채택되지 않는 경우도 발생한다.

이를 방지하기 위해 변화를 통해 가질 수 있는 혜택을 상기하면서 이를 위해 변화가 불가피하다는 사고회로를 가동하는 게 좋다. 또한 변화에 노출되는 구성원에게는 한번에 모든 걸 공개하지 말고 현 상황, 변화 필요 배경, 변화 포인트, 변화를 통한 혜택 등을 단계적으로 커뮤니케이션 해주는 게 필요하다.

내가 한 판단은 어떻게든 유지해야 한다(Sunk cost trap)

그만 둘 때를 현명하게 판단해야 한다. 그러나 의사결정 대상에 대해 이미 많은 비용과 시간이 투입되어 있어서 중도에 중지하는 것은 쉽지 않다. 가령 평생을 모은 종잣돈(Seed money)으로 엄청난 시설비와 권리금을 치르고 식당을 개업했는데 예상과 다르게 실적이 그렇게 좋지 않다고 해보자. 어떻게든 실적만회를 노려야 하나, 실적 부진이 장기화되고 있고 가망도 그렇게 좋지 않다. 매월 임대료와 인건비가 나가고 적자가 점점 더 쌓이면서 자본잠식 상태가 이어지고 있다. 그러나 지금까지 투자한 시간과 비용이 아까워 그만둔다는 판단을 하기는 쉽지 않다. 미래의 비용절감

보다 과거의 투입비용이 더 크게 작용하고 있는 상황이다.

이를 방지하기 위해 의사결정에 따른 비용과 최악의 경우를 미리 고려하여 자신이 감당할 수 있는 임계치와 출구포인트를 사전에 정하는 게 좋다. 위 사례에서 개업 후 2년이 지난 시점에 누적 적자가 특정 금액 이상이면 그만두겠다는 원칙을 정하고 시작하는 게 좋다.

보고 싶은 것만 본다(Confirming trap)

흔히 확증편향이라고 불린다. 정도의 차이는 있겠지만 모든 사람들은 보고 싶은 것만 보고 듣고 싶은 것만 듣고 믿고 싶은 것만 믿는 경향이 있다. 의사결정자는 하나의 선택을 하면 다른 좋은 대안이 나타나도 절대로 선택을 바꾸지 않는다. 또한 자신의 결정을 지지하고 확인하기 위해 그 결정에 부합하는 의견과 현상만을 집요하게 찾게 된다. 가령 오픈마켓에서 물건을 하나 골라서 사려고 할 때 자기 마음에 든 물건의 후기나 댓글을 읽어본다. 이미 마음에 들었으니, 강추라는 댓글이 눈에 쏙쏙 들어온다. 반면 마음에 안 든 물건의 경우 소위 악플이 눈에 잘 들어온다. 자기도 모르는 사이에 자신의 결정을 지지하고 확인하기 위해 시각 등 오감이 작동하고 있는 것이다.

이를 방지하기 위해 다시 원점으로 돌아가서 의사결정 대상을 냉철히 살펴보라고 조언하고 싶다. 지금까지 믿어 왔다는 이유로 끝까지 밀어부치는 고집이나 편협한 시각은 과감하게 버릴 줄 알아야 한다. 즉 보고 싶지 않은 것도 보고 듣고 싶지 않은 것도 듣고 믿고 싶지 않는 것까지도 믿을 수 있는 넓은 시야와 과감한 자기인정 자세를 갖추는 게 좋다.

잘못된 예측을 토대로 결정한다(Forecasting trap)

의사결정은 과거가 아닌 미래에 대한 결정이어서 그를 위한 예측이 필수적이다. 그러나 애당초 잘못된 예측을 토대로 의사결정 과정이 진행된다면 과정이 잘 진행된다 하더라도 그 결과는 좋지 않을 수 있다. 2022년 생산계획을 위해 구매, 마케팅, 인사, 재무, 영업, 생산 등 각각의 부서에서 관련 예측치를 제시하고 총합하여 최종 생산계획이 확정된다고 해보자. 모든 부서가 혹시라도 엇나갈 경우에 대한 안전장치로 객관적 수치보다 더 후하게 예측하였다. 기획팀은 모든 부서의 예측을 취합해서 2022년 생산계획을 완성했고, 결과적으로 실제 적절했던 생산량보다 초과 생산되어 예상치 못했던 창고비용, 감가비용 등까지 부담하게 되었다.

이를 방지하기 위해 예측치 하나하나를 확인하고 검증하는 과정이 필수적이며 전사적으로도 합리적인 예측을 위해 필요한 가정을 공통적으로 적용할 수 있도록 하는 게 좋다.

모든 건 이미 정해진 결론에 맞추어 재단된다(Jump to the conclusion trap)

의사결정은 문제의 핵심 파악부터 단계적으로 진행되면서 최종 결정에 다다른다. 즉, 미리 답을 내지 않고 답을 찾아가는 과정이 의사결정이다. 그러나 리더가 결론을 미리 내놓고 그 결론에 대한 명분을 갖추기 위해 의사결정 과정을 진행하는 경우를 자주 보게 된다.

이미 리더가 내심으로 낸 결론에 대한 정당성을 부여하기 위해 그 결론을 지지하는 입장과 증거들만 채택되고 논의되며 반대되는 것들은 잠시 논의될 수는 있겠지만 궁극적인 반대논리로는 작동하지 않는다. 이러한 오류는 확증편향과 매몰비용과 맞물리면서 합리적인 의사결정에 지장을 초래할 수 있다.

이를 방지하기 위해 결론에 대해 궁극적인 반대논리가 있다면 원점으로 돌아가서 그 결론을 진지하게 다시 논의할 수 있는 구조적 유연성이 필요하다. 다만, 대안없는 반대를 위한 반대는 금지되어야 하며, 논리적인 반대에 대해서는 장려하는 문화나 분위기 조성이 필수적이다.

▶ 의사결정 과정 Fastrack

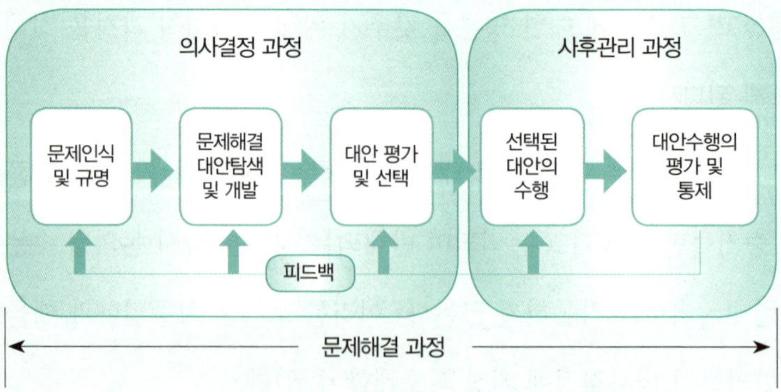

THEME 09 준비된 회의가 성과로 이어진다

PART 05 관리 – C. 팀관리

회의는 쓸데 없는 일이 아니다

회의가 너무 많거나 비효율적인 회의가 만연한 회사에서는 회의 자체에 대한 피로감과 반발감이 쌓여 회의 자체가 상당히 비효율적이고 비생산적인 쓸데 없는 일로 여겨진다.

회의를 너무 많이 또는 잘 운영하지 못해서 회의의 순기능을 체감하지 못하고 회의에 대한 부정적 선입견이 뿌리깊게 자리잡고 있기 때문에 회의에 대한 반발이 나오고 있을 것이다.

굴지의 대기업이나 소위 유니콘으로 불리면서 잘 나가는 스타트업 회사들은 반대로 회의를 상당히 중요하게 생각하면서 어떻게 하면 회의의 효율과 생산성을 올릴지에 대한 고민의 끈을 놓지 않고 있다. 미국의 한 조사에 따르면 글로벌 IT 기업 CEO들은 하루 평균 8~9개의 회의에 참석하면서 하루 일정의 약 70%를 회의에 쏟아붓고 있다고 한다. 그들이 가진 경쟁우위의 원천 중 하나가 바로 잘 준비된 회의가 아닐까 한다.

회의 3일 전에 회의주제와 준비사항을 참가자에게 알려준다

회의 참가자들이 회의주제를 미리 알게 되면서 그 주제에 대한 자신의 역할과 생각을 사전에 정리할 수 있으며, 이로 인해 회의주제에 대한 논의가 회의 시작시점부터 본격적으로 진행될 수 있다. 그리고 회의에서 논의해야 할 주제 관련하여 준비사항이 있다면 준비담당을 미리 정하고 담당자는 준비된 사항을 회의 전에 참가자들에게 공유함으로써 사전 검토의 시간이 확보될 수 있다.

이렇게 회의주제와 준비사항이 미리 공유되지 않으면 모두 한 자리에 모여 그제서야 아이디어를 쥐어 짜면서 시간을 비효율적으로 낭비하게 된다.

악마의 대변인이 필요하다

초록은 동색이라는 옛말이 있다. 같은 조직문화나 분위기 하에서 오랜 시간 동안 함께 한 회의 참가들 사이에는 시야의 사각지대(Blind spot)가 생길 수 있다. 같은 조직 구성원으로 상당 부분의 인식을 같이 하다 보니 편견까지도 공통분모로 가지고 있게 마련이다.

이 사각지대를 해소하기 위해 새로운 시각과 아이디어의 유입이 필수적이다. 전혀 상관없는 다른 팀의 부서원이나 외부 전문가 등을 참석시키는 것도 효과적이다. 이들의 역할은 악마의 대변인(Devil's advocate)으로 모든 편견을 버리고 좁혀지고 있는 결론에 대해 비판과 반론을 제기해서 대안의 부작용이나 폐단을 사전에 점검하는 것이다.

회의 시간과 장소를 효율적으로 정하자

마라톤 회의나 끝장 회의라는 표현을 곧잘 쓴다. 그만큼 장시간 회의의 이미지가 그려진다. 물론 장시간이라는 물리적인 환경 때문에 더 많은 대안들을 논의할 수 있다는 장점이 있지만, 장시간 회의 끝에 결론이 안 나거나 접점없이 동일한 논의만 반복되면서 제자리 걸음 회의로 마무리될 우려 역시 없지 않다.

이러한 부작용을 최소화 하기 위해 회의 시간에 대한 원칙을 정하는 것이 좋다. 구글의 회의실 벽에는 대형 타이머가 자리하고 있다. 회의가 시작되면 대형 화면에 타이머의 카운트다운이 시작되며 정해진 시간에서 남은 시간을 알 수 있다. 정해진 시간 내에 회의를 끝내라는 미묘한 압박감이 생기며 시간을 질질 끄는 군더더기 요소를 상당히 걷어낼 수 있다. 많은 회사들이 회의의 시간제한을 두는데 주로 1시간으로 정하고 있다.

필자는 1시간으로 정하면 더 빨리 마칠 수 있는 회의도 시간에 맞추어 마치려는 생각이 들 수 있어 원칙은 1시간보다 짧은 30분으로 정하길 제안한다. 스카이프, 채팅, 스마트폰, 노트북 등의 간섭이나 지장 없이 온전히 집중된 30분 회의는 의외로 많은 것을 논의하고 결정할 수 있는 시간일 것이다.

회의의 주요 요소로 시간 못지 않게 장소도 중요하다. 장소의 변화가 정보를 처리하는 사람의 뇌에 영향을 주고 기억력도 향상시켜 줄 수 있다. 매일 같은 회의실에서 회의하기보다는 꼭 회의실이 아니어도 좋다면 사무실 옆 공원, 커피숍, 옥상 등 가끔 다른 장소로 옮겨서 하는 것도 추천할 만하다. 그리고 한 외국계 회사에서는 회의실에 의자 자체를 없앴다고 한다. 스탠딩으로 회의를 진행하면서 회의에 활력을 북돋을 수도 있고 좌석에 앉았을 때의 노곤함이나 편안함도 어느 정도 걷어낼 수 있을 것이다. 즉 육체적 불편함을 조성해서 보다 효율적으로 회의를 마치도록 회의 환경을 설정한 것이다.

33전략을 활용해 보자

회의의 비생산성과 폐단을 막고 효율적인 회의 진행을 위해 3가지 원칙과 3가지 과제를 실행에 옮길 수 있다.

[3가지 원칙]

1. 필수적인 회의인지 확인한다. 회의 외에 더 좋은 수단이 있는지?
2. 최대한 간략하게 한다. 참석자 범위를 더 줄일 수 있는지?
3. 다른 회의와 통합하거나 위임할 수 있는 방법을 모색한다. 다른 회의에서 다룰 내용이 아닌지?

[3가지 실행과제]

1. 회의록은 1장으로 정리한다.
2. 회의시간은 30분은 원칙으로 하되 최대 1시간을 넘을 수 없다.
3. 회의가 없는 요일과 시간대를 정한다.

Meeting Minutes

Date / Time	06 Oct. 2021 / 08:00 – 11:20
Participants	A사 / KAYEN

Agenda	

1. Schedule/Process

A. Pre-meeting

- Participants :
- Time :
- Agenda :

B. Main session

- Participants :
- Time :
- Agenda :

2. Composition of Main Session

A. Set ground rules

B. Discuss and develop common goals

C. Discuss and develop individual goals

3. Session Progress

A.

B.

C.

4. Future Procedures and KAYEN's Roles

A.

B.

C.

임원 승진을 위한

팀장 패스트트랙

PART 05

관리 — D. 기획서와 프레젠테이션

THEME 01

성공적인 기획서를 위해 5W 1H 원칙을 적용하자

기획서는 사전에 전체적인 윤곽과 핵심을 검토해서 준비한 다음 착수해야 성공적으로 마무리할 수 있다. 이를 위한 5W 1H 원칙에 대해 알아보자.

What : 기획대상이 무엇인지

Where : 어디에서 기획서가 발표되고 검토되는지

When : 완료시점은 언제인지 / 시기별로 무엇을 할 것인지

Why : 기획의 목적은 무엇인지

Whom : 누가 기획서를 검토하고 필요로 하는지

How : 어떻게 다른 보고서와 차별성을 가질 것인지

5W 1H원칙에 맞추어 핵심과 주요내용이 사전에 준비되지 않고 작성된 기획서나 보고서들에서는 공통적으로 방향성 상실, 핵심메시지 부재, 납기기한 도과, 검토불가 의견, 부적절한 분량 등의 문제점을 어렵지 않게 찾을 수 있다. 6가지 기준, 즉

5W 1H 원칙에 비추어 단 하나라도 명확하게 검토 또는 준비되지 않았다면 아직 기획서를 작성할 단계가 아니다.

Why 기준에서 명확한 방향을 잡지 못한 상태에서 기획서를 작성하면 기획서가 추구하는 소기의 방향에서 벗어나고 기획서 수요자의 니즈를 정확히 반영하지 못하여 낙제점의 기획서로 평가될 수 있다. 그리고 How 기준에서 정확하게 방향성을 잡지 못하면 누구나 쉽게 쓸 수 있는 밋밋한 기획서가 결과물로 나올 것이므로 이 경우 역시 기획서 수요자의 니즈를 충족하지 못할 것이다.

| 5W 1H 적용사례 |

"근로시간 52시간 대응방안" 기획서 작성			
		주요 내용	필요 사항
5W	What	52시간 대응방안	노동부 가이드라인 분석
	Where	전사적으로 적용할 제도	인트라넷 등 공지방법 검토
	When	2021년 1월 1일 발효되므로 2020년 10월말까지 완성	동종업계 진행현황 체크
	Why	52시간 개정으로 인한 법적 리스크 헷징	리스크 해소 여부 체크
	Whom	전 임직원	설명회 또는 공지 중 전달방법 검토
1H	How	타사 사례 분석 직원설명회 자료로 활용	직원에게 전달성 체크 타사 대비 대응방안의 효과성 검토

What-Why-How 전략을 통해 기획서의 퀄리티를 높이자

What은 기획서 작성자가 전달하고자 하는 핵심내용이자 기획서 수요자가 원하는 내용을 의미하며 Why는 기획서의 핵심내용을 뒷받침해주는 근본적인 이유나 명분을 의미한다. 그리고 How는 기획서의 핵심내용을 전달하는 방식을 말하는데 예시

(Example), 설명(Explanation), 증거(Evidence) 등을 통해 전달의 효과를 높일 수 있다.

W-W-H 전략이 반영된 기획서는 목적과 초점이 명확하며 일관된 방향성을 유지하면서 기획서 수요자의 니즈도 정확하게 맞출 수 있다.

| W-W-H 전략 적용 사례 |

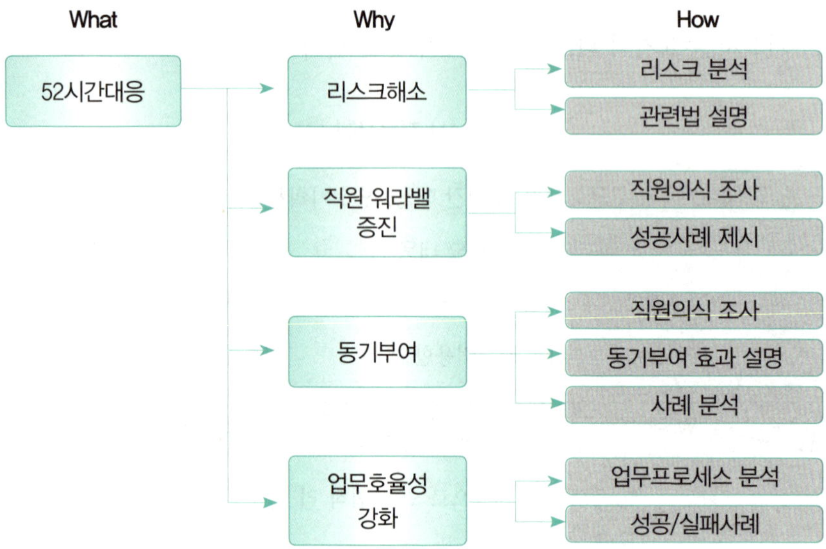

W-W-H 중 가장 중요한 요소는 Why이다

W-W-H의 3요소를 다른 측면에서 한번 분석해 보자.

What : 기획서 작성자가 전달하고자 하는 핵심내용

Why : 왜 이 기획서가 필요한지에 대한 근본적 검토

How : 핵심내용의 전달력을 극대화하기 위한 방법론

많은 기획자들이 What에 우선순위를 두고 Why나 How 등 나머지 요소들은 정해진 What에 맞추어 정한다. 필자는 What에 대해 생각하기 전에 Why부터 명확한 방향성을 잡으면서 기획을 시작하기를 추천한다. 왜 이 기획서가 필요한지에 대한 고민이 충실하게 된다면 기획서 수요자의 니즈, 기획서의 목적, 본인이 기획을 맡게 된 배경 등이 Why라는 요소에 반영되면서 기획서의 효과나 질이 더 나을 수 있다.

다음 단계로 How에 대한 검토를 이어간다. How 관점에서 사전준비가 잘 된다면 기획 내용이 수요자에게 효과적으로 전달되어서 어필되는 효과를 확보할 수 있다. 또한 How 단계의 진정한 의미는 비교대상이나 경쟁대상이 있는 상황에서 경쟁자 대비 차별우위를 확보할 수 있는 과정이라는 측면에서 찾을 수 있다.

마지막으로 What 단계에서는 기획자가 전달하고자 하는 메시지나 핵심내용의 방향성이 수요자의 니즈에 맞게 유지되도록 해야 한다. Why-How 단계에서 충실하게 고민한 다음 What 단계로 온다면, 대략적인 기획서 윤곽은 잘 잡혀져 있는 상황이어서 수월하게 기획서 작성이 진행될 수 있는 효과가 있을 것이다.

| W-W-H의 우선순위 |

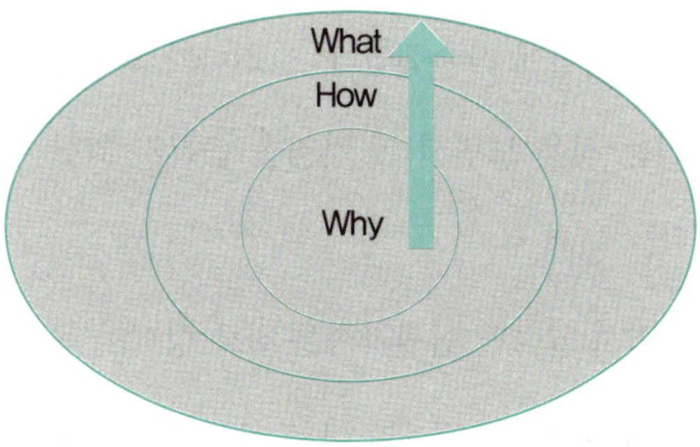

THEME **02**

기획서의 성공은 목차설정에 달려 있다

잘 잡혀진 목차는 책 집필에서 5부 능선의 의미다

필자가 지금까지 쓴 책으로 9권이 있으며, 이 책을 통해 10권으로 늘어나게 된다. 오랜 집필과정과 시행착오를 거치면서 얻은 의미있는 경험을 하나 꼽으라면, 주저 없이 '목차의 힘'이라고 답할 것이다.

2011년경 처음으로 평가보상을 주제로 책을 집필할 때의 기억이다. 전체 내용의 윤곽을 대략 잡고, 바로 집필에 착수했었다. 그러다가 최초에 예상했던 책의 내용과 방향에서 거리가 생기는 것을 보면서 이 간격을 좁히기 위한 추가작업이 상당히 많았던 것으로 기억된다.

이 시행착오를 거치면서 달라진 집필과정은 바로 상세한 목차설정에 있다.

목차는 챕터 기준에서 최대 3단계까지 아주 상세하고 촘촘한 수준으로 잡아야 한다. 3~4단계로 구체화된 목차 안에는 집필자가 쓰고자 하는 핵심내용과 키워드가 모두 표현되어 있을 것이며, 집필의 방향 역시 읽힐 것이다. 이렇게 목차설정을 완성하면 집필의 절반이 끝이 난다.

기획서 역시 집필과 같은 논리로 전체적인 윤곽을 그리는 정도가 아니라, 슬라이드별 항목별로 페이지별로 들어가야 할 내용의 키워드와 핵심내용을 정리하면 기획서의 목차가 완성된다. 이때 W-W-H 전략을 적용해서 완성된 목차가 이 전략을 충실하게 적용하고 있는지를 반드시 사전에 확인해야 한다.

스토리텔링을 통해 논리의 골격을 탄탄하게 다진다

목차를 설정할 때, 유용하게 사용할 수 있는 방법론이 바로 스토리텔링 기법인 SCAR이다.

- **상황**(Situation) : 어떤 상황인지 / 상황이 왜/어떻게 발생했는지
- **위기**(Crisis) : 어떤 문제나 위기가 발생했는지 / 문제가 왜 발생했는지
- **행동**(Action) : 이 문제를 해결하기 위해 적용한 해결책 / 방법론 / 문제해결을 위해 얼마나 노력 했는지
- **결과**(Result) : 그 일의 결과는 무엇인지 / 그 일을 통해 얻은 교훈은 무엇인지

이러한 스토리텔링 기법을 통해 기획서 수요자의 관심과 집중을 이끌 수 있다. 바로 본론으로 들어가는 것보다 관심을 끌 수 있는 상황을 먼저 설정하고, 그 상황을 중심으로 결론까지 스토리와 기획내용이 이어진다면 기획서의 질이 많이 향상될 것이다. SCAR 방법론을 적용한 사례를 살펴보자.

- **상황**(Situation) : 노동법이 개정되어서 근로시간이 52시간으로 단축
- **위기**(Crisis) : 52시간 이상의 근로가 빈번해서 법위반 가능성 발생
- **행동**(Action) : 52시간 제도에 대응하기 위해 직무분석, 인력재배치 등을 실행
- **결과**(Result) : 그 결과 법위반 리스크 해소 및 직원 워라밸 향상

기획서 맨 앞에 Executive summary를 잊지 말자

100장의 기획서는 분량에서 기획서 수요자 또는 의사결정권자의 인식을 압도할 수 있을 것이다. 그러나 결정권자는 100장의 기획서를 찬찬히 읽어볼 만한 시간적 여유가 없다. 따라서 100장의 기획서를 반드시 1장(또는 3장 이내)의 Executive summary로 정리해서 기획서 맨 앞에 두어야 한다.

Executive summary에 100장의 기획서 내용이 체계적이고 간결하게 정리되어 있고 의사결정권자가 원했거나 생각했던 해답이 보기 쉽게 들어가 있다면, 100장의 기획서 내용이 궁금해 질 것이다.

필자가 삼성에서 일하던 시절을 상기해 보면 아무리 복잡한 이슈에 대한 보고서라고 하더라도 2~3장 정도의 분량으로 축약하고 정리할 수 있는 보고서 역량이 상당히 선호 및 강조되었던 것으로 기억된다.

그리고 필자가 말버릇처럼 하는 이야기가 하나 있다.

"세상에서 가장 쉬운 건 어려운 주제에 대해 길게 풀어서 쓰는 것이며, 가장 어려운 건 복잡한 주제를 간결하고 짧게 정리하는 것이다"

그리고 긴 보고서를 짧고 간결하게 정리하고 설명하지 못한다면, 작성자는 그 기획서 주제를 제대로 이해하지 못하고 썼다라고 봐도 무방할 것이다.

THEME 03 DADIPP 원칙에 맞추어 프레젠테이션을 준비하자

DADIPP를 통해 성공적인 프레젠테이션을 할 수 있다

필자는 프레젠테이션을 할 때 DADIPP 원칙에 따라 준비 후 진행한다.

Define a goal : 프레젠테이션의 목적을 정확히 하기

Aware of audience : 청중을 이해하기

Develop message : 메시지 구상하기

Identify resources : 가용가능한 자원 정하기

Plan the visuals : 상황을 비주얼로 계획하기

Practice delivery : 프레젠테이션 리허설하기

DADIPP 목적을 정확히 하기

프레젠테이션은 목적을 명확히 하고 그 목적에 포커스를 유지할 때 성공적으로 마무리될 수 있다. 즉 프레젠테이션의 목적이 정확히 파악되면 발표자와 청중의 기대

가 연장선상에서 연결될 것이며 청중이 원하는 참가 목적이 그 속에서 달성될 것이다.

DADIPP 청중을 이해하기

발표자는 프레젠테이션의 목적을 명확히 파악한 다음, 발표에 참가할 청중에 대해 정확히 이해해야 한다. 이 때 아래의 주요 기준에 따라 청중의 특성을 제대로 파악할 수 있다.

- 청중이 알고 싶어하는 사항
- 청중이 알고 있는 것 중 잘못된 사항
- 청중이 발표자에 대해 얼마나 잘 알고 있는지
- 청중이 어떤 유형의 프레젠테이션에 익숙한지(데이터 위주, 이미지 위주 등)
- 조직 내 청중이 가지고 있는 역할 또는 직급(매니저, 본부장 등)
- 청중이 가지고 있는 것 같은 가정 및 전제 그리고 그 중 잘못된 가정
- 청중의 규모(10명, 100명 등)

DADIPP 핵심메시지 구상하기

청중들이 발표장을 떠날 때 무엇을 가지고 갔으면 하는지에 대해 생각해 보자. '무엇'에 해당하는 게 바로 프레젠테이션의 목적에 해당하고 발표자가 전달하고자 하는 발표의 핵심메시지(Key message)다.

발표의 핵심메시지는 간결하고 직관적이면서 가시적일수록 청중에게 더 와 닿을 수 있으므로 가급적 한 문장을 넘기지 말고 청중들이 귀로 듣고 눈으로 그릴 수 있도록 이미지화하는 게 좋다.

다음으로 핵심메시지를 둘러싼 긍정적인 / 부정적인 데이터와 케이스를 조사해서

발표 메시지를 본격적으로 만들 준비를 한 후 아래 기준에 따라 핵심메시지를 구상할 수 있다.

- Opening : 청중의 관심을 최대한 끌 수 있어야 한다. 흔하게 오해하고 있는 관련 사항이 있다면 여기에 활용하는 게 좋다.
- Issue : 청중이 놓인 상황으로부터 이슈의 핵심을 간결하게 정리한다.
- Solution : 청중이 택할 수 있는 해결책을 체계적으로 제시하는 단계로 이미지화된 해결책이 보다 효과적이라는 점 잊지 말자. 그리고 해결책 도출과정에 청중들의 참여나 의견제시(Input)를 유도할 수 있으면, 해결책에 대한 청중의 관심을 높일 수 있다.
- Action : 마지막으로 이슈해결을 위해 해야 할 실행과제를 제시한다. 이 때 시간적 관점에서 단기적 / 중기적 / 장기적 과제로 구분하면 실행과제의 의미가 보다 강력하게 전달된다.

DADIPP 가용가능한 자원 정하기

프레젠테이션에 필요한 물리적 자원인 장소와 시간에 대해 알아보자.

먼저 장소는 프레젠테이션이 진행될 장소와 장소 내 배치(Layout)를 의미한다. 프레젠테이션 전에 진행할 장소를 방문해서 규모가 참가하는 청중의 수와 적절히 맞는지, 규모에 따라 프로젝터, 보조 화면 등이 필요하지 않는지 등에 대해 미리 점검해야 한다.

다음으로 발표장소 내 배치의 유형과 유형별 특성에 대해 알아보자.

- Classroom : 전통적인 교실의 배치방식이다. 발표자와 청중간 교류가 제한적이지만 대규모 청중의 경우에 적합하고 일반적 프레젠테이션에 효과적이다.

- Banquet : 소규모 토론이 필요한 주제에 적합하고 발표자와 청중간 교류가 활발하게 이뤄질 수 있다.
- U Shape : 소규모 그룹(30~40명 한도)에 적합하다.
- Chevron : 대규모 청중에 적합하며 컴퓨터를 사용하면서 실습하는 과정에 효과적이다.

DADIPP 상황을 비주얼로 계획하기

통계에 따르면, 사람들은 75%의 지식을 시각적으로, 13%의 지식을 청각적으로 그리고 나머지 12%의 지식을 후각적으로 습득한다고 한다. 따라서, 프레젠테이션할 내용이 어느 정도 비주얼로 가시화되어 있는지를 점검해야 한다.

이 때, 지나친 가시화가 오히려 독이 될 수 있으니, 지나치게 많은 이미지를 남용하거나, 시야가 혼란해지거나 분위기가 산만해 질 정도의 화살표, 순서도, 박스, 표, 루프 등의 지나친 사용은 자제하도록 하자.

DADIPP 프레젠테이션 리허설하기

리허설을 통해 전달하고자 하는 메시지의 간결성과 전달성을 중점으로 평가한다. 프레젠테이션 전에 시간을 정확히 체크하면서 리허설을 해보면, 준비한 시간과 노력에 불구하고 많은 헛점과 부족한 점들이 드러날 수 있다. 리허설 반복횟수가 늘수록 부족한 점이 보완되면서 발표의 완성도가 올라가게 된다.

리허설에 대한 동료와 상사의 피드백도 효과 차원에서 좋겠지만, 자신의 발표장면을 녹화해서 본인이 평가해 보면 본인의 강점과 약점이 더 잘 보일 수 있으니, 자기평가(Self-assessment)도 가능하면 꼭 해보기를 권장한다.

리허설까지 마무리되었다면, 발표무대가 남아 있다. 이 때 정신적으로 다짐하고 준비하는 게 필요하다. 성공적인 프레젠테이션을 연상하고 "잘 할 수 있어"라는 메시지를 반복적으로 주입해서 자신감을 최대한 올려서 유지해야 한다.

스티브 잡스 10계명 Fastrack

1. 완벽하게 업무를 챙겨라
2. 전문가를 최대한 활용하라
3. 냉혹하게 판단하라
4. 외부 소리만을 믿지 마라
5. 끊임없이 연구하라
6. 결론은 간결하게 정리하라
7. 비밀을 지켜라
8. 작은 팀 위주로 운영하라
9. 채찍보다 당근을 주어라
10. 견본품에 최선을 다해라

THEME **04**

성공적인 기획서와 프레젠테이션을 위한 십계명을 명심하자

1. 첫인상으로 기선을 제압한다

필자가 발표기회가 있을 때 제일 먼저 생각했던 오프닝 메시지는 "이렇게 프레젠테이션의 기회를 주셔서 감사합니다" 정도의 상투적인 문구였다.

한편 필자가 평가자 자격으로 입찰업체들의 제안발표회에 참가한 적이 있었다. 즉, 수험생이 아니라 채점자의 시각에서 제안발표회라는 상황을 보게 된 것이다. 채점자가 되어 보니, 필자가 무의식 중에 뱉어 온 상투적인 표현이 어찌나 지루하게 들렸는지 이루 다 말할 수 없을 정도였다.

그 중에 첫마디 첫문장에 필자의 시선이 집중된 소수의 신스틸러(Scene Stealer)들이 있었다. 이들의 첫인상은 너무나 강렬해서 오프닝 이후 전개될 내용에 대해 궁금해졌고 이 발표자에 대한 호감이 생기다 보니 발표내용에 설령 일부 문제가 있더라도 전반적으로 편들어 주고 싶은 심리가 생긴 것이다.

그럼 이렇게 강렬한 도입부를 만들기 위한 방법에 대해 알아보자

- 질문하기
- 자신의 관련된 경험 활용하기
- 청중의 참가 유도하기
- 청중의 상상력 자극하기
- 비디오 클립으로 시작하기 등

2. 우뇌의 메시지를 활용한다

사람의 뇌는 좌우로 나뉘어 서로 다른 역할을 맡는다. 좌뇌는 사고, 언어 등을 통해 분석적 기능을, 우뇌는 감성, 예술 등을 통해 직관적 기능을 담당한다. 만일 기획서나 발표자료가 텍스트나 숫자 위주로 되어 있다면 청중은 그것을 해석해서 핵심메시지를 이해해야 하는데, 이 과정에 에너지가 소비되고 해석과정에서 오해가 생길 가능성도 적지 않다.

따라서 분석적 자료를 직관적인 모습으로 개선한다면, 청중의 에너지 소비를 줄이고 전달력을 강화해서 발표자가 전달하고자 하는 핵심메시지가 오해없이 각인되게 된다. 즉, 성공적인 기획서나 발표를 위해서는 좌뇌의 메시지를 우뇌로 이해할 수 있도록 해야 한다.

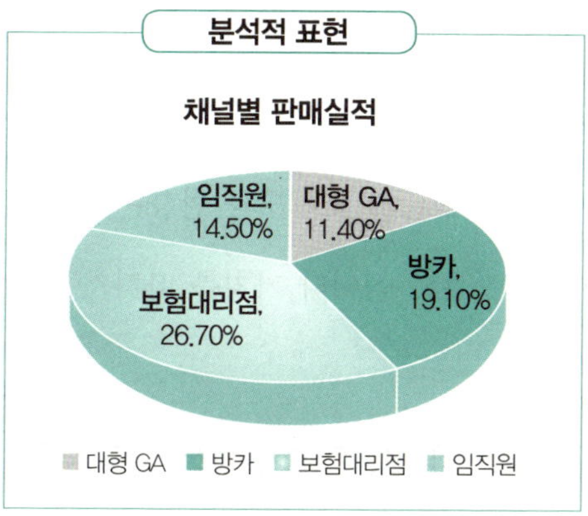

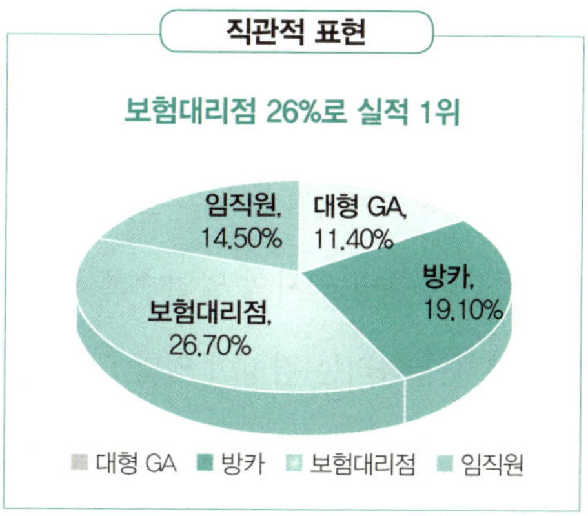

3. 내용과 방법보다 모습에 집중한다

해외 연구(Silent Messages by Albert Mehrabian)에 따르면 커뮤니케이션 효과는 말하는 내용(Verbal), 말하는 방법(Vocal) 그리고 말하는 모습(Visual) 3 가지 기준에서 평가될 수 있다.

일반적으로 말하는 내용 즉 컨텐츠를 가장 중요하게 생각해서 컨텐츠 구성과 논리에 대해 가장 신경을 많이 쓰며 컨텐츠 구성 다음으로 컨텐츠를 전달할 목소리를 고민하는 게 일반적인 수순이다.

이 연구의 결과는 예상 밖의 반전을 보여준다.

- 말하는 모습 : 55%
- 말하는 방법 : 38%
- 말하는 내용 : 7%

즉, 무엇을 말하는가보다 무엇을 어떻게 말하는지가 더 중요하다는 결론이다. 많은 발표자들은 여전히 컨텐츠 위주로 발표 전략을 짜서 진행하지만 청중의 평가기준은 컨텐츠 자체보다 컨텐츠를 전달하는 모습을 더 중요하게 생각한다는 점은 잊지 말아야 한다.

4. 유명한 인사의 인용구를 적시에 사용한다

같은 메시지이더라도 누가 이야기하는지에 따라 청중의 이해도와 반응은 달라진다. 공인된 유명 인사의 말일수록 정보수령자는 정보의 질이나 가치를 따지지 않고 그대로 수용하려는 경향이 있다.

이러한 대중의 경향을 활용해서 기획서나 발표에서 전달하고자 하는 핵심메시지와 딱 맞는 인용구를 적재적소에 사용하는 게 좋다. 다만, 간혹 인용구를 지나치게 남발하는 경우도 있는데, 이 경우 전달하고자 하는 핵심메시지의 초점이 흐려짐으로써 목적의 달성에 그만큼 멀어질 수도 있다.

인용구를 사용함으로써 기획서나 발표의 생명을 불어넣기 위한 3가지 원칙에 대해 알아보자.

1. **적재적소에 사용하기** : 기획자나 발표자가 주장하는 메시지의 절정에 달해 있을 때, 드라마틱 효과를 극대화하기 위해 사용한다. 또는 오프닝에서 청중의 이목을 끌고자 할 때도 자주 쓰인다.
2. **핵심메시지와 직접적으로 연결되기** : 핵심메시지와 인용구가 의미하는 메시지는 대등관계 또는 지원관계에 있어야 한다. 인용구의 의미가 핵심메시지를 지원하는 관계에 있다면 더욱 효과적일 것이다.
3. **장문의 인용구 지양하기** : 대부분의 발표자는 인용구 효과를 극대화하기 위해 그대로 읽어주는데 인용구의 길이가 너무 길다면 분위기가 지루해지고 핵심포인트가 흐려질 수 있다.

5. 폰트와 사이즈가 중요하다

텍스트가 들어가는 기획서나 발표자료에는 글꼴(폰트)의 선택이 매우 중요하다. 물론 어떤 특정 폰트가 최선이라는 의미는 아니다. 상황, 청중 등 결정기준에 따라 다양한 폰트가 선택되겠지만 가독성이나 전달성 기준이라면 고딕체가 가장 무난하다.

짧은 시간 동안 어필효과를 노려야 할 기획서의 내용이라면 최대한 가독성을 높여서 깊고 길게 뇌리에 남겨야 한다. 고딕계열의 폰트와 대조되는 명조계열이 있는데, 가독성 차원에서는 고딕체가 더 효과적이다.

고딕체 : 성공적인 기획서를 위해 가독성을 높인다.

명조체 : 성공적인 기획서를 위해 가독성을 높인다.

폰트가 정해졌다면 폰트사이즈도 정해야 한다. 기획서나 발표의 목적이 컨텐츠 전달이라면 폰트사이즈를 줄여서 메시지의 전달성을 높여야 한다. 반면 구체적이고 상세한 컨텐츠 전달이 제1목표가 아니라면 폰트사이즈를 키워서 가독성을 높이고 쉽고 직관적으로 이해할 수 있도록 해야 한다.

6. 수치 데이터와 스토리를 연결한다

수치나 통계데이터를 사용하는 기획서나 발표에는 많은 그래프와 테이블이 들어가기 마련이다. 그러나 수치나 통계데이터로 보여지는 숫자에는 감정과 온도가 없다. 따라서 기획서나 발표가 단순한 정보전달 이상의 역할을 하는 것을 기대하기에는 무리가 따른다.

만일 숫자에 감정과 온도를 불어넣을 수 있다면 숫자의 본연적 역할인 정보전달을 넘어서서 핵심메시지에 생명을 불어 넣을 수도 있을 것이다.

숫자에 감정과 온도를 이입하기 위한 방법으로 스토리 연결을 들 수 있다. 그래프와 테이블에 들어가 있는 숫자가 나오기 위한 과정, 그래프 이면에 있을 다른 스토리, 테이블의 재해석 등과 같은 스토리를 준비해서 수치 데이터와 연결해 준다면 숫자가 더 이상 차가운 숫자만은 아닐 수 있다.

7. 구매후기와 평점을 활용한다

최근 온라인 마켓이 무한 확장되면서 선택의 폭이 넓어져 쇼핑의 재미가 커지고 있다고들 한다. 반면 선택의 폭이 넓어진다는 현상의 이면에는 현명한 선택을 하기 위해 많은 정보가 필요하고 비교검토 및 검색 작업이 선행되어야 한다는 번거로움이 있다.

이 때 구매사이트나 포털에 접속해서 해당 제품에 대한 구매후기와 평점을 확인한 후 선택하는 경우가 일반적이다. 다른 사람의 경험을 통해 자신이 그 제품을 통해 기대할 수 있는 효과, 만족도 등에 대해 간접적으로 평가하는 것이다.

그러나 대부분의 제안서와 발표에는 자화자찬으로 도배되어 정보의 진정성을 신뢰할 수 없는 경우가 많다. 대부분 제안서와 발표가 그러하다 보니, 의사결정권자가 느낄 수 있는 차별점이 전혀 보이지 않는 것이다.

필자가 이러한 대중의 결정기준과 여느 업체들의 접근방식을 감안해서 활용하고 있는 게 추천서 즉 테스티모니얼 방식(Testimonial type)이다. 회사의 상품이나 서비스의 장점은 제3자의 입을 통해 전달되는 게 더 효과적일 것이다. 이 때 제3자에 해당하는 사람에는 두 유형이 있는데 바로 해당 분야에서의 권위자 또는 해당 기업의 상품이나 서비스를 구매한 경험이 있는 사람이다. 필자가 운영하고 있는 컨설팅사의 제안서에는 상당 부분이 테스티모니얼로 채워져 있다.

8. 청중의 기억 속에 무언가를 남긴다

장문의 기획서와 장시간의 프레젠테이션 끝에 청중이나 의사결정권자 기억에 전달하고자 했던 핵심메시지(Key message)가 남겨진다면 절반의 성공으로 볼 수 있다. 즉, 핵심메시지가 청중이나 결정권자의 뇌리에 각인됨으로서 의사결정 시점까지 각인된 이미지가 의사결정에 영향을 주게 된다.

이를 위해 필자가 주로 사용하는 방법으로 3가지가 있다.

- Killing message : 촌철살인의 한 문장으로 전체 내용을 대변할 수 있다.
- Reversal : 일반적으로 많이 오해하는 fact에 대한 질문과 답변으로 시작해서 fact를 바로 잡아준다. 이 때 청중으로부터 "아하~", "그랬군요" 등의 반응을 이끌어 내야 한다.
- Noise marketing : 상품의 홍보를 위해 대중의 주의를 끌만한 이슈를 만들어서 관심을 불러일으킨다. 이미지 각인 측면에서는 효과적이지만 부정적 이미지 각인이라는 부작용도 감안해야 한다.

9. 몸으로도 메시지를 내보낸다

발표는 말을 하면서 메시지를 내보내지만, 동시에 몸으로도 많은 메시지가 전달된다. 필자는 '입으로는 거짓말을 할 수 있으나, 몸은 거짓말을 못한다'는 말을 곧잘 한다. 즉 몸이 바디랭귀지(Body language)를 통해 가장 정직하고 솔직한 메시지를 전달하는 것이다.

성공적인 발표를 위한 바디랭귀지의 3가지 원칙에 대해 알아보자.

1. **아이컨택으로 분위기를 주도한다** : 발표장소는 발표자와 청중이 교감하는 공간이다. 그 공간에서 눈을 마주친다는 것은 상대방과 대화를 하고 경청을 하고 있다는 시그널이므로 편안한 시선을 발표장소 전체로 옮겨가면서 모든 청중의 시선에 맞추어야 한다. 고정된 시선은 경직된 사고와 분위기로 이어질 수 있고 흔들리는 시선은 사고의 흔들림으로 이어질 수 있으니, 편안한 시선을 유지하고 이동할 수 있도록 반복해서 단련할 필요가 있다.

2. **몸을 움츠리지 말고 확 편다** : 몸을 움츠리면 사고와 자신감도 같이 움츠리게 된다. 청중을 향해 몸과 어깨를 펴면 발표자의 자신감을 전달할 수 있고, 고무된 자신감을 토대로 보다 유연하고 편하게 자기만의 논리를 펼 수 있다.
3. **손바닥을 보여 준다** : 상대방에게 손바닥을 보여주는 것은 그 사람에게 마음이 열려 있고 경청할 준비가 됐다는 시그널로 전달될 수 있다. 먼저 발표자가 마음의 문턱을 낮추고 열었으니, 청중이 가질 신뢰감을 기대할 수 있다.

10. 좋은 메시지는 대본에서 나오지 않는다

프레젠테이션이 영화나 드라마에 비유되어서 설명되기도 한다. 기승전결을 가지고 스토리를 구성하고 연출한다는 측면에서 아주 적절한 비유일 것이다.

영화나 드라마에서는 탄탄한 대본을 그대로 구현함으로써 제작자나 감독의 의도를 그대로 스크린으로 옮겨야 하지만 발표에서는 사전에 준비된 대본에 들어가 있지 않은 돌발변수나 상황이 빈번하게 생길 수 있다는 점에서 영화와 발표의 차이가 있다. 너무 타이트하게 짜여진 발표 스크립트는 오히려 발표자의 유연성과 대응성을 떨어뜨릴 수 있다는 점을 고려해야 한다.

따라서, 미리 정해진 대본을 읽는 발표보다는 다양하게 생길 수 있는 돌발변수나 질문까지 포괄하는 발표가 되도록 준비해야 한다. 이때 스크립트 대신 핵심 메시지 위주로 발표하기 위해 키워드 중심으로 발표를 준비하는 게 좋다.

저자 소개

김진술

영국 런던정경대 경영학 석사, 미국 하버드대학교 코칭리더십, 독일 브레멘대학교 노사관계학(EMLS), 스위스 IMD NCV, 영국 캠브리지대 Strategic Management, 미국 MIT대 Executive HR 등을 이수한 후 현재 스위스 Business School Lausanne에서 경영학 박사과정(DBA)을 하고 있다.

경력 머서컨설팅, 삼성생명, SC제일은행 등에서 근무한 후, 2010년부터 KAYEN Consulting을 설립해서 주로 외국계 회사를 대상으로, 컨설팅, 코칭 등의 서비스를 제공하고 있다.

자격 공인노무사를 필두로 비즈니스코칭(RCC), SPHR, GPHR, CFP, AFP, HAP 등 코칭, 인사관리, 글로벌 매니지먼트, 재무관리, 성향진단 관련해서 자격증을 보유하고 있다.

임원 승진을 위한 **팀장 패스트트랙**

저 자	**김진술**
발 행 인	**서동혁**
편집 · 교정	**류현수, 박가온, 김영림**
편집디자인	**이인아, 황자애**
발 행 처	**㈜조세통람**
펴 낸 날	**2021년 9월 17일 초판 발행**
주 소	서울특별시 중구 동호로 14길 5-6(신당동)
등 록	1976. 11. 5. 제9-81호
대 표 전 화	02) 2231-7027
F A X	02) 2231-7994
구 입 문 의	02) 2231-7027~9
I S B N	979-11-6064-210-0 13320
정 가	32,000원

(주)조세통람은 좋은 책을 만들기 위해 독자 여러분의 의견을 기다립니다.
E · mail(josetop@inaus.co.kr)과 홈페이지(www.taxnet.co.kr)의 고객지원센터 “고객의 소리” 코너